中国经济增长与经济周期

（2019）

刘树成　张连城　张　平　主编

中国经济出版社
CHINA ECONOMIC PUBLISHING HOUSE
·北　京·

图书在版编目(CIP)数据

中国经济增长与经济周期. 2019 / 刘树成, 张连城, 张平主编.
—北京: 中国经济出版社, 2020. 5
ISBN 978-7-5136-6134-8
Ⅰ. ①中… Ⅱ. ①刘… ②张… ③张… Ⅲ. ①中国经济—经济增长—研究—2019
②中国经济—经济周期分析—研究—2019 Ⅳ. ①F124.1②F120.2

中国版本图书馆 CIP 数据核字(2020)第 057892 号

责任编辑 严 莉
责任印制 巢新强
封面设计 任燕飞

出版发行 中国经济出版社
印 刷 者 北京建宏印刷有限公司
经 销 者 各地新华书店
开　　本 710mm×1000mm 1/16
印　　张 22
字　　数 404 千字
版　　次 2020 年 5 月第 1 版
印　　次 2020 年 5 月第 1 次
定　　价 88.00 元
广告经营许可证 京西工商广字第 8179 号

中国经济出版社 **网址** www.economyph.com **社址** 北京市西城区百万庄北街 3 号 **邮编** 100037
本版图书如存在印装质量问题, 请与本社发行中心联系调换(联系电话: 010-68330607)

中国经济增长与经济周期
（2019）

目　录

CONTENTS

第一部分　会议综述

第二部分　新中国经济70年

第三部分　高质量经济发展

第四部分　经济增长

第五部分　国家治理

第六部分　贸易与启示

第一部分

会议综述

中国经济增长与经济周期（2019）

中国经济增长与经济周期（2019）

中国70年发展历程与大国发展模式

——中国经济增长与周期(2019)高峰论坛综述

论坛秘书处

新中国成立70年,中国发生了翻天覆地的变化,从一个积贫积弱的落后国家发展成为经济总量位于世界第二位的经济大国,尤其是改革开放40年来,中国经济突飞猛进,各项事业迅速发展,在国际上的地位日益凸显。回顾70年新中国发展的伟大历程,总结经济发展中的成功经验和走过的弯路,深入探讨一个发展中的大国经济发展的模式,有助于实现党的十九大描绘的宏伟目标。当今世界正发生复杂深刻的变化,国际金融危机深层次影响继续显现,世界经济复苏缓慢、发展分化,国际投资贸易格局和多边投资贸易规则面临着深刻调整,各国的发展问题依然严峻。在这种形势下,中国改革开放的成就备受瞩目,以开放促改革是中国改革开放的基本经验,其成功秘诀在于市场化的改革,让市场在资源配置中起决定性作用和更好地发挥政府的作用,通过主动融入世界市场为公司治理、政府治理引入外部监督,从而提高治理效率,促进经济的快速发展。在新中国成立70周年到来之际,如何汲取中国在经济增长、国家治理方面的经验教训;如何高举习近平新时代中国特色社会主义思想伟大旗帜,以更大的决心和勇气深化改革开放,全面建成小康社会,实现中华民族伟大复兴;如何为国际合作以及全球治理探索新模式,为世界和平发展提供中国解决方案、增添新的正能量,推动人类命运共同体走向共同繁荣,是未来几年宏观经济需要重视和破解的难题,是中国经济学者应该肩负的使命与担当。基于上述宏观经济发展背景,由中国社会科学院经济研究所、首都经济贸易大学、中国经济实验研究院、《经济研究》杂志社、《经济学动态》杂志社、香港经济导报社、中欧金融与经济发展研究中心等单位联合主办的第十三届中国经济增长与周期高峰论坛(2019)暨中国城市生活质量指数发布会于6月29—30日在北京举行,来自国内外各高校、研究机构的100余位专家学者、10多家媒体以及近80多位中外学生代表参加了本届论坛。大会致辞并发言的学者包括(按发言顺序):全国人大常委委员、财经委员会副主任、中国经济实验研究院名誉院长郝如玉教授,中国社会科学院经济研究所所长黄群慧教授,首都经济贸易大学副校长王传生教授,香港经济导报社社长陈寅先生,上海财经大学经济学院院长、美国德克萨斯农工大学终身教授田国强先生,中国社会科学院张曙光研究员,南京大学商学院院长沈坤荣教授,清华大学中国经济社会数据研究中心主任许宪春教授,中国社会科学院经济研究所研究员、国家金融与发展实验室副主任张平研究员,首都经济贸易大学经济学院郎丽华教授,首都经济贸易大学经济学院杨春学教授,中国社会科学院经济研究所副所长张晓晶研究员,北京师范大学经管学院沈越教授,国务院发展研究中心社会发展研究部副部长李建伟研究员,中国人民大学学术期刊社社长杨瑞龙教授,云南财经大学经济学院陈昆亭首席教授,河北省社会科学院副院长彭建强研究员,湖南大学经济与贸易学院陈乐一教授,首都经济贸易大学经济学院李婧教授等。

与会专家围绕"中国 70 年发展历程与大国发展模式"这一主题进行了深入探讨与交流,对中国经济发展态势及原因、现代化国家治理思路以及新常态下中国经济的政策选择等问题做了深入讨论。

一、新中国的经济建设取得举世瞩目的成就

(一)快速的工业化进程实现从飞跃到稳定的经济增长

新中国成立以来,特别是改革开放以来,我国经济建设取得举世瞩目的成就,并于 2010 年超过日本成为世界第二大经济体。回顾 70 年的发展历程,工业化是理解中国经济建设的钥匙。黄群慧认为,总结新中国 70 年工业化的历史成就非常有必要。工业化强国是中国梦的一个经济组成部分。大国如果不走工业化道路很难实现经济现代化,进而实现整个现代化。新中国 70 年工业化的历史性成就可以概括为:工业化水平实现了从工业化初期到工业化后期的一个历史性飞跃;基本的经济国情实现了从落后的农业国向世界工业大国的历史性转变。这两大转变表明了,我们已经在实现中华民族伟大复兴的中国梦征程上迈出了一个决定性的步伐。

张平以改革开放为分水岭分析中国的工业化,他指出改革开放前中国的工业从无到有,且整个工业化进程从速度上看相对较高。尽管计划经济体制下的工业化面临了一些问题,经济波动较为剧烈,但为今后工业化的发展奠定了初步基础。改革开放后则充分吸收了前面的教训,工业化再一次从停滞走向发展,经济实现了高速、稳定的增长。并且,改革、开放与宏观稳定在 1994 年这个关键历史点上"三位一体"的高度结合推进了中国的可持续发展。黄群慧也认为,虽然改革开放前 30 年的工业化进程中经济政策波动很大,但总体来说,工业建设是取得了比较大的成就。一是建立了独立完整的工业体系和国民经济体系;二是在计划经济时期,实施了两种不同工业化战略,中国内地重工业优先、香港地区和台湾地区轻工业优先;三是先实施计划经济,之后走向市场经

济，现在又回过来重新在经济结构上进行调整。从总体工业化水平指数看，2011 年后进入工业化后期，2020 年基本实现工业化，到 2035 年前后中国将全面实现工业化，进入工业化国家行列，成为一个真正意义的工业化国家。我们建立了全世界最完整的现代工业体系，同时，在联合国的产业目录里中国是唯一能够全覆盖的国家。

但是这并不意味着中国的工业化已经完成，正如黄群慧教授所强调的，工业化后期和后工业化是两个完全不同的概念，后工业化的前提是已经实现了工业化，而工业化后期则是仍在工业化进程中。

除了工业化分析，也有学者通过实证方法研究中国整体的经济增长问题。陈乐一借鉴 Hamilton(1989) 的方法，采用 H－P 滤波法处理了 1953—2018 年实际 GDP 增长数据，并将 GDP 增长数据的周期成分进行马尔科夫方法研究。其研究结果表明，整体上新中国成立以来经济的扩张性持续增强，经济波动幅度逐渐减小，经济的稳定性不断提高。特别是改革开放以后，经济增长主要处于扩张状态，周期波动较小，扩张持续时间长。同时，他发现中国经济增长收缩阶段相对较短，平均持续 1.45 年，且有 69% 的概率在下一期实现“跳跃式”的增长；中国经济增长扩张阶段相对较长，平均持续 4.44 年，且有 75% 的概率在下一期维持扩张状态，中国经济正以良好和稳定的状态运行。

（二）改革开放和宏观调控是中国经济增长的主要动因

改革开放以来，中国始终坚持以经济建设为中心，综合国力大幅提升，创造了世界经济和社会发展的奇迹。40 年的改革开放，无疑对中国的经济增长和社会转型发挥了重要作用。

正如张平所指出的，改革开放前中国经济忽略人民分享的模式或无视个人利益激励的方式，无法实现真正的可持续发展，这是改革开放的一个根本动因。实施改革开放后，建立了宏观经济发展和人民利益之间的激励相容机制，使人民分享到增长的利益，这是中国取得成功的关键。

陈昆亭构建了基于有限需求和市场约束的经济增长模型来探究经济增长因素。他从具体商品需求和消费者效用的角度，提出具体商品的需求绝对有限的假设，并区分了不同收入群体的需求状况。他认为，需求是增长的动力，当需求饱和时经济增长会面临停滞，此时需要产品的创新；而纵向的技术进步会使得财富过度集聚，不利于形成有效需求，不利于经济增长；横向的技术进步会促进社会需求增加，有利于经济增长；市场规模的扩大有利于提高平均商品饱和器，从而增加创新驱动增长的持续性。陈乐一的实证研究也指出消费和供给对中国经济周期波动有重要影响，强调在扩大总需求的同时重视供给侧结构性改革。正如我们所观察，新中国成立以来，随着生产水平和生产能力的提高，物质条件日益丰富,人民的需求水平不断提高。特别是改革开放以来,中国一方面改革机制,激发国内外市场的需求活力,另一方面积极结合自主创新和引进新技术,成为举世闻名的“制造大国”,并向“制造强国”转变。同时,政府通过宏观调控调节市场供需,拉动经济的增长。

过去70年的发展历程,既有经验也有教训。田国强教授认为在对比改革开放的异同时,需要采取科学本质的控制实验的办法,既要弄清哪些是不变因素,又要弄清哪些是变化因素,从而找到决定发展绩效差异的关键因素。因此,除了改革开放这一发挥巨大作用的变化因素,还有一个重要的不变因素,那就是在党对经济工作的坚强领导背景下政府的宏观调控。

陈乐一教授将二者结合起来分析考察,指出制度变革对经济波动会产生较大影响。其中,对外开放度在收缩期和长期对经济波动的影响较大,非国有水平在扩张期和短期对经济波动的影响较大。同时,货币政策和财政政策能缓解经济波动,其中货币供应量在收缩期的影响更为明显。换言之,改革开放和宏观调控的意义不仅是拉动经济增长,还起到促进经济稳定发展的作用。其实证分析也指出,自改革开放以来,中国经济扩张周期从6.25年增加到8年,经济收缩周期从3年减少到2年。陈乐一教授还指出供给需求对经济波动的影响,认为在要素供给层面,劳动力供给的影响要大于资本存量的影响;在需求层面,消费需求对经济波动影响最大,其次为投资,进出口影响最小。

(三)中国经济增长动力充足

在经历了较长时间的高速增长以后,中国经济表现稳中有进、略有下滑的趋势,但是中国经济增长传递着良好的信号。李婧认为,尽管2005年人民币进入升值通道,但中国的贸易顺差已然扩大,这反映出中国劳动生产率的不断提高,是中国经济持续增长的一个重要信号。

黄群慧表示,虽然我国已经从以前的农业大国转变为工业大国,但还不是真正的工业强国,因为工业大国或者世界性工业大国只是从量的角度来判定。工业经济的大而不强是我国经济结构性的最大问题,并存在着区域间的巨大差异。但从另外一个角度看,结构性问题的调整也将会是推动中国经济未来发展的一大动力。同样地,李建伟也认为,尽管基于模拟预测,未来经济潜在增长率基本是不断下降的,但是到2025年仍能保持平均在6.2%左右的增速。保持该增速的经济增长与投资加速数和产业结构的调整等结构性因素密切相关。而从出口看,依照各国出口的发展规律,未来我国出口将从过去的高速增长状态转向低速增长状态,出口对实体经济增长的拉动作用会进一步下降,国内消费需求将成为推动经济发展的主要需求动力,中国的家电与电子产业的持续升级发展为经济快速发展提供坚实的需求支撑,但目前多数产品消费进入饱和状态。工业化后期居民消费重点从商品消费转向服务消费，近年来服务消费正在进入中等收入群体家庭，缩小收入差距能够大幅度扩大服务消费需求规模、提高服务消费增速，也是经济增长的强劲动力。

除了中国内地的经济发展，香港经济导报社社长陈寅认为，中国香港正处于一个前所未有的重大发展机遇叠加期。第一，"一带一路"建设香港处于枢纽位置。随着"一带一路"建设由大写意向工笔画阶段不断推进，沿线国家和地区对资金融通、专业服务、市场开发、航运物流等诸多方面的需求日趋旺盛，这些领域正是香港的优势所在。第二，粤港澳大湾区国家战略，香港是四大中心城市之首。在粤港澳大湾区国家战略的推进过程中，香港将是最重要的参与者之一，也将是巨大的得益者。尽管粤港澳大湾区人均 GDP 只有两万多美元，但粤港澳大湾区拥有后发优势，发展速度最快，潜力大、势头猛、后劲足。第三，香港是人民币国际化的桥头堡。香港之所以能够成为全球最大的人民币离岸中心，完全得益于人民币跨境使用业务的快速成长。香港国际金融中心地位将因为人民币国际化的纵深推进而变得更加稳固和牢靠。

面对结构性减速的经济增长态势，张平认为我国需要的是一整套制度性变革、与发展阶段相适应的改革，与此改革相匹配的是宏观政策的一系列调整，以及一套基于大国的规则性跟国际接轨的开放体制。张平研究员还提出了高质量转型的三个根本特征：一是基于开放的工业化如何转向"大国模型"；二是以增值税为基准的税收，如何转向对于城市化而言最重要的所得税；三是以干预保护为主的产业政策如何转向放松管制、提高竞争中性的政策。

二、与经济增长相适应的大国发展模式与现代化国家治理体系日益形成

（一）推进国家治理体系现代化对经济增长具有重要影响

尽管古代国人没有明确的国家观念，杨春学教授通过比较"家族国家观""文明国家观"，指出"有为政府"这一思想根源来自中国历史，中华文明的基因就是强政府的文化历史基因。在家族国家观中，国家与朝廷之间的界限不分明。家族就是皇族，皇帝作为"天子"代表国家的"天意"。在文明国家观中，中华文明把国家（政府）视为所有社会群体的自然、永恒的属性。它的思想基础是整体主义。在这种整体主义观中，国家被视为一个独立的现实，一个"集体存在者"，被认为是在追求客观上可确定的、高于个人偏好且与某个人的特定偏好没有必然联系的公共利益，是一种必不可少的"善"。

在此基础上，张晓晶研究员则指出，国家规模于国家治理和经济增长而言，已从原来因变量一方变为自变量一方。国家规模过大会产生"委托—代理"和

区域平衡问题，由此进一步导致区域的差异性治理与市场的统一性配置目标间存在深刻的现实矛盾。他进一步主张政府、市场、社会三方共治，认为在推进市场化改革的进程中，要发挥市场的决定作用，同时要促进社会组织的发育。国家治理核心在于“政府—市场—社会”多元共治。在提高国家韧性方面，他强调法治政府和责任政府，表示需要政府更好的监管和监控，但并不代表政府需要承担所有责任，政府核心思路在于提高社会风险抵御能力。

(二)探索建立“政府—市场—社会”三方共治的国家治理体系

在推进国家治理能力与治理体系的现代化过程中，市场改革和社会培育需要双管齐下。现代化治理需要政府、市场和社会“三方共治”。

杨春学教授基于对中国古代国家观的研究指出，与传统国家治理思路相匹配的两个“恶习”——以德替法和对权利没有根本性有效制衡阻碍了良好制度的建设。前者实际上是掩盖问题的一种说辞，它会把与道德无涉的社会经济问题道德化，而后者则会产生历史周期律问题。

张晓晶研究员表示，在“政府、市场与社会”三方博弈中，政府一直处于强势地位。经济学家更多关注了政府与市场，忽略了社会。而自组织力量强大的社会其实更容易起到监督政府、规范政府行为的作用，有利于改善政府治理。因此，强能社会(即社会力量强)更容易产生优良政府，从而获得绩效更好的政府治理。社会需要强大的公民参与网络与社会组织能充分调动相关社会资源，通过共同行动增强社会系统对风险的反应、处置和协调能力，以维持社会系统结构均衡和秩序稳定，进而提高大国韧性。

(三)重视地方政府行为演变对国家治理和经济增长的影响

沈坤荣从政府行为的演变以及增长动力转换的视角来分析新中国成立70年来的经济增长。他指出从新中国成立至今70年期间，中国经济增长历经几个重要的阶段，在每一个阶段，政府行为演变与增长动力转换互为耦合，深刻地影响宏观经济的增长与波动。新中国成立后30年，政府行为表现为中央政府主导资源配置；改革开放至今，地方政府竞争成为政府行为的主要形式。他认为地方政府行为是理解中国经济增长的基本逻辑。中国作为一个幅员辽阔的大国，决定了中国经济要走大国发展道路，大国发展道路的关键在于分权，即中央政府负责政策的顶层设计，由地方政府具体负责政策的执行。

改革开放以来，中国获得的高速经济增长很大程度上就是由地方政府行为驱动的，离开地方政府行为的视角，便无法透视中国经济增长的基本逻辑。在改革开放后很长一段时间，地方政府发挥了极为重要的作用，主要体现为市场互补功能，总体而言正面效应大于负面效应。比如，地方政府为吸引经济增长的生产要素展开税收竞争，虽然短期内牺牲了税率，但是长期却扩大了税基，带来了中国国内生产总值与财政收入的长期高速增长。但是，随着中国逐步迈向追求高质量发展的新常态，地方政府行为引起的区域竞争却愈演愈烈，合理的约束机制被不断突破，市场功能很大程度上被地方政府所取代，在一些关键领域，地方政府总是游走在管控的边缘，所产生的负面效应似乎已经盖过正面效应。

基于以上现实，他认为有三个领域值得重视，一是跨区域的环境治理地方政府以自我为中心的思维愈发突出。中国作为一个发展中大国，地区间发展阶段的差异性，使得地方政府间的协作愈发困难，由于不同地区无法在环境治理上达成联防联控的共识，激烈的地方政府竞争加剧了污染的空间转移，不仅降低了污染治理的效率，更是影响了整体经济质量的提升，因而，跨区域污染治理尤为必要。二是跨区域的金融资源扩张与地方政府对金融资源的争夺逐渐演变为隐性债务扩大的竞争，由于我国多层次、多元化的资本市场尚不够完善，这给予地方政府无序竞争隐性债务提供了空间，金融的扩张与争夺使得地方政府债务高企，一些违规的债务即使通过中央调控也难以彻底清除。三是跨区域的土地出让金竞争与同一逻辑的“人才争夺战”，地方政府围绕土地出让展开的竞争，推高了房价，降低了人民的幸福感与获得感。近来，各地开展“人才争夺战”，这看上去是为城市的创新积累人力资本，实际上背后仍然是土地出让竞争的逻辑。因此，在不完善的市场与强有力的政府这一大背景下，如何矫正地方政府异样的博弈，是决定中国经济未来能否走向高质量发展阶段的关键。

三、实现高质量发展的内在驱动力

（一）科学统筹国家治理与高质量发展的关系

国家治理体系和治理能力的现代化作为全面深化改革的总目标，不仅对于中国的政治发展，还对于中国的经济发展而言，具有重大而深远的理论意义和现实意义。科学统筹国家治理与高质量发展的关系，必须重视政府和市场的关系。市场在资源配置方面存在诸多优势，但是社会主义市场经济是同社会主义基本制度相结合的，既要体现市场经济的规则，又要体现社会主义制度的要求，而这就要求政府职能的恰当发挥。把市场机制能有效调节的经济活动交给市场，把政府不该管的事交给市场，让市场在所有能够发挥作用的领域都充分发挥作用，推动资源配置实现效益最大化和效率最优化。更好发挥政府作用，不是要更多发挥政府作用，而是要在保证市场发挥决定性作用的前提下，管好那些市场管不了或管不好的事情。张晓晶认为，就现阶段而言，在经济发展过程中,政府和市场应该有一个优先序。未来的改革要以市场经济为基本原则和基本信仰,并以此来约束、规范、调整政府的行为;而不是以政府主导为信仰和遵循,让市场经济来协调和配合。一个国家的繁荣需要国家能力、法治政府与责任政府的三者配合,缺一不可。

张晓晶同时指出,把"社会"找回来。因为强能社会(即社会力量强)更容易产生优良政府,从而获得绩效更好的政府治理。因为自组织力量强大的社会更容易起到监督政府、规范政府行为的作用,有利于改善政府治理。相反,一个弱能社会更容易造成政府的恣意行为、权力的任性和失控,最终导致政府治理或陷于低效或陷于衰败的境地。增强社会能动力有利于提高社会的风险抵御能力、恢复重建能力和调整适应能力,提高大国韧性。

(二)以创新推动中国经济的高质量发展

创新是推动高质量发展的核心和关键。根据创新策动主体在创新中的不同地位和作用,将近现代经济中的创新分为三种理念模式:个人引领的创新模式、企业策动的创新模式和具有在原有架构下对技术和组织完善深化优势的国家主导的创新模式。在这一框架下,沈越把改革开放以来中国的创新模式分为3个阶段:在初期,是以学习模仿适用技术为主阶段,因学习比创新成本更低,以政府为主导的国家创新体系发挥了积极的作用,这样可缩短赶超时间。在现期,是学习+再创新模式,现在仅依靠外来技术和经验已不能支撑中国经济高质量发展,原始创新变得越来越重要。同时学习也不再是单纯模仿,而是在学习外来技术、管理、制度基础上再创新。目前除个别领域外,这种学习再创新模式已成为现今中国创新的主要形式。这一阶段,国家创新模式须进行调整,需要不断提升企业和个人在创新体系中的地位。在未来是以前沿创新引领的创新模式,由于中国可借鉴学习的空间越来越小,前沿创新愈加重要。在中国主要依靠某个主体(个人、企业、政府)推动创新不能满足大国模式的要求,尤其需要改革现行由政府主导的创新模式,这需要重新安排个人、企业和政府三者在现行创新体系中关系:提升个人和企业在创新中的地位和作用,逐步降低政府的主导作用。政府主导的创新主要在三个领域:基础研究领域,尤其是基础科学领域;涉及国家安全的非市场化领域;技术与市场前景明朗领域。需要指出的是,这里所说的政府主导作用,强调的是政府的兜底职责,在这些领域中并不排除个人和企业来主导,在其他领域,政府的主要任务是通过深化改革,营造有利于创新的制度安排和文化环境,以激励企业和个人的创新。

张平也指出,中国经济发展的高质量转型就是从比较优势到要素质量升级,除了传统要素的升级,还要增加知识产权保护制度、信息、网络等新要素的供给,这些可以使得生产函数提升一个新的档次。而新要素加入的关键是如何激励创新，尽管政府干预有它的历史贡献，但是到创新的阶段，面对新要素的提升需求，这些就变成了桎梏。他认为这种创新不可能靠国家干预产生，而是要靠一套制度安排激励企业家创新，由此，整个创新问题才能从所谓的国家干预的宏观问题变成基于企业的微观分布式创新问题，然后进行内生性增长。此外，通过金融的跨期匹配可以在一定程度上减少创新效率补偿的不确定性。

（三）包容并监管新经济模式的发展

随着大数据、人工智能等现代数字技术的迅速发展、流通和生产的一体化更加广泛，新的经济模式不断涌现，平台经济在互联网时代成为现代市场体系的重要组成部分，成为世界经济增长的新引擎。许宪春教授以福建莆田为例，分析了平台经济的模式、特征和作用。

他指出平台经济是以网络信息技术为基础，整合各方资源，为市场参与者提供多方位立体式服务，为参与双方或多方实现价值创造，提升市场总体收益的新型经济组织形式。莆田的平台经济模式，一是以众鞋联为代表的上下游纵向联动模式；二是以智慧 U 站为代表的小企业横向组合模式；三是以物泊物流为代表的物流创新模式。在发展过程中平台经济呈现出了政府引导支持、国企民企融合发展、依托实体产业、轻资产运营与网络外部性快速积累规模优势以及跨界整合等特征。其积极作用在于：一是可以解决信息不对称问题，提升企业效率；二是可以发挥信息优势和规模效应，降低客户的采购价格；三是可以实现供应链协同作业，提升供应链运行效率；四是可以通过供应链金融缓解中小企业融资难问题；五是可以依托平台汇聚流量，实现传统产业转型升级；六是可以降低进入门槛，创造大量就业。但是平台经济在发展过程中也遇到了人才供给不足、资金短缺、数据基础设施不健全等问题。相应的政策建议是：一方面要推动适应新经济时代的教育变革；另一方面要发展多层次的资本市场，同时要加快数字中国基础设施建设的步伐，打破信息孤岛，构建政府大数据平台。

在我国经济发展的新旧动能转换之际，创新驱动战略的实施离不开新经济模式的发展。因此，在未来的经济建设过程中，政府应包容并监管新经济模式的发展，使其成为我国经济增长的又一大动力。

四、新常态下中国经济三个重点领域的政策选择

（一）继续深化国有企业改革

若实现新常态下中国经济的高质量发展，必须深化以国有企业为中心的改革。张曙光提出企业改革的一个新的分析框架——使用权中心的企业理论。他认为，为了直观形象和便于理解，比照君权来讨论。在本质上，君权和所有权

等价,前者的对象范围是政治领域,后者关注的是经济生活。如果说国君有实君、半实君和虚君,那么,所有权也有实权、半实权和虚权。如果说所有和所用合一的古典企业是实君实权,那么,以委托代理关系为中心的现代公司制企业则是半实君半实权,因为代理人的权限是所有者授予的和所有权派生的,其控制权或使用权的独立性是有限的。新制度经济学仍然是以实君实权和半实君半实权为中心展开的。如果说租佃制,特别是永佃制近似于虚君虚权,那么,立足于使用权中心的现代企业和网络组织才是真正的虚君虚权。

他认为,使用权中心论改变了企业和企业理论的性质。过去的所有权中心论,科斯和张五常等把企业看作交易主体,把企业活动的中心看作"获取市场价格信息的成本",这样,企业就变成了一个交易中心,处理的是同质性的问题。而从使用权出发,企业就不是一个交易主体,而是一个动能的使用主体和创新主体,企业活动的中心是所用资源的性能、结构及其匹配,在结构上对应的是拓扑结构,处理的是异质性的问题。

同时,企业内部结构和组织流程发生了变化。以前董事会的权力来自所有权,现在来自使用权。以前董事和董事长由所有者选聘,具有自上而下委派的性质,所有者扮演了伯乐的角色;现在由使用者在使用者中选举,使用者既有选举权,又有被选举权,具有了自下而上推举的性质,这在企业经营和发展中真正注入了民主的因素,实现了劳资共和与权利平等。

另外,追求利润的主体和利润的享用发生了变化。在所有权中心论下,利润被看作资本产物,按照资本投入的比例分配利润和承担亏损,全员持股是全体员工既是所有者,又是使用者,股票期权制度是资本所有者拿出一部分利润用来激励管理层的一种安排。这种制度设计的出发点和归宿都是为了保证股东的权益。在使用权中心论的条件下,利润不能再简单地看作是资本的产物,而主要是经营者能动和创造的结果,其分配制度的设计也不能以所有者的权益作为出发点和归宿,而要从使用者的分享和激励出发,还要考虑对社会的服务。

杨瑞龙也表示,由于市场存在很多禁入原则,民营企业现在很难在一个平台上和国有企业进行竞争。为解决民营企业当前遇到的"玻璃门、旋转门、天花板"等诸多困难,极其重要的思路方向就是如何通过开放市场,给民营企业增加更多的投资机会,而"国企混改"就是一个重要机会。使国有企业的融资和市场支配优势与民营企业的灵活经营机制优势相互补充,既能实现国企改革的目标,又为民营企业投资提振信心。然而,目前国企混改主要实现了"混",而没达到"改"的目的,民营企业参与投资的机会仍然有限。他进一步对国企混改提出两条建议:一是将民营资本的参与程度作为考量国企混改的参照标准;二是参照国际通行做法,用产业分类确定国有企业的"公益"或"商业"属性，从而把哪些企业能够纳入混改的决定权由“谁出资谁分类”转变为一个客观标准。

面对当前形势，杨瑞龙认为目前着力要解决以下五个方面的问题：一是取消所有制歧视，让民营经济吃上“定心丸”，稳定预期。在大力发展民营经济上，我们还需进一步贯彻习近平总书记关于处理好解放思想与实事求是的关系，再来一次解放思想，真正打消民营企业家的顾虑，提振民企的投资信心。特别是切实降低民营企业的税费负担，让已经出台的鼓励政策能真正“落地”，解决民营企业融资难、融资贵的问题。二是建立新型的政商关系，重塑改革动力机制，为民营经济的健康发展保驾护航。建立新型的政商关系（亲、新），重塑改革的动力机制，特别是激发地方政府官员与国企领导人的改革勇气与胆识，完善“混改”的制度安排，营造一个以改革为荣、不改革为耻、让改革者有好报的宏观环境。三是进一步深化改革开放，向外资开放，首先对内资特别是民营资本开放。四是处于垄断性领域的国企混改，应鼓励民营资本突破进入壁垒；处于竞争性领域的国企混改，应让民营资本染指“控制权”。五是保护企业家人身和财产安全。稳定预期，弘扬企业家精神，安全是基本保障。

（二）高质量推进新型城镇化建设和乡村振兴

工业化及其所带动的产业发展和城市化是同一过程中的两个方面，因此，工业化和城市化往往是衡量经济发展的重要指标。基于经济社会发展现实，我国提出了新型城镇化战略，城镇化对于我国的经济增长和经济结构优化均具有重要的推动作用。彭建强认为，城乡建设是中国经济增长的动力，中国在今后相当长的一段时间都能保持经济增长，其一大动力是新型的城镇化建设和乡村振兴。然而，当前对未来城乡体系演变把握的不合理性，导致了城乡建设出现两难困境。在城镇建设层面，一方面城镇建设无法满足城镇人口日益增长的需求，另一方面又出现大量市政项目的重复建设；在乡村建设方面，一方面乡村发展不足、人口流出，出现空心化，另一方面又出现农村重复建设问题。他认为以往城乡建设没能很好地把握城镇建设和乡村振兴的关系，忽略了提高农村的物质资本和人力资本，导致城镇化的转移不彻底且质量不高。

因此，要倡导新型城镇化，也就是既要城镇化，又要乡村振兴，从而实现双轮驱动，而新型城镇化的关键在于城乡融合。一方面要充分利用城市流向农村的要素促进农村三大产业的发展和新兴社区的建设，另一方面要继续推行城镇化实现市民化。同时，对不同类别的村庄应该采取不同的方式。其中，集聚提升类村庄是乡村振兴的重点，城乡融合类村庄要有动态规划，特色村庄要注意保护特色和改善物质条件，搬迁并类村庄要注意人口安置问题。

因此，高质量推进以人为核心的新型城镇化建设，不仅可以协调当前的区域发展不平衡问题,还可以为我国经济的持续增长提供动力。

(三)实现对外贸易策略的转型和发展

中国70年的经济发展历程本身就包含着融入经济全球化的曲折历程,在这个过程中,中国不仅实现了自身经济的高速稳定增长,还对世界经济发展做出了巨大的贡献。可以说,当代中国一定程度上是世界经济的“定盘星”和“压舱石”,也是国际体系变革的“发动机”。但是近期的中美贸易摩擦,需要我们重新思考,并且审慎安排对外贸易策略,实现转型。

李婧重点分析了当前贸易摩擦问题以及由此引发的汇率转换问题。通过历史分析,她指出过去中国汇率制度的转换以服务对外贸易为主要目的,具有一定的政治色彩,在多种汇率制度上进行尝试,并具有相机性。但是,由于对外贸易的增长,收入效应的影响大于价格效应,且国际的贸易竞争从价格竞争向技术竞争转换,汇率调整这种短期措施在解决贸易摩擦问题上存在局限性。因此,汇率水平是不能被操纵的,未来人民币汇率制度的设置,中国应该更多关注资本和金融账户以及货币自主权,遵循经济逻辑而非被动地服从政治逻辑,遵循中国整体经济而非追随“华盛顿共识”,遵循科学逻辑而非进行简单的相机选择。

田国强教授针对当前的贸易,指出中美关系在信任和利益方面都严重受损,已不仅限于贸易领域,有开始向技术、制度、政治意识形态领域转移的迹象,很可能会长期化,不容忽视。并且,中美关系全面恶化的后果非常严重,对中美双方都不利、对世界也不利,美国的产业转移,以及加强对中国科技、教育等方面的封锁,可能会使中国经济动力有所下降。中国作为中美竞争中较弱的一方,需要低姿态,尽可能韬光养晦,但并不意味着一味退让,应寻求与能力相一致的对外战略目标,不能模糊化和无限化,引起国外的担忧、疑虑甚至恐惧。

他进一步指出,面对中美关系冲突性和对抗性的增强趋势,应以“基准四最”进行应对,分别是:保持战略定力和冷静最为重要,互信互利最为基础,做好自己的事最为根本,加大改革开放力度以此发展壮大自己最为关键。他认为短期政策只能治标,关键还是要通过扩大开放倒逼改革深化,具体措施有以下三个方面:一是中国应该以中美经济贸易摩擦为牵引,加快推进中欧、中日韩、中韩、中日、中英等主要多边双边自由贸易协定谈判升级,同时要避免将对抗扩散到以意识形态作为典型特征的冷战中去,否则会引起像美国与苏联那样更加激烈的冲突,西方国家可能会重新站队;二是中国应该以中美经济贸易摩擦为牵引,倒逼国内市场化改革深化和营商环境优化,形成所有制中立、竞争中性格局;三是中国应该以中美经济贸易摩擦为牵引,不断完善知识产权保护体系,助推中国实现从要素驱动向创新驱动转型。

面对当前的对外形势,龚刚提出人民币国际化的“三步走”战略,即人民币周边化、人民币区域化、人民币国际化。他认为,目前人民币周边化已经基本实现,因此建议针对人民币区域化目标国家,转变传统的对外开放模式,转向以人民币主动扩大进口;以人民币对外直接投资,将那些不符合中国现有比较优势的劳动密集型产业转移出去,并将其生产的产品返销中国。

以人民币对外直接投资并将其生产的产品返销中国,不仅会推动这些国家的工业化过程,同时也为中国用人民币进口提供便利。在中国经济发展的新阶段,中国的资源(如劳动力等)已不再大量剩余,从而也不再廉价。因而,中国对外开放模式(如对外货币和对外贸易等)需要转型,这种转型不仅是中国经济本身发展的需要,同时也是为了应对美国压力的需要。然而,传统出口导向型的贸易模式将严重阻碍人民币国际化。因此,有必要进一步推动贸易转型,即针对发达国家主动扩大进口,不追求贸易顺差;针对发展中国家,追求以人民币进口。新时代下贸易转型不仅有利于促进经济增长,也更有利于推动人民币国际化。

五、城市生活质量稳中有忧

中国经济实验研究院城市生活质量研究中心 2019 年继续对 35 个城市生活质量进行跟踪调查,得出城市生活质量的满意度指数。

城市生活质量指数是通过对 35 个城市居民的生活质量主观感受进行网络调查得到的。本次调查产生有效随机样本 8824 个。根据调查所获得的数据,通过统计分析得出描述城市生活质量的 4 个满意度分指数,即消费者信心、教育质量、健康水平、医疗服务,分别反映了城市生活质量的某一特定方面。其中,消费者信心指数是采用密歇根消费者信心指数计算方法获得,答案赋值为 0 ~ 200,在国际上具有可比性。

调查显示,2019 年,全国 35 个城市消费者信心指数加权平均值为 138.39,35 个城市的消费者信心指数全部超过 100。排名前 10 位的城市分别是:南宁(145.35)、重庆(143.36)、南昌(143.03)、济南(142.10)、青岛(142.01)、贵阳(141.87)、长春(141.44)、郑州(141.27)、乌鲁木齐(140.83)、南京(140.40)。其中,东部地区城市 3 个,中部地区城市 3 个,西部地区城市 4 个。排名后 10 位的城市分别是:呼和浩特(137.50)、福州(137.08)、上海(136.78)、天津(136.64)、沈阳(135.39)、银川(135.34)、北京(135.09)、广州(134.03)、石家庄(130.35)、成都(129.63)。

全国 35 个城市居民教育质量满意度指数为 67.04,答案赋值为 0 ~ 100,介于一般(50)和满意(75)之间。排在前 10 位的城市分别是:厦门(73.02)、青岛(70.99)、海口(70.75)、长沙(70.08)、贵阳(69.94)、银川(69.17)、深圳(69.00)、杭州(68.83)、郑州(68.80)、宁波(68.76);排在后10位的城市分别是:西安(65.76)、武汉(65.74)、福州(65.55)、广州(65.30)、天津(65.17)、哈尔滨(63.49)、石家庄(63.45)、上海(62.84)、成都(61.86)、沈阳(61.70)。

全国35个城市居民健康满意度指数为56.99,介于好(50)和很好(75)之间。排在前10位的城市分别是:郑州(61.50)、太原(61.04)、深圳(60.82)、北京(60.80)、杭州(60.41)、哈尔滨(59.99)、济南(59.95)、厦门(59.27)、贵阳(59.01)、呼和浩特(58.98);排在后10位的城市分别是:天津(55.81)、银川(55.64)、大连(55.62)、兰州(54.98)、上海(54.33)、长沙(53.71)、广州(53.32)、石家庄(52.72)、乌鲁木齐(52.01)、西宁(50.94)。

全国35个城市居民医疗服务满意度指数为62.80,介于一般(50)和满意(75)之间。排在前10位的城市分别是:北京(66.79)、南京(66.31)、杭州(65.92)、南昌(65.54)、宁波(65.27)、合肥(65.12)、西安(65.03)、济南(64.94)、郑州(64.94)、沈阳(64.70);排在后10位的城市分别是:武汉(61.87)、西宁(61.62)、深圳(61.55)、银川(61.40)、太原(60.53)、昆明(60.28)、大连(60.16)、福州(60.08)、哈尔滨(60.00)、长春(59.16)。

根据35个城市居民生活质量调查结果,总体而言,在我国经济高质量转型背景下,消费者信心增强,但是解决人民日益增长的美好生活需要和不平衡不充分发展之间的矛盾依然任重道远。

城市居民生活质量总体稳定,稳中有忧

——2019 年中国 35 个城市生活质量报告

中国经济实验研究院城市生活质量研究中心

中国经济实验研究院城市生活质量研究中心 2019 年继续对 35 个城市生活质量进行跟踪调查,本次调查是 2011 年以来的第 9 次年度调查,调查结果通过统计分析和计算得出了评价 2019 年中国城市生活质量的主观满意度指数,该指数在 2019 年第十三届中国经济增长与周期论坛上发布。

一、对 2019 年城市生活质量调查的说明

本次调查在指标体系设置以及样本选取等方面基本延续了 2018 年的做法。问卷调查通过问卷星网络调查平台进行。问卷访问量为 28050 次,有效问卷数量 8824 份。根据 IP 号段对 35 个城市进行甄别,充分保证了本次调查空间分布的广泛性和合理性。

与 2018 年指标体系相同,2019 年的调查依然包含 4 个满意度指数,即消费者信心、教育质量、健康水平、医疗服务。其中,消费者信心指数借鉴了美国密歇根消费者信心指数的问卷设计和计算方法,赋值范围为 0 ~ 200;教育质量指标依据我国《教育部关于推进中小学教育质量综合评价改革的意见》(教基二〔2013〕2 号)中"建立健全中小学教育质量综合评价体系"的 5 个指标;健康水平利用美国疾病控制与预防中心(CDC)开发使用的健康度量指标,包括身体健康和心理健康指标;医疗服务质量指数主要是反映受访者对就诊的医疗机构服务质量以及对医疗保险个人承担部分的满意度情况。后 3 个指数的赋值范围均为 0 ~ 100。

二、城市生活质量主观满意度调查结果

城市居民生活质量的主观满意度指数分别从消费者信心、教育质量、健康水平、医疗服务四个方面得到说明。

(一)消费者信心指数

表 1 是 2019 年中国 35 个城市居民消费者信心调查结果。该表显示,2019 年,中国 35 个城市消费者信心指数加权平均值为 138.39,处于临界点(100)和

有信心(150)的区间,显示了消费者对当前以及未来1~5年的个人收入水平、收入预期、经济形势、经济前景趋向于满意;与2018年的平均值115.48相比,消费者信心指数有所增强。

表1 2019年中国35个城市居民消费者信心指数

排名		城市	2019年指数	排名		城市	2019年指数
2019年	2018年			2019年	2018年		
1	7	南宁	145.35	19	19	昆明	138.49
2	28	重庆	143.36	20	15	哈尔滨	138.04
3	5	南昌	143.03	21	20	西宁	137.93
4	2	济南	142.10	22	14	武汉	137.85
5	9	青岛	142.01	23	21	宁波	137.85
6	6	贵阳	141.87	24	11	兰州	137.69
7	29	长春	141.44	25	12	深圳	137.63
8	18	郑州	141.27	26	16	呼和浩特	137.50
9	22	乌鲁木齐	140.83	27	23	福州	137.08
10	34	南京	140.40	28	1	上海	136.78
11	33	海口	140.26	29	26	天津	136.64
12	13	太原	139.96	30	3	沈阳	135.39
13	8	合肥	139.77	31	32	银川	135.34
14	35	西安	139.74	32	25	北京	135.09
15	4	长沙	139.68	33	10	广州	134.03
16	24	大连	139.15	34	27	石家庄	130.35
17	17	厦门	139.02	35	31	成都	129.63
18	30	杭州	138.85	平均值			138.39

35个城市的消费者信心指数全部超过了临界点100。排在前10位的城市分别是:南宁(145.35)、重庆(143.36)、南昌(143.03)、济南(142.10)、青岛(142.01)、贵阳(141.87)、长春(141.44)、郑州(141.27)、乌鲁木齐(140.83)、南京(140.40);排名后10位的城市分别是:呼和浩特(137.50)、福州(137.08)、上海(136.78)、天津(136.64)、沈阳(135.39)、银川(135.34)、北京(135.09)、广州(134.03)、石家庄(130.35)、成都(129.63)。与2018年相比,重庆、长春、乌鲁木齐、南京、海口、西安、杭州等7个城市居民的消费者信心上升比较显著;上海、沈阳、广州、深圳、兰州、长沙等6个城市居民的消费者信心下滑比较明显。

根据中国城市生活质量指数(QLICC)体系,消费者信心指数由个人收入变化、未来收入预期、对国家经济形势 1 ~5 年的判断、购买耐用消费品时机选择等 5 个分指标构成。从细分指数分析,2019 年城市居民消费信心基本稳定主要是基于居民对自己未来收入水平的稳定预期以及对我国未来 1 ~5 年经济保持良好发展的信心。在当前经济增速、投资增速、出口增速面临下行压力的情况下,较强的消费者信心指数表明,未来一两年消费需求有可能成为经济增长的稳定器。

另外,根据调查背景资料分析,不同性别、年龄、学历的消费者信心指数有所不同(见表 2)。从性别来看,女性消费者信心指数略低于男性;在不同年龄段中,20 ~29 岁的消费者信心指数最高,40 岁以上的消费者信心指数最低,由此可以看出不同年龄段的人群面临的生活压力有所不同,从而使消费者信心存在一定的差异;不同学历中,消费者信心指数与学历水平正相关,研究生及以上的消费信心指数最高,大学本科以下的消费者信心指数较低。我们认为,不同群体消费者信心指数的差异可能与他们的就业状态和收入水平有关。

表 2　不同性别、年龄、学历的消费者信心情况

分类标准		消费者信心
性别	男	139.44
	女	138.99
年龄	20 ~29	140.19
	30 ~39	139.50
	40 +	134.23
学历	大学本科以下	138.86
	大学本科	139.06
	研究生及以上	140.80

(二)教育质量满意度指数

教育质量满意度指数主要衡量居民对学校注重素质教育的满意程度,分数 100 代表“非常满意”,75 代表“满意”,50 代表“一般”,25 代表“不满意”,0 代表“非常不满意”。表 3 是 2019 年全国 35 个城市居民教育质量满意度的调查结果。由表 3 可知,2019 年全国 35 个城市居民对教育质量的满意度指数加权平均值为 67.04,介于一般(50)和满意(75)之间,略低于 2018 年的 69.37。教育质量满意度指数由 3 个细分指标构成,分别为:“您认为目前普通中小学 1. 是否注重学生的品德发展教育;2. 是否注重学生身体和心理素质的全面发展;3. 是否注重培养学生的兴趣特长”。从全国 35 个城市 3 个指标的平均值来看,城市居民认为学校在注重学生的品德教育方面做得最好,分值为 70.64;其

次为注重学生身体和心理素质的全面发展,分值为65.73;最后为注重培养学生的兴趣特长,分值为64.76。三个分值均处于一般(50)和满意(75)之间。

表3　2019年中国35个城市居民教育质量满意度指数

排名		城市	2019年指数	排名		城市	2019年指数
2019年	2018年			2019年	2018年		
1	7	厦门市	73.02	19	19	南昌市	66.73
2	31	青岛市	70.99	20	32	合肥市	66.67
3	33	海口市	70.75	21	15	西宁市	66.62
4	13	长沙市	70.08	22	18	南京市	66.55
5	8	贵阳市	69.94	23	21	大连市	66.40
6	14	银川市	69.17	24	16	重庆市	66.27
7	11	深圳市	69.00	25	29	北京市	66.19
8	35	杭州市	68.83	26	30	西安市	65.76
9	28	郑州市	68.80	27	22	武汉市	65.74
10	25	宁波市	68.76	28	20	福州市	65.55
11	2	乌鲁木齐市	67.98	29	34	广州市	65.30
12	3	兰州市	67.97	30	4	天津市	65.17
13	5	南宁市	67.96	31	26	哈尔滨市	63.49
14	9	太原市	67.61	32	23	石家庄市	63.45
15	1	济南市	67.54	33	27	上海市	62.84
16	6	呼和浩特市	67.43	34	12	成都市	61.86
17	24	长春市	66.82	35	17	沈阳市	61.70
18	10	昆明市	66.75	平均值			67.04

从地区分布来看,排在前10位的城市分别是:厦门(73.02)、青岛(70.99)、海口(70.75)、长沙(70.08)、贵阳(69.94)、银川(69.17)、深圳(69.00)、杭州(68.83)、郑州(68.80)、宁波(68.76);排在后10位的城市分别是:西安(65.76)、武汉(65.74)、福州(65.55)、广州(65.30)、天津(65.17)、哈尔滨(63.49)、石家庄(63.45)、上海(62.84)、成都(61.86)、沈阳(61.70)。通常认为,北京、上海、广州是经济最发达、优质教育资源比较集中和教育最为发达的城市,但受访者的满意度却不高,三个城市排名分列第25位、第33位和第29位。与2018年相比,在35个城市中,排名上升较大的城市有青岛、海口、杭州、郑州、宁波、合肥等城市,排名下降幅度较大的城市有天津、成都、沈阳、济南、呼和浩特等城市。

除针对35个城市居民对教育质量的满意度进行调查外,我们还对学生的学业负担、进入重点或热门中小学的主要障碍、课外教育支出等三项指标的居民感受情况进行了问卷调查。表4、表5和表6是该项调查的结果。

表4显示了2019年中国35个城市居民对子女学业负担的满意度情况，指数越高代表学业负担越轻，100为非常轻，75为较轻，50为一般，25为较重，0为非常重。35个城市调查结果的平均值为26.12，虽处于一般和较重区间，但更接近于较重的状态。其中，济南得分32.02，位列第一名；太原得分21.27，位列第35位。即比较而言，济南居民认为子女学业最轻，太原居民认为子女学业最重。总体而言，35个城市居民都认为子女的学业较重。

表4　2019年中国35个城市居民对子女学业负担满意度指数

排名		城市	2019年指数	排名		城市	2019年指数
2019年	2018年			2019年	2018年		
1	22	济南	32.02	19	27	西宁	26.31
2	14	贵阳	30.13	20	9	武汉	25.81
3	5	深圳	29.88	21	8	成都	25.61
4	3	天津	29.64	22	15	银川	25.40
5	1	青岛	29.13	23	35	西安	25.35
6	16	海口	28.81	24	25	宁波	24.81
7	4	乌鲁木齐	28.36	25	6	福州	24.74
8	33	南昌	28.31	26	26	大连	24.43
9	13	北京	28.12	27	10	哈尔滨	24.28
10	7	厦门	27.81	28	20	广州	23.93
11	30	兰州	27.40	29	2	南京	23.61
12	17	长沙	26.88	30	29	杭州	23.55
13	11	南宁	26.80	31	18	长春	23.31
14	21	昆明	26.78	32	19	石家庄	22.78
15	28	重庆	26.72	33	23	沈阳	22.53
16	12	郑州	26.59	34	34	上海	21.70
17	24	呼和浩特	26.55	35	32	太原	21.27
18	31	合肥	26.53	平均值			26.12

与2018年相比，中国35个城市中对子女学业负担满意度上升幅度较大的城市有济南、贵阳、海口、南昌、兰州、重庆、合肥、西安等城市；满意度下降幅度较大的城市有南京、福州、哈尔滨、长春、石家庄、成都、武汉等城市。

表5显示了2019年中国35个城市居民对学生或子女无法进入重点或热门学校的最主要障碍的认知状况。总体来讲，全国有32.6%的受访者认为学

区不同是学生或子女入学的主要障碍，选择学生成绩不够的占 23.3%，择校费用太高的占到了 20.18%，户口不在本地的占 19.05%。相比 2018 年，成绩因素和择校费用占比明显上升，成绩因素上升在一定程度上说明教育的公平性问题有所改善，但择校费用占比上升、学区差异和户籍不在本地占比等因素居高不下，依然影响着教育的均衡发展。

表 5　2019 年中国 35 个城市居民对学生（或子女）无法进入重点或热门学校的最主要障碍认知情况

（%）

序号	城市	百分比				
		学区不同	学生成绩不够	择校费用太高	户口不在本地	其他问题
1	北京	39.95	18.56	21.13	19.85	0.52
2	成都	31.33	21.03	27.90	17.60	2.15
3	大连	41.56	22.08	15.15	17.32	3.90
4	福州	34.20	23.38	14.72	22.94	4.76
5	广州	21.02	29.30	21.66	23.89	4.14
6	贵阳	18.39	36.77	12.56	17.94	14.35
7	哈尔滨	31.62	21.79	26.50	14.10	5.98
8	海口	27.19	24.12	15.35	24.56	8.77
9	杭州	32.19	26.18	21.89	15.88	3.86
10	合肥	39.74	23.08	15.38	17.95	3.85
11	呼和浩特	34.20	18.61	20.78	18.61	7.79
12	济南	40.17	20.52	18.78	17.90	2.62
13	昆明	26.43	23.79	24.67	16.74	8.37
14	兰州	30.26	28.07	16.67	14.47	10.53
15	南昌	31.76	23.61	15.88	24.03	4.72
16	南京	43.65	17.92	22.48	13.36	2.61
17	南宁	33.04	19.57	13.48	26.52	7.39
18	宁波	32.16	24.67	14.98	22.91	5.29
19	青岛	41.63	21.46	15.88	14.59	6.44
20	厦门	27.39	23.91	13.48	28.70	6.52
21	上海	35.75	20.47	18.91	20.98	3.89
22	深圳	24.09	21.45	22.11	28.71	3.63
23	沈阳	47.83	23.04	14.78	13.04	1.30
24	石家庄	30.87	23.91	20.87	22.61	1.74
25	太原	29.69	20.52	23.14	19.65	6.99

续表

序号	城市	百分比				
		学区不同	学生成绩不够	择校费用太高	户口不在本地	其他问题
26	天津	41.37	19.54	19.87	15.31	3.91
27	乌鲁木齐	35.24	27.75	19.82	11.89	5.29
28	武汉	37.10	19.68	24.52	15.81	2.90
29	西安	28.88	19.83	34.91	13.79	2.59
30	西宁	23.26	26.51	16.74	21.40	12.09
31	银川	22.91	36.12	24.67	11.01	5.29
32	长春	30.30	19.48	25.11	19.05	6.06
33	长沙	29.18	28.33	15.88	22.75	3.86
34	郑州	33.33	18.86	22.81	21.49	3.51
35	重庆	25.96	28.53	26.92	17.63	0.96
2019 年		32.60	23.30	20.18	19.05	4.86
2018 年		33.50	17.10	17.40	19.20	12.80

表6显示了2019年中国35个城市居民对子女课外教育支出的满意度，得分越高代表子女课外教育支出越低，100为非常低，75为较低，50为合适，25为较高，0为非常高。35个城市居民的满意度指数平均值为24.84，介于较高(25)和非常高(0)之间。调查结果表明，子女课外教育支出已经成为家庭支出的重要负担。

表6　2019年中国35个城市居民对子女课外教育支出满意度调查

排名		城市	2019年指数	排名		城市	2019年指数
2019年	2018年			2019年	2018年		
1	9	贵阳	31.33	19	20	呼和浩特	24.90
2	4	厦门	29.60	20	23	北京	24.63
3	7	西宁	28.87	21	26	武汉	24.31
4	12	济南	28.45	22	16	宁波	23.94
5	22	合肥	28.08	23	29	杭州	23.72
6	34	南昌	28.05	24	11	兰州	23.64
7	5	福州	28.03	25	13	郑州	23.28
8	6	海口	27.89	26	28	太原	22.93
9	24	重庆	27.65	27	32	成都	22.77
10	10	昆明	26.73	28	31	西安	22.75

续表

排名		城市	2019 年指数	排名		城市	2019 年指数
2019 年	2018 年			2019 年	2018 年		
11	21	长沙	26.66	29	19	石家庄	22.31
12	27	深圳	26.50	30	17	南京	21.38
13	2	广州	26.42	31	33	沈阳	20.94
14	15	南宁	26.39	32	25	大连	20.51
15	1	青岛	26.16	33	35	哈尔滨	19.65
16	8	银川	26.09	34	18	长春	18.98
17	14	乌鲁木齐	25.09	35	30	上海	18.58
18	3	天津	24.96	平均值			24.84

整体来看,无论是教育质量满意度指数,还是学生学业负担和课外教育支出满意度指数均低于2018年,说明我国在教育体制改革、优质教育资源供给和教育资源配置的改善等方面还需要进一步推进。

(三)健康满意度指数

健康状况调查主要体现城市居民对自己健康情况的感知。根据答案赋值,100代表非常好,75代表很好,50代表好,25代表一般,0代表差。2019年,中国35个城市居民健康满意度指数加权平均值为56.99,介于好(50)和很好(75)之间,但低于2018年64.48的水平。表7是2019年中国35个城市居民健康状况满意度调查结果。

表7　2019年中国35个城市居民健康状况满意度指数

排名		城市	2019 年得分	排名		城市	2019 年得分
2019 年	2018 年			2019 年	2018 年		
1	14	郑州	61.50	19	26	沈阳	57.56
2	6	太原	61.04	20	28	武汉	56.92
3	5	深圳	60.82	21	25	宁波	56.79
4	8	北京	60.80	22	2	昆明	56.78
5	35	杭州	60.41	23	15	成都	56.69
6	7	哈尔滨	59.99	24	19	南宁	56.62
7	10	济南	59.95	25	3	合肥	56.21
8	20	厦门	59.27	26	11	天津	55.81
9	4	贵阳	59.01	27	34	银川	55.64
10	13	呼和浩特	58.98	28	12	大连	55.62

续表

排名		城市	2019 年得分	排名		城市	2019 年得分
2019 年	2018 年			2019 年	2018 年		
11	24	南昌	58.65	29	30	兰州	54.98
12	22	福州	58.51	30	17	上海	54.33
13	31	海口	58.44	31	18	长沙	53.71
14	16	长春	58.44	32	33	广州	53.32
15	27	重庆	58.27	33	32	石家庄	52.72
16	1	青岛	57.89	34	23	乌鲁木齐	52.01
17	21	南京	57.76	35	29	西宁	50.94
18	9	西安	57.70	平均值			56.99

表 7 显示，健康满意度指数排在前 10 位的城市分别是：郑州（61.50）、太原（61.04）、深圳（60.82）、北京（60.80）、杭州（60.41）、哈尔滨（59.99）、济南（59.95）、厦门（59.27）、贵阳（59.01）、呼和浩特（58.98）；排在后 10 位的城市分别是：天津（55.81）、银川（55.64）、大连（55.62）、兰州（54.98）、上海（54.33）、长沙（53.71）、广州（53.32）、石家庄（52.72）、乌鲁木齐（52.01）、西宁（50.94）。

与 2018 年相比，健康状况满意度指数上升幅度较大的城市有郑州、杭州、厦门、南昌、福州、海口、重庆等城市；下降幅度较大的城市有青岛、昆明、合肥、天津、大连、上海、长沙、乌鲁木齐等城市。

表 7 中的 35 个城市居民健康满意度指数可以从表 8、表 9、表 10 和表 11 中的数据得到进一步说明。

在城市居民健康满意度调查中，我们利用了美国疾病控制与预防中心（CDC）开发使用的指标，即询问受访者过去 30 天中身体或心理不够健康的天数来度量居民的健康状况。依据这一指标，对 35 个城市居民健康情况的调查结果如表 8 所示。

表 8　2019 年中国 35 个城市居民过去 30 天中身体或心理不够健康的天数

排名		城市	2019 年天数	排名		城市	2019 年天数
2019 年	2018 年			2019 年	2018 年		
1	1	南京	5.78	19	30	海口	8.39
2	26	武汉	5.88	20	24	成都	8.64
3	3	深圳	6.08	21	8	太原	8.66
4	2	福州	6.11	22	21	大连	8.75
5	4	厦门	6.18	23	28	天津	8.76

续表

排名		城市	2019年天数	排名		城市	2019年天数
2019年	2018年			2019年	2018年		
6	6	上海	6.55	24	16	杭州	8.85
7	14	济南	6.70	25	17	昆明	8.85
8	15	广州	6.77	26	33	银川	9.02
9	9	宁波	6.88	27	22	兰州	9.17
10	10	南昌	6.89	28	29	沈阳	9.57
11	20	北京	7.10	29	34	西安	9.62
12	12	南宁	7.45	30	7	贵阳	9.73
13	11	郑州	7.56	31	19	石家庄	9.80
14	5	青岛	7.73	32	25	呼和浩特	9.82
15	23	重庆	7.95	33	35	长春	9.82
16	13	合肥	7.97	34	18	西宁	10.53
17	32	长沙	7.98	35	31	乌鲁木齐	11.14
18	27	哈尔滨	8.33	平均值			8.12

从表8可以看出,2019年35个城市居民过去30天中身体或心理不够健康的天数平均值为8.12天,即35个城市居民在过去30天中平均有8.12天认为自己在身体或心理上处于不健康状态。调查结果显示,南京和武汉居民身体或心理不健康天数较低,均未超过6天,西宁和乌鲁木齐较高,都超过了10天。

与2018年相比,2019年35个城市受访者在过去30天中认为自己身体或心理不健康天数的平均值高于上年的5.5天,比上年高出了47.6%。

表9反映的是2019年35个城市居民认为自己过去30天身体不够健康的天数,表10是2019年35个城市居民认为自己过去30天心理不够健康的天数。可以看出,相比身体健康而言,心理健康问题是困扰城市居民健康的主要因素。2019年35个城市居民过去30天中身体不够健康的天数平均值为2.85天,与2018年的2.53天相差不大,但心理不够健康的天数平均值却达到5.11天,明显高于2018年的3.01天。2018年4月,由中华医学会健康管理学分会牵头,联合国家卫计委科学技术研究所、中国医师协会整合医学分会、北京健康管理协会等机构共同发布了《中国城镇居民心理健康白皮书》,调查结果表明,73.6%的人处于心理亚健康状态,存在不同程度心理问题的人有16.1%,而心

理健康的人为 10.3%①。这进一步印证了我们的调查结果。因此,心理健康问题应该引起更多的关注。

表 9　2019 年中国 35 个城市居民过去 30 天中身体不够健康的天数

排名		城市	2019 年天数	排名		城市	2019 年天数
2019 年	2018 年			2019 年	2018 年		
1	10	宁波	2.25	19	3	贵阳	2.84
2	2	深圳	2.25	20	27	北京	2.85
3	1	南京	2.27	21	17	石家庄	2.92
4	18	成都	2.30	22	32	哈尔滨	3.01
5	6	厦门	2.32	23	13	南宁	3.03
6	9	南昌	2.36	24	20	昆明	3.05
7	11	合肥	2.39	25	21	长沙	3.05
8	5	福州	2.43	26	8	太原	3.07
9	25	武汉	2.47	27	23	兰州	3.30
10	19	济南	2.49	28	28	沈阳	3.31
11	12	杭州	2.52	29	29	海口	3.31
12	4	郑州	2.55	30	30	银川	3.34
13	34	西安	2.63	31	35	长春	3.40
14	14	重庆	2.70	32	22	大连	3.44
15	33	天津	2.72	33	26	呼和浩特	3.51
16	15	广州	2.75	34	31	乌鲁木齐	3.71
17	7	青岛	2.76	35	24	西宁	4.44
18	16	上海	2.79	平均值			2.85

表 10　2019 年中国 35 个城市居民过去 30 天中心理不够健康的天数

排名		城市	2019 年天数	排名		城市	2019 年天数
2019 年	2018 年			2019 年	2018 年		
1	29	武汉	4.14	19	6	南宁	5.14
2	8	厦门	4.26	20	30	成都	5.21
3	3	福州	4.31	21	23	大连	5.22
4	7	宁波	4.46	22	9	太原	5.24
5	14	广州	4.52	23	28	沈阳	5.29

① 中国城镇居民心理健康白皮书正式发布[EB/OL]. 央视网. http://jiankang.cctv.com/2018/04/30/ARTIWf496N6d9O0lrIdJM4rG180430.shtml.

续表

排名		城市	2019 年天数	排名		城市	2019 年天数
2019 年	2018 年			2019 年	2018 年		
6	4	济南	4.61	24	24	兰州	5.37
7	1	上海	4.63	25	21	天津	5.43
8	2	南京	4.69	26	15	北京	5.43
9	11	深圳	4.72	27	16	昆明	5.45
10	34	长沙	4.76	28	10	贵阳	5.56
11	19	杭州	4.83	29	35	长春	5.63
12	13	合肥	4.85	30	17	西宁	5.67
13	31	重庆	4.93	31	33	银川	5.73
14	26	海口	4.95	32	20	哈尔滨	5.88
15	12	南昌	5.01	33	25	呼和浩特	5.91
16	5	青岛	5.03	34	22	石家庄	5.95
17	18	郑州	5.04	35	27	乌鲁木齐	6.86
18	32	西安	5.14	平均值			5.11

为了进一步了解居民身心健康状况对日常生活的影响,我们对居民因为身体或心理的健康问题而限制了日常活动的天数进行了问卷调查,表 11 显示了 2019 年 35 个城市居民过去 30 天因为身体或心理健康问题限制了日常活动的天数,平均值为 3.15 天,高于 2018 年的 2.19 天。在 35 个城市中,深圳居民因为健康问题限制日常活动的天数最少(2.24 天),贵阳居民因为健康问题限制日常活动的天数最多(5.78 天)。

表 11　因为身体或心理的健康问题而限制了日常活动的天数

排名		城市	2019 年天数	排名		城市	2019 年天数
2019 年	2018 年			2019 年	2018 年		
1	4	深圳	2.24	19	24	南昌	3.24
2	8	南京	2.26	20	7	长沙	3.27
3	5	厦门	2.27	21	19	哈尔滨	3.30
4	1	福州	2.41	22	18	呼和浩特	3.43
5	12	北京	2.42	23	27	大连	3.44
6	2	上海	2.43	24	16	合肥	3.51
7	10	广州	2.43	25	33	沈阳	3.52
8	13	杭州	2.61	26	29	海口	3.57

续表

排名		城市	2019年天数	排名		城市	2019年天数
2019年	2018年			2019年	2018年		
9	23	济南	2.66	27	15	昆明	3.58
10	3	武汉	2.72	28	35	银川	3.59
11	31	重庆	2.81	29	21	西宁	3.63
12	22	天津	2.88	30	11	石家庄	3.71
13	9	青岛	2.99	31	26	西安	3.78
14	14	太原	2.99	32	28	兰州	3.86
15	6	宁波	3.03	33	17	成都	3.94
16	20	南宁	3.16	34	32	乌鲁木齐	4.64
17	30	郑州	3.21	35	25	贵阳	5.78
18	34	长春	3.22	平均值			3.15

从调查的背景资料分析，表12呈现了不同性别、年龄、学历、是否在职的居民对健康状况满意度情况的调查结果。从总体健康状况来看，男性要略好于女性；学历越高满意度越高。从年龄段来看，20～29岁的受访者在各年龄段中对自己总体健康的满意度最高，但这一群体认为自己身体或心理健康限制日常活动的天数在各年龄段中也是最多的。

表12　不同性别、年龄、学历、是否在职的居民对健康状况满意度情况

分类标准		总体健康①	身体+心理不健康天数	身体或心理健康限制日常活动的天数
性别	男	59.54	7.39	3.03
	女	56.68	8.36	3.10
年龄	20～29	59.51	8.08	3.25
	30～39	57.22	7.44	2.76
	40+	52.14	8.51	2.96
学历	大学以下	57.53	8.48	3.51
	大学	57.67	7.88	3.01
	研究生及以上	60.04	7.85	2.97

（四）医疗服务满意度指数

医疗服务满意度主要衡量城市居民对医疗机构服务质量和医疗费用个人

① 总体健康指数是根据受访者对问卷“您觉得您的健康情形如何？”的答案及答案赋值获得的。

负担部分的满意程度，100 代表非常满意，75 代表满意，50 代表一般，25 代表不满意，0 代表非常不满意。

表 13 是 2019 年中国 35 个城市居民医疗服务满意度的调查结果。表中数据是表 14 和表 15 的加权平均值。

表 13　2019 年中国 35 个城市居民医疗服务满意度指数

排名		城市	2019 年指数	排名		城市	2019 年指数
2019 年	2018 年			2019 年	2018 年		
1	1	北京	66.79	19	31	上海	62.87
2	33	南京	66.31	20	17	重庆	62.71
3	15	杭州	65.92	21	24	长沙	62.46
4	25	南昌	65.54	22	7	成都	62.45
5	3	宁波	65.27	23	34	贵阳	62.19
6	20	合肥	65.12	24	26	兰州	61.99
7	21	西安	65.03	25	35	海口	61.91
8	4	济南	64.94	26	14	武汉	61.87
9	6	郑州	64.94	27	32	西宁	61.62
10	9	沈阳	64.70	28	27	深圳	61.55
11	23	广州	64.37	29	19	银川	61.40
12	11	乌鲁木齐	63.93	30	28	太原	60.53
13	18	石家庄	63.73	31	30	昆明	60.28
14	8	青岛	63.54	32	13	大连	60.16
15	16	天津	63.47	33	22	福州	60.08
16	2	南宁	63.40	34	29	哈尔滨	60.00
17	5	厦门	63.05	35	12	长春	59.16
18	10	呼和浩特	62.99	平均值			62.80

调查显示，2019 年中国 35 个城市居民医疗服务满意度指数加权平均值为 62.80，介于一般（50）和满意（75）之间，低于 2018 年的 65.31。从地区分布来看，排在前 10 位的城市分别是：北京（66.79）、南京（66.31）、杭州（65.92）、南昌（65.54）、宁波（65.27）、合肥（65.12）、西安（65.03）、济南（64.94）、郑州（64.94）、沈阳（64.70）；排在后 10 位的城市分别是：武汉（61.87）、西宁（61.62）、深圳（61.55）、银川（61.40）、太原（60.53）、昆明（60.28）、大连（60.16）、福州（60.08）、哈尔滨（60.00）、长春（59.16）。

与 2018 年相比，居民对医疗服务满意度指数上升幅度较大的城市是南京和南昌，分别上升了 31 位和 21 位；下降幅度较大的城市是长春和大连，分别下降了23位和19位。在北京、上海、广州、深圳4个特大城市中，除了排名第1和第28位的北京和深圳比较稳定外，上海和广州的排位都有了较大幅度的提升。

表14和表15是35个城市居民医疗服务满意度指数（表13）的两个细分指数。其中表14是居民对医疗机构服务质量的满意度指数，表15是居民对医疗保险个人负担部分的满意程度。表13中的指数和排名变化都可以从表14和表15中的数据得到说明。从表14和表15的两个细分指标来看，35个城市居民对医疗机构服务质量的满意程度（64.66）略高于医疗费用个人负担部分（60.94）。

表14　您对该医疗机构的服务质量（包含诊疗水平、服务态度、就诊环境）是否满意？

排名		城市	2019年指数	排名		城市	2019年指数
2019年	2018年			2019年	2018年		
1	3	北京	69.35	19	21	呼和浩特	64.42
2	34	南京	68.82	20	25	长沙	64.34
3	19	杭州	68.69	21	10	武汉	64.31
4	27	广州	67.45	22	18	深圳	64.22
5	9	郑州	67.27	23	30	兰州	64.01
6	23	南昌	67.26	24	17	重庆	63.99
7	6	济南	66.81	25	20	乌鲁木齐	63.89
8	11	西安	66.78	26	35	海口	63.79
9	7	石家庄	66.64	27	28	大连	63.77
10	4	天津	66.58	28	26	太原	62.97
11	16	成都	66.48	29	29	银川	62.37
12	8	沈阳	66.42	30	32	西宁	62.30
13	14	青岛	66.40	31	22	哈尔滨	61.98
14	13	合肥	66.35	32	31	昆明	61.26
15	5	宁波	66.34	33	24	福州	61.11
16	2	南宁	65.86	34	33	贵阳	60.39
17	1	厦门	64.66	35	15	长春	60.17
18	12	上海	64.42	平均值			64.66

表 15　总体而言,您对医疗保险个人负担部分是否满意?

排名		城市	2019 年指数	排名		城市	2019 年指数
2019 年	2018 年			2019 年	2018 年		
1	2	北京	64.24	19	30	西宁	60.94
2	1	宁波	64.19	20	20	石家庄	60.82
3	31	贵阳	63.99	21	9	青岛	60.67
4	12	乌鲁木齐	63.98	22	25	长沙	60.57
5	17	合肥	63.89	23	10	银川	60.44
6	29	南昌	63.81	24	24	天津	60.37
7	33	南京	63.80	25	34	海口	60.02
8	26	西安	63.29	26	16	兰州	59.98
9	18	杭州	63.16	27	13	武汉	59.42
10	8	济南	63.08	28	23	昆明	59.31
11	21	沈阳	62.97	29	19	福州	59.04
12	3	郑州	62.62	30	32	深圳	58.89
13	6	呼和浩特	61.56	31	5	成都	58.43
14	7	厦门	61.43	32	15	长春	58.14
15	11	重庆	61.43	33	28	太原	58.10
16	35	上海	61.32	34	27	哈尔滨	58.01
17	22	广州	61.29	35	14	大连	56.55
18	4	南宁	60.94	平均值			60.94

从调查的背景资料分析,男性对于医疗服务的满意度略高于女性;20~29岁年龄段对于医疗服务满意度较高;学历越高对医疗服务的满意度越高。但幅度差异都不大。表 16 呈现了不同群体对医疗服务的满意度。

表 16　不同性别、年龄、学历、是否在职的居民对医疗服务满意度情况

分组类别		医疗服务
性别	男	64.32
	女	63.53
年龄	20~29	65.16
	30~39	63.08
	40+	59.95
学历层次	大学以下	61.93
	大学	63.94
	研究生及以上	65.68

为了进一步说明中国35个城市居民健康满意度指数，我们调查了居民在过去一年中去过医院或诊所就诊的比例。表17显示了过去一年中受访居民因为自己的健康问题或陪同亲友去过医院或诊所就诊的比例。

表17　在过去的一年中，您是否因为自己的健康问题或陪同亲友去过医院或诊所就诊（人数百分比）

（%）

序号	城市	未去就诊	社区医院/诊所	综合医院	专科医院	其他医疗机构
1	海口	37.72	20.61	32.02	6.14	3.51
2	乌鲁木齐	34.80	22.03	36.12	5.29	1.76
3	呼和浩特	34.20	18.61	33.77	11.26	2.16
4	兰州	32.46	19.74	33.33	12.72	1.75
5	银川	32.16	12.33	36.56	15.86	3.08
6	太原	31.88	27.07	28.38	11.79	0.87
7	青岛	30.04	15.45	46.35	7.30	0.86
8	厦门	29.57	27.39	31.74	10.43	0.87
9	贵阳	29.15	29.15	28.70	8.97	4.04
10	长春	26.84	20.35	39.39	12.12	1.30
11	南昌	26.61	22.75	38.63	9.87	2.15
12	哈尔滨	25.64	23.08	40.60	7.69	2.99
13	西宁	25.58	20.47	35.35	13.95	4.65
14	大连	24.68	19.05	44.59	9.96	1.73
15	长沙	24.03	30.90	34.33	8.58	2.15
16	南京	22.80	24.43	46.25	4.23	2.28
17	深圳	22.77	37.29	34.65	4.62	0.66
18	福州	22.08	31.17	37.66	6.06	3.03
19	沈阳	21.74	22.17	44.35	10.87	0.87
20	昆明	21.59	22.91	42.73	8.81	3.96
21	西安	21.12	32.33	37.93	7.76	0.86
22	石家庄	20.00	33.91	38.70	6.52	0.87
23	重庆	19.87	28.85	40.06	9.94	1.28
24	宁波	19.82	25.99	41.85	10.57	1.76
25	广州	18.79	33.12	40.45	7.01	0.64
26	天津	18.57	20.85	52.44	6.84	1.30
27	郑州	18.42	32.46	40.35	8.77	0.00
28	上海	18.13	16.06	55.96	9.59	0.26

续表

序号	城市	未去就诊	社区医院/诊所	综合医院	专科医院	其他医疗机构
29	合肥	17.52	28.21	43.59	7.69	2.99
30	武汉	17.10	31.61	43.87	6.45	0.97
31	杭州	15.88	27.47	47.21	8.15	1.29
32	北京	15.46	25.77	52.32	5.93	0.52
33	成都	15.45	25.75	47.64	9.87	1.29
34	济南	14.41	33.62	41.92	10.04	0.00
35	南宁	13.48	27.39	47.39	9.57	2.17
2019 年均值		22.99	25.50	41.14	8.71	1.65
2018 年均值		36	25.10	27.40	9	2.60

从表 17 可以看出,2019 年 35 个城市的受访者在过去一年中没有去过医疗机构比例的平均值为 22.99%,比 2018 年的平均值低 13.01 个百分点,也就是说去过医疗机构的人员比例相比上年上升了 13.1 个百分点。去过医疗机构的居民中,41.14%的居民选择在综合医院就诊,比上年高出 13.74%,社区医院或诊所就诊的比例变化不大。我国分级诊疗制度改革还需要进一步推进。

从排序来看,没去过医疗机构就诊比例最高的前 10 个城市为:海口(37.72%)、乌鲁木齐(34.80%)、呼和浩特(34.20%)、兰州(32.46%)、银川(32.16%)、太原(31.88%)、青岛(30.04%)、厦门(29.57%)、贵阳(29.15%)、长春(26.84%);排在后 10 位的城市为:天津(18.57%)、郑州(18.42%)、上海(18.13%)、合肥(17.52%)、武汉(17.10%)、杭州(15.88%)、北京(15.46%)、成都(15.45%)、济南(14.41%)、南宁(13.48%)。

三、购房意愿有所回升,但住房市场依然不振

2019 年,城市生活质量研究中心继续对 35 个城市居民购房意愿专项调查,调查问题为"您认为现在是否是购买住宅的好时机?"可供选择的备选答案是:"①好的时机;②不确定;③不好的时机"。调查结果如表 18 所示。

表 18 2019 年中国 35 个城市居民购房时机选择调查结果 (%)

排名		城市	好时机	不确定	不好的时机
2019 年	2018 年				
1	31	南宁	42.61	34.78	22.61
2	4	沈阳	39.57	33.91	26.52
3	28	重庆	37.82	36.86	25.32

续表

排名		城市	好时机	不确定	不好的时机
2019 年	2018 年				
4	21	郑州	37.72	36.40	25.88
5	29	青岛	37.34	39.06	23.61
6	10	西安	37.07	37.50	25.43
7	7	长沙	36.05	40.77	23.18
8	34	南京	35.50	41.04	23.45
9	2	贵阳	34.98	43.95	21.08
10	23	昆明	34.80	40.53	24.67
11	1	济南	34.06	34.50	31.44
12	5	成都	33.48	42.06	24.46
13	3	南昌	33.48	43.35	23.18
14	22	厦门	32.61	45.22	22.17
15	25	太原	32.31	46.29	21.40
16	33	杭州	32.19	39.06	28.76
17	30	乌鲁木齐	32.16	48.90	18.94
18	16	大连	32.03	45.02	22.94
19	20	广州	31.85	36.94	31.21
20	32	上海	31.61	35.49	32.90
21	12	呼和浩特	31.60	44.59	23.81
22	9	武汉	31.29	40.65	28.06
23	26	宁波	31.28	49.78	18.94
24	18	深圳	31.02	33.99	34.98
25	13	北京	30.93	38.14	30.93
26	19	哈尔滨	30.77	43.16	26.07
27	35	福州	30.74	41.13	28.14
28	24	石家庄	30.43	38.26	31.30
29	6	天津	30.29	38.76	30.94
30	11	海口	30.26	46.49	23.25
31	14	长春	29.87	45.89	24.24
32	8	合肥	29.06	43.16	27.78
33	17	兰州	28.51	46.93	24.56
34	15	西宁	27.91	55.35	16.74
35	27	银川	23.79	53.74	22.47
2019 年平均数			32.74	41.35	25.91
2018 年平均数			23.60	46.50	29.90

从表18可以看出,35个城市居民中认为当前是购房好时机的受访者所占比例平均值为32.74%,相比2018年的23.6%有所上升;认为“不确定”和“不好的时机”的居民所占比例均有所下降。从整体上看,住房市场依旧不乐观。

在35个城市中,认为当前是购房好时机的受访者比例较高的城市分别是:南宁(42.61%)、沈阳(39.57%)、重庆(37.82%)、郑州(37.72%)、青岛(37.34%)、西安(37.07%)、长沙(36.05%)、南京(35.50%)、贵阳(34.98%)、昆明(34.80%)、济南(34.06%)、成都(33.48%)、南昌(33.48%),均超过了三分之一;认为当前购房是不好时机的占比较高的城市是:深圳(34.98%)、上海(32.90%)、济南(31.44%)、石家庄(31.30%)、广州(31.21%)、天津(30.94%)、北京(30.93%)。北京、上海、广州、深圳等4个一线城市居民认为当前是购房好时机的比例分别为30.93%、31.61%、31.85%、31.02%,均低于平均值;认为当前不是购房好时机的比例分别为30.93%、32.90%、31.21%、34.98%,均高于平均值。

总体上看,35个城市居民认为当前购房不是好时机和不确定的比例高达67.26%。其主要原因在于近两年来中央政府对住房市场的调控力度不减。2018年初部分城市房地产市场有所回暖,但住房和城乡建设部印发了《关于进一步做好房地产市场调控工作有关问题的通知》,重申坚持房地产调控目标不动摇、力度不放松,并对进一步做好房地产调控工作提出具体要求。① 2019年4月,中央政治局会议再次强调“房住不炒”,这对市场情绪、后续政策的实施发挥了关键的引导作用。在这样的调控背景下,更多的居民选择了不确定(41.35%)。但需要指出的是,根据国家统计局的数据,2019年以来,70个大中城市新建住宅的销售价格已经呈现稳定并有所上涨的趋势。2019年,“稳房价”应是政策的主基调。

四、结论与建议

最近两年,中国经济发展的外部环境发生了深刻变化,经济全球化遭遇波折,多边主义遭受冲击,中美经贸摩擦给中国的经济增长带来较大压力。然而,根据35个城市居民生活质量各项指标的调查结果,总体而言,消费者信心基本稳定。在当前经济增速、投资增速、出口增速下行压力较大的情况下,稳定的消费者信心指数表明,未来一两年消费需求有可能成为我国经济增长的稳定器。但要实现这一点,稳增长、稳就业以及居民收入水平不下降、财富不缩水应是必要条件。

① 房地产调控基调不变[N]. 人民日报(海外版),2018-05-22(3).

从教育、医疗、健康等各项满意度指数来看，许多指标不尽如人意。消费者信心虽然稳中有升，但并不是很充分。所有这些均表明，解决满足人民对美好生活日益增长的需要和不平衡、不充分发展之间的矛盾依然任重道远。

调查结果表明，未来我国政府应进一步释放制度红利和政策红利，激发微观经济主体活力，加快经济转型和产业结构升级，创新和完善宏观调控措施；进一步稳就业、稳金融、稳外贸、稳外资、稳投资、稳预期，进而稳定经济增长，并在此基础上不断提高经济增长质量，不断提高教育、医疗服务等公共服务水平，为居民身心健康和生活质量水平的提高奠定坚实的经济基础，并提供强有力的制度保障和政策保障。

第二部分

新中国经济70年

中国经济增长与经济周期（2019）

中国70年来的经济增长：回顾与展望

赵　倩　沈坤荣[①]

中国70年的经济发展见证了中国人民探索社会主义现代化强国的历程。新中国成立后，中国人民在战争废墟上重建经济，开始探索一条独立自主、自力更生的发展道路，其间遭遇了重大挫折，也积累了宝贵经验，为改革开放奠定了坚实基础。改革开放以来中国经济突飞猛进，成为拉动全球经济增长的新引擎，中国在国际政治经济舞台上正在发挥更加重要的作用。随着中国经济进入新常态，经济发展面临的国际环境和国内条件都在发生深刻而复杂的变化，当前外部环境最大的变化就是美国挑起的中美经贸摩擦，内部环境最大的变化就是地方政府行为异化所产生的负面影响逐渐积累，对稳定可持续发展构成重大制约。如何适应新环境、拓展新空间、厚植新动力，实现外部压力和内部动力的统一，是当下和未来中国需要直面的挑战。本文重点回顾新中国成立以来的经济制度变迁、经济总量增长与结构演进及其内外部环境演变，更好理解中国经济70年的发展历程，并为如何推动高质量发展提供参考。

一、中国经济70年的制度变迁

新中国成立后，经济制度变迁大致可分为三个阶段：第一阶段（1949—1977年），建立社会主义经济制度，实行计划经济体制，实现了有挫折的发展；第二阶段（1978—2011年），由计划经济向市场经济转型，建立社会主义市场经济体制，实现了持续高速增长；第三阶段（2012年至今），以供给侧结构性改革为主线全面深化改革，开始转向高质量发展。

（一）1949—1977年：建立社会主义经济制度，实行计划经济体制

1949—1952年为经济恢复期，通过稳定物价、开展土地改革[②]、没收官僚资本、发展国营经济，用3年时间在战争废墟上重建中国经济。1953年开始对农

① 本文得到国家社会科学基金重大项目（19ZDA049）的资助。

② 1950年中央颁布《中国人民共和国土地改革法》，在全国开展土地改革运动，1952年底土地改革基本完成，封建土地所有制转变为农民土地所有制，基本实现了“耕者有其田”。土地改革解放了农村生产力，为新中国的工业化建设创造了条件。

业、手工业和资本主义工商业进行社会主义改造,1956 年底三大改造基本完成,实现了生产资料私有制向公有制的转变,标志社会主义制度在中国基本建立,中国进入社会主义初级阶段;实施"一五"计划(1953—1957 年),进行"156 项工程"等快速工业化建设,集中力量发展重工业,为工业化和国防现代化奠定基础。由于对社会主义经济发展规律与国情认识不足、社会主义建设的经验有限,经济建设一度出现以"大跃进"运动(1958—1960 年)为代表的"左"倾错误,"高指标""浮夸风""瞎指挥""共产风"盛行,导致农业、轻工业、重工业比例严重失调,造成三年经济困难(1959—1961 年)。为了恢复和发展国民经济,1960 年中央提出"调整、巩固、充实、提高"八字方针,调整国民经济比例,巩固国民经济发展成果,充实轻工业,提高经营管理水平,1962 年国民经济开始好转,1965 年八字方针基本实现,但 1964 年开始的"三线建设"又造成了投资的浪费。在经济领域"纠左"期间,政治和思想领域的"左"倾错误却继续蔓延,最终导致"文化大革命"(1966—1976 年),经济建设遭遇最严重的挫折和破坏①。1976 年粉碎"四人帮",为实现党的历史的伟大转折创造了基本前提。

从新中国成立到改革开放前近 30 年独立自主的经济建设探索过程中,虽然经历过严重挫折与失误,在这一发展阶段仍然实现了中国历史上最深刻最伟大的社会变革,取得了独创性理论成果和巨大经济成就,为新的历史时期开创中国特色社会主义提供了宝贵经验、理论准备、物质基础。在理论层面,1956 年《论十大关系》报告指出,发展中国经济需要处理好国家、生产单位和生产者的关系,处理好中央与地方的关系②,处理好重工业与轻工业、农业的关系,处理好沿海工业与内地工业的关系,处理好中国与外国的关系,这些理论在今天仍然有十分重要的指导意义。在国民经济建设层面,1954 年召开第一届全国人民代表大会,首次提出要实现工业、农业、交通运输业及国防的四个现代化;经济结构从农业为主向工业转变,初步形成门类齐全的工业体系[1]。

(二)1978—2011 年:由计划经济向市场经济转型,建立社会主义市场经济体制

中共十一届三中全会是新中国成立以来党的历史上具有深远意义的伟大转折,将党和国家的工作中心转到经济建设上来,开启了改革开放和社会主义现代化建设的伟大征程。

---

① 十年"文化大革命"使国民经济比例长期失调,经济管理体制更加僵化,经济发展缓慢、濒临崩溃,人民温饱都成问题。

② 中国向苏联学习经济建设经验,但没有照搬苏联模式,即使在计划经济的巅峰时期,地方也被赋予一定经济自主权,并为改革开放后进一步财政分权埋下伏笔。

1978—1984 年改革围绕农村生产组织制度展开①,1978 年开始中央逐步放松了对农业的控制,安徽省率先开始"包产到户""分田单干"试点,激发了农民的生产积极性,因此得到迅速推广,1980 年初全国仅 1% 的生产队实行家庭承包责任制,1980 年底这一数字达到 20% ,1984 年底接近 100%[2]。尽管农产品的收购价格大幅调高②,农村生产组织制度变革仍然是 1978—1984 年农业产出增长的主要原因[3]。1984 年人民公社被取消③,人民公社三级(公社、大队、生产队)组织经营的工厂移交乡镇和村庄,成为乡镇企业,吸纳了农业过剩劳动人口。在所有制层面,1982 年宪法明确城乡劳动者个体经济是社会主义公有制经济的补充,私营经济在个体经济基础上开始萌芽,沿海地区开始引进外资(包括外商直接投资)。

随着农村经济活力得到恢复,1985—1991 年改革围绕城市承包制展开。在财政层面,推广"划分收支、分级包干",地方政府成为地区经济发展的主导者和向市场经济体制过渡的重要推动力量[4—6],但也使得地区经济的局部利益不断被强化,形成"诸侯经济"[7];在所有制层面,个体经济、私营经济和外资经济快速发展;在企业层面,先后推行承包责任制、企业股份制改造;在价格层面,开始"物价闯关",但改革效果不达预期。经历了短暂的低谷后,"南方谈话"再次营造了宽松的政治环境,推动 1992—1997 年改革围绕建立社会主义市场经济体制展开。在财政层面,实行分税制改革,极大改变了中央和地方的关系,"诸侯经济"落幕,地方政府开始通过土地征用、开发、转让获取财政收入[8-9];在所有制层面,党的十四大提出"以公有制为主体,个体经济、私营经济、外资经济为补充",中共十四届三中全会进一步提出"国家对各种所有制经济平等参与市场竞争创造条件";在价格层面,进行二次"物价闯关"并取得成功,1993 年粮票停止使用。

1998—2011 年围绕深化改革扩大开放展开,在所有制层面,深化国企改革,从根本上改变企业所有制结构,促进非公有制经济发展,但也出现了减员增效、下岗分流等改革的"阵痛";在金融层面,成立四大金融资产管理公司,剥离和处置国有商业银行不良资产;在内需层面,配合城镇化发展进行住房制度改

① 邓小平对于中国社会主义农村的改革和发展总结出"两个飞跃"。第一个飞跃是废除人民公社,实行家庭联产承包责任制;第二个飞跃是发展适度规模经济,发展集体经济。参见:邓小平文选(第三卷)[M]. 北京:人民出版社,2005:355.

② 在短期内统购统销制度没有发生根本动摇,但是 1979 年 3 月起粮食统购价格提高 20% ,超购部分从加价 30% 提高到 50% ,并且超购粮食比重迅速提高。

③ 1983 年 10 月,中共中央、国务院发布《关于实行政社分开,建立乡政府的通知》,乡政府重新被确立为农村基层行政单位。

革,房地产业成为支柱产业。2001 年中国加入 WTO,对外开放打开新局面,中国企业充分运用经济全球化带来的发展机遇,更好地融入国际分工合作体系。

(三)2012 年至今:以供给侧结构性改革为主线全面深化改革

供给侧结构性改革以"三去一降一补"为重点,即钢铁、水泥、煤炭等产能过剩行业"去产能",房地产业"去库存",非金融类国企、金融机构"去杠杆",企业"降成本",基础设施、公共服务和制度创新"补短板"。优化空间布局以城市群建设为重点,大力推动"一带一路"建设、京津冀协同发展、长江经济带发展、雄安新区规划、粤港澳大湾区建设、长三角区域一体化发展等重大战略。金融改革以有序推进金融自由化为重点,基本放开存贷款利率管制,稳步推进汇率市场化,构建多层次银行体系,实施存款保险制度,初步建立金融监管协调机制,开通沪深港通、债券通等投资渠道,设立科创板并试点注册制。财政体制改革以建立现代财政制度为重点,修订预算法,在全国推广营改增、个税改革,实行国税地税机构合并,制定财政事权和支出责任划分改革时间表,基本完成全国存量地方债置换,有序推进政府与社会资本合作(PPP)。政府职能转变以"放管服"改革为重点,减少行政审批事项,改革商事制度,削减职业资格,清理审批中介,实行减税降费,放开政府定价,压缩专项转移支付,推行清单管理,加强事中事后监管,优化政府服务。乡村振兴以农村土地制度改革为重点,明确第二轮土地承包到期后再延长 30 年,正式确立农村承包地"三权分置"制度,基本完成土地承包经营和确权登记颁证工作,土地经营权有序流转,培育各类新型农业经营主体与农业社会化服务组织,发展适度规模经营,稳步推进集体产权制度改革,推进农村集体经营性建设用地入市试点,探索宅基地"三权分置"。国企改革以完善现代企业制度为重点,形成"1 + N"改革主体框架,基本完成公司制改革,稳妥推进混合所有制改革,推动央企战略重组,强化国有资产监督。

二、中国经济 70 年的总量增长与结构演进

经过 70 年的发展,中国的经济总量位列全球第二,供给端从要素投入正在向创新驱动转变,需求端从依靠投资、出口拉动正在向依靠消费、投资、出口协同拉动转变,产业结构不断优化。

经济总量跃居世界第二大经济体。1952—1978 年 GDP 翻了两番,人均产出增长 82%[10]。1978—2018 年中国经济实现年均 9.5% 的增速①,GDP 占全球份额逐步扩大(见图 1),于 2010 年成为世界第二大经济体,预计在 2030 年

① 数据来源:国家统计局。

将成为世界第一大经济体①，人均 GDP 占全球人均 GDP 比重从低谷期 7.4% 上升至 2017 年的 82.1%。1978—2017 年中国对世界经济增长的汇率法年均贡献率为 16.0%，仅次于美国的 17.6%；2008 年金融危机后，中国的汇率法年均贡献率为 30.3%②，为全球经济增长做出了巨大贡献。根据世界银行划分标准③，1998 年中国成为中等偏下收入国家，2010 年跨入中等偏上收入国家。按照官方动态统计口径，农村贫困发生率从 1978 年的 30.7% 降至 2018 年的 1.7%④，减贫事业取得历史性成就。

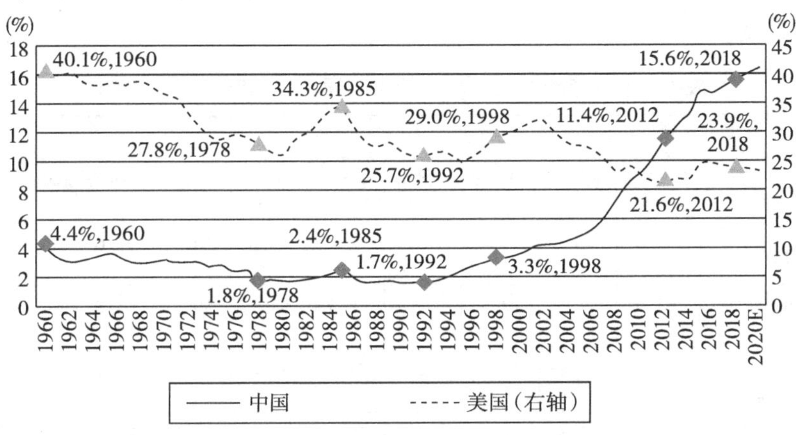

图 1　中美两国 GDP 占全球比重变化（1960—2020E）

资料来源：世界银行、IMF 2019 年 1 月《世界经济展望》。

供给端从要素投入正在向创新驱动转变。新中国成立后至改革开放前的这一段时间里，初期资本存量水平较低、计划经济的资源动员能力较强，资本存量保持高速增长，但僵化的体制使得国家主导的投资效率低下，产品次品率高、大量原材料被浪费。由于新中国大力倡导男女平等，鼓励妇女参与工农业劳动生产，劳动力投入增长速度快于人口增速（见表 1）。严格的户籍制度⑤和国营企业的终身雇佣制等种种不合理的制度安排造成资源配置的低效率，主要表现

① 根据笔者估算，如果中国 GDP 保持 6% 的增速，美国保持 2% 的增速，全球保持 3% 的增速，不考虑汇率波动，那么 2030 年中美 GDP 占全球比重分别为 22.0%、21.3%，彼时中国将取代美国成为世界第一大经济体。

② 中美 GDP 占全球比重数据以及对世界经济增长的年均贡献率数据均来自世界银行。

③ 即以图表集法衡量人均国民总收入（GNI）。

④ 数据来源：国家统计局。官方贫困线经过多次调整，2008 年前以绝对贫困线为官方贫困线，最高仅为世界银行设定的 1 美元标准的 60%；2008 年取消绝对贫困线，将低收入贫困线（人均纯收入 1067 元/年，2008 年不变价）作为官方贫困线，接近 1 美元标准；2011 年官方贫困线上升为 2300 元（人均纯收入/年，2011 年不变价），略高于 1 美元标准。

⑤ 1958 年，政府颁布《中华人民共和国户口登记条例》，开始严格限制人口的自由流动。

为TFP长期的负增长(见图2);“文化大革命”、知青“上山下乡”使中国的教育事业出现停滞,劳动力的受教育程度普遍不高(见表1),进一步阻碍了劳动力素质的提升以及TFP的改善。改革开放后,中国在短时间内普及了基础教育,通过“干中学”实现了技术进步[11],通过经济体制改革实现了资源配置效率的改善,使得TFP在整体上出现快速增长(见图2)。随着中国的人口红利逐渐消失、物质资本过度积累、与世界技术前沿的距离不断缩小,需要挖掘人才红利,加快以知识部门为代表的新生产要素供给[12],加快从模仿型技术进步向自主创新的转变。

表1 中美劳动力投入与劳动力素质比较(1952—2018年)

	中国					美国				
	1953年	1960年	1980年	2000年	2018年	1953年	1960年	1980年	2000年	2018年
人口自然增长率(‰)	23.0	-4.6	11.9	7.6	3.8	16.6	20.5	11.6	11.0	6.2
劳动参与率(%)	57.9	—	79.5	77.0	68.7	58.3	59.7	63.8	66.3	62.0
劳动年龄人口比重(%)	59.3	56.4	59.3	68.3	71.2	64.4	60.1	65.9	66.4	65.7
预期寿命(年)	—	43.5	67.0	71.2	76.4	—	69.8	73.7	76.6	78.5
高等院校入学率(%)	—	—	1.1	7.6	51.0	—	—	53.5	71.7	88.8

注:①中美两国人口自然增长率数据分别来自国家统计局、美国经济分析局。②1960—2018年中美劳动参与率数据均来自世界银行;1953年中国劳动参与率数据根据国家统计局数据计算得到,计算公式=经济活动人口(就业者和失业者)/15岁及以上总人口;1953年美国劳动参与率数据来自美国劳工部。③世界银行规定劳动年龄人口为15~64周岁,1960—2000年中国15~64岁人口占总人口比重数据来自世界银行;1953年、2018年中国劳动年龄人口比重数据来自国家统计局;1960—2018年美国15~64岁人口占总人口比重数据来自世界银行,因2018年数据缺失,用2017年数据近似替代;1953年美国劳动年龄人口数据根据美国商务部普查局的人口推算数据计算得到,因其统计口径为14~64岁,该值被高估1~2个百分点。④1960—2018年中美预期寿命数据均来自世界银行,因2018年数据均缺失,均用2017年数据近似替代。⑤1980—2018年中国高等院校入学率数据来自世界银行,因2018年数据缺失,用2017年数据近似替代;1980—2018年美国高等院校入学率数据来自世界银行,缺失的2000年数据用1998年数据近似替代,缺失的2018年数据用2016年数据近似替代。

需求端从依靠投资、出口拉动正在向依靠消费、投资、出口协同拉动转变。消费、投资和净出口是拉动中国经济增长的“三驾马车”。改革开放前,国家是投资的主体,通过限制消费、保持低工资实现资本积累。改革开放以来,一方面,充分发挥低成本优势,以出口带动经济增长、推动产业结构转型升级,2013年货物进出口总额占全球份额首次超过美国成为全球第一(见图3)。另一方

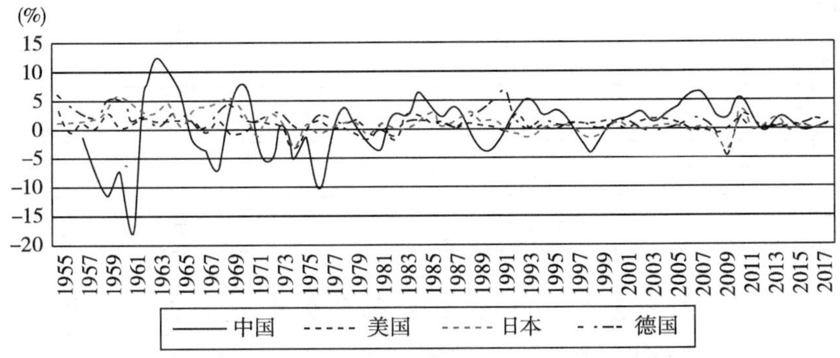

图2　中、美、日、德四国TFP增速比较(1955—2017年)

资料来源:PWT 9.1[13]。

注:TFP数值为2011年美元不变价,TFP增速据此计算得到。

面,经济高速增长带动居民收入和家庭储蓄不断增加、消费能力迅速增强;高储蓄率降低了融资成本,促进企业进行有利可图的投资;住房制度改革进一步刺激了与房地产相关的投资与消费。从GDP支出法来看,1978—2018年最终消费支出、资本形成总额、货物及服务净出口的平均贡献率分别为58.5%、38.0%及3.5%①。目前中国城镇化率与高收入国家平均水平还有超过20个百分点的差距(见图4),以城市群为主体形态的新型城镇化带动的消费、投资需求仍然是中国经济增长的强大动力。

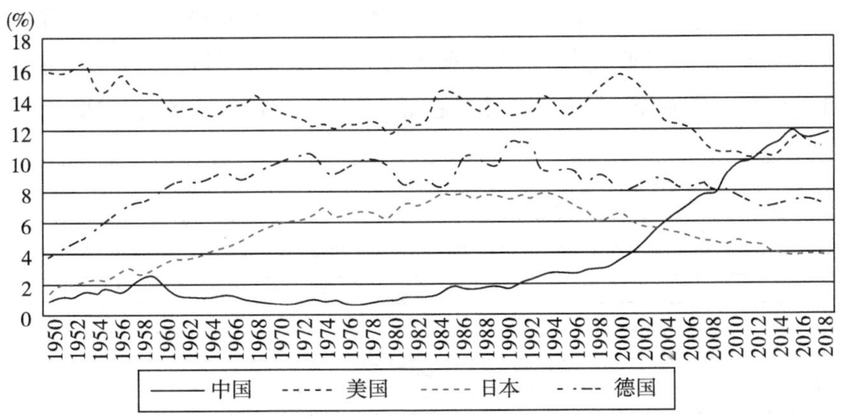

图3　中、美、日、德四国商品贸易进出口总额占全球份额(1950—2018年)

资料来源:WTO。

---

①　根据国家统计局数据计算得到。贡献率=最终消费支出、资本形成总额、货物及服务净出口增量与支出法国内生产总值增量之比。

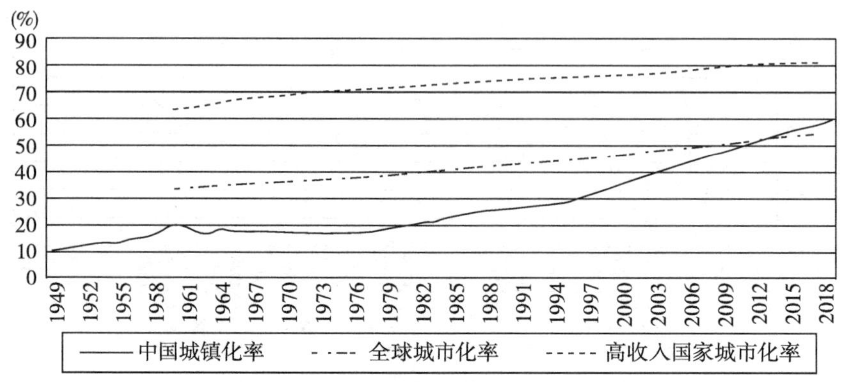

图4　中国与世界城市化水平比较(1949—2018年)

资料来源:国家统计局、世界银行。

产业结构不断优化。新中国成立后的很长一段时间内,尽管重工业得到优先发展,整体上中国仍然是农业大国,第一产业贡献了GDP的主要份额。改革开放初期,农村生产组织制度变革、农业剩余劳动力向非农部门转移以及粮食收购价格提高均带来农业劳动生产率的一次性改善,农业部门的产出增长十分显著[14]。但是,中国的自然资源禀赋较低,且农业部门的技术进步明显慢于非农部门,因此农业劳动生产率整体处于较低水平。随着改革开放的深入,中国逐步向西方发达国家开放市场、吸引外商投资,发挥比较优势融入全球产业链[15],通过"干中学"进行技术追赶,工业体系经历了从小到大的过程①,正在向工业强国迈进。工业化带动了新兴服务业的发展,2011年第三产业就业人员占比35.7%,首次超过第一产业(见图5);2015年第三产业GDP增长贡献

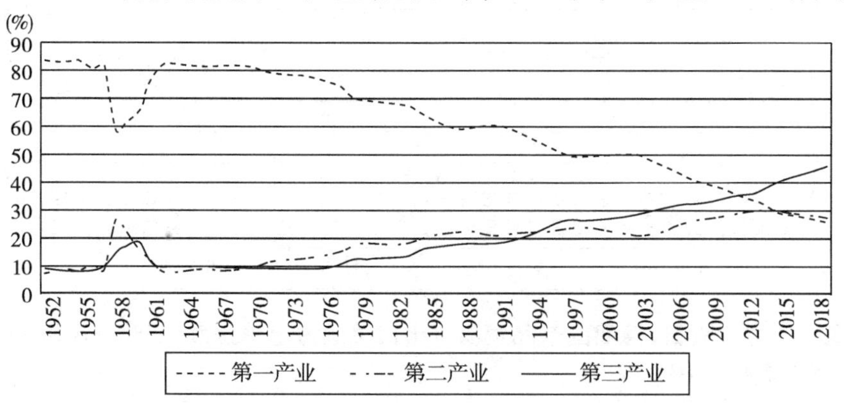

图5　三大产业就业人员占比(1952—2018年)

资料来源:国家统计局。

① 根据世界银行的统计数据,2009年中国成为全球制造业大国。

率为53.0%[①]，首次超过第二产业，成为经济增长新引擎。

三、中国经济70年的内外部环境演变

从外部环境来看，经过70年的发展，中国经济从封闭走向开放，从积贫积弱走向繁荣富强，与苏联、美国等世界主要大国之间的关系也出现了变化，大国崛起面临前所未有的挑战与机遇。从内部环境来看，当前中国经济面临越来越大的金融约束和资源环境约束，需要从地方政府行为的视角去透视、解决这些重大现实问题。

在70年的发展历程中，两次重大外部环境变化对中国经济产生了深刻的影响。第一次是20世纪60年代中苏关系破裂。1949—1957年是中苏关系的“蜜月期”，苏联为中国现代化建设提供大量技术援助。1958年起中苏在战略利益上的分歧日益加深，1960年中苏关系破裂，苏联终止对中国工业的援助，致使很多投资项目半途而废，中国因此开始探索独立自主、自力更生的工业化道路。中苏对立一直持续到20世纪80年代初，在此期间中国经济建设遭遇了重大挫折，也取得了宝贵成就。中共十一届三中全会后，为了给改革开放争取较长时期的国际和平环境，中央相继推动中日、中美关系实现正常化，在此基础上中苏顺应世界和平与发展的时代潮流进行了多轮高层次对话、磋商，有效管控分歧、消除障碍，最终于1989年5月举行中苏最高级会晤，中苏关系自此实现正常化。

第二次是特朗普政府将中国定位为战略竞争对手。在经济全球化时代，中美两国的竞争与合作并存。进入21世纪以来，随着中国的综合国力、国际地位和影响力不断提升，中美关系面临越来越大的不确定性，《美国国家安全战略报告》中对中国的定位从更加强调合作向更加强调竞争转变。在民粹主义势力抬头、世界经济出现逆全球化倾向的大背景下，特朗普政府奉行“美国优先”和贸易保护主义，全面调整对华战略，将中国定位为战略竞争对手，2018年起单方面挑起中美经贸摩擦，并有从贸易领域延伸至科技领域、金融领域的迹象，旨在多维度打压中国经济、遏制中国崛起。

从内部环境来看，当下中国经济的风险主要来自金融约束和资源环境约束，其背后是地方政府行为的异化。在中国，市场竞争主体不仅包括不同所有制形式的企业，还包括不同层级的政府；分权背景下的地方政府是地区经济增长的重要推动力量，正是地方政府之间的竞争给中国经济带来活力和效率，在

---

① 数据来源：国家统计局。

中国的市场化进程中起到了不可替代的正面作用①。但是,地方政府的过度竞争行为产生了巨大的发展成本:第一,不恰当的分权路径加剧了地区间的税收竞争[16],地方政府的补贴政策扭曲了企业的投资行为,导致企业过度投资、行业产能过剩[17-18];第二,地方政府间不够协调的环境规制政策引起污染就近转移,由于污染物存在区域性流动特征,污染就近转移既不利于全局环境治理,也无法实现局部环境的改善[19];第三,地方政府之间的非理性博弈以及财政支出对土地财政过度依赖均弱化了土地财政的正面效应,导致资产泡沫堆积、地方债务过快增长[20]。如果不加以限制和引导,就会损害经济效率、降低经济增长潜力,不利于稳定可持续发展。

四、以新的推进机制引领高质量发展

在诸多挑战面前,最重要的还是做好自己的事情。既要顺应外部环境演变以及世界政治经济格局的变化,也要处理好活力与秩序的关系,有重点、有策略地解决中国在发展中出现的问题、降低出现异常经济波动的可能性,更要全面深化改革、建设创新型国家、加快推进城市集群发展以及稳步推进乡村振兴,以此构筑发展新动力。

以妥善处理中美关系为重点适应外部环境。中美关系是世界上最重要的双边关系之一,中美两国利益深度交融,合则两利,斗则俱伤。要理性看待中美关系的变化给中国经济带来的冲击,保持战略定力;充分认识到中美经贸摩擦的必然性、长期性和复杂性,做好预判、提前准备,保持高层之间的沟通、对话、谈判,敢于斗争,善于妥协,守住避免陷入"修昔底德陷阱"的底线;把握世界多极化发展趋势,充分利用国别差异为自己赢得宝贵的机遇期。从中长期来看,既要坚定捍卫多边贸易体制,引领全球化发展;也要加快亚太自贸区、RCEP、中日韩自贸区等区域经济合作;更要推进"一带一路"建设、推动中国企业"走出去",不断提升中国经济的国际影响力,拓展发展新空间。

以寻求活力与秩序的平衡为重点规范地方政府行为。地方政府活力是中国经济的压舱石,如何引导、规范地方政府行为,使其在创新发展、城市群建设、乡村振兴等方面继续发挥正面作用?第一,不简单以 GDP 论英雄,以进一步改进完善考核评价机制引导各级地方政府树立正确政绩观,加快从发展型政府向服务型政府的转变;规范、简化政绩考核方法,切实解决多头考核、重复考核、烦

① 中国特色社会主义市场经济体制经历了一个从无到有的过程。在经济转型初期,地方政府部分替代市场,在培育市场体系、引导资源配置、支持自下而上的制度创新等方面起到了关键作用,最终实现了市场体系的从无到有、企业家群体的发展壮大。

琐考核等问题，严控“一票否决”事项。第二，在制定相关宏观调控政策时，要充分考虑地区发展水平差异以及由此引致的地方政府行为异质性问题，充分考虑地方诉求，更加注重因城施策、一城一策，不搞“一刀切”；保持宏观政策的稳定性和连续性，进一步稳固市场信心。

构筑发展动力、厚植发展优势。第一，全面深化改革，进一步扩大开放。目前改革已进入深水区，要最广泛地凝聚改革共识，让好的改革举措真正落地，才能破除各方面的体制机制弊端；敢于让政府“过紧日子”，为积极的财政政策拓展更多空间；推广“互联网 + 政务”“最多跑一次”“不见面审批”，打造廉洁高效的服务型政府；推进国内自由贸易区与自由港建设，充分发挥上海临港新片区与深圳先行示范区两大开放政策对总体全面开放新格局的示范引领作用。第二，建设创新型国家。实施更加包容开放的人才引进政策，聚天下英才而用之；推进“双一流”建设、大力发展现代职业教育，将人口红利转变为人才红利；顺应技术周期变化与时代发展潮流，坚持以全球视野谋划、推动科技创新，全面融入全球创新网络，加强创新能力开放合作，鼓励进行技术融合创新。第三，加快推进城市集群发展。建立、优化承担城市群协调职能的权威机构和具体职能部门，制定、落实城市群一体化发展规划，在共同市场、共同治理、共同发展等领域形成合力，稳步推进基础设施互联互通、公共服务共建共享、生态环境联防联控等重点举措；加快在产业政策制定等方面的协调配合，形成差异化、多层次、专业分工的产业体系；逐步放开落户限制，促进劳动力、资本、土地、技术、管理等生产要素在城市群内部实现有序自由流动；更好地发挥中心城市的集聚辐射带动作用，对标国际先进水平，进一步集聚全球高端生产要素，打造世界级创新高地。第四，稳步推进乡村振兴。在制定村庄规划方案时要充分考虑区域发展不平衡以及乡村之间的异质性，因村施策、分类施策、一村一策，制定符合自身实际的实施方案，并推动规划顺利落地；要顺应人口结构变化和乡村发展趋势，循序渐进地搬迁撤并一批空心村、凋敝衰退村庄，因地制宜进行安置；以完善农村产权制度为重点，有序推进农村土地“三权分置”，切实保护农民权益；大力培育新型职业农民，以提高农业劳动生产率为核心、以扩大财产性收入为保障，逐步缩小城乡收入差距。

参考文献

[1]赵德馨．中国近现代经济史[M]．北京：高等教育出版社，2016.

[2]蔡昉．中国农村改革三十年——制度经济学的分析[J]．中国社会科学，2008(6)：99－110，207.

[3]LIN J Y. Rural Reforms and Agricultural Growth in China[J]. American Economic Review, 1992, 82(1):34 - 51.

[4]QIAN Y, ROLAND G. Federalism and the Soft Budget Constraint[J]. American Economic Review, 1998, 88(5): 1143 - 1162.

[5]杨瑞龙. 我国制度变迁方式转换的三阶段论——兼论地方政府的制度创新行为[J]. 经济研究, 1998(1): 5 - 12.

[6]杨瑞龙, 杨其静. 阶梯式的渐进制度变迁模型——再论地方政府在我国制度变迁中的作用[J]. 经济研究, 2000(3): 24 - 31, 80.

[7]沈立人, 戴园晨. 我国"诸侯经济"的形成及其弊端和根源[J]. 经济研究, 1990(3): 12 - 19.

[8]周飞舟. 分税制十年:制度及其影响[J]. 中国社会科学, 2006(6): 100 - 115, 205.

[9]周飞舟. 生财有道: 土地开发和转让中的政府和农民[J]. 社会学研究, 2007(1): 49 - 82, 243.

[10][英]安格斯·麦迪逊. 中国经济的长期表现: 公元960—2030年[M]. 上海:上海人民出版社, 2011.

[11]中国经济增长与宏观稳定课题组. 干中学、低成本竞争和增长路径转变[J]. 经济研究, 2006(4): 4 - 14.

[12]中国经济增长前沿课题组. 突破经济增长减速的新要素供给理论、体制与政策选择[J]. 经济研究, 2015, 50(11): 4 - 19.

[13]FEENSTRA R C, INKLAAR R, Timmer M. The Next Generation of the Penn World Table[J]. American Economic Review, 2015, 105(10): 3150 - 3182.

[14]YOUNG A. Gold into Base Metals: Productivity Growth in the People's Republic of China during the Reform Period[J]. Journal of Political Economy, 2003, 111(6):1220 - 1261.

[15]林毅夫, 蔡昉, 李周. 中国的奇迹[M]. 上海:上海人民出版社, 2014.

[16]沈坤荣, 付文林. 税收竞争、地区博弈及其增长绩效[J]. 经济研究, 2006(6): 16 - 26.

[17]江飞涛, 耿强, 吕大国, 等. 地区竞争、体制扭曲与产能过剩的形成机理[J]. 中国工业经济, 2012(6): 44 - 56.

[18]王文甫, 明娟, 岳超云. 企业规模、地方政府干预与产能过剩[J]. 管理世界, 2014(10): 17 - 36, 46.

[19]沈坤荣，金刚，方娴．环境规制引起了污染就近转移吗？[J]．经济研究，2017(5)：44－59.

[20]沈坤荣，赵倩．土地功能异化与我国经济增长的可持续性[J]．经济学家，2019(5)：94－103.

（作者单位：南京大学经济学院）

计划与市场:70 年来的变迁

李文溥

一

计划与市场的关系,是一个古老的命题。人类在远古的氏族部落时代就存在偶然的物物交换,形成了最初的市场交换关系,随后一直到近代资本主义市场经济的形成,商品生产与交换在世界各地都不同程度地存在着。在一些地区,如古希腊时代的地中海沿岸地区,一些时代,如中国的宋朝等等,商品经济都相当繁荣;海陆丝绸之路,13 ~ 15 世纪的航海大发现,说明在前资本主义时代,世界贸易就已经相当发达,世界市场初具雏形。市场竞争必然产生相应的社会弊病,因此批评甚至否定市场经济的声音,在漫长的市场经济发展过程中一直不绝于耳。早期的空想社会主义者在批判市场经济的基础上,形成了最早的计划经济设想。①

马克思指出,资本主义市场经济在它不到一百年的统治中所创造的生产力,比过去一切时代创造的全部生产力还要多,还要大。② 它在人类社会发展进程中有着巨大历史进步意义,当然,它也必然为更高级的社会形态所替代。尽管马克思、恩格斯一向认为,在推翻了资本主义制度之后,人类应当如何构建未来的社会经济制度是需要由未来生活于其中的人们自己去解决,而非他们所能预先设计规划,给出预定答案的。③ 但是也应当承认,关于未来的社会形态,他们基本上是接受或借鉴了空想社会主义者的设想,认为取代资本主义市场经济的将是一个生产资料社会占有基础上的计划经济。可是,作为历史唯物主义的创始人,他们一再强调这一想法不应当束缚后人的手脚。

世界范围有关计划经济可行性的理论大论战大约是在人类第一次在全国

① 托马斯·莫尔. 乌托邦[M]. 北京:商务印书馆,2018. 类似的乌托邦设想,在 18 世纪初的北美殖民过程中就曾有人付诸实践,但是失败了。参阅:丹尼尔·布尔斯廷. 美国人:开拓历程. 北京:三联书店,1993.

② 马克思,恩格斯. 共产党宣言[M]//马克思恩格斯文集(第二卷). 北京:人民出版社,2009:36.

③ 马克思. 致斐迪南·多梅拉·纽文胡斯[M]//马克思恩格斯全集(第 35 卷). 北京:人民出版社,1976:152.

范围实行计划经济的同时，[①]在泰勒、迪金森、兰格及米塞斯和哈耶克之间展开的。兰格赞成实行计划经济，认为可以通过模拟市场，进行计划经济所需要的经济计算。米塞斯指出，在取消了市场价格的计划经济中，不可能进行理性的经济计算，从而也就无法理性决策。哈耶克认为，知识可以分为缄默性知识与可编码可传递知识。在市场经济中，人们从事社会经济活动主要依靠缄默性知识。然而，缄默性知识的特征是只能个人利用，不可加总使用。因此，计划经济在知识与信息的利用上处于明显劣势。米塞斯、哈耶克的这一洞见是对兰格所推崇的"计算机社会主义"的有力批评，时至今日仍未过时，仍具警醒世人的现实意义。遗憾的是，1929—1933 年的世界经济大危机似乎使这场大讨论得出的这些洞见被湮没了。

战后初期，不仅推崇国家干预的凯恩斯经济学成为西方市场经济国家经济政策思想的主流，而且，研究和试行国民经济计划化也一度成为一些发达市场经济国家政学两界的时髦。英法等欧洲国家都在全国范围实行了程度不等的指导性计划，相关研究也纷纷展开。后来荣获诺贝尔经济学奖的阿罗对不可能性定理的研究，最初正是源于对计划经济能否在民主政治体制下实现社会福利最大化的研究，试图为国民经济的统一计划奠定伦理基础。然而，严格的数学推导却得出了完全相反的结论。阿罗不可能性定理证明了从社会成员的个人偏好出发，无法推导出一个相容的社会福利函数。它否定了在全社会范围实现社会福利最大化的国民经济计划的可能，从而推动了对政府经济政策的实证研究与规范研究，逐渐形成了以公共选择理论及社会选择理论研究为主要内容的新政治经济学（又称经济政策理论）这一新的经济学分支学科。

二

如何正确地处理计划与市场的关系，是中华人民共和国成立后面临的重大体制选择。由于马克思、恩格斯、列宁等对资本主义市场经济的批判，对共产主义社会的设想，加之曾被视为老大哥的苏联自 1928 年起就实行了计划经济，1949 年之后，中国也选择了计划经济。

与市场经济是一个在前市场经济母体里逐渐生长起来的自然的历史的过程不同，计划经济以社会革命和生产资料的社会占有为前提。按照马克思、恩格斯的设想，生产资料的社会占有建立在生产力的高度发达、高度社会化的基础上。高度社会化的生产力使得对它除了社会占有之外别无其他占有方式能够胜任对这种性质的生产力的管理。显然，无论是 1917 年或 1928 年的苏俄或

---

① 1928 年，苏联开始实行第一个五年计划。

是1949年的中国,社会生产力都远未达到马克思恩格斯所设想的那个水平。但是,计划经济仍然可以有其他实行理由,例如,为了建设强大的国防工业而实行强制的重工业化。苏联1917年十月之后在城市实行了大规模的生产资料国有化,1928年在农村推行了农业集体化。集体农庄主席是国家干部,集体农庄名曰集体经济,实际上是纳入国家指令性计划管理的准国有经济。全面的国有制经济和准国有制经济为整个国民经济实行指令性计划管理,运用工农产品价格剪刀差及低工资等手段抑制消费增加积累集中全社会资源倾斜发展特定产业奠定了所有制基础。

在中国,为实行计划经济,也经历了类似的社会主义改造过程。1949年之后,国家首先接管了官僚资本及外资控制的城市工商企业、主要金融机构,形成了最初的国有制经济。1952年开始"一五"计划,这是一个优先发展重工业尤其是国防工业的国民经济计划。它要求最大限度地提高国民经济积累率,并将积累资金全部转化为国家投资,倾斜投入国民经济计划所规定的项目中去。[①]这样的国家计划,显然无法通过正常的市场价格体系,由自由的市场交易实现。因此,为了实现"一五"计划,首先实行了主要农产品的统购统销。统购统销的实行,极大促进了农业集体化运动,并为城市私营工商业的公私合营创造了前提。而农业集体化与城市私营工商业的公私合营,为全面实行计划经济创造了必要的所有制基础。人民公社化之后,公社干部是国家干部。生产大队、生产队的生产经营、产品销售及收入分配均由公社批准,实现了农业经济的国有化(国营农场)与准国有化(人民公社)。

当然不能认为随之而来的1958年的"大跃进"及三年严重困难是实行计划经济的必然结果。但是毋庸讳言,在市场经济条件下,"大跃进"以及随后的三年困难是不可能出现的。[②] 可是,由于实行了计划经济,加之长期"左"的错误,领导者主观意志论盛行,导致了长期的资源配置扭曲、经济结构经常失衡、大量的无效投资与无效劳动,经济实际增长缓慢,尤其是满足人民生活需要的产品与服务增长更缓慢,形成了严重的短缺经济。各类生产建设物资长期紧缺,大部分基本消费品多年都只能实行低水平的配给制供应,广大城乡劳动者的实际收入从而生活水平提高缓慢,劳动积极性严重下降。经过"文化大革命",整个国民经济已经濒临崩溃。

---

① 陈云. 关于第一个五年计划的几点说明[M]//陈云文稿选编(1949—1956). 北京:人民出版社,1982:221-231.

② 苏联农业集体化也导致了农业生产力的极大破坏,一直到苏联解体之时,主要农业产量尚未恢复到沙俄时代的最高水平,国内多次出现严重的饥荒。

其实,在完成了农业集体化与城市私人工商业的公私合营,初步建立计划经济之后,计划经济的弊病就已经为毛泽东、刘少奇、周恩来、陈云、邓小平等国家及国民经济工作的主要领导人,以及彭德怀、张闻天等所察觉,并有所批评。陈云更提出了应当允许农民私养母猪及肉猪、留足农村自留地、利用价值规律定价、回收货币等政策建议。①② 但是,不能不承认,即使"大跃进"导致了严重的三年困难,毛泽东、刘少奇、周恩来等也没有认识到问题的根源在于模仿苏联所建立起来的计划经济体制不符合中国国情,计划经济不可行,更多认为是由于头脑发热,主观主义错误,没有实事求是地实行计划经济。因此,在之后的经济调整时期,他们更多是通过组织阅读斯大林主持编写的《政治经济学教科书(社会主义部分)》来寻求答案。尽管毛泽东等对苏联《政治经济学教科书(社会主义部分)》不无批评,但却没能否定计划经济。③

在马克思、恩格斯、列宁、斯大林的著作中,市场经济通常被视为资本主义经济的同义词。1978 年之前,在中国,明确倡导市场经济在政治上被视为反动,绝不允许。但也有勇敢的学者大无畏地冲破思想牢笼,进行了在世界范围也堪称创新的理论研究。顾准先生运用马克思经济学的方法与基本范畴,深入分析考察单一公有制经济条件下是否必须存在着商品生产与商品交换,令人信服地证明了:即使是在单一公有制条件下,取消货币,实行实物分配制,也必然逐渐产生商品交换和货币。企业存在最优规模,不可能将全社会生产都组织在一个企业之中,国民经济中必然存在着众多企业,为提高经济效益,企业必须实行经济核算,从而导致个别劳动消耗与社会平均劳动消耗之间存在差异,产生个别劳动与社会平均劳动之间的矛盾运动,使价值规律必然发生作用。顾准虽然没有直接指出在单一公有制条件下也必须实行商品经济,也即市场经济,但是这一结论已经内含其中。④ 顾准的这一研究发现,即使是在世界范围的马克思经济学研究中,也是前无古人的。顾准是中国系统批判苏联式社会主义政治经济学理论、倡导市场经济第一人。在国际范围内,也是最早批判苏联政治经济学教科书的马克思主义经济学家之一。受顾准思想的启发,孙冶方提出了

---

① 陈云. 青浦农村调查[M]//陈云同志文稿选编(1956—1962). 北京:人民出版社,1981:130-146.

② 陈云. 目前财政经济的情况和克服困难的若干办法[M]//陈云同志文稿选编(1956—1962). 北京:人民出版社,1981:157-172.

③ 毛泽东. 读苏联《政治经济学教科书》的谈话[M]//毛泽东文集(第八卷). 北京:人民出版社,1999:103-148.

④ 顾准. 试论社会主义制度下的商品生产和价值规律[M]//顾准文集. 贵阳:贵州人民出版社,1994:11-61.

“把计划与统计建立在价值规律的基础上”这一著名观点[①],它在“文化大革命”中被视为“文化大革命”前中国经济学界最大的反革命修正主义谬论,孙冶方为此付出了7年牢狱之灾的沉重代价。

三

脱离实际的乌托邦在计划者的想象中无论如何完美,不遗余力地推行它,在现实中它必然一再碰得头破血流。十年“文化大革命”之后,中国人睁开眼睛看世界。这才发现,在我们奉行斗争哲学、坚持无产阶级专政下继续革命理论、大抓阶级斗争的年代里,世界发生了巨大变化。一些原来和我们差不多,甚至比我们还落后的国家和地区,已经越过中等收入阶段,正在向高收入经济体迈进,而我们却成为世界上人均收入水平最低的几个经济体之一,与发达国家的差距更进一步拉大了。

然而,最初的痛定思痛却不是对计划经济的反思和改革,相反,有关部门的最初想法是“把四人帮颠倒的是非再颠倒过来”,也即回到“文化大革命”前的计划经济体制中去。决策层企图通过工业学大庆、农业学大寨,甚至要求不仅农业学大寨,而且教育、卫生、司法、财贸等行业和部门都要学大寨来推动经济发展,实现四个现代化。

但是,这却遭到了基层群众的强烈抵制。或许是受计划经济之苦最深,或许是曾有过三年困难时期实行三自一包的成功经验,全国各地的农民在“四人帮”倒台、大抓阶级斗争的政治高压略有松弛之际,纷纷抛弃了计划经济不遗余力坚持的农业学大寨道路,尝试各种家庭联产承包责任制。安徽小岗村的大包干不过是当时各地农村此落彼起的众多改革浪花中的一朵而已。[②] 幸运的是他们先是得到了以万里为代表的安徽省各级相关领导的支持,后又得到了以邓小平为首的中央领导集体的肯定,从而在数年内打破体制坚冰,家庭联产承包责任制席卷全国农村,一举摧毁了计划经济的农业农村基础,为中国经济的市场化改革奠定了基础。

1979年在深圳等四地设立经济特区,实行对外开放,是促使中国城市经济市场化改革的另一个重要触媒。也许,最初广东等地领导提出设立经济特区,中央有关领导批准在广东、福建设立经济特区,在两省实行特殊灵活政策,并不是否定计划经济、转向市场经济的有意之笔,但是,在外部世界是市场经济大海

---

① 孙冶方．把计划和统计放在价值规律的基础上[M]//社会主义经济的若干理论问题．北京:人民出版社,1979:1-14．孙冶方在文后注明此文受到了顾准论文的启发。

② 李文溥,焦健华．从开放走向市场[J]．中国经济史研究,2008(4)．

的条件下，对外开放，必然向市场经济接轨；引进外资，就是请来了搞市场经济的老师。向市场经济开放使特区经济迅速腾飞，与 1978 年相比，1983 年深圳工农业总产值增长 11 倍，财政收入比办特区前增长 10 倍多，外汇收入增长 2 倍，基本建设投资比新中国成立后 30 年的总和增长 20 倍。特区的对外开放搞市场经济与内地的计划经济形成了鲜明的对比。1984 年初，邓小平视察南方之后，为深圳等特区题词，充分肯定“深圳的发展和经验证明，我们建立经济特区的政策是正确的”。他在《改革的步子要加快》的谈话中更明确指出：“现在我可以放胆地说，我们建立经济特区的决定不仅是正确的，而且是成功的。所有的怀疑都可以消除了。”设立经济特区成功地推动了城市经济体制改革向对外开放的市场化方向发展。

经济学家们为改革开放和发展社会主义商品经济提供理论支持，进行了大胆探索。尽管“文化大革命”刚过，国门初开，思想资源有限，但是这一代学者的探索仍然得出了应当重视价值及价值规律、发展商品经济的丰硕成果，为 1984 年 10 月中共中央十二届三中全会通过《中共中央关于经济体制改革的决定》，突破把计划经济同商品经济对立起来的传统观念，提出计划经济是公有制基础上的有计划的商品经济，必须自觉运用价值规律，商品经济的充分发展是社会经济发展的不可逾越的阶段等重要论断提供了理论支持。提出了价格双轨制、企业承包经营责任制等促进计划经济向商品经济渐进过渡的可行政策措施。思想解放，理论更新，对改革开放产生了重要的推动作用。“纵观中国改革的整个历程，可以说，从 20 世纪 80 年代中期以后每一次重大的推进，都与我们对现代经济科学认识的深化有关。经济学在中国市场制度建设中起了重要作用”①。

经济市场化的进程是渐进的，决定性的转折点发生在 20 世纪 80 年代后期，农村联产承包责任制的推行与城市经济体制的改革，在促进经济高速增长、提高人民收入水平的同时，悄悄地改变了国民收入的分配结构。居民部门的收入占比上升，政府部门及企业部门的收入占比下降。国民储蓄从政府部门为主转为居民部门为主，标志着我国国民收入的分配结构从计划经济型转向了市场经济型。国民收入分配结构的改变，奠定了 1992 年中共中央决定将经济体制改革的目标确定为社会主义市场经济的经济基础，市场经济型的国民收入分配结构使 20 世纪 90 年代初短暂的计划经济回潮难以为继，使 1994 年开始的国有企业改制、国有经济配置领域的战略性调整、国家财税体制的大调整成为势所必然。从 20 世纪 80 年代初启航的改革开放，虽然几经曲折，但仍势不可挡，

① 吴敬琏．经济学家、经济学与中国改革[J]．经济研究，2004(2)．

到了世纪之交,已经初步形成了市场经济要求的多元所有制结构,基本形成了商品市场、要素市场、金融市场、劳动力市场所组成的市场体系及以货币与财政政策为主的宏观经济政策调控体系,为使市场在资源配置中起决定性作用和更好发挥政府作用奠定了体制基础。亚洲金融危机之后,中国第一次启动了以扩大内需为主的宏观经济调控,标志着中国社会总供需矛盾的主要方面已经从计划经济时代的有效供给不足转向了市场经济条件下的有效需求不足。

四

实践发展永无止境,解放思想永无止境,改革开放永无止境。

从市场经济发展的历史过程看,从地区市场到国内统一市场再到世界市场,是市场经济发展的一般规律。市场广度与深度的扩大总是不断地为市场经济优化资源配置创造新的空间。2001 年中国加入 WTO,这是世界对中国 20 年来市场化取向的改革开放的高度肯定。加入 WTO,给予中国在更大市场范围参与国际经济竞争及更大更多经济领域优化资源配置的机会。加入 WTO 之前,中国的人均 GDP 仅为 1000 美元左右,加入 WTO 之后,恰逢世界经济上行周期,2002—2007 年,中国经济的年均增速高达 10% 以上,到 2010 年,中国的人均 GDP 已经越过 5000 美元,进入中等偏上收入经济体之列,到 2018 年,中国人均 GDP 已经超过 9000 美元,在世界 185 个国家中排名第 72 位。

市场经济必然对外开放、面向全世界,而计划经济注定只能在闭关锁国中运行。前者的资源优化配置空间是全世界,后者即使可以实现资源配置最优——理论与实践都证明这是根本不可能的——也只能是局部最优,局部最优永远劣于全域最优,更何况是局部且非优?因此,坚定地走对外开放、融入世界的市场经济之路,是中国实现现代化的必经之路,也是实现中华民族伟大复兴这一百年中国梦的唯一选择。

然而,从地区市场,到国内统一市场,再到世界市场,不仅是市场空间的扩大,优化资源配置领域的扩大,同时也是一个市场规则逐渐接轨、统一的过程。大山之中与世隔绝的村寨,可以按照祖辈留下的独特规则进行交易,走出大山,与外部世界往来,就必须实现交易规则接轨。体制接轨,机制兼容,是融入更大世界的必要前提。

规则的形成,是一个漫长而曲折的过程。如果说文艺复兴至 1870 年之前,即使在欧洲,也主要是一个民族国家及国内统一市场形成的过程,那么,1870—1914 年则是第一次的经济全球化过程,然而,它不幸地被两次世界大战及期间的世界经济大危机中断了。战后相当长时期里,是一个以民族国家为主的对国内统一市场进行宏观经济调控的时代,凯恩斯宏观经济学就是这个时代的产物。然而,从国内统一市场向世界统一市场过渡,是一个必然的过程。20 世纪 80 年代中期开始的第二次经济全球化,使经济运行越来越跨出民族国家的疆界,也使凯恩斯经济学逐渐失效。深入发展的经济全球化要求国与国之间的经济运行机制日趋统一。经济运行机制的统一,当然离不开各国间的协调,但更为重要的是机制与机制之间的市场竞争与优胜劣汰。因此,对于走向世界、寻求建立人类命运共同体的中国而言,今天面临的最重要的挑战仍然与 20 世纪 80 年代之交的改革开放、世纪之交的加入 WTO 一样:我们将以何种思路和心态面对这个世界?是选择以开放的心态主动融入这个世界还是其他?这或许是抛弃了计划经济模式、选择了走市场经济之路的中国,在 70 年后的今天面临的最大问题。

(作者单位:厦门大学)

新中国70年经济周期波动的周期划分、特征和影响因素研究

陈乐一　石磊①

一、引言

新中国70年,我国社会主义建设取得了举世瞩目的成就,经济发展突飞猛进。党的十八大以来,以习近平同志为核心的党中央带领全国各族人民砥砺奋进,攻坚克难,把握中国经济发展大势,推动经济平稳健康发展。2018年中国经济总量突破90万亿元,约占世界经济总量的16%,位居世界第二。中国实现了由经济小国向经济大国的转变,并正在迈向经济强国。然而,面对不断变化的国际形势和经济深度调整的现实,各种不确定性风险也在积累,我国经济在发展的同时也伴随着经济的波动,经济的大幅波动会增加经济运行的不确定性,降低经济效率,从而导致人民生活和社会福利水平的下降。研究我国过去70年的经济增长周期,把握中国经济周期的运行规律,分析经济周期的波动特征,挖掘背后的驱动因素,能够为政府把握中国宏观经济波动规律、做好宏观调控工作、推动中国经济稳中求进和实现高质量发展提供现实依据和理论参考。

关于经济周期波动的研究,现有研究已经取得了相当多的成果。在周期划分及特征分析方面,学术界通常利用GDP增长率数据,采用"谷—谷"法对我国经济周期进行划分,以此为基础,根据经济增长率的大小、周期波动的波峰与波谷、不同周期阶段的持续时间来刻画经济周期波动的特征。在经济周期波动的影响因素方面,学者们认为经济制度和货币政策对稳定经济有重要作用。同时,还有一些文献提出投资波动、政府支出波动、净出口波动以及人口结构的转型与经济周期波动关系密切。在实证研究方法方面,国内外学者通常采用时间序列分析法、景气分析法以及调查研究法对经济周期波动进行研究。其中,Hamilton(1989)提出的Markov区制转移模型为分析经济周期波动中的非对称问题提供了一种有效的方法,并得到了广泛的应用。

从以往的研究经验来看,第一,大多数文献采用Markov区制转移模型研究经济周期在各区制的转换特征以及预测经济走势,但是鲜有文献从长期角度利

① 本文已发表在《中国经济报告》2019年第5期。

用该模型所估计的平滑概率对我国经济周期进行划分。第二，传统的计量模型施加了严格的线性约束，无法解释经济周期的持续时间以及稳定程度在不同周期阶段的非对称性。第三，对于我国经济周期波动影响因素的研究大多集中于某一单一要素进行研究，对多要素的综合影响解释不足。

在已有研究的基础上，本文做了以下拓展：①利用 Markov 区制转移模型结合中国 1953—2018 年的年度 GDP 数据，分析新中国成立以来我国经济周期波动的非对称性，在模型估计的基础上，利用平滑概率对我国经济周期波动进行划分。②综合分析新中国成立以来我国经济周期波动的扩张期与收缩期比率、波动幅度以及扩张期和收缩期的非对称性等特征。③从制度、政策、供给、需求 4 个方面构建 Markov 区制转移模型，全面分析不同周期阶段内各因素影响我国经济周期波动的非对称效应，探讨不同外生冲击如何影响经济周期波动。

二、新中国 70 年经济周期的划分

（一）研究方法与数据说明

1949—1952 年是我国国民经济的恢复时期，1953 年起才开始大规模的经济建设。因此，我们实际上分析的是 1953 年以来的经济周期波动。借鉴 Hamilton（1989）的做法，本文构建 Markov 区制转移模型，采用 1953—2018 年的实际 GDP 增长率数据，通过 H－P 滤波方法将实际 GDP 增长率（ y_i ）分解成趋势成分（ y_t^T ）和周期成分（ y_t^C ），对周期成分数据采用马尔科夫方法，具体形式如下：

$$y_t^C = v(S_t) + \sum_{i=1}^{p} A_1(S_t)\, y_{t-p} + \varepsilon_t\ \varepsilon_t \mid I_{t-1} \sim iidN(0,\sigma^2(S_t)) \tag{1}$$

其中，y_t^C 表示实际 GDP 增长率的周期成分，v 是截距项，p 是滞后阶数，ε_t 为随机扰动项，I_{t-1} 代表 $t-1$ 时刻的信息集，模型的截距项、系数和方差依赖于状态变量 S_t 。假设 S_t 具有 m 个区制，分别代表经济处于 m 种不同的区制状态，$\{S_t\}$ 服从一阶 Markov 链，不同区制之间的状态转移概率矩阵可以表示为：

$$P = [p_{ij}],i = j = 1,2,\cdots,m \tag{2}$$

其中，p_{ij} 为状态变量 S_t 从 $t-1$ 时刻 i 状态 转移到 t 时刻 j 状态 的概率，即：

$$p_{ij} = \Pr(S_t = j \mid S_{t-1} = i),0 < p_{ij} < 1,$$

$$\sum\nolimits_{j=1}^{m} p_{ij} = 1 \tag{3}$$

Hamilton 和 Krolizg（1989，1997）利用 EM 算法对马尔科夫转换方程（1）采用极大似然估计，得到方程（1）和方程（2）中未知参数的值以及各区制的平滑概率，以此来划分经济周期和分析不同经济周期阶段下的非线性特征。数据来源于《新中国六十年统计资料汇编》和《中国统计年鉴 2018》。

(二)模型估计结果

根据表1中单位根的检验结果可知,实际GDP增长率 y_t^C 为平稳时间序列,可以进行马尔科夫区制转换估计。文章根据LogL的值和AIC准则确定模型形式为截距项、回归系数和方差均依赖于状态变量 S_t ,滞后5阶的“两阶段”Markov区制转移模型。根据表1的线性检验结果可知,LR统计量在5%和1%的显著性水平下均拒绝线性关系的原假设。根据区制转移特征,将中国经济波动周期划分为两个区制,区制1表示“收缩阶段”,区制2表示“扩张阶段”。

根据图1可以看出,改革开放前波动幅度很大,经济处于收缩状态的概率较大,经济周期的持续时间较短,改革开放后波动幅度逐渐趋缓,经济增长主要处于扩张状态,经济周期持续时间也较长,尤其是1991年之后的周期波动幅度小、持续时间长。基于平滑概率图,我们可以确定经济周期波动的波峰和波谷,其中波谷分别为1957年、1961年、1967年、1972年、1976年、1981年、1986年、1990年、2001年、2009年,波峰分别为1956年、1958年、1964年、1970年、1975年、1978年、1984年、1987年、1992年、2007年。

表1 GDP增长率的MSIAH(2)-AR(5)主要参数估计结果

参数	经济收缩期	经济扩张期
v	-0.0333*** (0.0057)	0.0129** (0.0053)
A_1	-0.3935*** (0.1108)	-0.0345 (0.1167)
A_2	-0.1770** (0.0806)	-0.4578*** (0.1401)
A_3	-0.9143*** (0.0659)	-0.2183 (0.1333)
A_4	0.0730 (0.0685)	-0.4995*** (0.1247)
A_5	-0.5943*** (-0.5943)	-0.1311 (0.1230)
σ	0.0095	0.0269
线性检验	H0:经济系统服从线性VAR模型 LR = 20.2698 Chi(7) = [0.0050]** Chi(9) = [0.0163]*	
平稳性检验	y_t^C :ADF统计量 = -7.560***,PP统计量 = -6.294***	

注:*、**、***分别表示在10%、5%、1%的水平下显著,小括号内数字为参数样本标准差。

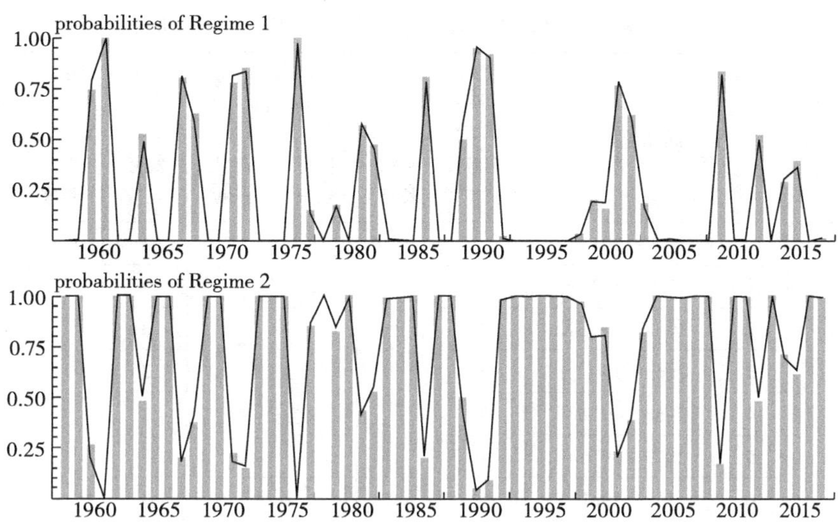

图1　新中国成立以来我国经济周期在不同区制下的平滑概率图

注:区制1——“收缩阶段”;区制2——“扩张阶段”。

(三)经济周期划分结果

根据对波峰和波谷的识别结果,我们结合“谷—谷”法,可以划分为10轮完整周期,目前正处于第11轮周期中:改革开放前的1953—1957年、1958—1961年、1962—1967年、1968—1972年、1973—1976年。改革开放后的1977—1981年、1982—1986年、1987—1990年、1991—2001年、2002—2009年、2010年至今,具体划分见表2。由表2可知,改革开放前的中国经济波动周期的平均长度为4.6年,改革开放后20世纪八九十年代的周期平均长度为6.25年,21世纪以来的周期平均长度为8年,这三个阶段的周期平均长度逐渐增加。这一划分结果与刘树成(1996、2000)利用实际GDP增长率划分出的经济周期基本一致,由此表明利用平滑概率不仅可以对经济周期进行阶段划分,还可以明确各年经济处于收缩阶段和扩张阶段概率值的大小,刻画不同周期阶段的非线性特征。因此,马尔科夫区制转移模型提供了一种新的周期划分方法。

表 2 1949—2018 年中国经济波动的周期划分与周期长度

<table>
<tr><th colspan="2" rowspan="2">波序</th><th rowspan="2">周期起止年份</th><th colspan="2">波长(年)</th><th colspan="2">扩张持续长度(年)</th><th colspan="2">收缩持续长度(年)</th><th rowspan="2">扩张期与收缩期之比</th></tr>
<tr><th>实际长度</th><th>平均长度</th><th>实际长度</th><th>平均长度</th><th>实际长度</th><th>平均长度</th></tr>
<tr><td rowspan="6">改革开放前</td><td>—</td><td>1949—1953 年</td><td>—</td><td rowspan="6">4.6</td><td>—</td><td rowspan="6">2.2</td><td>—</td><td rowspan="6">2.4</td><td rowspan="6">0.92</td></tr>
<tr><td>1</td><td>1954—1957 年</td><td>4</td><td>2</td><td>2</td></tr>
<tr><td>2</td><td>1958—1961 年</td><td>4</td><td>1</td><td>3</td></tr>
<tr><td>3</td><td>1962—1967 年</td><td>6</td><td>3</td><td>3</td></tr>
<tr><td>4</td><td>1968—1972 年</td><td>5</td><td>3</td><td>2</td></tr>
<tr><td>5</td><td>1973—1976 年</td><td>4</td><td>2</td><td>2</td></tr>
<tr><td rowspan="4">改革开放后Ⅰ</td><td>6</td><td>1977—1981 年</td><td>5</td><td rowspan="4">6.25</td><td>2</td><td rowspan="4">3.25</td><td>3</td><td rowspan="4">3</td><td rowspan="4">1.08</td></tr>
<tr><td>7</td><td>1982—1986 年</td><td>5</td><td>4</td><td>1</td></tr>
<tr><td>8</td><td>1987—1990 年</td><td>4</td><td>2</td><td>2</td></tr>
<tr><td>9</td><td>1991—2001 年</td><td>11</td><td>5</td><td>6</td></tr>
<tr><td rowspan="2">改革开放后Ⅱ</td><td>10</td><td>2002—2009 年</td><td>8</td><td rowspan="2">8</td><td>6</td><td rowspan="2">6</td><td>2</td><td rowspan="2">2</td><td>3</td></tr>
<tr><td>11</td><td>2010 年至今</td><td>—</td><td>—</td><td>—</td><td>—</td></tr>
<tr><td colspan="3">1949 年至今</td><td>56</td><td>6.28</td><td>30</td><td>3.82</td><td>26</td><td>2.47</td><td>1.67</td></tr>
</table>

三、我国经济周期波动的特征分析

根据前文的模型估计以及周期划分结果，接下来从扩张期与收缩期比率、波动幅度、扩张期和收缩期的非对称特征来概括新中国成立以来我国经济周期波动的特征。

（一）经济周期波动的扩张期与收缩期比率呈增大趋势

扩张期与收缩期的比率是衡量经济增长稳定性的重要指标。根据表 2 可知，在改革开放前的 5 个周期中，扩张期的平均长度为 2.2 年，收缩期的平均长度为 2.4 年，扩张期与收缩期的比率为 0.92。改革开放后 20 世纪八九十年代的 4 个周期中，扩张期的平均长度为 3.25 年，收缩期的平均长度为 3 年，扩张期与收缩期的比率为 1.08。21 世纪以来的扩张期平均长度为 6 年，收缩期平均长度为 2 年，扩张期与收缩期的比率为 3。这三个阶段的扩张期与收缩期的比率逐渐增大，且改革开放后的两个阶段的扩张期与收缩期的比率均大于 1。改革开放前后三个阶段的周期平均长度、扩张期与收缩期比率均逐渐增大，表明新中国成立以来，我国经济扩张的持续性逐渐增强，经济增长的稳定程度逐渐提高。

（二）经济周期的波动幅度呈减小趋势

对于波动幅度的衡量，我们采用峰谷落差这一常用指标加以刻画。根据表3，从各周期的峰值来看，改革开放前平均峰值为16.5%，改革开放后20世纪八九十年代的平均峰值为13.2%，21世纪以来的平均峰值为12.4%，改革开放前后三个阶段的峰值都处于高位。从各周期的谷值来看，改革开放前平均谷值为-5.3%，改革开放后20世纪八九十年代的平均谷值为6.6%，21世纪以来的平均谷值为9.1%。由此可知，改革开放前后三个阶段的峰位逐渐下降，谷位逐渐上升，表明新中国成立以来我国经济增长的盲目扩张性在逐渐下降，抗衰退能力在逐渐增强。在峰谷落差方面，改革开放前中国经济周期波动的平均峰谷落差为21.9%，各周期的峰谷值差距较大，波动幅度较大，波动较为剧烈。改革开放后20世纪八九十年代的平均峰谷落差迅速降为6.7%，21世纪以来的平均峰谷落差为5.1%。比较而言，改革开放前的波动较为剧烈，尤其是第2轮周期的波动幅度最大。总体来说，改革开放前后三个阶段经济周期的波动幅度逐渐减小，表明新中国成立以来我国经济增长的稳定性不断增强。

表3　1949—2018年中国经济周期波动的峰谷落差

波序		波峰时刻	波谷时刻	峰值（%）	谷值（%）	峰谷落差（%）
改革开放前	1	1956年	1954年	15	4.2	10.8
	2	1958年	1961年	21.3	-27.3	48.6
	3	1964年	1967年	18.3	-5.7	24
	4	1970年	1972年	19.4	3.8	15.6
	5	1975年	1976年	8.7	-1.6	10.3
改革开放后Ⅰ	6	1978年	1981年	11.7	5.1	6.6
	7	1984年	1986年	15.2	8.9	6.3
	8	1987年	1990年	11.7	3.9	7.8
	9	1992年	2001年	14.2	8.3	5.9
改革开放后Ⅱ	10	2007年	2002年	14.2	9.1	5.1
	11	2010年	—	10.6	—	—
改革开放前（平均）				16.5	-5.3	21.9
改革开放后Ⅰ（平均）				13.2	6.6	6.7
改革开放后Ⅱ（平均）				12.4	9.1	5.1
1949—2018年（平均）				15.0	0.9	14.1

（三）经济周期波动的非对称特征

基于Markov区制转移模型，得到各区制的概率转移和各个区制的出现概率及平均持续期。由表4可知，当处于收缩阶段时，下一期仍然处于收缩阶段的概率为0.31，下一期转变为扩张阶段的概率为0.69，这表明我国经济周期的收缩阶段是一个不稳定的区制，经济运行存在“跳跃式”，从收缩阶段跳跃到扩张阶段的概率比较大，在经济运行过程中容易受到外部冲击的影响。当处于扩张阶段时，下一期仍然处于扩张阶段的概率为0.77，下一期转变为收缩阶段的概率为0.23，这表明相对于收缩阶段，我国经济周期的扩张阶段较为稳定。新中国成立以来我国经济周期在收缩阶段出现的概率为0.25，出现的平均持续期为1.45年，在扩张阶段出现的概率为0.75，出现的平均持续期为4.44年。这表明波动状态在扩张阶段出现概率最大，平均持续期也最长，扩张阶段是我国经济周期的主要波动状态。

由此可见，经济周期波动的持续性以及稳定程度在扩张期和收缩期具有明显的非对称特征。随着经济体制改革的不断深化和市场化程度的不断提高，我国宏观经济运行环境日趋稳定，经济呈现出高位增长的态势，尤其是21世纪以来，经济一直保持平稳快速增长，如今我国已由高速增长阶段进入高质量发展阶段，因此增长阶段的持续性逐渐增强，稳定性逐渐增强。

表4　概率转移以及平均持续时间的估计结果

		经济收缩期	经济扩张期
概率转移	经济收缩期	0.31	0.69
	经济扩张期	0.23	0.77
持续时间	样本数	14.9	45.1
	频率	0.25	0.75
	持续期	1.45	4.44

总体而言，改革开放前我国经济周期波动的扩张期与收缩期的比率较低，峰位较高，谷位较低，经济幅度较大，扩张期的长度较短，经济周期的波动较为剧烈，经济运行呈现“大起大落”的增长态势。改革开放后的20世纪八九十年代，经济步入高速增长阶段，扩张期与收缩期的比率增大，峰位下降，谷位上升，波动幅度减小，扩张期的长度延长，经济运行呈现高速平稳的增长态势。进入21世纪以来，经济步入平稳快速增长阶段，扩张期与收缩期的比率进一步增大，峰位继续下降，谷位继续上升，波动幅度更小，经济增长在扩张期具有更强的持续性，经济增长更趋于平缓。从整个波形看，新中国成立以来经济周期波动逐渐趋于平缓，整体上呈收敛态势。

四、新中国70年经济周期波动的影响因素

（一）模型设定与变量选取

1. 模型设定

传统的向量自回归模型（VAR）能够反映经济系统中变量之间的协动性，以及外生冲击随时间变化通过内部传导对经济系统产生的影响，但是由于VAR模型受到线性假设的约束，不能清晰地刻画物价波动路径中存在的结构性变动。因此我们依然采用（1）式马尔科夫区制转移向量自回归模型（MS-VAR），分析不同周期阶段内各因素影响经济周期波动的非对称效应。

2. 变量选取

我国经济周期波动是由多种因素引起，不同的因素对经济周期波动的冲击有所不同。根据经济周期理论及相关文献研究，我们将影响我国经济周期波动的因素分为四大类，从制度因素、政策因素、供给因素和需求因素4个方面综合分析新中国成立以来经济周期波动的影响因素。

经济周期波动（g_c）。我们对实际GDP增长率进行HP滤波处理，去除趋势成分，提取周期成分数据来衡量经济周期波动。制度因素我们选取2个指标：一是非国有化水平（*Nosw*），用非国有从业人员占所有从业人员的比重来衡量。二是对外开放程度（*Open*），用进出口总额占GDP的比重来衡量。政策因素我们选取3个指标衡量：货币供应量增长率（M_0）、财政收入增长率（*Revenue*）和财政支出增长率（*Expenditure*）。供给因素我们选取2个指标：就业人数增长率（*Labour*）和资本形成总额增长率（*Capital*）。需求因素我们选取3个指标衡量：消费支出增长率（*Consumption*）、固定投资额增长率（*Investment*）和进出口总额增长率（*Trade*）。

数据来源于《新中国六十年统计资料汇编》《中国统计年鉴》以及国家统计局网站，为了剔除价格因素的影响，我们对每个指标都以1952年为基期利用价格指数进行了平减。主要指标的描述性统计分析如表5所示。

表5　变量的描述性统计

变量名称	观测值	均值	标准差	最小值	最大值
g_c	65	0.0000	0.0642	-0.3115	0.1523
Nosw	65	0.2950	0.1454	0.0161	0.6563
Open	65	0.2467	0.1751	0.0496	0.6424
M_0	65	0.1207	0.1180	-0.1694	0.4021

续表

变量名称	观测值	均值	标准差	最小值	最大值
Revenue	65	0.0741	0.1403	-0.6238	0.3672
Expenditure	65	0.0768	0.1550	-0.7412	0.3749
Labour	65	0.0181	0.0180	-0.0161	0.1124
Capital	65	0.0874	0.1924	-0.8883	0.4593
Consumption	65	0.0707	0.0433	-0.0844	0.1390
Investment	65	0.0966	0.1897	-0.8807	0.5880
Trade	65	0.1287	0.1623	-0.3475	0.5924

(二)实证结果分析

在模型估计之前,对各变量的平稳性进行检验,表6给出了变量的平稳性检验结果,结果表明除了非国有化水平(*Nosw*)和对外开放度(*Open*)差分后平稳外,其余变量均在1%的显著性水平上平稳。本文分别选取经济周期波动和制度冲击变量、政策冲击变量、供给冲击变量、需求冲击变量作为内生变量,建立4组MS-VAR模型①。根据LogL的值以及AIC信息准则确定模型形式为截距项和方差均依赖于状态变量 S_t,本文4个模型的估计结果显示LR统计量在1%显著性水平下拒绝线性关系的原假设,模型的截距项和自回归系数等参数估计结果基本都显著,每个模型的滞后阶数根据AIC和BIC信息准则确定,本文接下的分析只针对参数估计显著的变量进行对比分析。

表6 主要变量的平稳性检验结果

变量	ADF统计量	PP统计量	结论
g_c	-8.051***	-5.596***	平稳
DNosw	-6.163***	-5.993***	平稳
DOpen	-6.197***	-6.219***	平稳
M_0	-6.344***	-6.401***	平稳
Revenue	-6.621***	-5.572***	平稳
Expenditure	-6.919***	-5.697***	平稳
Labour	-5.291***	-5.337***	平稳
Capital	-6.709***	-5.309***	平稳

① 我们对经济周期波动和制度冲击变量、政策冲击变量、供给冲击变量和需求冲击变量的因果关系进行了检验,结果表明经济周期波动与各冲击变量均互为因果关系,均相互影响与相互制约,满足建立MS-VAR方程的条件,限于篇幅,具体结果未报告,可向作者索要。

续表

变量	ADF 统计量	PP 统计量	结论
Consumption	-5.577***	-5.682***	平稳
Investment	-7.318***	-6.392***	平稳
Trade	-4.996***	-4.938***	平稳

1. 制度冲击与经济周期波动

根据表7可知，对g_c区制1和区制2的均值比较可知，区制1为经济收缩期，区制2为经济扩张期。滞后2期的非国有化水平正向偏离长期趋势1个单位时，会使经济周期波动显著增加0.8993个单位，滞后4期的非国有化水平会使经济周期波动显著减少0.6866个单位，滞后5期的非国有化水平会使经济周期波动显著增加0.2470个单位。滞后1期的对外开放度会使经济周期波动显著减少0.1156个单位，滞后2期和3期的对外开放度都会使经济周期波动显著增加约0.1526个单位，滞后4期的对外开放度会使经济周期波动显著减少0.0409个单位。由此表明，非国有化水平的增加短期内加剧经济周期波动，长期内缓解经济周期波动。市场化改革的初期，由于市场经济体制的不完善，会对经济周期波动产生一定的影响，随着市场经济体制改革的不断深化，市场化水平逐渐提高，政府对企业的干预逐渐减弱，金融加速器的放大效果逐渐减弱，抑制了经济周期的波动。对外开放度的增加短期内缓解经济周期波动，长期内加剧经济周期波动，这是因为短期内对外开放度的增大引入了一定的外资，促进了经济转型，一定程度上有助于经济的平稳发展，但是改革以来我国一直作为垂直分工下的制造环节，长期的对外贸易过程中外部环境的不确定性会导致我国的经济周期波动。此外，全球经济一体化的背景之下，国际资本流动以及汇率波动等都会导致我国的经济周期波动。

整体而言，经济制度是宏观经济体系运行的基础，经济制度变革对宏观经济运行具有整体性、持久性的影响。从不同周期阶段看，在扩张期非国有化水平对经济周期波动的作用较为明显，在收缩期对外开放度的作用较为明显。从长期和短期视角看，非国有化水平的增加短期内加剧经济周期波动，长期内缓解经济周期波动。对外开放度的增加短期内缓解经济周期波动，长期内加剧经济周期波动。比较而言，短期中对外开放度对经济周期波动的影响较大，长期中非国有化水平的影响较大。总之，经济制度的每一次变革都是为了促进经济平稳增长而做出的制度调整，但是每一次重大变革都对经济波动产生较大的冲击。

表 7 模型 MSIH(2) - VAR(5)参数估计结果

	g_c	*Nosw*	*Open*
Const(*Reg.* 1)	-0.0062	-0.0003	0.0045 ***
Const(*Reg.* 2)	0.0093 ***	0.0119 ***	0.0175
g_c_1	0.0046	-0.0555	0.0553 **
g_c_2	-0.1471 **	-0.0988 ***	0.0165
g_c_3	-0.2645 ***	-0.0801 ***	0.0336 **
g_c_4	0.1489 ***	-0.0325	0.0457 **
g_c_5	0.1487 ***	-0.0595 *	0.0184
*Nosw*_1	-0.0665	0.0832	-0.2150
*Nosw*_2	-0.8993 *	0.0976	-0.0368
*Nosw*_3	0.0514	-0.1769 **	-0.1004 *
*Nosw*_4	-0.6866 ***	0.2098 **	-0.1652 ***
*Nosw*_5	0.2470 ***	0.2715 **	-0.0783
*Open*_1	-0.1156 ***	0.0686	0.4834 ***
*Open*_2	0.1188 ***	-0.0185	-0.2357 ***
*Open*_3	0.1864 ***	0.0910	0.0983 **
*Open*_4	-0.0409 **	-0.1295 *	-0.2198 ***
*Open*_5	0.0320	-0.0185	-0.1673 **
SE(*Reg.* 1)	0.0853	0.0112	0.0064
SE(*Reg.* 2)	0.0035	0.0158	0.0548
LR 线性检验	LR = 131.8445 Chi(9) = [0.0000] ** DAVIES = [0.0000] ***		

注:根据平稳性检验结果,对 g_c、*Nosw* 和 *Open* 均进了差分处理。

2. 政策冲击与经济周期波动

根据表 8,对 g_c区制 1 和区制 2 的均值比较可知,区制 1 为经济收缩期,区制 2 为经济扩张期。滞后 1 期的货币供应量正向偏离长期趋势 1 个单位时,会使经济周期波动显著减少 0.0881 个单位。滞后 2 期的财政预算支出正向偏离会使经济周期波动显著减少 0.1380 个单位。由此可知,货币供应量和财政预算支出的增加短期内都会使经济周期波动减缓。比较而言,财政预算支出会对经济周期波动产生相对滞后影响,且这种影响大于货币供应量的影响。对于货币政策,中央银行通过调控货币供应量影响利率以及信贷供应来间接影响总需求,进而稳定经济增长。对于财政政策,在收缩期政府通过扩大支出和减少税收,扩大了总需求,缓和了经济波动。在扩张期政府通过紧缩投资抑制了通货膨胀,稳定了经济增长。值得注意的是,财政收入与经济周期波动出现顺周期变化，且财政收入显著正向影响财政支出，表明财政收入是影响财政支出的关键因素，影响了在扩张期财政政策的调控效率。本文的这一结论与丛树海(2018)关于预算收入是影响预算支出的关键因素、预算收入是影响我国财政政策实施效果与经济周期顺同的主要原因的看法一致。

整体而言，在政策冲击中，货币供应量和财政预算支出在短期内都会缓解经济周期波动，其中财政预算支出的缓解作用更大，而财政预算收入的作用不明显。从不同周期阶段看，在收缩期货币供应量对经济周期波动的影响较为明显，在扩张期政策冲击的影响都比较明显。总之，财政政策和货币政策是国家调控宏观经济运行的重要工具。

表 8　模型 MSIH(2) - VAR(2) 参数估计结果(1)

	g_c	m_0	*revenue*	*expenditure*
Const(*Reg*. 1)	0.0078	0.1703 ***	0.0059	0.0399
Const(*Reg*. 2)	0.0134 *	0.0403 *	0.0898 ***	0.0833 ***
g_c_1	0.3543 ***	0.5578 **	-0.0506	-0.0513
g_c_2	-0.1139	0.2797	-0.5407 ***	-0.2286
m_0_1	-0.0881 ***	0.1227	-0.1029 *	-0.1811 ***
m_0_2	-0.0123	0.2118 **	-0.1662 **	-0.0923
*revenue*_1	0.1003	-0.4802 *	0.4768 ***	0.5323 **
*revenue*_2	0.0929	0.0416	-0.4300 **	-0.0780
*expenditure*_1	-0.0440	0.4658 *	0.0887	0.1846
*expenditure*_2	-0.1380 *	0.0650	0.3188 *	-0.1655
SE(*Reg*. 1)	0.1042	0.1189	0.2374	0.2653
SE(*Reg*. 2)	0.0242	0.0647	0.0479	0.0545
LR 线性检验	LR = 106.9942　Chi(14) = [0.0000] * *　DAVIES = [0.0000] ***			

3. 供给冲击与经济周期波动

根据表 9，对 g_c 区制 1 和区制 2 的均值比较可知，区制 1 为经济扩张期，区制 2 为经济收缩期。滞后 1 期的就业人数正向偏离长期趋势 1 个单位，会使经济周期波动显著增加 1.9750 个单位，滞后 2 期就业人数的正向偏离会使经济周期波动显著增加 0.9786 个单位，滞后 3 期的就业人数的正向偏离会使经济周期波动显著减少 2.2908 个单位。滞后 2 期的资本形成额正向偏离长期趋势 1 个单位，会使经济周期波动显著增加 0.1296 个单位。由此表明，就业人数的增加在冲击发生第 1 ~2 期对经济周期波动产生了加剧作用，第 3 期后逐渐缓解经济周期波动。劳动力供给是影响经济稳定增长的关键因素，其中劳动力转移是影响经济周期波动的重要因素，如今农业部门的剩余劳动力逐渐减少，可能已经跨越了劳动力供给曲线的刘易斯“转折点”，长期总供给曲线的弹性显著下降，通货膨胀压力上升，影响了经济的稳定发展。但是长期中随着就业制度的完善，以及与宏观经济政策的紧密配合，劳动力市场趋于供需平衡，从而促进了经济的稳定增长。滞后 2 期的资本形成额对经济周期波动产生了加剧作用，这可能由于资本存量的增加大部分源于投资的增加，而投资的波动会加剧经济周期波动。

整体而言，在供给冲击中，从不同周期阶段看，在收缩期劳动力供给和资本存量对经济周期波动的影响较为明显，在扩张期供给冲击的影响不明显。从长期和短期视角看，短期中劳动力供给和资本存量的增加都会加剧经济周期波动，但是长期中劳动力供给会缓解经济周期波动。比较而言，劳动力供给对经济周期波动的影响较大，资本存量对经济周期波动的影响较小。总之，供给冲击是我国经济周期波动的重要原因，在适度扩大总需求的同时，要加强供给侧结构性改革。

表 9　模型 MSIH(2) - VAR(3) 参数估计结果

	g_c	*labour*	*capital*
Const(*Reg*. 1)	-0.0242 ***	0.0019	-0.0018
Const(*Reg*. 2)	-0.0371 *	0.0103 *	-0.1076 *
g_c_1	0.2373 **	0.0091	0.3059
g_c_2	-0.6751 ***	0.0039	-2.6021 ***
g_c_3	-0.1001	-0.1014 ***	0.5048
*labour*_1	1.9750 ***	0.6561 ***	6.7408 ***
*labour*_2	0.9786 ***	0.0353	3.3366 ***
*labour*_3	-2.2908 ***	0.0209	-6.8040 ***
*capital*_1	0.0353	-0.0125 *	0.5083 **
*capital*_2	0.1296 ***	-0.0164 ***	0.2114 *
*capital*_3	0.0462	0.0264 ***	0.0852
SE(*Reg*. 1)	0.0155	0.0026	0.0541
SE(*Reg*. 2)	0.0750	0.0270	0.2131
LR 线性检验	LR = 126.9694　Chi(9) = [0.0000] **　DAVIES = [0.0000] ***		

4. 需求冲击与经济周期波动

根据表 10，对 g_c 区制 1 和区制 2 的均值比较可知，区制 1 为经济收缩期，区制 2 为经济扩张期。滞后 1 期的消费支出正向偏离长期趋势 1 个单位，会使经济周期波动显著增加 0.1757 个单位，滞后 2 期的消费支出的正向偏离会使经济周期波动显著减少0.1755个单位。滞后2期固定投资额正向偏离会使经济周期波动显著增加0.0964个单位。消费对经济周期波动的影响不稳定,这可能由于短期内消费具有顺周期性,长期内消费既是拉动经济增长的最大动力,也是遏制经济下滑的稳定力量。投资对经济周期波动产生了一个滞后2期的加剧作用。投资始终具有顺周期性,在收缩期政府通过扩张性经济政策拉动投资,在扩张期通过紧缩性经济政策减少投资,这一过程投资规模处于压缩和循环之中,投资的波动会对经济周期波动产生放大效应,从而加剧了经济周期波动。进出口贸易对经济周期波动的影响不明显,这一点似乎与直觉相悖,这主要是由于进出口对经济周期波动的影响主要是改革开放之后。中国加入世贸组织以后,与世界的经济往来越来越密切,对外贸易额增加有利于扩大我国产品的市场、促进我国产业结构升级,但是在全球一体化的大趋势下,对外贸易在促进经济增长的同时,也会通过价格信号传递和需求溢出等将国际外部冲击传递给我国,引起我国经济周期波动。

整体而言,在需求冲击中,从不同周期阶段看,在扩张期消费和投资对经济周期波动的影响较为明显,在收缩期需求冲击的影响不明显,进出口贸易任何阶段影响都不明显。从长期和短期视角看,短期内消费和投资的增加会加剧经济周期波动,长期内消费会缓解经济周期波动。比较而言,消费对经济周期波动的影响最大,其次为投资,进出口的影响最小。

表10　模型MSIH(2)-VAR(2)参数估计结果(2)

	g_c	*consumption*	*investment*	*Trade*
Const(*Reg*. 1)	-0.0166	0.0196	0.0182	-0.0367
Const(*Reg*. 2)	-0.0108	0.0666***	0.0950***	0.0362
g_c_1	0.3069***	0.0016	-0.2654	0.3956
g_c_2	-0.5685***	-0.1940*	-1.2002***	-0.8993**
consumption _1	0.1757*	0.2087	0.3438	0.6893*
consumption _2	-0.1755*	-0.0392	-0.9723***	0.4538
investment _1	0.0191	0.0576	0.4007***	-0.1376
investment _2	0.0964***	0.0275	0.1693	0.1509
*Trade*_1	-0.0111	-0.0049	0.0218	0.4358
*Trade*_2	0.0253	-0.0056	0.0554	-0.1808
SE(*Reg*. 1)	0.1038	0.0507	0.3195	0.0919***
SE(*Reg*. 2)	0.0151	0.0205	0.0614	0.1534
LR线性检验	LR = 119.1070　Chi(14) = [0.0000]**　DAVIES = [0.0000]***			

五、结论与政策建议

本文对新中国成立以来1953—2018年的经济周期波动的形态特征和影响因素进行了分析研究。首先,利用Markov区制转移模型将我国经济波动划分为10轮完整的周期,目前我国正处在第11轮周期中。其次,研究发现从整个波形来看,波动趋于平缓,且呈现收敛态势。其中,扩张期收缩期比率逐渐增大,波动幅度逐渐减小,扩张阶段是我国经济周期波动的主要状态,扩张阶段的持续性和稳定性逐渐增强,表明新中国成立以来经济周期波动的稳定性逐渐增强,盲目扩张性在逐渐下降,抗衰退能力逐渐增强。再次,进一步研究发现:①整体而言,不同周期阶段外生冲击对经济周期波动的影响有所差异,在扩张期政策冲击和需求冲击的影响较为明显,在收缩期制度冲击和供给冲击的影响较为明显。②在制度冲击方面,制度变革对宏观经济具有整体性、持久性的影响。非国有化水平的增加会短期内加剧经济周期波动,长期内缓解经济周期波动。对外开放度的增加短期内缓解经济周期波动,长期内加剧经济周期波动。比较而言,短期中对外开放度对经济周期波动的影响较大,长期中非国有化水平的影响较大。③在政策冲击方面,货币供应量和财政预算支出的增加短期内都会缓解经济周期波动,财政预算支出的缓解作用更大。其中财政预算收入是影响财政支出的关键因素,影响了在扩张期财政政策的调控效率。④在供给冲击方面,短期中劳动力供给和资本存量的增加都会加剧经济周期波动,但是长期中劳动力供给会缓解经济周期波动。比较而言,劳动力供给对经济周期波动的影响较大。⑤在需求冲击方面,短期内消费和投资的增加会加剧经济周期波动,长期内消费会缓解经济周期波动。比较而言,消费对经济周期波动的影响最大,其次为投资,进出口的影响最小。

根据文章的研究结果,我们提出以下几点政策建议:第一,在不断深化体制改革的同时,要判断当前的周期波动情况,将体制改革政策和反周期政策搭配使用,来保持经济稳定发展。第二,在政府的主导下推动市场化改革,促进非公有制经济的发展,提高市场化程度。第三,继续扩大对外开放力度,推动服务贸易业的发展,增强应对国际外部冲击的抵抗力。第四,继续推进财政支出改革和税系结构改革,充分发挥财政政策的“自动稳定器”功能,降低财政收支的顺周期性,发展中长期预算平衡机制,提高财政政策的宏观调控效率。第五,通过户籍制度改革推进劳动力在城乡间的流动,挖掘剩余劳动力转移的潜力,通过教育改革推动教育的发展,提高人力资本质量。第六,充分发挥消费的基础作用、投资的关键作用,认识不同经济发展阶段消费、投资和进出口对经济周期波动影响程度的差异,对消费、投资和进出口等需求侧变量进行差异化管理与调控,稳定国内有效需求。

参考文献

[1]刘树成. 中国经济周期波动的新阶段[M]. 上海:上海远东出版社,1996.

[2]刘树成. 论中国经济增长与波动的新态势[J]. 中国社会科学,2000(1).

[3]刘金全,刘志刚. 我国经济周期波动中实际产出波动性的动态模式与成因分析[J]. 经济研究,2005(3).

[4]祝梓翔,邓翔. 时变视角下中国经济波动的再审视[J]. 世界经济,2017,40(7).

[5]林建浩,王美今. 新常态下经济波动的强度与驱动因素识别研究[J]. 经济研究,2016,51(5).

[6]HAMILTON J D. A New Approach to the Economic Analysis of Nonstationary time Series and the Business Cycle[J]. Econometrica: Journal of the Econometric Society, 1989,57(2).

[7]KROLZIG H M. Markov - switching Vector Autoregressions: Modelling, Statistical Inference and Application to Business Cycle Analysis[M]. Berlin:Springer Verlog,1997.

[8]梅冬州,王子健,雷文妮. 党代会召开、监察力度变化与中国经济波动[J]. 经济研究,2014,49(3).

[9]丛树海,张源欣. 财政政策的顺周期实施效应特征与基本成因[J]. 财贸经济,2018,39(6).

[10]黎德福,唐雪梅. 劳动无限供给下中国的经济波动[J]. 经济学(季刊),2013,12(3).

[12]齐鹰飞,李东阳. 固定资产投资波动对经济周期波动"放大效应"的实证分析[J]. 财政研究,2014(9).

(作者单位:湖南大学经济与贸易学院)

第三部分

高质量经济发展

中国经济增长与经济周期（2019）

实现高质量发展的关键是深化经济体制改革

杨瑞龙

一、高质量发展内涵辨析

2010 年底以来我国经济出现了持续性的下行，如何解读经济下行的原因以及是否有必要重新启动新的经济刺激计划来维持高速增长，学界争论颇大。讨论中大家逐渐取得共识，那就是支撑中国经济高速增长的传统要素已经发生了程度不同的衰变，我国经济将告别高速增长时期，中长期的宏观经济将呈现“L”型走势。如何界定这一特定的发展阶段，习近平总书记在 2014 年 5 月第一次提及经济“新常态”，他指出，“我国发展仍处于重要战略机遇期，我们要增强信心，从当前我国经济发展的阶段性特征出发，适应新常态，保持战略上的平常心态。”这一时期的经济下行主要是由结构性因素所导致的潜在增长率下降所引发，经济速度将从高速增长转为中高速增长，政策重心是实现经济结构与产业结构的转型升级，经济增长的动力从要素驱动、投资驱动转向服务业发展与创新驱动。适应这样的经济新常态，党的十九大做出了明确的判断，那就是我国经济已由高速增长阶段转向高质量发展阶段。

究竟什么是高质量发展，学术界定义很多，莫衷一是。翻阅主流经济学文献，发现并无高质量发展这一概念。传统上我们通常用人均国民生产总值（人均 GNP）或人均国内生产总值（人均 GDP）来衡量一国的经济增长水平。但大量的事实表明经济增长可能并不与经济发展同步，甚至出现有增长而无发展的现象。例如，经济增长速度很快，但贫富差距越来越大，经济结构越来越扭曲，环境变得越来越差等。因此，发展经济学家赫里克认为，经济发展“既包括更多的产出，同时也包括产品生产和分配所依赖的技术和体制安排上的变化”①。吉利斯等更是明确认为经济发展应包含以下三方面内容：“一是人均 GNP 水平的提高；二是经济结构的变化，如工业在国内总产值中的比重上升（以及农业比重的降低）和城市人口所占百分比的上升；三是这个国家的人民必须自己动手加入这个经济发展过程，成为使经济结构发生上述重大变化的主要参与

① 金德尔伯格·赫里克. 经济发展[M]. 上海：上海译文出版社，1986.

者。"[①]经济增长有可能付出环境的代价,但GDP只是对最终产品和劳务的计量,并没有把资源成本和环境成本计算在内,后来提出了绿色GDP或者绿色发展,也就是在GDP基础上减去创造GDP所消耗的资源价值,再减去所造成污染的治理成本。绿色发展只考虑了增长对环境的负面影响,但诸多社会公正等因素并没有在GDP中得到反映,于是可持续发展得到了越来越多的关注。可持续发展除了强调经济与资源、环境的协调发展外,还关注类似和谐社会、分配公平、社会保障、教育平等、司法公正、消除腐败等有关社会意义上的可持续发展因素。

高质量发展自然与经济增长、经济发展、绿色发展、可持续发展等概念有关,但具有独立的内涵。目前理论界在高质量发展讨论上非常热烈,论文与专题论坛非常多,但由于在界定高质量发展的内涵上缺乏共识,沉淀下来的理论成果却并不多。一是把高质量发展当作一个"筐",把各种影响经济发展的因素都往里装,导致无法科学把握高质量发展的内涵。在经济学意义上清晰地讨论问题,对经济范畴进行明确的界定是必须的,如果把影响发展的经济、社会、环境、政治甚至国际等因素都纳入高质量发展的范畴中,那么我们不仅无法区分高质量发展与经济发展、可持续发展、绿色发展等范畴的区别,而且我们也无法构建一个特定的经济学分析框架。二是把高质量发展与增长速度完全对立起来。盲目追求高速度,特别是一味地通过要素投入并以牺牲环境、结构特别是社会公正为代价的高速度与高质量发展是格格不入的,但没有一定的增长速度要实现高质量发展也是非常困难的。在保证效率基础上的财富增长是实现高质量发展的物质基础,因此高质量发展并非排除必要的增长速度。三是把影响高质量发展的原因归结为资源、环境、社会等因素,而这些领域通常会发生市场失灵,从而市场机制是无法实现高质量发展的,实现高质量发展的重任就只能靠政府这只看得见的手来完成。于是,高质量发展与市场机制起决定性作用就发生了不相容性。

高质量发展的核心内涵就是通过提升经济的活力与创新力来实现有效率的增长。度量经济发展质量水平的指标主要有两个:一个是经济增长水平。高质量发展首先要有发展,发展的物质基础就是经济增长,通常用人均GDP或者人均GNP表示一个经济体的财富增长水平。高质量发展并非意味着经济增速越高越好,也并非是越低越好,而是越靠近潜在增长速度越好。用要素投入盲目追求高速度必定会降低发展质量,但是远低于潜在增速的低速度甚至负增长就缺乏实现高质量发展的财富基础。另一个就是经济增长效率,也就是资源配置效率。一般来说,经济的活力与创新力越强,资源配置效率就越高,经济发展

① 马尔科姆·吉利斯,等. 发展经济学[M]. 北京:经济科学出版社,1990.

的质量就越高。因此，高质量发展通常不是一个政府通过行政干预来实现的宏观目标，而是一个依靠完善的市场机制实现的微观问题。应该说，微观主体越是有活力、市场机制越是有竞争力、政府的宏观调控越是保持合意适度、经济活动越是具有创新力，经济结构就越是趋向合理、资源配置效率就越是高，经济发展的质量就越是好。经济增长的效率通常可用全要素生产率来反映。20 世纪 50 年代，罗伯特 · M. 索洛（Robert Merton Solow）提出了具有规模报酬不变特性的总量生产函数和增长方程，形成了通常所说的全要素生产率含义，即全部生产要素（包括资本、劳动、土地）的投入量都不变时而生产量仍能增加的部分，也就是技术进步率。

二、实现增长动能转换与提高全要素生产率是经济高质量发展的关键

我们把高质量发展的内涵归结为有效率的经济增长，因此就可以探究与分析影响我国经济低质量发展的具体原因。

我国经济低质量发展的首要表现是经济下行压力不断加大。经济下行可以区分为周期性下行与结构性下行，前者主要体现为总需求不足引起的经济下行，后者主要体现为由潜在增长率下降引起的经济下行。越来越多的证据表明，从中长期来看，自 2010 年底开始呈现的经济连续下行，大部分原因是引发过去 30 多年持续增长的一些传统增长要素在新的发展阶段表现出程度不同的衰减，从而导致潜在增长率的下降。例如，改革变得越来越难，改革红利在消退；中美贸易摩擦加大等国际环境的变化，开放红利也在减少；资源、环境等条件的变化，传统工业化红利在消退；劳动成本不断上升，人口红利在逐渐减少等。如果经济增速下滑主要由潜在增长率下降所导致的，在此条件下一味采取量化宽松的货币政策来刺激需求，追求更高的增长速率，那么后果不仅是不能导致实际财富的增长，反而会引发严重的通货膨胀与资产价格泡沫化，这样的发展肯定不是高质量的。

增长效率不高是经济发展低质量的另一个重要表现。增长效率不高的宏观原因与传统增长模式有关。为了实现“赶超”战略，我国在相当长一段时期内选择了一种以强调数量增长和以外延方式为主的粗放型经济增长方式，经济增长主要依靠要素特别是资本投入，并通过人为压低要素价格，为工业部门特别是重化工业部门提供廉价资本来实现增长。2008 年以来，经济增长由出口—投资驱动逐渐转向信贷驱动，这种强调要素投入的增长方式不仅扭曲了经济结构，而且导致杠杆率高企、金融风险升高。增长率不高的微观原因与全要素生产率下降有关。除了创新能力不足导致技术进步速度不高，以及外部环境的变化导致外需

下降较快等因素外,体制约束引致资源配置效率下降是导致全要素生产率不高的重要原因。一是尽管国有企业的改革在不断推进,但离自主经营、自负盈亏的市场主体还有较大差距,国有企业的总体经营效率还不高。民营企业在发展中还面临各种有形与无形的“玻璃门”“旋转门”“天花板”等,融资难、融资贵困扰着民营企业,微观主体的活力还不够。二是价格特别是要素价格还没有理顺,垄断及行政干预妨碍了公平竞争,市场机制还不健全,在扭曲的市场机制调节下,出现了较大规模的结构扭曲、资源错配的现象。三是政府对经济活动过度行政干预降低了市场机制对资源配置的调节作用,也加剧了经济失衡现象。

实现经济高质量发展的首个关键措施就是尽快推进新旧增长动能的转换。历史上很多国家在人均 GDP 处于 1 万至 1.5 万美元之间的发展阶段时都曾发生增速放缓的现象,主要原因就是支撑经济增长的传统增长动能发生了衰减。从一定意义上说,进入中等收入阶段增速放缓是一个规律性现象,问题是相当多的国家当面临增速下降时,人均产出与人均收入水平停滞不前,甚至也随之下降,从而陷入“中等收入陷阱”。有的国家增速虽然下降,但人均产出及国民的收入水平继续保持稳定,走出了“中等收入陷阱”,迈入了高收入阶段。究其原因,关键在于该国是否实现了新旧增长动能的转换。我国近年出现的经济持续下滑在很大程度上是由于传统增长动能衰减导致潜在增长率下降,因此我们大可不必惊慌失措,更没有必要对未来失去信心。尽管传统增长动能在衰减,但还可挖掘,如市场化改革与对外开放还有很大的空间;人口的数量红利衰减,但伴随着产业结构的升级,中高端劳动力成本仍具有优势,还可挖掘人口质量红利;传统工业化之路因资源成本、环境压力等会越走越窄,但新型工业化还有广阔的前景。更重要的是我们还可以培育新的增长动能,如加快创新步伐,由技术模仿走向前沿技术创新;继续推进以城市群一体化的深度城市化进程,发挥城市化拉动投资与消费需求、推动经济结构转型升级的作用;由外需驱动转向内需拉动,由更依赖投资驱动到更依靠消费驱动。只要我们及时采取必要的措施实现新旧增长动能的转换,稳定潜在增长率,继续维持有质量的中高速增长是完全可能的。

实现高质量发展的另一个重要措施就是稳定与提升全要素生产率。全要素生产率可以分解为技术进步、规模经济与资源配置效率。要想尽快由技术模仿走向前沿技术创新,就需要不断提升创新能力,为此就需要坚定不移地推进由要素投入驱动的发展战略转向创新驱动的发展战略;需求规模与全要素生产率息息相关,在需求规模持续收缩的条件下是很难保持全要素生产率的提升。次贷危机前,我国主要由外需—外贸—投资拉动经济增长,危机后,外部环境发生了重要的变化,特别是近年来中美贸易摩擦不断加大,这表明在外需收缩的条件下我们在继续扩大对外开放的条件下，更需要不断扩大内需，特别是扩大消费需求来保持经济的增长动力。市场规模庞大是我国的一个优势，也是提升全要素生产率的有利条件；资源配置效率也是影响全要素生产率的重要因素，而经济增长方式与经济体制决定了资源配置效率。增长方式的转变是指经济增长从过去主要依靠生产要素的数量扩张转向主要通过提高生产要素的使用效率即技术进步来实现。经济体制则不仅是经济增长方式转换的必要条件，而且体制本身也是经济增长的重要源泉，体制因素之所以可以制约经济增长方式的转换乃至决定资源配置的效率，是因为体制的变化可以通过产权、国家及行为的伦理道德规范为经济活动及创新行为提供足够的激励，从而具有既改变收入分配，又改变经济中使用资源效率的潜在可能性。经济学原理告诉我们，一个市场体系、市场机制越是完善的体制，经济结构越是健全，资源配置效率越是高，从而全要素生产率提升空间越大，经济发展的质量越高，而供给侧结构性改革就是通过推进市场取向的改革来推动经济结构调整与产业结构的高级化。

三、高质量制度决定高质量发展

我国正由高速度发展进入高质量发展阶段，这表明我国正处在转变发展方式、优化经济结构、转换增长动力的重要历史时期。显然，发展方式转换、结构优化、增长动能转换及全要素生产率提高在很大程度上取决于市场化改革的深化。

实现经济高质量发展要求实现增长方式的转换与增长动能的转换，为此就必须坚定地推进创新驱动发展战略，而这一战略的实施及取得成效依赖于体制创新。经济增长方式转换的标志在相当大程度上是由技术进步对经济增长的贡献率来评价和度量的，而技术创新又在相当大程度上依赖于制度创新。有些人仅从技术层面来理解创新，而笔者认为更应该从制度层面来理解创新，技术创新的动力机制是由制度来创造的。过去，很多学者把英国的工业革命看成是一场以蒸汽机在工业中的大规模使用为标志的技术革命，但诺贝尔经济学奖得主诺思在《经济史中的结构与变迁》一书中更是把英国的工业革命看成是一场制度革命。他指出，在产业革命之前，蒸汽机就已经在英国的煤矿中使用了几十年，为什么直到瓦特改良了纽科曼蒸汽机后才发生了工业革命？答案是瓦特遇到了一个制度变革的时代，那就是当时英国爆发了资产阶级革命，催生了保护创新与交易的专利制度、竞争制度、质量控制制度等。竞争制度的形成和产权的有效界定与保护，进一步激励技术创新，扩大市场规模，导致了更高的专业化与劳动分工，这样一种技术创新与制度创新的交互作用才引发了工业革命，从而使英国迎来了一个前所未有的经济高速增长时期。[①] 制度创新之所以影响与决定技术创新行为与绩效,是因为制度创新通过塑造出新的激励或动力机制,激发行为人参与交易活动和进行技术创新的动机,进而推动经济增长。

结构扭曲、资源错配是制约经济高质量发展的重要原因。我国经济结构的扭曲主要表现为:产品结构不合理,有效供给不足,无效供给过大;产业结构不合理,过剩产能难以消化;收入结构不合理,由于收入结构制约着需求结构,这使得传统的供给体系与现实的有效需求矛盾进一步加剧;区域空间结构不合理,限制了社会有效需求的形成,加深了供给侧的结构性矛盾。提高经济发展的质量就必须推进供给侧结构性改革,通过去产能、去库存、去杠杆、降成本等途径调整产业结构,提高供给体系的质量与效率,同时着力补短板,增加有效供给。经济结构优化的根本出路在于经济增长方式的转变与体制改革的深化。从逻辑上讲,无论是分配结构、总供给结构还是总需求结构,其特征都根植于我国传统的增长模式。也就是说,既有的经济结构反映的是既定增长模式和体制模式下的利益结构,收入分配制度对应了一种权力关系和动力机制。同样,投资体制转型的关键困难就是要化解行政分配权力和市场分配权力之间的冲突。如果增长方式不转换,体制模式保持不变,那么在经济利益结构不发生变化的条件下,经济结构调整就具有刚性,此时经济结构的调整只能依赖政府这只“看得见的手”。历史上我国政府多次采用各种手段调整不合理的经济结构,但收效甚微,甚至结构问题越来越恶化。究其原因,在利益刚性条件下,政府调结构常常是“按下葫芦浮起瓢”。不仅如此,政府用行政手段干预资源配置时,一般会导致租金的产生,这种租金就可能扭曲产业进入或退出的成本收益关系,微观主体在选择的时候就容易导致行为偏差,从而导致资源错配,发展质量下降。因此,供给侧结构性改革的落脚点是结构调整,关键是体制改革。没有体制改革的深化,增长方式是难以转换的,经济结构的调整就很难取得实效。

由此可见,高质量发展依赖于高质量的制度。究竟什么是高质量制度?党的十九大报告明确指出,建设现代化经济体系,构建微观主体有活力、市场机制有效、宏观调控有度的经济体制,不断增强我国经济创新力和竞争力。构建高质量制度的核心就是要加快完善社会主义市场经济体制,以完善产权制度和要素市场化配置为重点,实现产权有效激励、要素自由流动、价格反应灵活、竞争公平有序、企业优胜劣汰。

首先,微观主体有活力。微观主体的活力大小与一定的产权结构直接相关。产权经济学大家德姆塞茨指出,排他性的产权“之所以有意义,就在于它

---

① 道格拉斯·C. 诺思. 经济史中的结构与变迁[M]. 上海:上海三联书店,1991.

使人们在与别人的交换中形成了合理的预期。产权的一个主要功能就是为实现外部效应的更大程度的'内部化'提供行动的动力"[①]。适应社会主义市场经济的微观基础必须充满活力,为此一方面必须在分类改革的原则下加快对国有企业的混合所有制改革,做强做优国有资本,另一方面必须优化民营企业的经营环境,打破行政性垄断,向民营资本开放必要的市场,加强对民营产权与民营企业家的保护,大力发展民营经济。

其次,市场机制有活力。市场机制是指在一定的市场形态下,市场供求、价格、竞争等要素互为因果、互相制约形成的连结系统和运转方式。提升市场机制的活力就需要系统推进市场取向的改革:一是市场主体必须产权明晰、决策独立、具有硬的预算约束。二是营造公平竞争的市场环境,反对不正当竞争与地方保护主义。三是灵敏有效的价格机制。价格机制能自动协调微观决策、有效率地配置资源的前提是价格能灵敏及时反映供求变化及资源的稀缺性,合理的价格体系不仅包括一般的商品价格,而且包括工资率、利息率、汇率等要素价格。四是进一步开放市场,构建一个有序竞争、开放、统一的现代市场体系,在改革不断深化的今天,尤其是要进一步完善要素市场,特别是深化金融体制的改革。五是进一步整顿和规范市场秩序,健全现代市场经济的信用体系。

最后,宏观调控有度。所谓"有度"的宏观调控就是指把政府对经济活动的干预控制在必要的限度之内。正如诺贝尔经济学奖获得者刘易斯所说的:"政府的失败既可能是由于它们做得太少,也可能是由于它们做得太多。"[②]社会主义市场经济不是完全自由放任式的古典市场经济,我国作为坚持公有制为主的社会主义国家、发展中大国与转型中的国家,必须充分发挥政府的调控作用,来实现国家的长远目标与弥补市场失灵。但是,如果政府干预超越了必要的限度就有可能产生寻租与创租行为,损害市场机制,降低经济效率。一般来说,市场机制越完善,政府就越容易通过市场机制调节企业的行为,资源配置效率越是高。更好地发挥政府作用的前提就是要充分发挥市场机制在资源配置中的决定性作用,离开了市场机制的决定性作用,政府干预的范围就没有边界了。为此就必须进一步推进政府体制的改革,重新界定政府与市场之间的权力边界,政府不要失位、错位,更不要越位,既要避免政府"懒政慵政"式的不作为,也要防止政府的"有形之手"伸得太长,对经济活动的过度干预。

(作者单位:中国人民大学经济学院)

① H. 德姆塞茨. 产权论[J]. 经济学译丛,1989(7).

② W. 阿瑟·刘易斯. 经济增长理论[M]. 上海:上海三联书店,1991.

高质量增长与增强经济韧性的国际比较和体制安排

张平　张自然　袁富华

新中国成立70年来,成功地推动了工业化,2012年工业化达到顶峰,此后占比逐步下降。2019年中国城市化率突破60%,随着中国GDP不断增长,以城市人口聚集推动的服务业和消费比重不断上升,成为中国发展的新引擎,逐步替代增长靠工业、投资和出口拉动的物质生产模式。2013年经济新常态开启了中国由高速增长向高质量发展的路径转换,转变过渡阶段的摩擦提出了需面对的挑战。转向高质量增长的核心是要从以大规模物质生产为目标导向转向"以人民为中心"的高质量消费和服务,通过人力资本累积、人的新链接与互动推动创新发展,形成消费—人力资本—创新的跨期效率补充机制。但这一转变具有很多的不确定性和跨期性,因此打破原有路径依赖,提升经济体制韧性化解防范经济风险,提升新体制安排的激励成为转型的关键。本文从高质量发展与增强经济韧性的国际比较分析入手,分析如何提高中国经济增长的体制韧性,补自身发展的短板,完成高质量增长转型与现代治理体制建立。

一、中国高质量发展

高质量发展的本质是"以人民为中心"。党的十九大针对中国的发展阶段指出:"新时代我国社会主要矛盾是人民日益增长的美好生活需要和不平衡不充分的发展之间的矛盾,必须坚持以人民为中心的发展思想,不断促进人的全面发展、全体人民共同富裕。"这一判断指出了我国转向高质量发展的本质,是要从"物质"生产体系转向"以人民为中心"的消费升级、创新、高效、包容的可持续发展轨道,是要建立"消费—人力资本提高—创新效率补偿"的循环的高质量发展制度机制。

我国转向高质量发展的基本特征可以归纳为以下四大方面。

(1)提高经济效率与居民福利。提高经济效率和保持经济平稳成为提升福利水平的根本,是高质量发展阶段经济增长的关键度量指标。德国经济奇迹的缔造者艾哈德在《大众福利》中反复强调了"生产率—物价稳定—真实工资提高"形成大众福利。日本的《收入倍增计划》也同样提出了效率提升与收入倍增的图景。中国经济增长核心将增长的规模目标让位于“效率—居民收入提高”,并积极保持经济商品与资产价格的稳定,降低负债风险,提升全民福利水平。

通过创新驱动持续提升效率,创新活动具有跨期效应、复杂性和不确定。因此创新指标中强调跨期的投入特性,如创新投入占比。在效率指标中强调提高劳动生产率、增加全要素生产率的贡献率、促进可包容性发展等。转向高质量发展的阶段经济复杂度更高,全面深化改革开放将难以避免一些内部和外部冲击,需要重视宏观经济的稳定运行,降低通货膨胀、汇率波动、资产价格和GDP 尾部风险。

(2)消费升级。包括持续提升科教文卫体等知识消费比重,更多地让人民分享发展成果,提高居民初次分配比重,提升政府再分配职能降低收入差距,推动中国经济包容性发展。

(3)提高经济韧性。包含制度质量和市场效率两大核心指标。制度质量是指政府提供的监管服务、公共服务、营商环境等;市场效率直接表现在市场资源配置的广度和深度上。政府资源性干预在后发国家的赶超阶段具有重要作用,但往往是不顾风险,而在转向高质量发展的过程中,需要让市场在资源配置中发挥决定性作用,完善产权保护,校正过度干预行为,降低风险,提高政府的公共产品质量,发挥政府的公共服务职能。

(4)加强生态文明建设和实现可持续发展。高质量发展既要满足人民对物质文化生活的需要,也要满足人民对优美生态环境等美好生活的需要,实现可持续发展。

中国“十三五”规划完成后,即将迈入“十四五”规划,促进“以人民为中心”的目标将越来越明确到在提高生产率的基础上提升大众福利,基于广义人力资本的消费升级,提高体制韧性,推动包容性和可持续发展。

本文构造了可与国际比较的转向高质量发展的指标,分析中国现阶段发展的成就与不足。我们的一级指标设计为四个方面:一是按高质量发展的核心是效率,提出了高效增长的一级指标,把其分解为经济增长效率、福利(波动和负债的反向指标)、创新投入二级指标。二是构造了消费升级的指标,强调消费的升级和平等准则,设立了二级指标,包括消费升级和包容性指标,国际相关指标是非常丰富的,我们通过这些指标强化对未来发展目的的理解。三是经济体制韧性指标,OECD 定义了经济韧性(Economic Resilience)为经济体具有消除脆弱的能力,讨论了市场、制度质量、经济社会均衡、宏观政策和框架等影响经济韧性,强调了经济韧性是对经济增长和风险性的一种均衡,是经济持续发展的重要保障。中国经济已经进入高质量转型阶段,面对国际和国内不确定性冲击越来越多,而转型本身就带有很大的不确定性,因此经济韧性是提高对经济增长波动理解和加强市场与政府配置资源重要的考量指标。在这里我们设立市场配置资源指标、政府效率和社会信任指标为二级指标。四是可持续指标,主要集中在生态指标的比较,略微简单,集中在水、能源效率和空气排放上。(详见表1)

表1 相关指标细分

一级指标	二级指标	具体指标	指标解释	国际可比
高效增长	增长效率	GDP 增长率	GDP 年度增长率	是
		第二产业劳动生产率增长率	第二产业劳动生产率(不变价)增长率	是
		第三产业劳动生产率增长率	第三产业劳动生产率(不变价)增长率	是
		TFP 增长	TFP 增长率	是
	福利	CPI 波动率*	CPI 指数同比增长率	是
		汇率波动率*	2017 年各货币兑美元月平均汇率的标准差	是
		净出口波动率*	2017 年净出口的标准差	是
		房地产价格波动率*	2017 年房地产价格变动率	是
		居民负债水平*	家庭债务占 GDP 比重排名	是
		企业负债水平*	企业债务占 GDP 比重排名	是
		政府负债水平*	政府债务占 GDP 比重排名	是
	创新	PCT 国际专利数量	2017 年 PCT 国际专利申请数量(按来源国统计)	是
		科技论文发表数量	S&E articles in all fields, by country or economy: 2016	是
		研发强度	研发费用/GDP	是
		知识产权保护	Intellectual property protection, 1 - 7 (best)	是

续表

一级指标	二级指标	具体指标	指标解释	国际可比
消费升级	消费升级	居民可支配收入增长速度	城市居民可支配收入增长速度	是
		城市化率	城市常住人口占全国人口比重	是
		城镇调查失业率*	城镇调查失业率	是
		(科教文卫)消费比重	(科教文卫)消费比重	是
		大学教育人力资本比重	大专以上人员在就业人员中所占比重	是
		初次分配中劳动收入比重	初次分配中劳动收入比重	是
	包容性	最低生活保障水平	最低生活保障水平	否
		社会保障	社保缴费占财政收入的比重	是
		税收和转移支付对基尼系数下降的影响	税收和转移支付政策可以使得基尼系数下降的水平	是
		城乡居民收入差别(缩小)	城市居民收入差别(缩小)	否
经济韧性	市场效率	货物市场效率	综合指标,包括地方竞争强度、反垄断的有效性、税收负担率、创业的时间、货物关税等	是
		劳动力市场效率	综合指标,包括工资的灵活性、劳资关系、吸引人才的容量等	是
		金融市场发展	综合指标,包括金融服务的可获得性、风险资本的可获得性、贷款的可获得性、银行的稳定性等	是
		技术成熟度	综合指标,包括前沿技术的可及性、企业层面的技术吸收能力、互联网使用人数、FDI 和技术转移等	是
		市场规模	综合指标,包括国内市场规模、国外市场规模、GDP、出口	是
		出口国内增加值率	出口产品中隐含的国内增加值的比重	是
		附加值率	产业的增加值/总产出	是

续表

一级指标	二级指标	具体指标	指标解释	国际可比
经济韧性	政府效率	营商指数	营商指数主要包括开办企业、办理施工许可证、获得电力、登记财产、获得信贷、保护少数投资者、纳税、跨境贸易、执行合同、办理破产等10个方面的内容,每个方面都从程序个数、所需时间长度、所需成本等质量和成本效率方面设置若干个指标,最后根据这些指标计算出一个综合性指标,即营商便利度	是
		PMR:产品市场监管指标*	OECD 产品市场数据库(PMR)是一套全面的、可在国际上进行比较的指标,衡量政策促进或抑制竞争可行的产品市场领域的竞争程度	是
		专业服务监管(含:法律、会计等的规范)*	OECD 专业服务监管指标衡量专业服务和零售分销部门的监管条件;专业服务指标涵盖法律、会计、工程和建筑行业的入门和行为规范	是
		能源、交通通信监管指标(ETCR)*	OECD 能源、交通和通信监管指标(ETCR),包括电信、电力、天然气、邮政、铁路、航空客运和公路货运7个部门的监管规定	是
		零售业监管指标*	OECD 零售指标,包括进入门槛、运营限制和价格控制	是
	公共服务	公共服务满意度	公民对医疗体系的满意度和对教育体系的满意度的加权	是
		法治指数	法治指数	是
		政府开放度指数	WJP 开放式政府指数使用4个维度衡量政府开放度:宣传法律和政府数据、信息权、公民参与和投诉机制	是

续表

一级指标	二级指标	具体指标	指标解释	国际可比
可持续发展	生态	人均水资源量	水资源量/年底总人口数	是
		万元 GDP 能耗指标*	万元 GDP 能耗 = 能源消费总量/GDP;万元 GDP 能耗指标 = 1/万元 GDP 能耗	是
		CO_2/GDP*	CO_2 排放量和 GDP 的比值	是

注:带“ * ”的是负向指标,已正向标准化。

二、高效增长与消费升级的国际比较

我国经济从高速增长向高质量转型,其核心就是从规模优先转为效率优先,结构变化依效率方向配置,结构不再是最为重要的指标;从物质生产转向消费升级,大众可得福利提高。我们以 OECD 发达国家作为参照样本对前面讨论的一级指标中的“高效增长”与“消费升级”两大指标进行计算和比较。分析中国和 OECD 发达国家高效增长和消费升级发展方面的差距,发现短板,探索缩小和 OECD 发达国家的差距。

表 2 是高效增长一级指标中的三个二级指标,从表中可以看出:①中国经济增长与效率增长指标都是非常强劲的,GDP、TFP、第一及第二产业劳动生产率增长都名列前 25 名以内。②影响居民福利特征的波动国际排名较后,特别是汇率和净出口波动大,房地产价格波动率也比较大,在 63 个样本国家中名列 42 位,CPI 指标比较稳定。③负债水平高,中国的企业和居民负债水平都名列中国尾部,和发达国家没有差距,居民负债率在 133 个样本国家中排到了 105 位,说明中国居民负债率与发达国家基本没有差距,企业负债在 132 个样本国家中排在了 126 位,中国已经成为企业负债最高国家,政府负债水平依然较低。④创新方面数量指标居全球前列,研发强度和知识产权保护排名较靠前,研究强度在 36 个国家样本中排名第 13,而知识产权保护在 137 个样本中排名第 49,但经计算后差距仍较大。表中的数据已经显示中国转型的迫切性,生产率提高为中国高质量发展打下基础,但增长的代价是波动与负债。

表2 中国与前沿国家的排名和差距情况(1)

指标	世界排名	差距 (1－中国值/最前沿国家值)	国家或地区数
GDP 增长率	23	0.77	234
第二产业劳动生产率增长率	10	0.85	208
第三产业劳动生产率增长率	23	0.82	210
TFP 增长率	11	0.61	120
CPI 波动率*	45	0.68	108
汇率波动率*	135	1.00	196
净出口波动率*	105	1.00	105
房地产价格波动率*	42	1.00	63
居民负债水平*	105	0.99	133
企业负债水平*	126	0.99	132
政府负债水平*	41	0.79	88
PCT 国际专利数量	2	0.14	111
科技论文发表数量	1	0.00	50
研发强度	13	0.50	36
知识产权保护	49	0.32	137

注:带“*”的是负向指标,已正向标准化。

消费升级指标中剔除了国际不可比项目,计算结果见表3:①中国居民可支配收入增长较快,就业情况良好,从可支配收入增长排名看,在88个样本国家中排名22位,与GDP增长排名相近。②城市化率在260个样本国家中列在138位,特别是中国城市居民仍然有户口限制,户籍城市化率更低,也反映在城乡居民差距上,这阻碍了中国的消费升级水平。③中国科教文卫占消费的比重低,在42个样本国家中排在37位,中国居民消费从吃穿用三大基本品现在转向了吃住行,2018年三者之和的比重占64%,知识消费升级步伐缓慢。④中国居民教育年限提高较为缓慢,大学教育劳动力占整体劳动力的比重名列全球146个样本国家中的106位。⑤包容性增长因素更令人担忧,初次分配中劳动收入占比与发达国家比差距很大,在42个样本国家中排名26位,而国家再分配调整的基尼系数名列最后一名,没有发挥再分配的作用,虽然社会保障指标处于前列。比较这些数据,居民收入增长仍然处于全球领先的水平,就业、社会保障较为稳定,但城市化、科教文卫消费占比、大学教育劳动力占比、劳动收入在初次分配中占比、基尼系数再分配调整等相对指标则仍然落后,中国经济增长转型中的消费升级与公平需要得到加强。

表3　中国与前沿国家的排名和差距情况(2)

指标	世界排名	差距(1-中国值/最前沿国家值)	国家或地区数
居民可支配收入增长速度	22	0.48	88
城市化率	138	0.43	260
城镇调查失业率*	16	0.43	35
(科教文卫)消费比重	37	0.6	42
大学教育人力资本比重	106	0.92	146
初次分配中劳动收入比重	26	0.16	42
社会保障	29	0.46	93
税收和转移支付对基尼系数下降的影响	40	1	40

注:*是反向指标,已经正向标准化。

三、经济韧性与可持续

效率与持续发展是有替代性的,规模化效率导致风险上升,经济韧性就是针对如何持续减低金融与经济风险而设置的。中国经济的三大攻坚战,首先就是防范和化解经济风险,提出了增强经济体制韧性的总要求。关于经济韧性当前已经有很多讨论,其根本定义就是一个经济体在经受到冲击后,保持原有状态或恢复原有发展路径的能力。具体测量是多方面的,但根本是四个主要特征:第一,经济韧性要求市场配置性特征强,通过市场分散和转移风险,降低集中干预导致的经济体制脆弱;第二,强调经济主体的自我治理水平提高,吸收和化解金融冲击;第三,高质量制度提供和宏观管理协调,降低系统性风险的累积;第四,平衡经济、社会、环境发展的包容和可持续性。有关经济韧性的讨论有很多,并不成熟。OECD 给出了经济韧性的定义,并根据 OECD 多年和多方面实证得出表4(OECD,2016),希望有助理解经济韧性对经济增长、金融风险、GDP 尾部风险的影响,并强调了效率性与韧性的替代特征。从表4 我们可以看出:①制度质量指标排在最后,对经济增长有益,对于降低风险排名,“制度质量”和“产品市场和贸易”作用显著。②合理的“劳动力市场政策”组合对经济增长总体有利,最低工资制(Minimum Wages)降低 GDP 尾部风险。③强调金融市场自由化和资本账户开放对经济波动和优化资源配置是有效的,但明显提高了金融风险。④宏观审慎政策(Macro - prudential Policy)会抑制经济增长,但也能有效降低风险。一方面抑制了过度信贷导致的高杠杆和资产价格上涨过快;另一方面通过监管降低金融系统性危机。

总体来看,体制质量促进经济增长,降低金融脆弱性;产品市场和贸易促进经济增长;金融市场促进经济增长,提高金融脆弱性;劳动力市场促进经济增长,降低尾部风险;宏观审慎政策抑制经济增长,降低金融脆弱性。

表4　中国与前沿国家的排名和差距情况(3)

		激励	脆弱性	
政策领域	政策工具	经济增长影响	金融风险	GDP 尾部风险
金融市场	较大的资本账户开放	+	+	
	较大的金融市场自由化	+	+	
宏观审慎政策	全面的宏观审慎指标	–		–
	借贷—目标指标	–		
	收入负债比率			–
	金融机构税收	–		–
	资本附加费			–
	对外国现金贷款限制	–		
	国际储蓄			–
产品市场和贸易	互联网企业的低管制	+		
	企业进入低管制障碍	+		
	对竞争的全面放松	+		
	低关税进口	+	–	
劳动力市场	活跃劳动市场较高支出政策	+		–
	较高的最低工资			–
	去中心化的集体谈判	+		
制度质量	政府效率	+		–
	管制质量			–
	反馈与责任	+		–
	法律规则			–
	控制腐败	+		–
	政治稳定	+		–
宏观框架	自由浮动汇率	+	–	
	较强的自主财政稳定机制	–		–

关于中国经济韧性的讨论仍然非常少,中国传统的政策、市场和政府调控的主要任务是加速经济的增长,对风险比较轻视。中国经济转入高质量发展后,经济风险、金融风险、外部冲击等大量的波动因素开始逐渐为人们所认识。国家设立的三大攻坚战的首位就是防范和化解重大经济风险,经济韧性不仅为

发达国家所重视,也是中国转向高质量发展必须关注的方面。依据国际可比的框架,我们设立了“市场效率”和“政府效率”,改善这两个指标有益于经济增长,同时也能降低经济增长的风险。所以我们以此与国际进行对比分析(见表5):①市场效率与前沿国家差距很大,只有发达国家四分之一的水平,在36个样本国家中,货物市场效率、劳动力市场效率、金融市场发展效率、技术成熟度排名分别为28、19、25、36位,前三项均不到发达国家的30%,技术成熟度达到发达国家的35%。②市场规模世界第一,附加值率排名靠后,有规模而质量不高是中国发展的一个大问题。③政府提供的制度质量有待改善。首先从四大监管指标看,产品市场监管指标排名47个样本国家的第46位,专业服务监管指标排名42个样本国家的第42位,能源交通通信监管指标(ETCR)排名46个样本国家的第45位,零售监管指标排名47个样本国家的第36位,可见政府监管有待改善。很多时候政府主要为了激励发展,因此放松经济监管,更多采用“父爱主义”的态度。从公共服务比较看,营商指数在199个样本国家中排名78位,公共服务满意度在45个样本国家中排名28位,法治指数在113个样本国家中排名75位,政府开放度指标在102个样本国家中排名87位,从排名看好于监管指标,但与发达国家差距仍然较大。

表5　中国与前沿国家的排名和差距情况(4)

指标	世界排名	差距 (1－中国值/最前沿国家值)	国家或地区数
货物市场效率	28	0.18	36
劳动力市场效率	19	0.24	36
金融市场发展效率	25	0.28	36
技术成熟度	36	0.35	36
市场规模	1	0	36
出口国内增加值率	7	0.12	43
附加值率	42	0.43	43
PMR:产品市场监管指标*	46	0.68	47
专业服务监管(含:法律、会计等的规范)*	42	0.85	42
能源交通通信监管指标(ETCR)*	45	0.77	46
零售监管指标*	36	0.92	47
营商指数	78	0.25	199

续表

指标	世界排名	差距 (1－中国值/最前沿国家值)	国家或地区数
公共服务满意度	28	0.26	45
法治指数	75	0.44	113
政府开放度指数	87	0.47	102

注：* 是反向指标，已经正向标准化。

中国政府近年来也在积极改善政府公共服务的提供，特别是政府方面取得了很大的进展，如营商环境 2018 年改善明显，食品监管、金融监管等也逐步完善，政府下大力气是可以在制度质量上改进的。当前国内政府的监管体系、目标、手段都是非稳定的，经常与政策变化同步，宏观政策放松，监管也放松，宏观政策收紧，监管也收紧。监管应该是独立中性的，不能相机抉择，一会是“父爱主义”，一会又是各个部门“竞争性监管”，这增加了金融风险，提高中国的制度质量是中国转型的关键一环。

在可持续发展方面中国已经取得了很多实质性进展。从与国际比较看，中国可持续发展的瓶颈是水、能源和空气排放，全球排名都靠后。此外还有很多指标都阻碍了中国的可持续发展。国家以攻坚战的方式进行环保监管，提升了中国可持续发展的水平，这是进行高质量发展的必要环节。

表 6　中国与前沿国家的排名和差距情况(5)

指标	世界排名	差距 (1－中国值/最前沿国家值)	国家或地区数
人均水资源量	29	1	35
万元 GDP 能耗指标*	33	0.68	36
暴露在 PM2.5 > 35(微克/平方米)的人群比例*	89	0.99	103

注：* 是反向指标，已经正向标准化。

四、增强经济韧性的体制安排

中国高质量经济增长转型与现代治理体系建立是相互并行的，高质量转型依赖体制转型。中国工业化体制安排的主要功能包括：①降低工业化成本；②构建自上而下的纵向工业化管理体系，形成上下游完整产业链；③体现集中性，通过产业政策与选择性金融支持发展极，形成区域基础设施配套，生产体系地域集中，高强度开发；④实现标准化大规模生产，体制安排上追求同质化；⑤实行低价竞争策略,不论是销售战略,还是技术引进模仿策略、环境保护、劳动保护等都要保障低价竞争的成功;⑥市场化和国际化是增加竞争和拓展需求的两大引擎,增加了规模效率。工业化的标准、集中、规模、低成本特性和与之相配套的体制安排相配合推动了中国高速发展,中国的物质生产能力已经全球第一了。2012 年后中国工业从追求量逐步转向通过产业升级追求质,与工业化相对应的基于城市经济的服务业比例大幅度提升,成为新的增长动力来源。与工业化物质生产不同,其是以"人"作为服务对象,其体制要求有了很多新的变化。中国经济从高速度发展逐步转型高质量发展,不仅是结构、技术调整,而且是体制激励制度的调整。

随着人们收入的提高,食品消费占消费比重不断下降,这即恩格尔定理。扩展的恩格尔定理是随着收入进一步提高,物质消费占消费支出比重逐步下降,这既符合马斯洛需求,也符合当今国际发达国家走过的道路,因此人们精神消费的需求与工业化物质供给逐步会脱离,随之必然引致产业调整。进一步探索发现需求变化出现诸多新特征:第一,多样化需求,而不是温饱时期的"标准化"需求。第二,城市聚集和互联网的普及推动了"范围经济",人们需要范围性服务。第三,居民消费过程中人的质量的提高刺激需求激增,因为通过科学、教育、医疗、体育、娱乐、旅游等多方面的消费,不仅仅提高了人们身体和精神健康水平,更提升了人力资本,而人的质量提高方面的消费是消费弹性最高的领域,需要提供大量的公共服务。第四,随着居民消费质量要求的提高,食品安全、商品安全、环境安全等诉求越来越强。第五,财产累积超过了年收入水平,安全偏好加强,中国居民当前仍然没有摆脱基础物质消费需求,吃住行占比偏高,但居民消费升级转型的需求已经非常强烈,对消费的物质满足转变为对公共服务的巨大需求,这使得与工业化体制安排的冲突增加。工业化的体制安排是以集中、标准、规模、低成本为特点的满足物质需求的体制安排,具有极高的规模效率,但经济韧性差,很难适应中国当前的需求安排。我们通过比较高质量增长与经济韧性的国际差距,发现当前最大的差距依然是人们消费升级困难、包容性弱、政府提供的制度质量差距很大、可持续性差,这些正是中国高质量发展的障碍。实现体制转型的关键是通过体制的补短板,逐步摆脱工业化体制安排的路径依赖,提高经济韧性,防范和化解风险的同时,建立中国现代治理体系。

第一,增强经济韧性。国家三大攻坚战的首战就是要"防范和化解重大风险",因此在经济领域提高经济韧性是重要的,其中包括:①市场机制是增强经济韧性的根本体制安排,中国传统计划经济下工业化推动较为极端,被比喻为"硬且脆",经济波动过大。改革开放后引入市场经济体制,直接干预变为宏观管理,极大地增加了经济韧性,推进市场配置资源范围和功能提升是提高经济韧性的关键。②防风险是增加经济韧性的关键性考核指标。经济韧性的提高很容易与集中、标准和规模的工业化管理思维及体制相冲突,因为经济韧性体制要求的多样性、差异化和创新能否成功是反复曲折的,它会降低风险,但不一定提高效率,这与直接干预出来的资源堆砌规模效率是不同的。因此增强经济韧性,必须通过强调防范风险累积推动体制转型,否则好大喜功、借债发展等惯性思维就会直接摧毁增强经济韧性体制的新安排。③监管中立性和制度性是我国最需补的短板,从而提高经济韧性。④宏观体制安排转型。原有的体制安排服务于工业化,主要配合了低成本的需求,当前的宏观体制需要基于城市化高质量发展的新变化进行转型,关键从过去的低成本资源分配的干预模式转到防风险来。金融政策防范风险是根本目标,并积极推动财政从集中收入和分散支出的不对称性财政体制向基于与主体纳税—服务相匹配的体制过渡,从而通过主体约束财政行为。⑤增强系统协调性。工业化体制的纵向分割导致总体协调性变弱,改革开放后地方竞争既推动了增长,也导致了系统协调性变弱,这对于风险的系统性防范是不利的,增强经济韧性本质上也是增强系统协调性的过程。

第二,消费升级需要补短板。消费升级需要不断补短板,这里包括:①在劳动生产率持续提高的基础上保持居民收入的持续增长,稳定消费者负债水平和资产波动水平,提高消费者在“科教文卫”的消费比重,提升中国劳动力的教育年限,这需要市场化的改革和政府提供更多的公共服务产品,克服上学难、看病难、养老难等。②提升消费质量,满足大众的安全感,这需要政府监管部门不断提升制度质量,满足人们消费质量需求。③提升包容性,满足大众的公平感,如今扶贫攻坚战取得了显著成效,但依然有很多的不足,公平本身已经是消费升级的一个重要组成部分了,因此再分配是包容性增长的关键。④稳定居民负债,减低波动性,居民财产性收入是居民收入的重要来源,当前负债过高,资产市场波动大,也降低了居民的财富效应,减低了支出。⑤加大社保覆盖,逐步缩小城乡和区域差距,统筹社保,推动中国的包容性增长。

第三,提高制度质量。政府提供的一个最终公共产品就是制度质量,制度已经是公共产品,由政府提供,它的质量水平是高质量发展的重要一环,法制化、开放透明、高效服务、优质监管、高质量公共服务提供等是制度质量的最主要构成,补政府服务的短板是中国高质量增长转型的根本性战略。

第四,激励创新与可持续增长。中国创新和效率增长取得很大成绩,仍有很多方面显示与国际相比不足。国务院发展研究中心《新发展理念指数国际比较》认为中国创新在国际上差距仍然比较大,排名 39 位,差距比较小的是创新环境、创新设施,但投入和创新产出偏低,创新人员排名最低(国务院发展中心,2019)。实际上中国创新仍偏好物质构造层面,对于人的创新激励一直是短板。创新的核心是对人的激励,这需要高质量的制度安排。当前创新活动非常活跃,涉及领域范围广、风险高,因此传统工业化集中性创新一定要让位于市场化的分布式创新活动,创新治理制度安排才是关键。创新带来效率提升才能真正有效解决工业化带来的不可持续增长的破坏,并在此基础上紧抓环保不放松,完成三大攻坚战,才能真正地实现创新驱动经济。

(作者单位:中国社会科学院经济研究所)

大国模式下中国创新模式的转换与升级

——基于一个理论框架的历史演化分析

沈 越[①]

受历史文化传统影响与经济发展阶段制约,每个国家的创新模式各不相同,并会随着经济社会发展而变化和演进。本文从三种不同的创新理念模式出发,探讨不同国家创新模式的特点,并在此基础上分析中国创新模式的特点及其发展演变趋势。

一、研究创新的经济学分析框架:从理念模式到现实模式

经济学应该算是最早学习自然科学,尤其是数学和物理学思维方式与方法的学科,因而也是最先脱离人文学科传统而成为自立门户的一门社会科学。它借鉴自然科学最重要的思维方式是,先从复杂纷繁的现实世界中抽象出影响人经济行为的关键因素,并以此作为逻辑推理前提的假说,然后通过演绎方法推论出学科的基本框架来。我们可以把这种通过推理过程所得到的结果称为理念模式。这种来自现实,又高于现实的模式是人们分析现实世界时不可或缺的参照系,因为它在设定假说和抽象推理过程中,排除了现实中相对次要的影响因素,是一种经科学方法提纯了的人类智慧的结晶,可以推广到与假说前提相一致的所有领域。不过值得注意的是,这种经过抽象思维加工形成的理念模式已经与现实世界发生了偏离。它可以在思维中或黑板上推论世界,一般不能直接用于分析现实经济模式。对真实世界的把握还必须追加上被抽象思维暂时舍去的要素,即通常所说的历史的经验分析,才可能对现实有更真切的把握。一言蔽之,科学的假说来自真实世界→推理依靠逻辑演绎过程→结论还须有历史的经验验证。但凡能为后人继承并发扬光大的经济学理论,大都经历过这样一个从现实中来,再到逻辑演绎过程之中,最后再回到现实中的过程。这也就是马克思所提出的,研究过程中历史与逻辑的一致性,却不是通常人们误以为的叙述过程中的历史与逻辑的一致。

---

① 基金项目:国家哲学社会科学基金项目(14BJL007)、中央高校基本科研业务费专项资金项目(SKZZY2015024)。

最经典的案例莫过于由亚当·斯密的“经济人”假说和“看不见的手”的推论所开创的近现代西方经济学体系。作为哲学教授，斯密可以算作是最早把自然科学方法引入经济生活研究之中的学者。在《国富论》中，他用讲故事的方式描述了屠夫和面包师为他人提供肉食和面包的行为，认为这并非出于服务他人的公益之心，而是出于私利，即他们通过交换来实现自己职业活动利己目的。正是基于这一私利的激励，他们才能以价廉物美的产品赢得市场，再通过市场这只“看不见的手”进行交换，最终使自己受益获利。①这一故事被后来的经济学家概括为“经济人”假说②和“看不见的手”的推论，其内涵不断被后人充实和补充：这种利己行为在自由竞争条件下，可以自行实现资源的优化配置和社会福利最大化。与之同时，斯密假说中暗含的内容也不断被后来的经济学者揭示出来，如完全自由竞争的条件以及经济人的理性预期前提等等，进而成为经济学分析市场经济的最基本理念。至于“看不见的手”的市场运行机制，在斯密体系中则基本上是一个未知的黑箱，为打开它后来的经济学家奋斗了200多年，尽管成绩斐然，但这种努力迄今仍未终结。从基于这一假说和推论基础上产生的古典经济学的客观价值论到边际学派的主观价值论，③再到二者综合的供求价值论；从瓦尔拉斯一般均衡体系到阿罗—德布鲁一般均衡体系；从新古典的微观经济学再到新古典宏观经济学，西方主流经济学建立起分析市场经济的庞大的理念模型体系。新古典经济学将古典经济学的制度分析排除在主流之外，而新制度经济学则试图再把制度分析重新纳入主流；从主流经济学强调均衡而忽视“竞争过程”中的具体内涵，到非主流的（新）奥地利学派和（新）熊彼特主义将企业家及其创新行为纳入经济学分析之中。如此等等，都未超出斯密开创的经济学理念体系。

马克思从古典经济学的劳动价值论出发，从资本雇佣劳动的现实着手，抽象出剩余价值理论，并把它作为分析资本主义生产方式的理念模型，进而成为150多年来分析资本主义剥削关系的标准体系。迄今经济学且不仅仅是经济学，对资本主义剥削和收入分配不平等的所有理论都未能超过马克思。即便那些与马克思的分析路径和分析方法上没有多大关系的成果，也愿借用《资本论》之名来推销自己，近年来皮凯迪名噪一时的《21世纪的资本论》就是一例。

---

① 亚当·斯密．国富论（上）[M]．贾拥军，译．北京：中国人民大学出版社，2016：85，98，560.

② 这个由后人概括出来的假说不时被人误解，以为它把人的行为仅仅归结为自利动机，其实它并不否认人具有利他动机，只是这个假说把利他主义排除在研究人的市场经济行为以外。

③ 价值在斯密体系中还是一个十分含混的概念，有多种歧义。这个概念在后来萨伊、李嘉图和马克思的经济学体系中才明晰起来。尽管斯密的价值或价格语义不清，但从供给角度来使用这个概念却是明确的，因而被称为客观价值论，它与边际主义从主观角度和需求角度来界定的价值概念相对应。

这也表明经济学理念模型的重要性和影响力。

对本文影响最大的还是20世纪德国著名的经济学家欧肯提出的关于经济体制的理念模式。在1940年出版的《国民经济学基础》这部著作中，他首先批评了19世纪后期以来经济学家习惯使用的资本主义概念，认为其歧义甚多且含混，不宜作为分析经济体制的工具。[①] 基于这样的理解，他把经济体制的理念模式与现实模式区分开来。首先他基于历史和现实，从复杂纷繁的经济现象中抽象出“交换型经济”和“集中管理型经济”两个理念类型，并把其作为分析现实经济体制的基准。[②] 他认为在真实世界中既不存在完全没有交换的经济体制，也不存在完全没有集中管理的经济体制，所有现实的经济体制都可以理解为这两种理念模式不同比例的组合。然后在此基础上，欧肯对现实中可能存在的几十种经济体制进行了细致探讨。欧肯关于经济体制的两种理念类型模式对后世影响很大，其影响也不限于经济(学)界，现在联邦德国在对学生和国民进行国情教育时，也从这两种理念模式出发来解读德国社会市场经济这种现实的经济模式。

邓小平用中国经验验证了欧肯理念模式的一般性，尽管他可能不知道欧肯在半个多世纪前所做的研究，二者的思想内涵却有惊人相似之处。他在1992年南方谈话中说:“计划多一点还是市场多一点，不是社会主义与资本主义的本质区别。计划经济不等于社会主义，资本主义也有计划；市场经济不等于资本主义，社会主义也有市场，计划和市场都是经济手段。”[③] 这一谈话精神澄清了过去将资本主义等同于市场经济，把社会主义等同于计划经济的模糊认识，为中国确立社会主义市场经济体制，推动改革开放，进而为此后近30年中国经济高速增长提供了前提条件。

二、创新的三种理念模式

任何一项创新，无论是技术创新还是制度创新，都有某个经济主体作为策动者。策动者有两个最基本的职能:一是发现和提出新的创意；二是动员和组织资源将创意转化现实。根据创新策动主体的不同，我们可以将近现代经济中的创新分为三种理念模式，即个人策动的创新、企业策动的创新和政府策动的创新。

---

① 欧肯，瓦尔特．国民经济学基础[M]．左大培，译．北京:商务印书馆，1995:85－92.

② 欧肯，瓦尔特．国民经济学基础[M]．左大培，译．北京:商务印书馆，1995:107－122.

③ 邓小平．在武昌、深圳、珠海、上海等地的谈话要点[M]//改革开放三十年重要文献选编(上)．北京:中央文献出版社，2008:635.

第一种理念模式是以个人引领和主导的创新。具体来说，就是由个体提出创意，并通过个体在市场中动员和组织人力资本和物质资源来实现创新。这种创新模式的背景和特点首先是社会存在激励个人标新立异、个人成功的传统，即有崇尚个人主义的文化背景；同时还要对个体创新成就有强烈的物质和非物质的激励制度，为这种创新提供动力。此外，它还需要具备健全的市场经济制度背景，有灵活健全的市场体系，尤其是发达的人力资本市场和风险投资市场。因为只有成熟的要素市场才能够给创新者提供创新所需要的各种资源，才能保证创新者把创新的想法变成现实的创新。这种模式突出的优势是，它最易于出现熊彼特意义上的新的革命性创新、颠覆性创新，即对原有的技术路线和组织方式摧毁性的再造。在这种创新类型下，创新收益更多为创新者获得，能够给予创新者足够的激励，这既包括物质方面的激励也包括个人成功的精神激励。同时，它也不像企业和政府主导的创新那样，个人既不用担心创新风险会波及企业的正常经营，也无须顾忌创新风险可能转化为社会风险。

第二种理念模式是企业策动的创新。这种创新的创意来自企业，并通过企业组织调动资源来实施。这种模式的背景和特点是：首先，它存在注重集体和组织力量的制度安排，推崇以企业为中心的集体主义文化。其次，它有成熟健全的企业组织和公司治理模式，并有劳资合作的传统，能够持之以恒保证深度创新的活动。出于对创新风险的规避，企业不大可能推出颠覆自己原有技术和组织形式的创新，所以在这种创新类型下，不易产生颠覆性和革命性的创新。不过，这种创新模式有在原有组织框架下对技术和组织不断完善和持续深化的优势，也就是把活儿干得精益求精，使产品越做越精，价值链越拉越长，有助于将创新的潜力发掘到极致。

第三种理念模式是国家主导的创新模式。这种模式是由政府直接提出创新倡议，并动员资源来组织实施，或者由政府提出明确的技术政策和产业政策，由个体或企业来负责执行实施。这种模式有如下背景和特点：第一，它存在国家主义的制度背景，这种国家主义是集体主义在国家范围内的表现，是集体主义的极端形式。第二，政府有动员和组织资源来推动创新的动机和能力。也就是说，政府既要有主导创新的意愿，还要有控制和支配资源的能力来组织实施或支持创新活动，二者缺一不可。这种创新模式的优势是，在既有的技术条件下，利用政府的力量来加快技术和制度的推广和应用。在后发国家中，通过模仿式的创新来快速实现经济技术赶超的优势；如果政府动员和组织资源能力足够强大，其在公共基础设施建设领域中快速实现新技术应用和推广时尤其具有优势。但是，这种模式的弊端也不容忽视，主要表现为：政府不是创新的直接实施者，需要通过企业和个人来实现创新，由于政府掌握信息有限，不能及时把握最前沿的创新知识。这个弊端会造成:一是革命性、颠覆性的创新活动很难在这种模式下出现,只有在那些不依赖市场信息或依赖程度较低的领域中,如在国防安全领域中在不计投入产出效率条件下也有可能领先;二是由于政府掌握创新信息的滞后,这种模式也可能把原来的技术和组织锁定在追赶模式之内,难以实现超越。

此外,由于这种创新的风险不由企业或个人承担而由社会承担,扭曲的信息还有可能造成政府决策失误,使风险在这种模式中被放大。相反,在个人和企业引领的创新中,因信息渠道畅通并由创新者承担创新损失而能及时纠错,同时如创新失败,其损失是局部的,不会酿成全局性的后果。与之不同的是,政府主导的创新如果失败,其损失将大于个人和企业策动的创新,甚至引发灾难性的后果。例如,在1950年代末和1960年代初,“亩产万斤”、把钢铁产量等同于工业化等错误信息引导下的“三面红旗运动”是造成中国三年大饥荒的重要原因。

三、创新的三种现实模式

在现实生活中,各个经济体中同时存在由个人、企业和政府主导的创新活动。但是在不同的经济体中,三者的地位和作用却一样,总是有某种创新模式居于主导地位。一般说来,这种居于主导地位的创新模式,并不排斥其他两种模式的并存,只不过其他创新主体对该经济体的作用处于从属地位。

(一)以个人创新引领的英美模式

个人策动的创新模式在盎格鲁—撒克逊历史文化下的英美国家中居于主导地位。如果以1500年大航海时代到来作为现代市场经济的起点,英国最初只是现代化先行国家中的后来者,其现代化起步晚于欧洲大陆的葡萄牙、西班牙、荷兰等国,但是英国却后来居上。这得益于英国率先建立起更能支持个人创新的现代市场经济体制,并把比大陆法系更有利于创新的普通法体系现代化,最早制定出包括《专利法》在内的一系列新制度,保护和鼓励了个人主导的创新,使在现代化进程中后来一步的英国渐渐超过欧洲大陆国家,率先实现了工业革命。此后英国又凭借率先进行产业革命的优势,建立起日不落的大帝国,并主导了那个时代的世界秩序。

在鼓励技术创新方面,英美等国的普通法系比大陆法系具有明显优势。合理性与合法性是司法实践中的一组矛盾,合理却不合法、合法不一定合理的情况是司法实践中经常出现的顾此失彼的两难问题。普通法系可用案例作为判案的法律依据,拓宽了法庭判案所适用的法律范围,赋予了法庭判案时更大的自由选择权,使判案有可能更多地根据“合理性”而非“合法性”做出判决。在法庭具有更大的自由量裁权背景下,更多考虑案件现实的“合理性”,而较少受到历史上形成的，也许是过时的、陈旧的法律条文的约束。在创新涉及知识产权方面的法律纠纷时，往往没有陈规可循，根据合理性来判案，有利于保护和鼓励创新。相反在大陆法系下，判案必须“以法律为准绳”，强调的首先是“合法性”，而往往会忽视其“合理性”。合法的东西在过去具有合理性，否则就不会成为法律，但是在新生事物面前却不一定合理。这时赋予法庭判案更大的自由量裁权而少受过去法律条款的限制，而根据现实的合理性来做出判决就非常重要。

专利法最早在英国确立绝非偶然，它并非是英国立法者具有先知先觉之明的产物。它来源于英国在普通法系下已积累起大量关于知识产权判案的司法实践，后来的立法者不过是将这些成功案例加以梳理和总结，并把其浓缩在统一的法律之下。最初关于知识产权纠纷的案件，法庭可能只是认为侵权者有不当获利，应该给予创新者适当的补偿，以弥补其投入的成本。后来认识到这种有利于经济发展和社会进步的创新活动不仅应获得补偿，而且应该使创造者能够获利，更能鼓励创新活动。英国最早的专利法产生于17世纪初，但它的立法精神和准则其实早在中世纪就开始慢慢形成，经过数百年的孕育才一朝分娩。专利法正式颁布实施后，又进一步激励了英国的创新活动。其实在工业革命爆发之前，众多的技术创新活动已经在英国蔚然成风，18世纪中叶以后才表现出来的工业狂飙，不过是先前一系列技术发明和创造的结果。

作为盎格鲁—撒克逊民族后起之秀的美国，在第二次工业革命的浪潮中凭借地大物博、市场广大的先天优势，在19世纪末在经济总量上超过英国。到了两次世界大战以后，美国完全取代了英国原来的地位，成为个人主导的创新模式的领军者。这可以解释为什么当代革命性的、颠覆性的技术创新和制度创新，绝大部分都来自美国。

鉴于这种创新模式对市场成熟度要求较高，尤其是对更有利于创新的风险投资制度和吸引全球最优秀人才的人力资本市场要求很高，这又需要有盎格鲁—撒克逊民族所特有的个人主义文化以及普通法系的法律体系来支撑，其他国家很难简单地模仿，也较难超越。

（二）以企业创新为主导的欧洲大陆和日本模式

企业引领的创新模式在欧洲大陆国家，尤其是德国和亚洲的日本占优势。这种创新模式虽然较难出现具有引领时代进步的重大创新，但在革命性创新出现后，它能够迅速跟进，深度挖掘原创的潜能，并能把创新成果推广和应用于更加广阔的领域，扩展和延伸创新的价值链。

这种创新模式也与欧洲大陆国家和日本的传统有关。这些国家在历史上都有较成熟的封建制度，在现代化的进程中，中世纪城镇中手工作坊和行会制度的传统并未随之完全消失，而是与时俱进地与现代市场经济和工业化融为一体,如父传子、师傅带徒弟式的技艺代代传承发展为现代企业重视职工培训和重视技能积累,传统的对行业的坚守态度发展为现代企业经营方向的专注,个人把职业视为“天职”的态度演变为现代敬业精神。中世纪企业在行会与商会中制定共同行为规则的传统,被保留到现代行业协会与商会组织之中,并在经济调节中发挥重要作用,可以把这些中介组织称为除了市场“看不见的手”和政府“看得见的手”以外的“第三只手”,欧洲大陆国家和日本也因之被视为“社团主义国家”。此外,资方与劳方、雇主与工会更强调共同利益而不是利益冲突,更注重协商配合而不是冲突抗争,这也是德国和日本企业的一大优势,这使企业能够上下精诚一致、持之以恒进行长期的、深度的创新。

于是不难理解,在这些国家中能几十年甚至上百年在同一行业中生产同类产品,虽然设计和工艺在不断进步。老厂老店不胜枚举,甚至工业革命前的企业通过不断创新仍具有很强的生命力。据日本学者后藤俊夫统计资料显示①,持续经营超过 100 年的企业数量,日本有 25321 家,美国有 11735 家,德国有 7632 家,如果考虑日本和德国的 GDP 仅为美国的 1/4 和 1/5,德国和日本在有活力的老企业方面占比强于美国多倍。在更长的时间段中,持续经营超过 200 年的企业数量,日本有 3937 家,德国有 1850 家;超过 300 年的日本企业数量有 1937 家,超过 500 年的日本企业数量有 147 家,超过 1000 年的日本企业数量有 21 家。据最早提出隐形冠军概念②的德国学者西蒙在 2017 年的统计,全球符合这个称号的企业有 2300 多家,其中德国有 1307 家,美国有 366 家,日本有 220 家。总之,和谐的劳资关系、企业和行业协会深度合作下的职工培训制度、个人对职业和对企业的忠诚、精益求精的工匠精神,以及表现为社团主义的集体主义文化是这种模式的突出优势。正是这些优势使日本和德国在高附加值的精细制造业中一直走在世界前列。

现代经济中的许多创新活动不再单单依靠某个新创意就能迅速转化为生产力,它们往往要靠持续不断的研发和源源不断的投入才能实现,这又需要精诚合作的团队以及稳定的企业组织作为支撑。日本和德国以企业主导的创新活动,在这方面展现出明显优势。

值得一提的是,近一二十年来不少日本大公司依靠企业主导的创新实现华丽转身。当传统技术不再有生命力时,在美国往往意味着相关企业的衰落以至消亡,而日本公司却能通过创新生存下来。数码照相技术的普及使胶片技术过

① 后藤俊夫. 工匠精神:日本家族企业的长寿基因[M]. 付守永,曹顺妮,译. 北京:中国人民大学出版社,2018.

② 西蒙,赫尔曼. 隐形冠军:未来全球化的先锋[M]. 张帆,译. 北京:机械工业出版社,2014.

时，柯达死了，富士却活了下来；过去以生产消费电子设备见长的索尼公司逐步转型为提供软体服务为主的企业；丰田公司长达20多年坚持不懈地研发氢能源技术，成果的影响范围已经超出了汽车行业。类似公司的名单还可以开出一长串，且各有各的精彩，但发挥企业主导创新的优势则是这些日本公司共同特点。

（三）以政府主导的创新模式

政府主导创新模式的典型代表是俄罗斯和中国这样的后发展国家。由于经济文化落后，中俄这样缺乏现代化所必需的制度条件的国家，为缩小差距，在追赶先期发展国家过程中，政府发挥着重要的推动作用，进而形成了这种创新模式。从技术和制度的原创角度看，这种政府主导的行为算不上创新，但从把引进的技术和制度与落后国家国情相结合，并加以应用和推广角度来看，却不能说没有创新。

俄罗斯自彼得大帝时代以来、中国在洋务运动中便开启这种以模仿为主的创新模式。不仅技术是学习来的，最初的工厂也模仿先发国家的企业制度。这种创新模式的形成有特定历史背景，机器大工业体系源于现代市场经济体制及其与之相适应的一整套法律、政治和文化制度，然而在俄罗斯和中国这样经济文化落后的国家却缺乏这样的经济社会基础。俄国是在富国强兵的扩张欲望推动下，中国则是在救亡图存的压力下，由政府筹集资本，引进西方的工业技术，同时模仿其私营企业制度来组建官办企业，便成为俄罗斯和中国工业化起步时的不二选择。

在后来的计划经济时代，苏联和中国等社会主义国家把这种模式进一步推向极致，干脆取缔已有的但尚不够成熟的市场，由计划取而代之，以期更快实现赶超。苏俄十月革命后，曾一度企图跨过商品市场经济发展阶段，直接进入共产主义，建立起社会主义国家第一种经济体制——军事共产主义。在这种超越时代的实验失败后，通过“新经济政策”的短暂过渡，在斯大林时代，苏联把社会主义追求的计划经济与落后国家快速赶超西方发达国家的双重目标结合起来，建立起高度集权的计划经济体制。这种体制汲取了军事共产主义时期经验教训，保留了极为有限的商品货币关系，如在消费领域中把个人消费纳入严格的市场约束中，尽管决定个人消费的个人收入完全由计划确定。这种选择性地保留某些市场因素的规则，避免了个人吃计划经济的大锅饭，保证了把更多的有限资源投入事关富国强兵的领域中。这种模式在短期内曾取得过不菲的效果，一度使苏联迅速缩小了与西方国家的差距。用了不到3个五年计划的时间，苏联便建立起了自己独立的重工业体系，尤其见长的是军事工业。这个体系在反法西斯主义战争中发挥了重要作用，使苏联在第二次世界大战后成为仅次于美国的超级大国，似乎实现了自彼得大帝以来俄罗斯人一直希望追赶西方的梦想。

但是随时间推移,这种政府主导创新的弊端也突显出来,由于创新不仅由政府策动,而且由其组织实施,企业和个人在这种模式下只是被动的执行者,没有主动性和积极性可言。因此除了政府极度关注的领域外,其他创新活动几乎消失殆尽。这种模式非但无法实现赶超发达国家的最初愿望,还会渐渐耗尽经济体的活力,直到拖垮整个国民经济。随着苏联解体,这种由政府垄断的创新模式也走到了尽头。抑制个人和企业创新的主动性和积极性,又取消了创新活动赖以自我更新的市场机制是这种政府主导模式的根本性缺陷。它虽然在一些不计投入产出的行业中如军事工业中取得一些创新成果,却以整个经济失血为代价,走向衰亡只是时间问题。

新中国成立后,中国模仿苏联模式也曾取得一定成绩。在尚未解决人民温饱问题时,中国利用高度集权体制汲取和分配资源的特殊能力,初步建立起独立的工业体系,在国防军事工业中的成绩尤其明显,“两弹一星”便是其标志性成果,但付出的代价也不容低估。值得庆幸的是,中国在国民经济尚未崩溃之时,及时启动了改革开放。随着中国经济的市场化进程,企业和个人的创新动机被激活,相应的技术创新与制度创新机制也渐渐成长起来。在政府、企业和个人三者创新活动的共同推动下,中国经济社会发展取得了举世瞩目的成就。

值得注意的是,在过去40年中政府在创新活动中的地位并未发生根本性的改变。由于中国的市场化进程采取渐进方式,政府在经济生活中的主导作用并未因市场化改革而消减,政府干预和影响经济的行为变化主要放在职能转换上,从过去为计划体制服务逐步转变成为市场服务。政府在创新体系中仍然发挥主导作用,企业和个人的创新仍然处于从属地位,个人和企业的创新被纳入政府主导的国家创新体系之中。撇开政府直接安排的创新项目不论,个人和企业只有在放开管制的领域中才能自主活动,不少涉及创新的经济活动仍须得到政府有关部门审批后才能进行。

这种政府主导的创新体系既有利也有弊。在与发达国家差距很大的时期,由于中国可以学习和借鉴的技术和制度很多,赶超空间也很大,在激活企业与个人创新动机与机制的同时,再加上政府主导的助推作用,可以加快引进和消化技术和制度的速度,其利大于弊。但随着中国与发达国家的差距日益缩小,可供学习模仿的空间也相应缩小,原创在技术和制度领域中的地位越来越重要,这种创新模式的弊病便显现出来,并有弊大于利的趋势。

四、中国创新模式发展演化的三个阶段

回顾过去、着眼现在、展望未来,我们可以按照时间序列,把中国改革开放

以来的创新活动概括为三个阶段:初期的模仿学习阶段、目前的学习借鉴基础上的再创新阶段、未来的开放式自主创新或前沿创新阶段。这三个阶段在时间上不能截然分开,但在某个时间点上,仍不难看出某种创新模式为主。

一是初期阶段,中国以学习模仿外来的适用技术和制度为主。创新主要表现在结合国情对引进技术和市场制度的应用和推广上,政府主导的国家创新体系发挥了十分积极的作用。由于这时中国与先进经济体差距很大,政府也能较好把握技术发展状况和新技术应用的市场前景,其掌握的创新信息相对比较充分,在政府主导的模式下,除了改革开放焕发出来的个人和企业的创新活动外,再加上政府主导助推作用,可以加快技术和制度进步的速率,缩短了追赶发达国家的时间,其取得的成效也有目共睹。

二是目前所处阶段,中国的创新模式已经从单纯的模仿阶段过渡到学习基础上的再创新阶段。尽管现阶段学习外来技术和经验仍然十分重要,但这种学习已不再是简单的模仿,更重要的是在学习基础上的再创新。一方面,随着中国经济规模的扩张和产业结构的升级换代,简单地引进外来技术加以应用和推广已不能支撑中国经济高质量的发展;另一方面,在市场经济制度方面中国已经积累了相当经验,结合中国国情实现制度再创新的任务也就越来越重要。这使学习再创新的模式成为现今中国创新的主要形式,并取得了相当成绩。例如,在“互联网 +”领域中,这种学习再创新模式表现尤为突出,其原创技术和基本制度安排大多来自先行国家,但在结合中国国情的具体应用技术的开发和商业模式创新方面,中国已经走到了世界前列。在这个领域中,个人和企业引领的创新发挥着越来越大作用,其先行者大多来自民营企业家的开拓。马云与阿里巴巴、马化腾与腾讯、李彦宏与百度……便是这一领域中的领军者。在其他行业,虽然没有像“互联网 +”那样抢眼,但至少也褪去了单纯模仿者的形象。值得一提的是,在公共基础设施建设领域,政府的主导创新的成绩也不应低估,无论是高速公路和高速铁路,还是港口码头和城市基础设施建设,其原始技术都来自学习模仿,但结合中国超大经济体量的优势进行再创新,取得的成果十分突出,这使中国成了世界基础设施建设的技术领先者。

未来发展,中国将进入开放式自主创新引领阶段或前沿创新引领阶段。通常人们习惯只提自主创新,这种说法不够周全。一方面,任何自主创新都不排斥学习借鉴别人的东西,但凡别人有更先进的东西,无论是技术还是制度,都应引进和学习。与之同时,在技术和制度演进过程中,创新并非一件易事,真正意义上的创新可以说是凤毛麟角,它在数量上不会多于学习和借鉴的东西。但真正意义上的创新一旦实现,意义却很大,可以引领整个行业甚至整个国民经济的发展,所以在更周全的表述中“引领”一词不应少。另一方面,自主有“封闭式”自主与“开放式”自主之别。改革开放以前,中国强调独立自主、自力更生,这是一种封闭式的自主,尽管当时的封闭有特定的历史原因,但封闭毕竟不是我们所追求的。改革开放后中国打开了国门,在推进改革的同时强调对外开放,二者相依相存、互为推动才使中国取得了今天的成就,所以讲自主创新不能脱离对外开放。另外,从创新的一般规律看,任何创新都是在学习前人经验基础上形成的,与国内外的交流也是创新活动必不可少的环节,开放又是这种交流顺畅进行的前提,故“开放式自主创新”的表述似乎更为恰当。但这种表述除了不够简练外,还有可能产生歧义。所以笔者认为,把即将迎来的时代称为“前沿创新引领阶段”更简明准确。

总之,中国经济要想走到世界经济发展的前列,必须以前沿创新为先导,否则就不可能实现超越。以正在形成的 5G + AI(建立在 5G 通信技术上的人工智能)领域为例,民营企业家及其企业已经在开拓新技术和建立新的商业模式方面发挥引领作用。虽然目前在这个领域中,真正将前沿创新成果转变为现实生产力的案例尚不多见,也许只有任正非及其领导的华为公司才算真正进入了这个境界。一方面,华为的技术开发进入了“无人之境”,跳出了过去追赶别人老路;另一方面,其技术研发成果已经转化为现实的市场价值。可以预言的是,只要坚持改革开放,随着中国经济发展和创新活动的演进,越来越多的企业迟早会步入这个阶段。

在这个创新的新阶段,个人和企业主导的创新活动将越来越重要,相对而言,政府的主导地位会随之下降。这是因为随着与发达国家的差距缩小,中国可借鉴学习的空间也会越来越小,前沿性创新势必成为引领中国创新事业的主导形式。与之同时,这种前沿创新也越来越依赖个人和企业引导和开拓,作为创新活动局外人的政府则不具有这样的引领能力。因为政府既不在技术开发的第一线,又不在把创新成果推向市场的第一线,缺乏引领创新的充分信息。即便不考虑因信息不充分可能造成的决策失误,政府既无法准确地把握创新的方向,也不可能事先得知创新可能带来的市场规模。换句话说,当中国的创新活动已逐步进入前沿创新引领阶段时,像这样已经进入无人之境的创新活动根本不可能由顶层设计来安排。只有依靠企业家不断的尝试和开拓,在实践中通过试错方式获得补充信息来校正努力方向,逐步探索到创新的正确路径,才能最终实现创新。

在这种创新模式演进的背景下,原来由政府主导的创新模式就应进行调整,重新安排个人、企业和政府三者在创新体系中的地位,提升个人和企业在创新中的地位和作用,降低政府的主导作用。

五、结语：政策性建议

中国是发展中大国，潜在的经济规模有可能超过所有发达经济体的总和，要充分调动经济发展潜力，推动中国经济长期持续的高质量发展，在创新策动主体上，个人、企业和政府三者一个都不应少。在个人引领的创新方面，应学习英美模式下个人引领创新的成功经验，既要给予创新者更大激励，激发其创新热情；还要营造有利于个人创新创业的制度环境，尤其是资本市场和人才市场的改革和发育，使创新者能便利地获得创新所需的货币资本和人力资本。在企业引领的创新方面，则应学习德国与日本的成功经验，在企业内营造劳资和谐氛围，在企业外造就适宜企业长期稳定的经营环境，鼓励企业进行具有基础性和长期性的研发，减少能引发企业短期赚快钱行为的诱因。在这里加快推进国有企业改革尤为重要，与民营企业相比，目前国有企业无论在创新动力和压力方面，还是在创新机制和创新环境方面，都不如民营企业。只有通过深化国有企业改革、改变国有企业的行为方式，让国有企业真正进入市场，才有可能增强国有企业的创新能力。与之同时，也应推动政府相关机构在中国创新活动中的职能转变，从原来直接引领和主导创新活动逐步转移到以协调各个经济主体创新为主的行为上来。

政府在创新体系中的作用下降，并不意味着政府将无所作为。在市场不能发挥或尚不能很好发挥作用的领域，政府主导和引领的创新活动仍不可或缺。对于这些领域，应采取负面清单式规则来界定政府行为的边界。主要有以下几个方面：

一是基础研究，包括基础科学和基础技术的研究，这是保证创新活力永续的源泉。即便没有任何应用前景的纯科学领域，也应保证投入，推进其创新。二是涉及国家安全的领域。在这个领域中创新成果不大可能通过市场方式获得，中国应有自己独立的研发和应用体系。三是在公共基础设施建设方面，至少在目前和今后相当一段时间内，政府主导创新仍有必要。四是在国土资源开发、资源环境保护等公共领域，政府主导创新的职责也不可少。

除此之外，在其他领域中政府的主要任务是通过改革推动制度创新，营造有利于创新的外在环境，激励个人和企业自主策动的创新。与之相应，政府应逐步减少立项目、给政策、配资金等引领创新的做法，这不仅因为政府掌握创新信息有限，难以准确引领创新，还在于这类政策会激发套利式的机会主义行为，甚至产生与创新方向相逆的导向，近年来我国在这方面的经验教训已不少见。

（作者单位：北京师范大学经济与工商管理学院）

新时代高质量发展的税收政策取向

付敏杰

新时代财政是“国家治理的基础和重要支柱”。对财税体制改革、现代财政制度以及现代税收制度与税收政策的讨论,必须放在新时代国家治理的语境下展开(高培勇,2019)。要实现财政国家治理的基础性和支撑性作用,就必须突破经济学“只站在市场角度研究政府”的基本学科逻辑和“只研究政府、不研究国家”的学科局限。为财政改革注入更多的政治学或政治经济学视角,才能让财税体制成为“优化资源配置、维护市场统一、促进社会公平、实现国家长治久安的制度保障”。

当我们立足于新时代的历史方位,从全面建设富强民主文明和谐美丽的现代化强国视角来回看和布局今天的税制改革和税收政策时,不难发现,新时代高质量发展所要求的税收制度和税收政策,必须也必然具有一系列新特征和新取向。这些新特征和新取向,既要符合世界经济发展和财税制度改革的基本趋势和规律,体现现代化经济体系的一般性要求,又必须体现新时代中国特色社会主义国家制度的根本要求。

一、作为国家治理基础和重要支柱的现代税收征管制度

全面深化改革把财政视为“国家治理的基础和重要支柱”。这不仅是对财税职能认识的深化和作为“治国之术”的财税体制本来面目的重现,更要求对新时代现代财政制度建设采用一种不同于以往的、全新的财税理念和财税政策导向。

(一)现代税收制度和税收政策要以国家治理为导向

与1994年建立“适应市场经济需要的财税体制”改革导向下注重税收政策经济效果的历史相比,新时代税收的国家治理职能应当是税制改革和税收政策的基本导向。也就是说,从现阶段税收制度所发挥的全部功能看,除了传统的税收经济功能和经济效应之外,还必须特别注重涵盖经济功能的税收国家治理功能。从税制改革的方向和税收政策的增量来看,税收的国家治理功能是当前税制改革和税收政策的重点。

税收国家治理功能的发挥应当围绕提升国家能力,使正在建设的现代税收

制度和税收政策有助于推进国家治理体系和治理能力现代化①。或者至少可以说，一切有悖于推进国家治理体系和治理能力现代化的税制改革和税收政策都应当予以禁止。这就要求在每项税制改革和税收政策出台之前，经过以国家治理为导向的国家治理税政审查，防止主观或客观上出现损害国家治理，特别是有可能进一步造成扭曲资源配置、危害市场统一、损害社会公平和影响国家长治久安的税收制度和政策出现。

（二）作为现代财政制度基础的现代税收征管制度

对于现行税制来说，推进税收国家治理和建立现代税制首当其冲的挑战，应当是建立现代税收征管制度。考虑到发达国家的税制特征相对一致，对中国税制改革的指向也非常明确，在比较税制基础上制定的中国税制改革方向也早已确定。今后财税体制改革的重点，总体上是在预算全口径和增值税扩围之后，通过简并和下调增值税税率以及开征作为财产税的房地产税等新税种，不断提高现代直接税在税收总收入中的比重。改革（以增值税为主体的）间接税“一家独大”之局面，逐步形成直接税和间接税比重的“双主体”格局。

但如果仅仅是税收收入结构的调整，还不足以说明税制改革的新时代特征。因为“压缩间接税比重，提高直接税比重”这个改革方向，至少在1994年分税制改革时就已经完全确立，并不是本轮现代财政制度改革的首创，到今天对于财税学者来说似乎已经有些老生常谈。本轮财税体制改革，首先就是要从“现代”二字上下功夫（高培勇，2018），以现代财政制度和包含在其中的现代预算制度、现代税收制度、现代国库管理制度等，来促进现代化经济体系和现代国家治理体系的建立与完善。使现代税收制度、现代财政制度成为中国全面建成小康社会后、全面建设现代化强国的国家治理基础和重要支柱。而中国税制现代化的关键，是建立现代税收征管制度。

（三）国家的长治久安要求永续财政制度

税制现代化的重要特征是保障财政永续。长治久安既是现代国家的政治特点，也是现代国家制度建设的重要目标。现代发达国家基本都告别了内战外患，尽享发展的和平红利。尽管可能会难以避免地出现像美国“占领华尔街”运动或者法国“黄背心”运动等各种抗议活动，但这些活动已经没有暴力革命色彩，也不会带来国家颠覆。发达国家的各种社会运动，基本都在法治的范围内和平推进，对国家的影响最多是下一阶段的政治改革和多党制国家的执政党更替，甚至产生新的政党都很难。尽管“黄背心”“占领华尔街”国际影响很大，

① 国家能力是国家将其意志制定为政策并加以执行的能力。关于国家能力的文献综述，参见付敏杰（2018）。

但是与19世纪欧洲的早期革命相比,没有武装动乱,没有破坏机器设备等生产工具,仅仅限制在有限参与者之内,没有严重扰乱整个国家的社会秩序和生产秩序。从这个角度来看,即使出现政府关门现象,国家也是永续的。

财稳而政固。从中外长期历史比较和现代国家制度运行的实践来看,国家的长治久安很大程度上来源于财政永续。财政永续表现为财政制度稳定下的财政收支永续。反观中国历史王朝轮回的背后,则是财政制度整体滞后下的财政能力严重匮乏,这一点在明清王朝面对外部侵略中表现得尤其明显,没有财政能力就没有国家安全、社会稳定。现代财政制度为财政永续提供了一系列财政工具,包括税收法定带来的税制稳定,政府资产管理和针对财富存量这个永续税基的财产税制度和国家与个人直接联系的所得税制度,以及财政运行层面的中长期预算制度以及财政制度对现代市场经济尤其是现代资本市场的有效利用等,都将财税制度和财政收支与国家的未来紧密结合在一起。最典型的代表是18世纪后半期英国发行的永续公债,每年只付息而不还本,将年度财政收支扩展到长期财政资源配置,从而实现了财政永续化。

二、现代税收征管制度需明确税收归宿和强化税收遵从

税收经济学的首要问题是确定税收归宿,这也是财政制度促进社会公平的重要依托(萨拉尼,2003)。我国现行的以企业为主要纳税人的工业税制,通过法人纳税(尤其是大企业纳税)和源泉扣缴制度很好地实现了税收的筹资功能,但是因为税收层层转嫁、不能控制归宿而难以在改善收入分配上发力。由于按比例征收的间接税占比过高,整体税制出现累退还会恶化收入分配、损害社会公平。财政是国家治理的基础,以汲取为核心的财政能力是国家能力的基础①。从国家能力理论看,不断提高直接税比重可以在不增加总体税负的情况下提高财政能力和国家治理能力。

中国税收征管在21世纪取得的巨大成就不容否认,但仍远远落后于现代国家治理的需要也是基本事实。现行税制下我国税收收入的绝大部分来自生产流通领域,主要由企业缴纳和承担,自然人承担的很少,税收征管基本是紧盯现金流。这种资金筹集方式效率高、来钱快,但是征收方式原始粗放,挤占企业大量的现金流。虽然理论上扣缴义务人并不是真正的纳税人,但如果企业出现现金流动性问题,或者因为宏观信贷环境趋紧、资本市场动荡而出现不可预知的借贷难题,巨额的税务资金需求极有可能会成为压倒企业的最后一根稻草。

① 财政能力是国家能力的基础,财政能力的常用衡量指标是财政收入占GDP的比重和直接税占税收收入的比重。

相对而言，发达国家的纳税人主体是自然人，资金流动风险基本由个人分散承担。自然人（和家庭）缴税规模较小，总体的流动性风险较低。即使实行源泉扣缴制度，对企业日常经营的影响也相对较小，毕竟任何一个国家自然人的数量远远多于法人数量。财产税等长期未能推动的税种，很大程度也卡壳在税收征管跟不上需要。

从比较税制的角度看，中国的直接税征管尤其是个人所得税征管长期难以满足时代需要。个人所得税税收的有效性，取决于个税纳税人覆盖率和边际税率累进度。尤其是纳税人覆盖率，对于改善收入分配至关重要。现代国家的个人所得税是一种大众税，纳税人覆盖劳动者的主体甚至全部。1945 年的美国个税涉税人口比重已经达到 74.2%，后期虽然屡次通过减税提高扣除标准，2015 年依然保持在总人口数的 64%。[①] 2018 年 10 月个人所得税的基本扣除费用标准从 3500 元提高到 5000 元后，个人所得税纳税人将从 1.87 亿人下降到 6000 多万人，占城镇就业人员的比例将由税改前的 44% 下降至 15%，占总人口的比重再度下降到 5% 以内，纳税人覆盖率再一次降低。[②]

可喜的是，虽然个税覆盖率随着税改而降，但个人所得税自行申报人数随 2019 年初的所得税专项附加扣除申报而快速增加，并在全社会范围内引起了一股“报税旋风”，这是中国个人所得税真正走向全社会的标志性事件。一般来说，6400 万纳税人都会在所得税系统自行申报子女教育、继续教育、大病医疗、住房贷款利息或者住房租金、赡养老人等 6 项专项扣除。这极大地增加了个人所得税自行申报的人数，从 2017 年“年收入 12 万元以上”的不足 1000 万人，快速增加到 2019 年初的 6000 多万人。通过夫妻、父母子女等家庭横向、代际联系而间接涵盖了近 3 亿人的涉税信息。这个数据量很可能已经赶上或超

---

① 美国个人所得税报税人数远远超过纳税人数。2017 财政年度美国国内收入局（Internal Revenue Service，IRS）最终收到有效报税单 2.45 亿份，其中个人所得税报单合计 1.87 亿份，其中又有 1.51 亿份来自个人（家庭户）。2017 年的数据参见 2017 IRS Databook（https://www.irs.gov/pub/irs-soi/17databk.pdf），1945 年的数据来自马君、詹卉（2000），2015 年的数据来自梁季（2019）。

② 2018 年税改前后的纳税人数量来自 2018 年 8 月 31 日十三届全国人大常委会第五次会议闭幕后新闻发布会上财政部副部长程丽华公布的数据：仅以基本减除费用标准提高到每月 5000 元这项因素来测算，修法后个税纳税人占城镇就业人员的比例将由 44% 下降到 15%。参见《人民日报》2018 年 9 月 1 日第 4 版报道——“全国人大常委会办公厅举行新闻发布会 个税纳税人占比将从 44% 降至 15%”（http://paper.people.com.cn/rmrb/html/2018-09/01/nw.D110000renmrb_20180901_5-04.htm）。按照《2017 年度人力资源和社会保障事业发展统计公报》提供的 2017 年城镇就业 42462 万人计算，税改前后的个人所得税的纳税人数从 1.87 亿人减少到不足 6400 万人。

过了美国①。值得注意的是,专项扣除申报还轻松跨越了城镇就业和农村就业的间隙,使个人所得税覆盖范围正式扩展到全国,对城乡居民进行了一次生动的税收教育。国地税合并后,统一税制下的统一征管也能得到有效制度保障。

但个人所得税制度随改革的推进还是暴露出很多问题。因为是对电影电视明星的征管长期滞后。2018 年国家税务总局发布《关于进一步规范影视行业税收秩序有关工作的通知》并通过有针对性的查处、示范等,使截至 2018 年底影视行业自查申报补税 117.47 亿元。通过对特殊人群查漏税,对《中华人民共和国宪法》第 56 条规定的"中华人民共和国公民有依照法律纳税的义务"进行了一次法制教育。对居民涉税金融信息的采集也快速推进,银行业金融机构开始要求开户人填报税收居民信息并加以备案。但是因为过度依赖个人所得税扣缴制度的影响,目前的个人所得税申报人依然是以城镇工薪阶层为主。对于非正规就业的高收入群体,如网店主、网红、代购,以及广大农村就业的直接监管尚存在巨大空白,在一定程度上影响了整个税制的公平性,损害了这些未覆盖群体的税收公民权。

随着纳税人和全社会税收知识的增加,税务部门对国家治理下现代税制和现代税收征管制度的理解也要进一步加深。最近的一个案例涉及报税与缴税。北京、上海等有人口规模控制政策的大城市,对外地户籍人口购车买房积分落户的资质有相关纳税要求②,很多纳税人因为担心增加专项扣除后纳税额将为零而选择不去申报专项扣除。"个税零申报不视为纳税记录,算中断纳税"的看法,仅站在税收的筹资功能考虑纳税,没有认识到在国家治理的多元主体共治特征下所有参与税收申报的主体都是理论纳税人。国家税务总局及时纠正了这一种错误观念③。并不是每个纳税人都需要纳税,美国近些年也有 45% 的报税人最终不需要纳税(马珺,2017)。实际上不仅仅报税而"零纳税"的纳税人应当拥有完税凭证,那些获得了政府净转移支付或退税的纳税人,都是个人所得税纳税人。在国家治理下"完税"仅仅让国家确认个人涉税信息,实现个人与国家之间的税收信息交换和国家对于纳税人应税信息承诺的确认。

从历史上看,与传统间接统治下中央政府通过地方诸侯等中介来转接臣民

---

① 2017 年年收入 12 万元以上个人所得税自行申报人数来自笔者估算。财政部门公布的数据显示 2006 年申报人数不足 163 万,2008 年达到 240 万,2010 年为 315 万。因为个税主要涵盖城镇正规部门就业,据此估计 2015 年年收入 12 万元以上自行申报个税人数不高于 600 万,2017 年不高于 800 万。

② 例如北京规定,非京籍居民家庭无住房且连续 5 年(含)以上在北京缴纳社保或个税的,可以购买 1 套住房;非京籍人员申请小客车配置指标,需近 5 年(含)连续在北京缴纳社保和个税;非京籍人员申请工作居住证,必须报送在申请单位缴纳的个税完税证明。

③ 国家税务总局:个税零申报并不影响纳税记录连续性(回应)[EB/OL]. 人民日报. http://www.chinatax.gov.cn/n810341/n810780/c4066490/content.html?from=timeline,2019-02-17(4).

纳贡、合作和顺从保证不同,现代国家治理的重要特征是国家直接管理和直接统治:国家通过各种机构把政府的信息和控制直接延伸到每一个人和家庭,并收集各种信息反馈(蒂利,2009)。除了统一征兵、国家邮政系统和文官制度外,直接统治的重要内容是统一税制和统一征管,其中直接税和直接征管更是重中之重。直接申报包含了居民对国家政权和司法体制的认可、遵从、承诺和信任,并以申报来获取税收公民权。

但中国目前的税收征管还体现出很强的延续自计划经济的单位制特征表现为税制上的企业中心主义和征管中更严重的扣缴义务人依赖①。所得税征管转型的方向,是鼓励更多的灵活就业人口和工薪阶层直接(可以通过网络)前往税务局报税缴税。每个人在税收上直接与国家联系,并直接向作为共同体的国家做出纳税信息的真实性承诺,获取国家认可的真正具有社会信用功能的完税凭证。在国家治理下,税收的政治学是比经济学更重要也更需要考虑的内容。从经济学角度看,税收归宿明确的税种更加科学。但从实际政治看,归宿越明确的税种,反对者也越明确,越容易结成反对政治联盟而产生更高的政治改革成本。这就对个人所得税、财产税等直接税的征收提出了更高的要求,必须通过更加全面深刻的税收教育,来不断增加全民的税收道德和提高全民的税收遵从。

三、新时代中国社会主要矛盾演化及其对税制和税收政策的指引

以政府行为来响应公众诉求,加强政府行为和居民公共诉求的一致性,是政治民主化程度的衡量指标(蒂利,200)。新时代中国社会的主要矛盾已经由"人民日益增长的物质文化需要同落后的社会生产之间的矛盾",转化为"人民日益增长的美好生活需要和不平衡不充分的发展之间的矛盾"。人民对美好生活的需要,不仅对物质文化有更高要求,更有对"民主、法治、公平、正义、安全、环境"等方面的需要。

(一)现时代满足人民公共需要的税收政策

中国进入新时代,政府工作也要有新方式和新内容。当前的经济形势已与以往大不相同,长期持续存在的产能过剩和连续多年的生产通缩(PPI 小于

---

① 企业中心主义税制的典型特征是以企业为主要纳税人、主要负税人和主要税收服务对象。在所得税中也是以企业为主,2018 年中国企业所得税为 35323 亿元,个人所得税为 13872 亿元,仅为企业所得税的 1/3 左右。(数据来自财政部《2018 年财政收支情况》,http://gks.mof.gov.cn/zhengfuxinxi/tongjishuju/201901/t20190123_3131221.html)企业中心主义在顶层制度上的反应,是税务部门有专门的大企业税收管理司,却没有针对高收入群体的高收入管理司。

零),使中国传统的以财政支出和资源扭曲来补贴市场供给方从而强化政府私人产品供给者身份的方式,已经很难再有发挥空间。让市场在资源配置中起决定性作用,更好地发挥政府作用,需要政府逐步弱化初次分配环节的生产性资源配置功能,转向对人民"民主、法治、公平、正义、安全、环境"等公共需要有效供给的政治规则和政治秩序。政府配置资源的重点,应当从初次分配环节转向与改善公共服务对应的财税等再分配环节。财税满足人民公共服务需要主要集中在财政支出环节,但是在税收收入方面也应有所反应。同时按照现代市场经济通行的竞争中性原则,放弃对市场的直接干预,逐步转向通过国家治理体系和治理能力现代化、不断提高国家能力,推动高质量发展。本部分从公共服务供给的经济学视角加以解释。

就法治而言,主要是以落实税收法定原则为核心加快税收法制化进程,实现中国向税收国家的逐步转型,这本身就是建设法治中国和法治政府的重要内容。当前要按照《贯彻落实税收法定原则的实施意见》,加快推进税种、税制、税率、征收等各个环节的税收立法工作,逐步减少立法层级较低、不规范而又具有税收性质的各种基金和不具有使用者付费性质的行政事业收费(张斌,2018)。立法机关要强化对行政部门授权立法的约束,促使税务部门不断完善规章制度和税收司法解释制度。增强税收国际合作,为国际经济交往和商业竞争提供良好的税收环境。营业、税务和机构"三证合一"后,纳税人识别号和统一社会信用代码之间的信息交换打通了不同部门之间的信息孤岛,具备了穿透自然人与法人之间税收信息界限的能力,为惩戒逃税行为提供了统一的大数据平台。

就公平而言,主要是增加直接税比重和增强直接税制的有效覆盖率,促进企业和自然人纳税的横向公平和纵向公平。经济学强调机会公平多于结果公平,而竞争机会的公平离不开税收保证。税收促进自然人之间社会公平的关键,是增加直接税比重,以现代征管能力(尤其是个人所得税和房地产税等一般财产税税收征管能力)建设为载体实现对应税群体的全覆盖,消除税制、税收和征管中的企业中心主义,增强国家税收直接征管能力,使税收征管整体上从单位制走向街区制。加大对农村就业、非正规就业和网红、小视频等新业态的个人所得税征管力度,增强税收的严肃性和税制的刚性,确保应收尽收。消除税收征管中可能存在的民族、种族、性别、职业、宗教差别,确保个人所得税税制对全民公平有效。以税收促进企业法人的公平竞争,就要逐步消除不同产业税率差异,特别是工业和服务业的差别增值税税率,实行增值税单一税率(付敏杰、张平,2016)。同时消除企业征管中可能存在的所有制、规模、地理和行业歧视,特别要消除对于民营经济和小规模纳税人的歧视,确保对所有社会主体一视同仁。总体上来看,因为部分消费税作为增值税附加税种(例如高档化妆品、高档手表、游艇、高尔夫球及球具)的存在,自然人之间的公平状况好于企业之间,企业之间又好于行业之间,需要大力改善的主要是企业和行业之间的税收公平。

就正义而言,经济学上所说的正义,基本上是要求在市场主体自由选择的生产和消费环境下,由市场主体承担自己选择行为和经济活动的后果。社会正义是社会公平的基础,只有所有市场主体都承担了自己选择行为的后果,企业之间、个人之间的竞争才不会产生竞次(Race to the Bottom)的结果。从经济学理论看,以税收来促进社会正义的关键,是用税收来消除企业和个人经济行为可能产生的负外部性。外部性是市场主体之间的非价格或非市场性联系:表现为有些市场主体的经济活动给他人带来了好处,却没有通过市场机制获得额外的货币补偿性收益(例如路灯),促使私人收益低于社会收益;有些市场主体的经济活动给他人带来损害却没有被惩罚,或者因此而通过市场自动增加成本(例如污染),导致私人成本高于社会成本。正负外部性都会使个体最优化的结果偏离社会最优资源配置:负外部性使得“坏”活动过多,正外部性使得“好”活动过少,而税收主要是用于消除产生负外部性的“坏”活动。总体上来看,因为部分消费税目作为一种行为税(例如香烟、成品油、大排量小汽车和大排量摩托车)的存在,税收对消费负外部性的抑制程度远远好于对生产外部性的抑制。需要大力改善的是税收对生产负外部性的惩罚力度,才能更好地促进社会公正。开征环境税,加征钢铁、化工、造纸等严重环境污染类企业和行业的惩罚性税收,以促进企业、行业间公平竞争,优化市场配置资源的税收环境,促进市场统一。

就环境而言,前面所述的针对负外部性的税收中具有惩罚性的环境税,或者针对香烟污染而征收的消费税,同时具有特定的保护环境功能。对于环境保护有更大效果的还是一直在讨论而未曾付诸实践的碳税。与环境税而言,碳税和碳关税对于污染总量的控制更为严格,但是碳关税涉及国际税收转移,明显遭到各国主权的挑战。至于公共需要中的安全和民主,后者与税收公民权有一定联系,安全与税收的联系比较小,但以税收为核心的国家财政汲取能力却是国家安全能力的基础。

(二)新时代形成强大国内市场的税收政策

在以购买力平价(PPP)衡量的中国市场规模位列全球之首后,2018 年 12 月的中央经济工作会议提出“促进形成强大国内市场”。这就需要政府工作的重点从改革开放初期的“生产端”,转向新时代的“消费端”。通过促进消费升级、增强消费能力、改善消费环境等诸多促进国内消费的措施,加上基础设施改善和以 5G 为代表的信息产业基础设施升级,促进经济结构的基本平衡、产业优化升级和人民生活水平的不断提高。

形成强大国内市场首先要扩大消费规模和促进消费升级，使中国市场成为最有吸引力的全球价值终端市场。对于税收而言，除了以直接税征管促进社会公平正义之外，还要减少生产流通领域的税收比重，提高直接税比重，有助于降低消费过程中的税感，防止消费外流，不断增加中国市场作为全球终端市场对全球价值链的价值实现功能和价值引导功能，促进全球价值增值和实现价值向中国市场转移。

个人所得税主要由工薪群体缴纳所产生的“工薪税化”问题，使个人所得税减税对消费规模的扩大和消费结构升级都有正面影响，但同时针对最高1%、0.1%等位于金字塔顶端，主要依赖非工资薪金性收入的高收入群体征管力度也要不断加大，逐步设置专门的灵活就业和高收入管理部门。2019年开始的个人所得税的专项扣除，明显有助于扩大居民消费。尤其是六项专项扣除中的养老、医疗、大病三项扣除，对应的个人行为都不具有投资性质，更有助于释放居民消费活力，以物价为基准建立动态调整机制就显得非常重要。

加快房地产税建设，减少作为家庭资产的房地产投资对于居民消费的过度挤出，无疑有助于扩大消费（范子英、张航，2018）。① 更重要的内容是，在大幅度下调工业增值税税率的同时，根据我国居民消费升级的方向，降低一部分环境无污染、资源低消耗的高档消费品消费税税率，例如酒类、高档化妆品、珠宝首饰玉石、高尔夫球杆等，减轻税收对居民消费升级的阻碍（付敏杰、张平，2015）。

四、建设现代化强国：从工业税制向城市税制转型

21世纪中国处于工业化和城市化双轮驱动阶段。改革开放以来，特别是1994年分税制改革后，在政府推动型经济发展模式下，以工业税制为核心的财政激励结构，为地方政府全力推动工业化提供了制度激励，客观上促使中国形成了现有的工业税制（产业税制）和税收征管中的“企业中心主义”这个典型的工业时代产物。随着城市化的逐步推进，以土地财政和土地金融为载体的激励机制逐步成型，从此中国形成了税收激励工业化和土地财政激励城市化的双元经济发展激励机制和双重资源配置系统。但受到土地和劳动等生产要素市场关联的影响，不断持续推进的城市化正在用不断推高的地价压缩城市工业的发

① 伴随着房价高企，一线城市的消费增长已经远远低于全国平均水平，甚至引发了一线城市“消费降级”的猜想。从公开的统计数据看，2018年全国消费品零售总额名义增长9%，而北京增速只有2.7%，上海为7.9%，均低于全国平均水平。这其中当然有近两年来北京、上海人口控制和职能疏解的影响，但一线城市消费缺乏热点和长期增长缓慢已经是不争的事实。

展空间和工业税制的增长空间（付敏杰、张平、袁富华，2017）。

从经济结构变迁的基本趋势看，城市化和工业化呈现出完全不同的增长规律：城市化率很大程度上是单调增加的，但工业化率会呈现出先升后降的“倒U型”。我国工业增加值占GDP比重在2006年达到42%以后开始进入下降区间，第二产业（工业和建筑业）就业也在2012年达到30.3%后开始下降。新时代工业和第二产业比重逐步下降的趋势已经不可逆转，到2017年工业增加值比重已经下降到33.9%（见图1）。

在工业和第二产业份额不断下降的同时，新时代的城市化还在稳步推进。2018年常住人口城市化率已经接近60%，中国已经进入城市主导资源配置和城市经济的时代。预计2025年城市化率将超过65%，第二个百年（中华人民共和国成立一百周年）到来之时，即中国建设现代化强国和中华民族伟大复兴的时间节点2050年时，城市化率将稳定在80%左右。此时工业增加值份额的目标是25%，第二产业就业力求保持在15%以上，目标是为继续深度推进工业化保留最后的份额底线。①

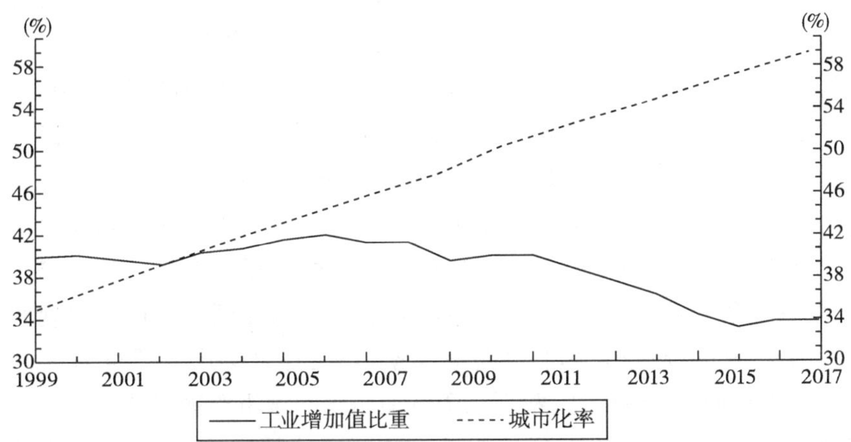

图1　工业比重的持续下降与城市化率的稳步攀升（1990—2018年）

资料来源：Wind金融咨询终端。

工业化和城市化对应着两种不同的生产结构和资源配置机制。工业化以劳动、资本等生产要素结合的可贸易产品为载体，所以以产品税为基本单元的工业税制，特别是增值税体制可以很好地适应和激励地方政府推进工业化。随着信息化时代现代生产性服务业的崛起，平台和要素开始直接结合，由要素直

① 2018年的中国城市化率为59.58%，数据来自Wind金融咨询终端。2025年以后的中国工业增加值份额和城市化率的数据来自笔者预测。2012年的美国城市化率为84%。

接提供服务、不生产有形产品变得越来越普遍。很多服务业很难确认典型的增值额,打破了原有的要素→产品→服务生产逻辑,例如我们所熟知的知识付费、网络直播、短视频等新经济形式。城市化最重要的产品——基础设施和房地产都是不可贸易品。城市化所具有的巨大财富效应,让工业经济时代的增值税税制面临严重挑战,客观上产生了从工业税制到城市税制转型的需要。

城市财政有很大的特殊性。虽然把提供国防和社会保障的中央(联邦)政府理解为一个物业服务商会严重忽略政府的政治领导功能和国家治理功能,但把城市政府解释为提供公共服务的大物业公司无疑是比较适宜的①。尽管面临着人口和资本高速便捷流动的威胁,城市还是构成了城市经济时代一个个相对完整的国民经济单元。城市明确的边界、城市价值和城市精神的长期持续凸显和不同城市价值的多元化,使得整个国民经济被城市边界划分为若干不同经济单元②。城市的相对独立性和各个城市之间的强烈竞争,需要各个城市的财政产权更加明晰,不同城市之间的财政关联大幅下降,才能形成"人人尽责,人人享有"的城市福利体系和市政公共服务诉求与市民税收贡献之间的良好匹配。相对于我国现阶段的预算体制来说,城市内部资源配置的单一逻辑和所有公共资源的统一配置要求打通四本账(一般公共预算、政府性基金预算、社会保险基金预算和国有资本经营预算)之间的制度性分割,按照城市功能打包和统筹分配城市本级财力和上级转移支付,实现完全的支出地方化。

由市民要素公共需求加总所形成的城市福利,进一步凸显了城市经济时代税收要素化和要素税(而非产品税)征收的重要性。虽然在一系列严格的条件下,对要素征税和对产品征税可以产生等价效果(萨拉尼,2005),但现实中以产品税为基础的财政收入体制去对应要素需求,还是会产生严重的"公共池""搭便车""粘蝇纸"等财政问题。一个更加明确的城市要素税体制和一个以城市财政为主体的国家财政体系,无疑会比产品税体制对公共资源的要素需求产生更强的响应,也更容易实现收支平衡,防止福利陷阱。这是城市税制和城市经济时代税收体制转型的主要方向。

财政是国家治理的基础和重要支柱,中国建设现代财政制度的目标是建设面向现代化强国的现代国家治理体系。面向现代化强国的税制改革和税收政策只有符合国家治理对公共财政的一般要求,适应中国经济发展的基本趋势,

① 从美国经验看城市财政的三大特征是:占据收入主体的财产(不动产)税、占收入三分之一的政府间转移支付和相当程度的收支平衡(Glaeser,2013)。

② Ferreira 和 Gyourko(2009)发现,与美国国家层面上民主党和共和党完全不同的支出类型相比,城市层面上不同党派更替后的财政支出结构基本没有差别。

建立城市公共财政体制,才能不断满足城市经济时代人民日益增长的美好生活需要,尤其是对社会公平正义的公共需要,实现建设社会主义现代化强国和中华民族伟大复兴的宏伟目标。

参考文献

[1]高培勇．中国财税改革40年:基本轨迹、基本经验和基本规律[J]．经济研究,2018,53(3).

[2]高培勇．站在新时代的平台上讨论直接税改革[J]．河北大学学报(哲学社会科学版),2019(1).

[3]付敏杰，张平，袁富华．工业化和城市化进程中的财税体制演进:事实、逻辑和政策选择[J]．经济研究,2017(12).

[4]付敏杰．国家能力视角下改革开放四十年财税体制改革逻辑之演进[J]．财政研究,2018(11).

[5]付敏杰,张平．增值税改革:从稳定税负到国家治理[J]．税务研究,2016(11).

[6]付敏杰,张平．新常态下促进消费扩大和升级的税收政策[J]．税务研究,2015(3).

[7]马珺．面向自然人课税的思考——以美国国内收入局个人所得税征管为例[J]．国际税收，2017(2).

[8]马君,詹卉．美国个人所得税课税单位的演变及其对我国的启示[J]．税务研究,2010(1).

[9]梁季．美国联邦个人所得税:分析、借鉴与思考[J]．河北大学学报(哲学社会科学版),2019(1).

[10]伯纳德·萨拉尼．税收经济学[M]．北京:中国人民大学出版社,2005.

[11]查尔斯·蒂利．民主[M]．魏洪钟,译．上海:上海人民出版社,2009.

[12]EDWARD L GLAESER. Urban Public Finance[C]. in Alan J. Auerbach, Raj Chetty, Martin Feldstein, Emmanuel Saez(eds),Handbook of Public Economics Volume 5, Elsevier,2013:195 -256.

[13]范子英，张航．促进消费的税制改革思路[J]．税务研究,2018(12).

[14]张斌．把握社会主要矛盾转化 深化税收制度改革[J]．税务研究,2018(2).

(作者单位:中国社会科学院经济研究所)

效率冲击、杠杆上升与大国稳定政策的选择

张平　杨耀武

一、2020年中国经济展望

2019年前三季度中国经济实现了6.2%的增长,分季度看呈逐季递减之势,第三季度中国经济同比增速为6.0%,环比增速为1.5%,均创新低。2019年10月,中国制造业PMI为49.3,比上月下降0.5,连续6个月处于荣枯线以下;同期,规模以上工业企业利润同比下降9.9%,降幅比9月扩大4.6个百分点。预计四季度GDP环比会低于以前年度,增速在1.4%左右。在外部环境更趋复杂严峻、国内经济下行压力加大的背景下,我们调低了2019年四季度的环比增长,并按趋势全面调低2020年各季度的环比增速(见表1),进行"放缓情景"下的预测。按照我们的推算,2019年中国经济全年增长为6.1%,增速仍保持在6%~6.5%的年度目标区间内,2020年增速则为5.8%。变数在于,如果中美经贸磋商最终达成互利的协议并得以顺利执行,则可能会使经济增速提高0.2个百分点,这不仅有利于中美两国经济,而且对世界经济前景也会产生积极影响。

表1　2013—2020年经济增长环比增速　(%)

	2013年	2014年	2015年	2016年	2017年	2018年	2019年	2020年
一季度	1.9	1.8	1.8	1.4	1.5	1.5	1.4	1.3*
二季度	1.8	1.8	1.8	1.9	1.8	1.7	1.6	1.5*
三季度	2.1	1.8	1.7	1.7	1.7	1.6	1.5	1.4*
四季度	1.6	1.7	1.5	1.6	1.5	1.5	1.4*	1.3*

注:数据来源于国家统计局网站,2019年四季度和2020年季度环比增速为我们的预测值。

在世界贸易前景仍不确定、全球主要经济体景气程度下滑的情况下,一些国际组织也在最新的预测中调低了中国经济今明两年的增速。世界银行(WB)2019年10月发布的东亚太平洋经济半年报预计,2019年和2020年中国经济将分别增长6.1%和5.9%,较4月调降了0.1和0.3个百分点。国际货币基金组织(IMF)2019年10月发布的《世界经济展望》报告预测,2019年、

2020年两年中国经济增速为6.1%和5.8%，比7月下调0.1和0.2个百分点。经合组织（OECD）9月的预测显示，中国经济将在今明两年分别增长6.1%和5.7%，也较5月调低了0.1和0.3个百分点。

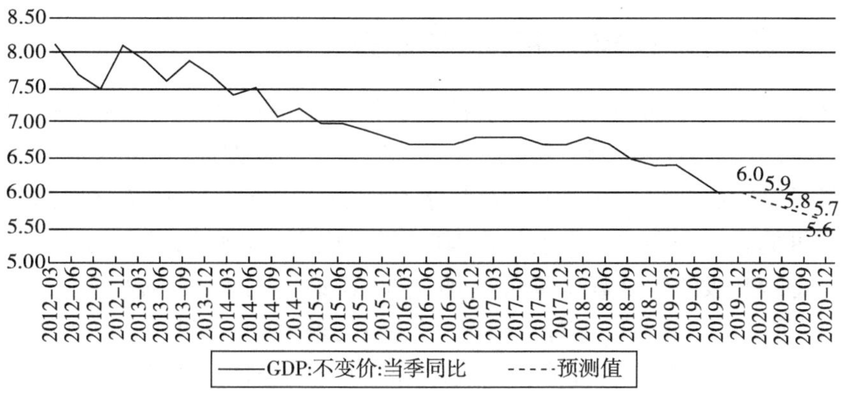

图1　中国GDP季度增速预测

对于社会所关注的到2020年国内生产总值和城乡居民人均收入比2010年翻一番的问题，我们认为，最近国家统计局依据第四次全国经济普查结果，对2018年国内生产总值上修了2.1%，如果GDP平减指数和2010年基数不随之调整，那么在此平台上，2019—2020年的国内生产总值年均复合增速只要达到5.1%，就可以实现2020年GDP翻一番的目标；而2013—2018年，城乡居民人均收入在国家统计局2012底制定新的城乡一体化住户调查制度以来，除2016年和2018年全国居民人均可支配收入增速小于GDP增速外，其余4年都高于GDP增速，因此到2020年实现翻番也不是大的问题。当前，中国宏观经济稳定政策仍有很多余地，同时中美贸易争端出现缓和，这会进一步稳定国内和全球经济增长预期。从当前中国经济增长前景看，稳定政策已经积极地保证了经济增长的平稳化，当下最重要的是实现经济增长的高质量转型。这需要时间，但更需要形成积极转型的动力机制，因此将稳定政策与激励高质量转型结合在一起是更为重要的稳定政策方向。

物价指数方面，CPI与PPI的剪刀差再次显现，CPI在猪肉价格领涨下，预计2020年第一季度可能突破4.0%，全年预计在3.0%左右的水平；PPI由于受翘尾因素的影响，年底前应该仍为负值，2020年二季度可能逐步转正。一般来说，PPI与PMI高度相关，如果未来一段时间PMI持续处于50枯荣线以下，则PPI可能依然会呈现负增长。值得注意的是，近期有研究表明，当前的结构性减税有助于降低全社会生产经营成本，但同时会使企业容忍1.16%的PPI下降，从而带来通缩效应（谢云峰，2019）。如果PPI持续为负，减税降费的利润空间就会被部分侵蚀。人民币汇率方面，由于近期中美贸易争端有所缓和，因此对汇率产生明显的支撑作用，但资本外流一直是扰动因素，预计2020年汇率水平有望保持稳定，在7.0~7.2波动。

二、国际环境：弱需求和负利率趋势

从2018年3月至今，中美经贸冲突已持续了一年多时间。中美作为当今世界最大的两个经济体，其GDP之和占世界总量的近四成，对外贸易之和在全球贸易总量中超两成。在当今世界经济高度融合的背景下，中美之间的经贸冲突已不可能只对冲突双方产生影响，其外溢效应之强恐怕已经大大超乎人们的预料。持续升级的贸易紧张局势叠加“技术割裂”的倾向，不仅制约了全球贸易增长，更严重的是造成了对不确定性敏感的投资增速下滑和金融市场的大幅波动。虽然，近期中美经贸冲突出现缓和迹象，但全球经济增长仍不容乐观。2019年第三季度，美国GDP同比增长2.0%，大幅低于一季度2.7%和二季度2.3%的增速，进出口金额同比增速由上半年的小幅增长0.81%，转为下降0.84%。欧元区二季度GDP同比增长仅为1.0%，较一季度和上年同期分别下降0.2和1.4个百分点，为5年来的新低；日本三季度GDP环比增长0.1%，低于二季度0.4%和一季度0.5%的增速。

从近期数据看，世界主要经济体景气程度下滑的趋势仍在延续。一是主要经济体的商品进出口累计同比增速从2018年初以来持续下滑，特别是商品出口增速从2018年3月开始下滑明显（见图2）。二是一些反映宏观经济走势和市场信心的先行指标持续低迷。2019年10月，中国制造业PMI为49.3，较上月回落0.5，较上年同期下降0.9，连续6个月处于荣枯线以下，其中新出口订单指数为47.0，连续17个月处于荣枯线以下；同期，美国供应管理协会制造业PMI为48.3，比上月回升0.5，但较上年同期下降9.4，连续3个月处于荣枯线以下；欧元区制造业PMI为45.9，较上月回升0.2，但较上年同期下降6.1，连续9个月处于荣枯线以下；日本制造业PMI为48.4，较上月和上年同期分别回落0.5和4.5，连续6个月处于荣枯线以下。11月公布的最新数据显示，美国密西根大学消费者信心指数和Sentix投资信心指数分别较上月回升0.2和12.8，但仍比上年同期低1.8和12.7；欧元区消费者信心指数和Sentix投资者信心指数10月较9月回落1.1和7.9，比上年同期回落2.5和28.4；日本排除一人家庭的消费者信心指数和Sentix投资者信心指数分别比上月下降0.7和6.8，较上年同期回落6.3和18.6。面对这种情况，国际组织纷纷下调对全球经济增长的预期，世界银行（WB）最新报告预计2019年和2020年全球经济增速分别为2.6%和2.7%，比世行2019年1月的预测值分别下调0.3和0.1个百分点；国际货币基金组织（IMF）最新报告显示，世界经济2019年、2020年两年分别增长3.0%和3.4%，比7月的预测分别下调0.2和0.1个百分点，这是IMF2019年以来第4次下调全球经济增长预期；同时，经合组织（OECD）最新预测显示2019年世界经济仅增长2.9%，为国际金融危机以来的最低预测，到2020年，预计增长将达到3.0%，这比5月报告中对2019年和2020年增长率的预期分别调降了0.3和0.4个百分点，而就在一年半前的2018年3月，该组织曾预计2019年世界经济增长将达3.9%。

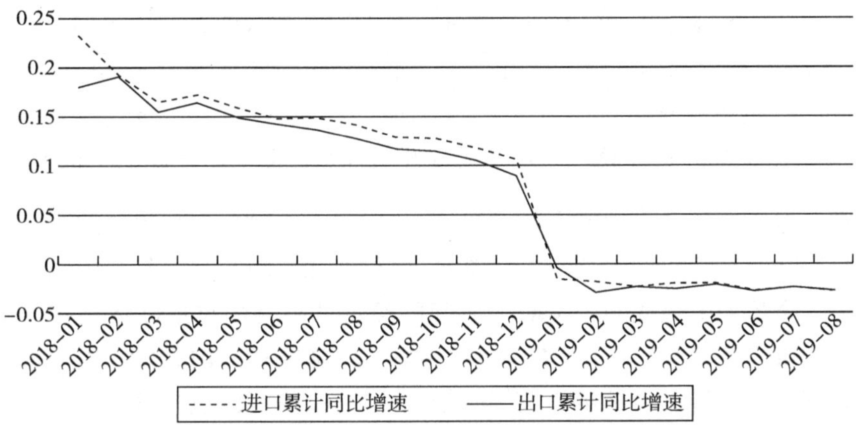

图2　主要经济体[①] 2018年1月—2019年8月进出口累计同比增速

资料来源：WTO。

实际上，在过去几十年经济全球化浪潮的推动下，世界贸易总额与GDP之比快速攀升，1985年这一比例仅为36.3%，2008年攀升到最高的61.4%，近年来虽有所放缓但仍维持高位。资源丰富国家出口资源、制造业先进国家出口资本品，以中国为代表的具有劳动力成本优势的国家进行产品加工和组装，以美国为代表的服务业占比高，具有技术研发、设计优势的国家消费制成品，已经成为全球产业链和供应链中起支配作用的模式。美国对外贸易多年来在全球贸易总量中的占比相对稳定，且一直高居首位。近40年来，其份额最高时为16.0%，最低时也有10.8%。中国以其劳动力成本等优势在这一体系中扮演着越来越重要的角色，特别是在加入WTO后，中国外贸总额实现了年均13.8%的复合增长，2018年中国对外贸易总额占全球的10.9%，仅次于美国居世界第二位，其中货物贸易占全球11.8%，超过美国，居全球首位，可以说中国经济已经深刻地融入全球经济之中。（见图3）

① 这些经济体包括：中国、美国、欧盟27国、英国和日本。

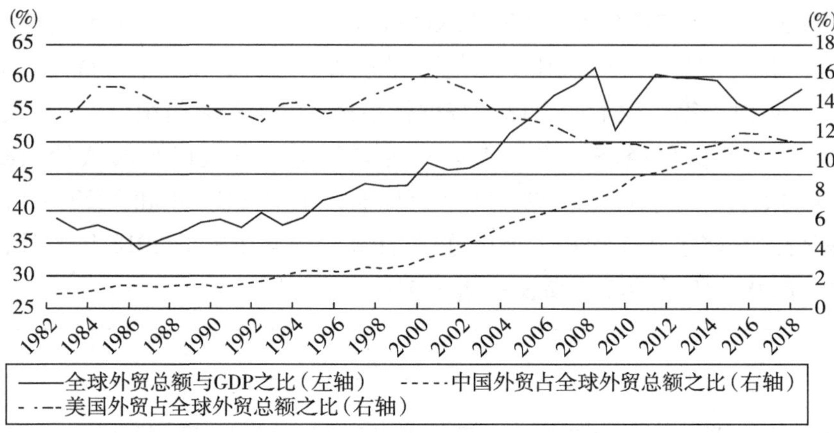

图3 全球外贸总额与GDP之比及中美外贸占全球外贸总额的比例

在全球经济已经高度融合的背景下,可以说在美对华加征关税的商品名录中,很难找到一种商品的生产设备、工具、原材料和中间产品都是在中国境内由中国工人全程加工完成的。美对华挑起的经贸冲突将严重地破坏现存的全球产业链和供应链,而产业链和供应链的重构不可能在短期内完成。因此世界贸易量萎缩和全球经济增长步伐放缓所带来的损失,只能由包括美国在内的参与全球价值链的世界各国来负担。

为应对需求持续疲弱和不确定性增加,包括欧美和新兴经济体在内的很多国家纷纷转向宽松货币政策。美联储自2015年12月至2018年12月连续加息9次,市场曾一度预计2019年还会加息2~3次,但2019年来已降息3次,这是自2008年以来首次转入降息。欧央行9月宣布下调存款利率(商业银行存在欧元体系的隔夜利率)10个基点至负0.5%,并恢复债券购买,此前欧央行曾于2018年12月底结束购债。除美欧央行外,2019年已有包括澳大利亚、新西兰、韩国、俄罗斯、巴西、印度、印尼、马来西亚在内的30多家央行宣布降息,尤其是6月以来,加入降息行列的国家明显增多,幅度超出预期,但在欧元区和日本长期负利率的情况下,货币政策继续宽松的空间和有效性变得越来越有限,同时长期负利率对银行盈利能力的侵蚀和金融体系脆弱性的增强值得关注(见表2)。

表 2　全球发达国家负利率程度加深

2019 年 8 月 27 日	1 年	2 年	3 年	4 年	5 年	6 年	7 年	8 年	9 年	10 年	15 年	20 年	30 年
瑞士	-1.09	-1.10	-1.13	-1.12	-1.1	-1.07	-1.04	-1.03	-1.07	-0.99	-0.79	-0.7	-0.53
日本	-0.25	-0.31	-0.31	-0.34	-0.35	-0.37	-0.39	-0.38	-0.34	-0.28	-0.09	0.06	0.15
德国	-0.82	-0.89	-0.92	-0.93	-0.89	-0.89	-0.86	-0.82	-0.76	-0.69	-0.55	-0.41	-0.19
荷兰		-0.86	-0.9	-0.87	-0.81	-0.75	-0.72	-0.65	-0.62	-0.56			-0.2
丹麦		-0.86	-0.89		-0.88	-0.83		-0.76		-0.65		-0.45	
芬兰	-0.67	-0.77	-0.79	-0.77	-0.76	-0.66	-0.63	-0.55	-0.50	-0.43	-0.25		0.03
法国	-0.74	-0.80	-0.84	-0.82	-0.75	-0.69	-0.63	-0.56	-0.49	-0.41	-0.10	0	0.43
瑞典		-0.64		-0.72	-0.7	-0.62	0.04	-0.53		-0.33	-0.16	0.11	
奥地利	-0.65	-0.78	-0.78	-0.77	-0.71	-0.68	-0.60	-0.58	-0.52	-0.44	-0.90	-0.09	0.15
比利时		-0.8	-0.81	-0.74	-0.65	-0.62	-0.55	-0.49	-0.43	-0.35	-0.07	0.15	0.53
爱尔兰	-0.55	-0.44	-0.65	-0.62	-0.54	-0.42	-0.34	0.57	-0.18	-0.09	0.2	0.42	0.75
西班牙	-0.51	-0.56	-0.54	-0.42	-0.36	-0.24	-0.15	-0.08	-0.02	0.08	0.49		0.97
意大利	-0.17	-0.11	0.22	0.36	0.55	0.59	0.81	0.87	0.90	1.14	1.66	1.84	2.2
美国	1.73	1.51	1.43		1.38		1.43			1.40			
中国	2.59	2.71	2.8	2.76	2.92	3.19	3.09	3.12	3.15	3.05			3.67

资料来源：Wind。

三、效率冲击:劳动生产率、MPK和TFP增长减缓

过去几十年中,全球经济增长经历了逐步放缓的过程(见图4)。特别是国际金融危机发生后,不论是发达国家、新兴经济体还是低收入国家都出现了经济增长的放缓。根据世界银行的统计数据,1961—2007年高收入国家和新兴经济体聚集的东亚和太平洋地区的经济增速分别为3.5%和5.3%,2008—2018年则分别下降到1.4%和4.3%。全球经济出现长期停滞的一个重要原因是TFP增长缓慢,新的技术进步未能有效提高经济效率。对于发达国家来说,TFP增长明显减速可以解释国际金融危机后经济增速下滑的40%,而发展中国家则更大(IMF SDNs,2019)。这主要是因为发达国家早在金融危机之前就出现了TFP增长放缓的迹象(Fernald,2014;Furceri、Celik and Schnucker,2016),"戈登之谜"甚至认为1970—2014年美国技术进步就明显放缓(R. Gordon, 2016),而发展中国家TFP增速的快速下滑则出现在国际金融危机之后(IMF SDNs,2019)。对于技术进步放缓是否具有长期性还存在不少争议,因为人工智能(AI)和其他技术领域的重大突破将为生产率的提升提供广阔空间(Brynjolfsson and McAfee,2014),同时服务业和AI等的发展,也会彻底改变原有技术进步和劳动生产率的测算方式。但总体来看,按一般增长核算,效率冲击仍然是经济长期停滞的供给侧最主要问题。从中国的基准核算看,这一冲击依然严峻。

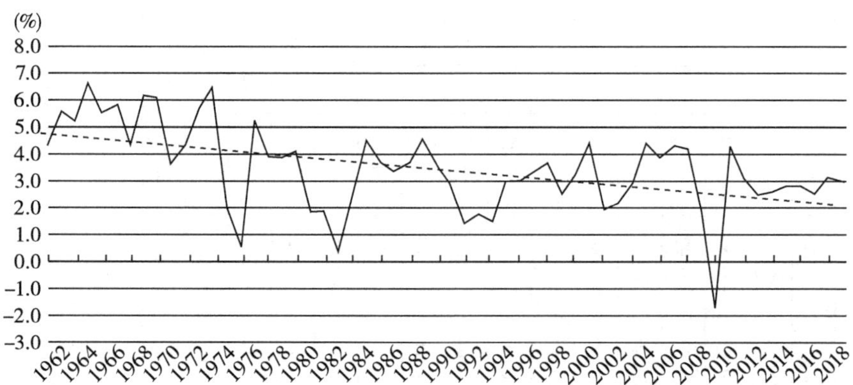

图4 20世纪60年代以来的全球经济增速

资料来源:世界银行。

从宏观核算加以分析,一国经济增长取决于劳动生产率与人口的变化。

$$GDP \equiv Y = \frac{Y}{L} \times \frac{L}{POP_L} \times \frac{POP_L}{POP} \times POP \tag{1}$$

这意味着,GDP增长率=劳动生产率增长率+劳动参与率增长率+劳动

年龄人口占总人口比例增长率 + 总人口增长率。2012 年以来,中国人口红利开始逐步消退,人口总量增长趋缓、劳动年龄人口增长转负、劳动参与率下降,因此经济增长完全取决于劳动生产率的提高。在劳动生产率的一般核算方面,按 CD 生产函数展开,两边同除劳动 L,劳动生产率增长率等于全要素生产率(TFP)增长率与资本深化增长率之和。若分解劳动力为一般劳动力与人力资本,则会分解出人力资本的作用。这里包括了劳动产出弹性,即劳动在要素分配中的份额,该值一般比较稳定。因此劳动生产率的增长就取决于人的素质提高、全要素生产率和资本深化。劳动生产率指标比全要素生产率更容易计算,而且直接与劳动报酬相比,是一个宏微观最为重要的观察指标。

$$Y = AK^{\alpha}L^{1-\alpha} \tag{2}$$

其中,A 为全要素生产率。由式(2)可得到:

$$y = Y/L = A(K/L)^{\alpha} = AK^{\alpha} \tag{3}$$

式中的 y 就是劳动生产率,对式(3)两边取对数求导可得:

$$\dot{y}/y = \dot{A}/A + \alpha\dot{k}/k \tag{4}$$

由式(4)可知,劳动生产率增长率受技术进步率和资本深化的影响。当产出函数为 C - D 形式(同时满足哈罗德技术中性),此时产出函数为:

$$Y = K^{\alpha}(AL)^{1-\alpha} \tag{5}$$

根据 MPK(资本边际产出)定义,对产出函数式(4)两边对 K 求偏导得:

$$MPK = \partial Y/\partial K = \alpha K^{\alpha-1}(AL)^{1-\alpha} = \alpha(\frac{AL}{K})^{1-\alpha} = \alpha(\frac{K}{AL})^{\alpha-1} \tag{6}$$

经过变换可得出:

$$\frac{\dot{MPK}}{MPK} = (1-\alpha)[\frac{\dot{A}}{A} + \frac{\dot{L}}{L} + \frac{\dot{K}}{K}] \text{ 或 } \Delta MPK = (1-\alpha)[\Delta A + \Delta L - \Delta K] \tag{7}$$

由式(7)可得,资本边际报酬的变化 = 技术进步变化 + 劳动力变化 - 资本积累变化(同时受到劳动产出弹性的影响)。由此可见,资本深化有两条道路:一是没有技术进步,资本积累回报率随着积累规模的扩大而逐步降低;二是采取发达国家较为普遍的方式,即一方面通过技术进步推动国内资本深化,另一方面通过资本输出获得高劳动力变化的收益加技术交换的创新租金收益,稳定本国的资本回报率,吸引全球资金,进而稳定其福利体制。

因此,高质量增长其实蕴含着两个简单但非常重要的结论:一是需要持续提高劳动生产率;二是需要 TFP 的持续改善,特别是 TFP 贡献不断上升,否则就难以完成高质量转型。在中国现阶段,随着人口红利衰退、劳动参与率降低,必须通过持续的劳动生产率提高,才能抵销人口红利下降对经济增长的侵蚀;

通过全要素生产率增长才能有效提高劳动生产率,同时式(7)显示全要素生产率的增长可冲抵资本深化过程中资本边际回报率的下降。当前,中国以单位投资带来的GDP增量表示的资本边际产出(MPK)出现持续下降,说明资本深化过程中没有得到劳动力增长和TFP改善的冲抵,特别是国际金融危机后下滑趋势更为明显,而美国的MPK除国际金融危机前后有所下滑外,其余时间则保持相对稳定(见图5)。

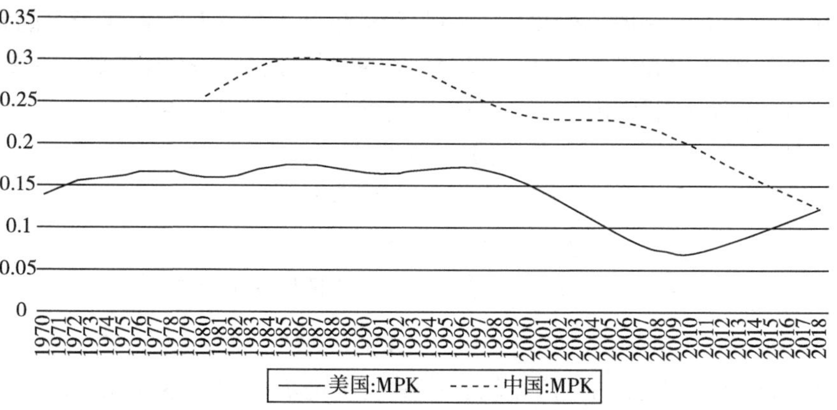

图5 中美单位投资拉动的GDP增量(MPK,即GDP增量/资本增量)①

资料来源:Wind。

在以往的高速增长期,中国技术进步处于"干中学"的技术进步路径,引进设备相当于一方面实现了资本深化,另一方面人口红利导致资本与劳动结合加快,使投资产出水平较高。随着中国技术进步的不断提高,引进设备投资已经不是提高TFP水平的最重要因素,在劳动力增长逐步停顿的情况下,当前最为重要的是通过研发投入和人力资本积累来提升TFP。

从劳动生产率下降特征看,2012年后中国的工业化进程和城市化进程发生重大变化,特别是2018年我国的城市化率达到60%。中国已进入以城市经济为主导拉动经济增长的阶段,城市化率的提高推动消费与服务的比重持续上升,经济结构服务化特征越来越明显。国际经验表明,经济结构服务化与经济增长放缓高度相关,同时也是高质量增长的起点,即提高人的消费福利水平和更加依赖于提高经济中的创新贡献。中国多年的投资和出口导向的"规模"赶超发展的时期渐行渐远,高质量增长要求的持续提高的消费和创新贡献是我们当前的主要任务。随着我国的低成本优势逐步消失,主要依靠要素投入推动经济增长的粗放型发展方式难以持续,现在需要的是要素质量的升级。

① 对数据进行了HP滤波处理,以保留长期中的趋势项。

随着城市化往深度演进，中国产业结构也逐渐由传统的产品经济向以城市化为主的服务经济转型。就第一、第二和第三产业占 GDP 的比重而言，目前第一、三产业占比呈现出此消彼长的特征，而第二产业占比在高位窄幅波动。2018 年工业和第三产业占比分别为33.9%和52.2%。第一产业和第三产业占比基本呈现出“剪刀式”此消彼长的变动特征，2012 年第三产业占比首次超过第二产业，自此第三产业逐渐取代工业成为中国经济增长的主要推动力。随着第三产业对增长贡献率的不断提升，进入 21 世纪后，其对增长的带动作用就已逐步接近第二产业部门，随着中国城市化进程的快速发展，第三产业发展会持续加速，服务业的产出效率及其带动的工业体系升级成为中国经济转型的根本，如果服务业自身效率不断下降，而且难以服务于工业体系的升级发展，高质量增长的转型就会受到阻碍。事实上，服务业劳动效率增长率始终低于第二产业，虽然中国第三产业劳动生产率在 2013 年后有所改善，但仍然低于第二产业。在第三产业的比重不断提高的情况下，其劳动生产率水平正逐步主导国内整体劳动生产率的高低，如果不能有效地提高服务业劳动生产率就会制约经济增速（见图 6）。

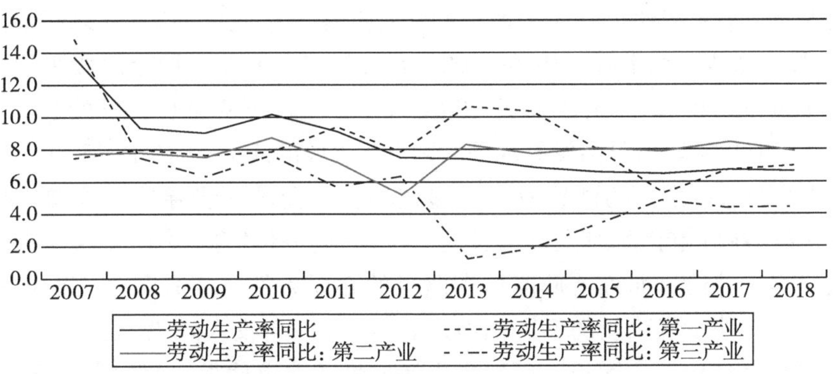

图 6　国际金融危机以来的中国各产业及整体的劳动生产率情况

另一个更为严峻的挑战是中国经济增长中的创新贡献。1985—2007 年，TFP 增长贡献为 14.4%，2008—2018 年下降到 5.1%（《中国经济增长报告（2018—2019）》）。白重恩和张琼（2016）估算的 1979—2007 年中国扣除要素投入增长之后的生产效率年平均改善速度约为 3.55%，而 2008—2014 年生产效率的年平均改善速度仅为 1.97%。尽管很多机构和研究者根据不同模型和数据所得结果存在一定差异，但 TFP 增长和贡献率下降是一个重要事实。如果不能逆转 TFP 贡献下降和持续提高劳动生产率，高质量增长就难以完成。

随着中国经济结构的变动，中国经济资源配置方式和效率驱动模式也随之调整,具体表现如下:一是工业占 GDP 的比重下降,服务业比重不断提高,经济结构服务化格局逐步形成,这个阶段的重大变化就是从工业化时期以生产供给为中心转向以要素升级为重,工业部门将更加依赖知识和创新参与全球竞争。二是要素驱动的低成本工业化出现了严重的"规模收益递减",需要新的人力资本、信息、制度等非独占性要素参与的生产函数体系提高经济增长中的 TFP 贡献率,逐步形成内生增长路径。而支撑高质量发展的医疗、教育、社会保障等公共服务需求行业或部门主要集中于第三产业。在服务业比重不断提升的同时,要注重服务业高端化发展趋势,通过服务业结构升级促进要素升级,从而有效实现增长的效率补偿。

同时,中国劳动年龄人口增长逐渐放缓,城市化高质量发展更加依赖于人的质量提升,并给福利和效率动态带来压力。自 2012 年以来,中国劳动年龄人口数量和比重已连续 7 年出现双降。1985—2007 年中国劳动年龄人口增长率为 1.35%,至 2008—2018 年降低为 0.84%,预期未来 5 年的劳动年龄人口增速将进一步下降到 0.41%。劳动参与率则一直在下降,但下降的幅度有所放缓,对应三个阶段的劳动参与率变化率分别为 -0.446%、-0.343%、-0.180%。劳动投入增长率受劳动年龄人口增长率和劳动参与率变化的综合影响,整体而言,劳动投入增速持续下降。1985—2007 年和 2008—2018 年两个阶段平均增速分别为 0.91% 和 0.52%,预计 2019—2023 年将进一步下降至 0.33% 的水平。随着经济从工业化阶段向更高发展水平的城市化阶段的演进,生活水平和生活质量的持续提高对人口增长的诱致效应是递减的。这会进一步导致中国像其他发达国家一样,在城市化阶段人口增长向低度均衡路径收敛,并且高收入水平是提供人口增长补偿进而维持低度均衡路径的必要条件。家庭和个人对生育的观念也随着所处发展阶段的不同而有所转变,进入高收入阶段,更多的是从消费角度看待生育和人口增长。而对高生活质量的追求使得家庭生育意愿下降,经济长期持续增长无法依赖于人口的增长,此时国家不得不借助一系列公共政策和福利政策缓解人口过快下降的压力,对人口质量提升的需求将更多地由国家来予以负担,这是进入高收入阶段解决人口增长问题值得关注的方面。

四、劳动生产率放缓与杠杆提升

在劳动生产率、TFP 和 MPK 不能得到持续改善的情况下,为维持一定的经济增速,往往会转向依赖宽松货币政策。21 世纪初,中国劳动生产率快速上升,M2/GDP 比重稳中有降,但受 2008 年金融危机的冲击,劳动生产率增长开始放缓。为应对危机,2009 年货币激励启动,M2/GDP 开始快速上升,货币、信用和债务与 GDP 之比都呈现一致性的上升趋势。随着国内发展阶段逐步转变，劳动生产率增长持续放缓。直到2017年中国经济增速出现暂时回升，同时"去杠杆"政策加强，M2/GDP才逐步缓中有降，但2019年随着经济形势变化，杠杆率水平又有所抬升。当前，中国需要进一步的供给侧结构性改革才能真正实现效率改进，同时有效降低融资成本也是杠杆水平可以继续维系的重要因素。

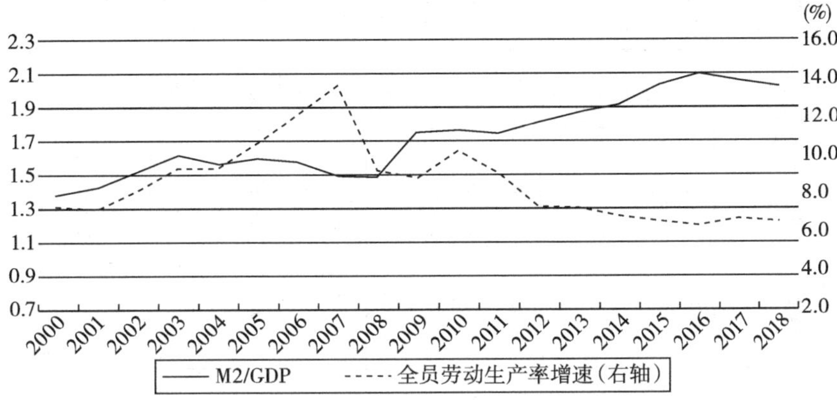

图7　2000—2018年中国全员劳动生产率增速与M2/GDP情况

劳动生产率和M2/GDP表示的杠杆率关系，实际上体现了实体经济与金融之间的均衡机制。劳动生产率提高才能有效维持增长，从而逐步吸收金融杠杆，否则金融负债会越来越侵蚀企业的盈利能力，从而影响整个宏观经济的稳定。

依据上市公司年报数据，2018年上市公司净资产回报率（ROE）低于融资成本。考虑到中国上市公司收益率在金融和非金融公司间存在明显差异，若直接分析将高估实体经济运行情况。为剔除行业间的差异，我们使用申万证券行业分类标准将上市公司中银行、房地产和非银金融等金融类上市公司去除，并删除了ST类股票来分析上市公司的经营和财务情况（见表3）。通过表3可以发现，与宏观经济走势相一致，ROE自21世纪初至国际金融危机爆发之前呈逐步上升之势，金融危机爆发后ROE快速下滑，后受"四万亿"计划带来的需求扩张影响，ROE在2010年迅速反弹后逐步回落，2015年到达6.3%的低点，随后受供给侧结构性改革的影响，ROE在2016年又有所回升，2017年上涨到8.0%，2018年由于受经济下行压力的影响，ROE又有所下行，扣非后ROE为5.9%，而融资成本为6.1%。分企业规模来看，总资产规模低于100亿元的上市公司扣非后的ROE，除2015年和2016年两年外，都大大低于总资产规模超过100亿元的上市公司。2018年资产规模超过100亿元的上市公司扣非后的ROE为0.069，而资产规模低于100亿元的上市公司只有0.029。2019年前三个季度的情况依然如此，大企业的ROE高于融资成本，而中小公司都要低。ROE低于融资成本说明杠杆率会持续提高，而且负债率会出现自然性上升。

表3　非金融上市公司杜邦分析(删除ST股票)

年份	净资产收益率[a]	净资产收益率[b]	总资产低于100亿元公司的ROE[b]	总资产高于100亿元公司的ROE[b]	总资产收益率a	总资产收益率b	营运利润率	总资产周转率	财务费用比	资产负债率	融资成本	资本回报率	劳动生产率
2004	0.119	0.122	0.025	0.144	0.057	0.059	0.123	0.779	0.010	0.518	0.045	0.082	53310
2005	0.118	0.117	0.010	0.139	0.054	0.053	0.110	0.845	0.010	0.539	0.045	0.081	62514
2006	0.128	0.127	0.038	0.143	0.058	0.058	0.105	0.900	0.010	0.548	0.060	0.092	79324
2007	0.139	0.122	0.067	0.132	0.064	0.057	0.115	0.894	0.010	0.539	0.069	0.104	99509
2008	0.090	0.080	0.056	0.085	0.039	0.036	0.076	0.882	0.012	0.560	0.069	0.064	104925
2009	0.097	0.086	0.071	0.089	0.041	0.037	0.087	0.760	0.009	0.575	0.053	0.067	125690
2010	0.117	0.108	0.082	0.114	0.050	0.047	0.091	0.852	0.008	0.572	0.055	0.082	168488
2011	0.109	0.098	0.080	0.102	0.046	0.041	0.082	0.885	0.009	0.581	0.055	0.074	200073
2012	0.086	0.075	0.062	0.078	0.036	0.031	0.073	0.843	0.011	0.587	0.061	0.059	208483
2013	0.090	0.077	0.060	0.081	0.037	0.031	0.075	0.820	0.010	0.592	0.053	0.060	228312
2014	0.082	0.069	0.061	0.071	0.034	0.028	0.077	0.765	0.011	0.589	0.061	0.056	243413
2015	0.063	0.048	0.054	0.047	0.027	0.020	0.075	0.661	0.011	0.575	0.068	0.044	247585
2016	0.067	0.055	0.059	0.055	0.029	0.024	0.081	0.617	0.009	0.569	0.058	0.048	275878
2017	0.080	0.067	0.057	0.071	0.035	0.029	0.084	0.694	0.009	0.563	0.063	0.057	331581
2018	0.071	0.059	0.029	0.069	0.031	0.026	0.076	0.716	0.009	0.565	0.061	0.054	357049

注:净资产收益率a、净资产收益率b和总资产收益率a、总资产收益率b中a与b的区别是,a分子为净利润,b分子为扣除非经常性损益后的净利润。劳动生产率和工资的分子为毛利和应付职工薪酬,分母是员工总数,单位为元/人。

五、加快构建适应大国模型的宏观政策框架体系

当前,中国已进入以城市经济为主导拉动经济增长的阶段,城市化率的提高推动消费与服务的比重持续提高。经济转型的三大特征开始发生变化。第一,服务业比重高于制造业,服务业成为主导产业。第二,消费超过投资对经济增长的贡献。消费提升的关键是提升对广义人力资本有益的消费服务,如科教文卫体娱乐养老等,而不是简单的物质消费升级。第三,提高创新贡献,对冲要素积累贡献的下降。中国向高质量经济增长转型,需要建立一整套与发展阶段相适应的制度体制,与此改革相匹配的是宏观体系的调整。当前,中国的宏观政策框架是基于出口导向的工业化的宏观体系,今后应考虑向大国模型转变。

第一,随着外汇占款的下降,央行应加快货币供给改革。很长一段时间以来,中国的货币供给是以央行资产负债表中的外汇占款作为资产项来对应发行相应的基础货币。2013 年后,外汇占款占央行资产负债的水平出现下降趋势,2013 年这一比例为 83.3%,2019 年 8 月下降到 58.9%,央行的外汇资产下降直接导致央行缩表。目前央行通过两类手段来保持货币供给的基本稳定。一是不断上升的货币乘数,2019 年 10 月货币乘数高达 6.51,这是货币供给增速得以维持的重要原因。二是央行创设资产,通过对其他存款性公司债权(主要包括 MLF 等资产)不断创设新的短期资产,以对冲外汇占款的下降。2013 年此类资产占比仅为 4.1%,2019 年 10 月上升到了 29.0%。随着全球经济增速放缓和中国出口受阻,央行外汇资产占比可能继续回落,从而从总量上产生信用收缩效应,央行货币供给改革已日益紧迫,已经成为需要体制改革加以解决的问题。

第二,改革以间接税为主的税收结构,逐步增加直接税比重。目前,我国的税收仍以间接税为主,与间接税相比,直接税特别是其中的所得税具有更强的激励创新的功能。同时,间接税具有明显的累退性。在我国直接税占比低、个人所得税几乎成为"工薪税"的情况下,造成现行税制没有起到有效调节居民收入分配差距的作用。我国居民收入分配差距,特别是二次分配后的收入差距在世界仍属非常高的水平,居民收入分配差距过大会进一步制约消费增长。在我国城市化持续推进的过程中,应实现直接税与福利享受相匹配;同时,税收减收与城市化公共服务支出刚性也构成一定的挑战。因此,在维持宏观税负水平稳定的前提下,应逐步提高直接税比重,降低间接税比重,实现税制结构改革与经济结构优化相适应,与支持创新发展的国家战略相匹配。

第三,产业政策方面需逐步放松管制,实现平等竞争。我国的产业政策过去以干预保护、强制提高国产化率和招商引资减税作为产业战略,现在需要放

松管制,平等竞争。当前,我国除了需要实现生产要素升级,更重要的是发挥新要素组合者的作用,即企业家在高质量转变中的巨大意义。高质量发展转型根本上是激励企业家产生形成市场激励下的分布式创新体系。只有依靠企业家,才能实现新生产要素组合,发现潜在需求。中国的产业政策调整应从干预选择型转为依据需求效率变化、市场自动配置。政府要积极转向公共服务型政府而不是生产型政府。谁的效率更高,谁的创新性更强,要素自然就会按市场规律配置过去,企业家就会蜂拥而至这个行业。所以,政府要改变作为要素积累者和干预者的角色,让位于企业家进行新要素的投资组合,从而构建一套有利于促进创新、激励转型的体制。

第四,中国作为大国崛起之后,在国际上应更多地参与国际规则制定。尽管中国等新兴市场国家经济实力不断增长,但在国际经济体系和全球经济治理中的话语权仍然较弱。在我国经济步入新时代、迈向全面小康的关键时期,提升我国在国际经济体系和全球经济治理中的话语权既是我国国际经济地位不断提升的必然选择,也是统筹利用国际国内两个市场、两种资源的必要保障。近年来,"一带一路"建设蓬勃发展、人民币纳入特别提款权(SDR)货币篮子、A股纳入明晟(MSCI)新兴市场指数、以人民币计价的国债和政策性银行债纳入彭博巴克莱全球综合指数,我国在国际经济体系中的作用有所提升,但仍未改变欧美等发达国家主导全球经济治理的格局,美国在相关领域的权力垄断依然相当强势。在对外开放的进程中,我国应始终牢固树立"四个自信",主动参与国际规则的制定,发出中国声音,贡献中国方案和中国智慧,推动国际经济体系和全球经济治理朝更加公正合理的方向发展。

第五,深化金融等现代服务业对外开放,使扩大开放和提升监管能力相互促进。在我国服务业成为主导产业,越来越多的中国企业走出国门,在全球市场配置和整合资源的情况下,迫切需要加快金融等现代服务业双向开放步伐与之相适应。中国的金融等现代服务业对外开放需在做好顶层设计的基础上,以有利于经济可持续发展、有利于防控金融风险和有利于提升金融等现代服务业综合能力为根本目标。在对外开放的过程中,应善于借鉴国际监管的有益做法,提升监管水平,确保监管能力与对外开放水平相适应,使扩大开放和加强监管能力建设相促进。在我国取消 QFII 和 RQFII 投资额度限制的情况下,短期内外国资本可能根据市场环境和自身判断进入或撤出中国市场,而中长期外资是否会持续流入的核心因素则是中国的经济发展和资产回报情况,这需要培育出体量较大且综合收益较高的金融市场,持续推动境内资本市场平稳健康发展。

参考文献

[1] BRYNJOLFSSON E, A MCAFEE. The Second Machine Age: Work Progress, and Prosperity in a Time of Brilliant Technologies. New York: W. W. Norton & Company, 2014.

[2] FERNALD J. Productivity and Potential Output before, after, and during the Great Recession. NEBR Working Paper, 2014, 20248.

[3] FURCERI D, S K CELIK, A SCHNUCKER. TFP Growth before Global the Financial Crisis: Evidence from a New Database for Advanced Economies. Forthcoming IMF Working Paper, 2016.

[4] GORDON R. The Rise and Fall of American Growth: The United States standard of Living since the Civil War[M]. Princeton: Princeton University Press, 2016.

[5] GUSTAVO A, R Duval, D FURCERI, et al. Gone with the Headwinds: Global Productivity. IMF Staff Discussing Notes, 2017.

[8] 白重恩，张琼．中国经济增长潜力研究[J]．新金融评论，2016(5)．

[9] 谢云峰．结构性减税的价格效应——基于 CGE 模型的实证研究[J]．吉林金融研究，2019(7)．

[10] 张自然，张平，袁富华，等．外部冲击、名义 GDP 收缩与增强经济体制韧性[M]//中国经济增长报告（2018—2019）．北京：社会科学文献出版社，2019．

（作者单位：中国社会科学院经济研究所）

第四部分

经济增长

中国经济增长与经济周期（2019）

我国劳动力供求格局、技术进步与经济潜在增长率

李建伟

作为典型的城乡二元经济，我国丰富的劳动力资源和劳动力从农业向非农产业（第二产业和第三产业）的持续转移，成为改革开放后我国经济持续高速增长的重要推动因素之一。2010 年以后，我国劳动力供求格局发生了重大转折性变化，从过去的劳动力供给过剩转变为供给不足，非农产业招工难逐步成为普遍现象。未来我国人口结构老龄化程度会不断提高，人口规模在 2022 年前后达到峰值后会不断减少，经济活动人口和自然失业率条件下可使用劳动力供给规模会持续下降。技术进步是推动经济增长的关键要素，改革开放以来，我国技术进步和劳动生产率一直呈提升幅度逐年递减的平滑上升趋势，模拟预测表明，2018 年以后我国劳动生产率依然会保持提升幅度逐年递减的平滑上升趋势。在劳动力供给规模不断缩减和技术进步提升幅度递减情况下，未来经济潜在增长率下调是必然趋势，但加快乡村劳动力向非农产业转移、促进劳动力资源的优化配置，能够显著提高未来经济潜在增长率水平。要保持中长期经济稳定增长，需要尽快调整生育政策，遏制生育率和人口出生率快速下滑趋势；需要将就业政策从保就业调整为鼓励就业，尽快实施渐进式延长退休年龄政策，改革完善劳动力要素流动机制，在增加劳动力供给的同时，促进劳动力资源的优化配置；更需要支持企业加大自主创新力度、加快农业生产模式向规模化与产业化发展转变，通过提高劳动生产率缓解未来劳动力供给不足对经济增长的制约，提升我国潜在增长能力。

一、我国劳动力供求格局的转折性变化

我国经济属于典型的城乡二元经济结构，改革开放以来，经济的持续高速增长在很大程度上受益于农村剩余劳动力向城镇和非农产业转移（李建伟，1998）。2010 年以后，我国劳动力供求格局已发生转折性变化，从过去的劳动力供给过剩转变为劳动力供求总量基本平衡、结构性供给不足，并正在向劳动力供给总量不足演变。

(一)我国劳动力资源供给已发生转折性变化

改革开放以来,我国人口规模持续扩大,从 1980 年的 98705 万人扩大到 2018 年的 139538 万人。劳动年龄人口规模在 2011 年前后发生转折性变化,其中 15 ~59 岁的人口规模在 2011 年达到 94072 万人的峰值后开始下降,到 2018 年降为 91066 万人,7 年时间减少了 3006 万人。15 ~64 岁人口规模在 2013 年达到 100582 万人峰值之后也开始下降,到 2018 年降为 99357 万人,5 年减少了 1225 万人。劳动年龄人口规模减小意味着我国人口红利已结束,未来劳动力供给规模将不断下降。我国经济活动人口规模在 2016 年达到 80694 万人的峰值,到 2018 年下降到 80567 万人,减少了 127 万人。全国就业人员在 2017 年达到了 77640 万人的峰值,2018 年降为 77586 万人,减少了 54 万人。

表1　2002—2018年我国人口与就业人员状况

年度	年末总人口（万人）	15～64岁劳动年龄人口（万人）	15～59岁人口（万人）	经济活动人口（万人）	就业人员（万人）	劳动年龄人口占比（%）	劳动参与率（%）	人口出生率（‰）	人口死亡率（‰）	65岁及以上人口占比（%）
2000	126743	88910	—	73992	72085	70.15	77.22	14.03	6.45	6.96
2001	127627	89849	—	73884	72797	70.40	76.49	13.38	6.43	7.10
2002	128453	90302	—	75360	73280	70.30	75.69	12.86	6.41	7.30
2003	129227	90976	—	76075	73736	70.40	74.85	12.41	6.40	7.50
2004	129988	92184	—	76823	74264	70.92	74.07	12.29	6.42	7.58
2005	130756	94197	—	77877	74647	72.04	73.38	12.40	6.51	7.69
2006	131448	95068	90586	76315	74978	72.32	72.79	12.09	6.81	7.93
2007	132129	95833	91129	76531	75321	72.53	72.30	12.10	6.93	8.05
2008	132802	96680	91647	77046	75564	72.80	71.88	12.14	7.06	8.25
2009	133450	97484	92097	77510	75828	73.05	71.45	11.95	7.08	8.47
2010	134091	99938	93389	78388	76105	74.53	70.97	11.90	7.11	8.87
2011	134735	100283	94072	78579	76420	74.43	70.79	11.93	7.14	9.12
2012	135404	100403	93727	78894	76704	74.15	70.62	12.10	7.15	9.39
2013	136072	100582	93500	79300	76977	73.92	70.41	12.08	7.16	9.67
2014	136782	100469	92982	79690	77253	73.45	70.18	12.37	7.16	10.06
2015	137462	100361	92547	80091	77451	73.01	69.89	12.07	7.11	10.47
2016	138271	100260	92177	80694	77603	72.51	69.55	12.95	7.09	10.85
2017	139008	99829	91570	80686	77640	71.82	69.21	12.43	7.11	11.39
2018	139538	99357	91066	80567	77586	71.20	68.72	10.94	7.13	11.94

资料来源：15～59岁人口数据来自国家统计局2006—2013年统计公报。劳动参与率为世界银行统计数据，其他数据来自Wind资讯中国宏观数据库。

(二)我国劳动参与率持续下降

我国劳动参与率在1983年曾高达83%,此后持续下降,到2000年已降为77.22%,2010年进一步下降到70.97%,此后小幅度下降到2018年的68.72%。

我国劳动参与率的持续下降,最重要的原因是人口结构老龄化,我国65岁及以上老年人口占比已从2000年的6.96%提高到2018年的11.94%,老年人口劳动参与率很低,2010年第六次人口普查数据显示,65岁及以上人口劳动参与率只有21.1%,远低于16~64岁人口77.37%的劳动参与率水平。

中等职业教育和高等教育招生规模扩大,是我国年轻人口劳动参与率下降的主要原因。第五次和第六次全国人口普查数据显示,我国不同年龄段人口劳动参与率均有不同程度下降,其中16~19岁和20~24岁两个年龄段人口劳动参与率下降幅度最大,重要因素是这一时期中等职业教育和大学招生规模分别增加了459.8万人和441.1万人,研究生招生人数也增加了40.97万人,同期16~24岁年龄人口的非经济活动人口规模从418.84万人增加到812.83万人,增加了393.99万人,高等教育招生规模的扩大完全涵盖了非经济活动人口的扩大规模。2010年以后研究生和大学招生规模继续扩大,2018年比2010年分别增加了31.98万人和129.24万人,但中等职业教育招生规模有较大幅度下降,2018年比2010年减少了311.09万人。鉴于15~19岁和20~24岁两个年龄段人口占比持续下降,分别从2011年的7.02%和9.48%下降到2018年的5.09%和5.95%,大学和研究生招生规模的扩大必然会进一步降低这两个年龄段人口劳动参与率,并成为2010年以后全部人口劳动参与率下降的重要因素。

劳动年龄人口就业意愿下降也是我国劳动参与率下降的重要因素。目前国内对就业意愿下降问题的研究成果很少,2000年和2010年的两次人口普查数据显示,25~64岁人口劳动参与率下降幅度较小,但平均下降幅度也高达3.74个百分点。有学者认为城镇劳动参与率的下降,是在失业严重情况下,劳动力因为长期找不到工作而失去信心,推迟或退出劳动力市场(蔡昉、王美艳,2004),但从2000年以后劳动力供给过剩日渐缓解的情况看,失业率不足以解释劳动参与率的下降趋势,收入水平提高后劳动者对就业质量要求提高应是主要原因。65岁及以上老年人口劳动参与率下降幅度较大,主要原因应是社会保障制度完善和保障水平提高,降低了老年人口就业参与意愿。

表2 2000年和2010年不同年龄人口劳动参与率 (%)

	2000年	2010年	下降幅度
总计	76.82	70.96	5.87
16~19岁	57.27	33.47	23.80

续表

	2000 年	2010 年	下降幅度
20 ~ 24 岁	87.81	72.76	15.06
25 ~ 29 岁	92.30	88.89	3.41
30 ~ 34 岁	93.07	90.16	2.91
35 ~ 39 岁	93.20	90.75	2.45
40 ~ 44 岁	92.00	90.71	1.28
45 ~ 49 岁	88.35	87.66	0.70
50 ~ 54 岁	79.39	76.31	3.08
55 ~ 59 岁	67.88	67.14	0.74
60 ~ 64 岁	50.05	49.52	0.54
65 岁及以上人口	25.06	21.10	3.96
25 ~ 64 岁	86.33	82.60	3.74

资料来源：根据第五次和第六次全国人口普查数据计算得到。

（三）我国劳动力供求格局已发生转折性变化

作为典型的城乡二元经济结构，通过农村大量剩余劳动力向城镇和非农产业（第二产业和第三产业）的持续转移，以及引进发达国家的成熟技术和承接国际产业转移、发挥发展中国家的后发优势，我国经济实现了 40 年持续高速增长的奇迹。随着经济规模和劳动力需求规模的持续扩大，我国农村剩余劳动力逐步减少，人口红利逐步消失①（蔡昉，2011），劳动力供求格局逐步从供给过剩转向供求总量平衡和供给不足。

我国劳动力供求格局的转折性变化发生在 2010 年 1 季度。从我国劳动力市场供求数据看，2001 年 1 季度我国劳动力市场求人倍率（需求人数/求职人数）为 0.65 倍，需求人数远低于求职人数，劳动力供给远大于劳动力需求，劳动力需求缺口（劳动力需求规模与求职人数差额与劳动力需求规模的比率）高达 54.5%，劳动力供给严重过剩。2001 年以后，我国经济进入了重化工业快速发展的高速增长时期，经济规模的快速扩张引致劳动力需求规模的大幅度扩大，劳动力市场求人倍率逐步提高，到 2010 年 1 季度已提高到 1.04 倍，劳动力市场供求格局从供给过剩转变为供求总量基本平衡。2010 年 1 季度以后，虽然我国经济增速不断下降，从 2010 年 1 季度的 12.2% 下降到 2018 年 4 季度的 6.4%，但持续扩大的经济规模对劳动力需求规模不断扩大，劳动力求人倍率持

① 蔡昉认为，中国的人口红利在 2013 年以后会迅速消失，参见蔡昉“中国的人口红利还能持续多久”，《经济学动态》，2011 年第 4 期。

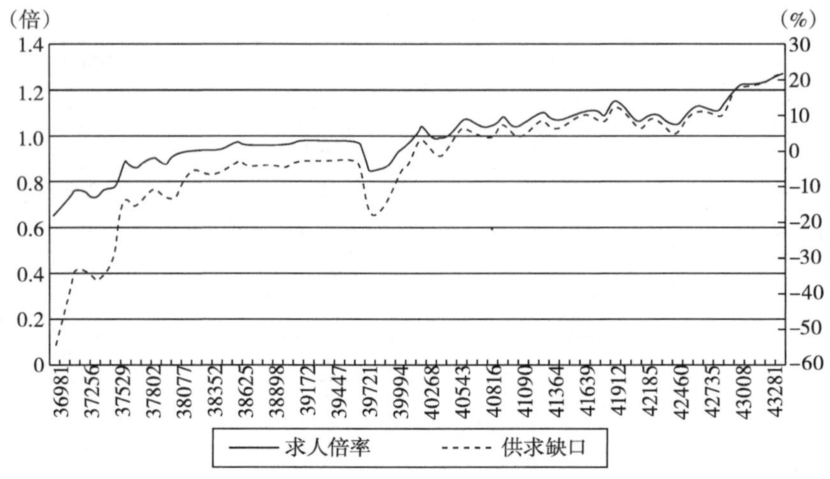

图1 2001 年 1 季度—2018 年 4 季度我国劳动力市场求人倍率和劳动力供求缺口

资料来源:根据 Wind 资讯提供劳动力供求数据计算得到。

注:供求缺口为劳动力需求与劳动力供给差额和劳动力需求规模的比率,负值为需求不足程度,正值为供给不足程度。

续上升,到 2018 年 4 季度已提高到 1. 27 倍,劳动力供给缺口从 2010 年 1 季度的 3. 99% 提高到 2018 年 4 季度的 21. 53% ,劳动力供求格局从劳动力供求总量基本平衡逐步转变为供给不足,超过 20% 的劳动力需求得不到满足。详见图 1。

二、我国人口结构与劳动力供给的发展趋势

经济活动人口包括就业人员和失业人员两部分,是一定时期内社会可利用的全部劳动力资源,其规模取决于劳动参与率和人口规模特别是劳动年龄人口规模。在自然失业率状态下就业人员规模是可使用的劳动力供给规模,其规模取决于经济活动人口规模和自然失业率。基于我国人口出生率和死亡率的内在下降趋势,我们利用“中国人口迭代模型”①进行的模拟预测结果表明,我国人口规模将在 2022 年达到 140269 万人的峰值,此后趋于下降。受人口结构老龄化影响,2018 年以后我国经济活动人口规模和可使用劳动力供给规模仍将保持持续下降态势,预计将从 2018 年的 78325 万人和 76134 万人下降到 2050 年的 51327 万人和 49468 万人。但受乡镇年轻人口向城市转移影响,城市经济活动人口和劳动力供给规模会呈上升趋势,乡镇呈持续下降态势。

① “中国人口迭代模型”是国务院发展研究中心公共管理与人力资源研究所以 2000 年第五次全国人口普查和 2010 年第六次全国人口普查数据为基础,分析 2000—2010 年不同年龄人口死亡率、不同育龄妇女生育率内在发展规律,在设定人口死亡率和生育率保持内在发展趋势前提下,利用迭代运算方法预测分析人口规模及其结构发展趋势的模型。

(一)未来我国劳动年龄人口规模将持续下降

从2000年和2010年两次人口普查数据看,我国经济活动人口主要来自15～64岁年龄段人口,65岁及以上人口的劳动参与率较低,且随着年龄增大而大幅度下降。15～64岁年龄段人口规模在2013年达到100582万人的峰值之后已开始下降,2018年已降为99357万人。利用我们建立的人口迭代模型进行模拟预测的结果显示,在生育率保持内在下降趋势情况下,未来我国15～64岁劳动年龄人口规模将持续下降,到2025年降为95056万人,2035年降为86237万人,2050年进一步下降到67593万人。

1. 我国人口出生率将持续下降

人口出生率是决定人口规模与人口结构的基本因素。我国人口出生率自1987年以后就持续下降,从1987年的23.33‰持续下降到2010年的11.9‰。2011年和2012年育龄妇女人数规模有所扩大,人口迭代模型模拟分析表明,全国15～49岁育龄妇女人数从2010年的37977.97万人增加到2011年的38372.14万人和2012年的38069.35万人,2012年以后育龄妇女规模持续下降,到2016年降为35941.86万人,但2013年国家放开单独二孩和2016年全面实施二孩政策对生育率产生了重要刺激作用,我国人口出生率从2011年开始回升,到2016年提高到12.95‰。2016年以后,随着全面二孩政策短期效应的弱化,加上育龄妇女规模持续下降到2018年的34779.76万人,我国人口出生率再度进入不断下降状态,到2018年降为10.94‰。

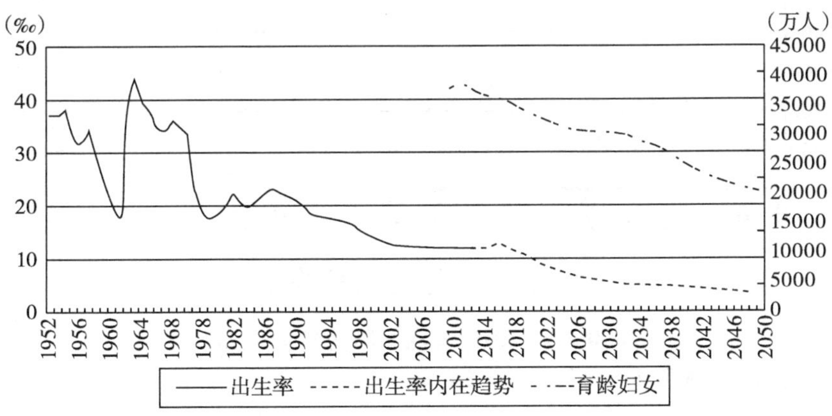

图2　1952—2018年我国人口出生率和育龄妇女人数及其发展趋势

资料来源:2010年及以前数据来自Wind资讯中国宏观数据库,2010年以后数据为“中国人口迭代模型”模拟预测结果。

注:左轴为人口出生率,右轴为育龄妇女人数。

基于育龄妇女生育率的内在下降趋势①,利用人口迭代模型进行的模拟预测结果表明,2018 年以后我国人口出生率将持续下降,到 2025 年将降为 7.24‰,2035 年降为 4.98‰,2050 年进一步下降到 3.19‰。详见图 2。

2. 我国人口死亡率将持续提高

人口死亡率也是影响人口规模和人口结构的关键因素。全国人口死亡率取决于不同年龄人口死亡率和人口结构。从国家统计局抽样调查数据看,1960 年以后我国人口死亡率持续下降,从 1960 年的 25.43‰持续下降到 1979 年的 6.21‰,1980—2004 年基本保持在 6.3‰到 6.8‰之间,2004 年以后趋于上升,从 2004 年的 6.42‰提高到 2010 年的 7.11‰,此后到 2018 年基本保持在 7.1‰到 7.16‰之间。

2004 年以后人口死亡率呈上升趋势的主要原因是人口年龄老化。从 2000 年和 2010 年两次人口普查情况看,全国人口死亡率分别为 5.92‰和 5.58‰,均低于国家统计局公布的抽样调查人口死亡率(分别为 6.45‰和 7.11‰),0~99岁人口死亡率均已不同程度下降(如图 3 所示)。我们的研究表明,随着收入水平的提高、医疗卫生保健条件的改善,我国不同年龄人口死亡率呈下降趋势②。但随着人口老龄化程度的提高,死亡率很高的 65 岁及以上人口占比从 2000 年的 6.92% 提高到 2010 年的 8.87%,2018 年进一步提高到 11.94%,致使我国总体的人口死亡率不断提高。

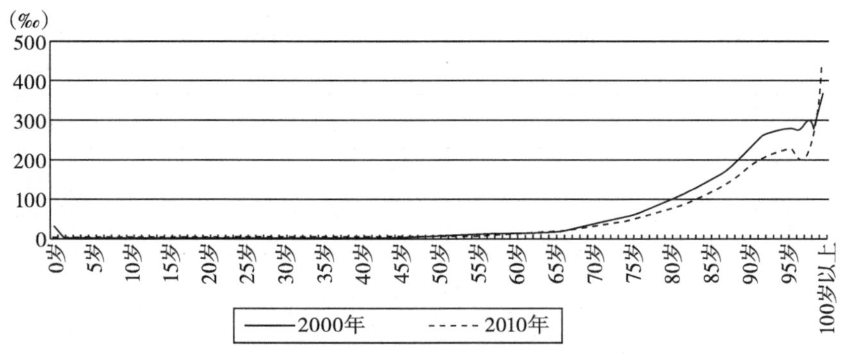

图 3 2000 年和 2010 年我国不同年龄人口死亡率

资料来源:中国国家统计局人口普查数据。

基于不同年龄人口死亡率的内在下降趋势,利用“中国人口迭代模型”进行的模拟预测分析结果显示,随着人口老龄化程度的持续提高,2018 年以后我

① 李建伟. 我国人口出生率的影响因素及其发展趋势[J]. 发展研究,2014(9):71,78.

② 李建伟. 我国人口死亡率的演变特征及其发展趋势估计[J]. 发展研究,2014(10):76-86.

国人口死亡率还会持续上升，将从 2018 年的 6.22‰提高到 2025 年的 7.01‰和 2035 年的 8.8‰，2050 年进一步提高到 12.32‰。从 2026 年开始我国人口死亡率将超过人口出生率。详见图 4。

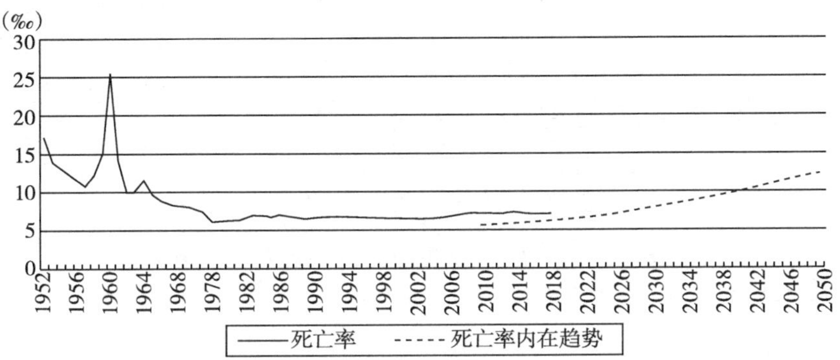

图 4 1952—2018 年我国人口死亡率及其发展趋势

资料来源：2010 年及以前数据来自 Wind 资讯中国宏观数据库，2010 年以后数据为"中国人口迭代模型"模拟预测结果。

3. 未来劳动年龄人口规模将不断减少，人口老龄化将持续加重

在假定育龄妇女生育率和不同年龄人口死亡率保持内在下降趋势条件下，利用"中国人口迭代模型"进行模拟预测，比较 2010—2018 年模型模拟全国总人口与国家统计局公布的实际总人口可以看到（如图 5 所示），模拟全国总人口与实际总人口高度吻合，2010—2018 年的平均偏差只有 0.13%，模型能够很好地模拟人口规模发展趋势。据此模型的模拟预测结果，未来我国人口规模和人口结构将呈以下发展特点：

（1）我国人口规模将在 2022 年达到峰值。2018 年以后我国人口总量将继续增加，到 2022 年达到 140269 万人的峰值，此后将持续下降，2025 年降为 139807 万人，2035 年降为 134558 万人，2050 年将下降到 120706 万人。

（2）我国劳动年龄人口规模将持续下降。15～64 岁劳动年龄人口将持续下降，从 2018 年的 98231 万人（实际值 99357 万人）下降到 2025 年的 95055 万人、2035 年的 86237 万人和 2050 年的 67593 万人。

（3）我国老年人口规模持续扩大，年轻人口规模不断减少。65 岁及以上老年人口将持续上升，从 2018 年的 17291 万人（实际值 16658 万人）上升到 2025 年的 22752 万人、2035 年的 34718 万人和 2050 年的 45042 万人。0～14 岁年轻人口规模持续下降，从 2018 年的 23897 万人（实际值 23523 万人）下降到 2025 年的 21999 万人、2035 年的 13602 万人和 2050 年的 8071 万人。

（4）未来我国人口老龄化和少子化不断加重。与不同年龄人口规模的变

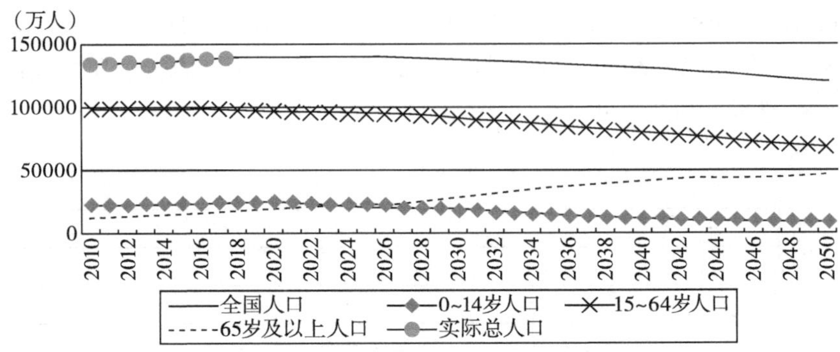

图5　2010—2018年我国人口规模及其发展趋势

资料来源:实际总人口源来自Wind资讯中国宏观数据,其他数据为“中国人口迭代模型”模拟预测结果。

化相对应,2018年以后我国人口结构将呈快速老龄化趋势,65岁及以上老年人口占比将从2018年的12.4%(实际值11.9%)提高到2025年的16.27%、2035年的25.8%和2050年的37.32%。15~64岁劳动年龄人口占比将从2018年的70.46%(实际值71.2%)下降到2025年的67.99%、2035年的64.09%和2050年的56%。0~14岁人口占比将从2018年的17.14%(实际值16.86%)下降到2025年的15.74%、2035年的10.11%和2050年的6.69%(如图6所示)。

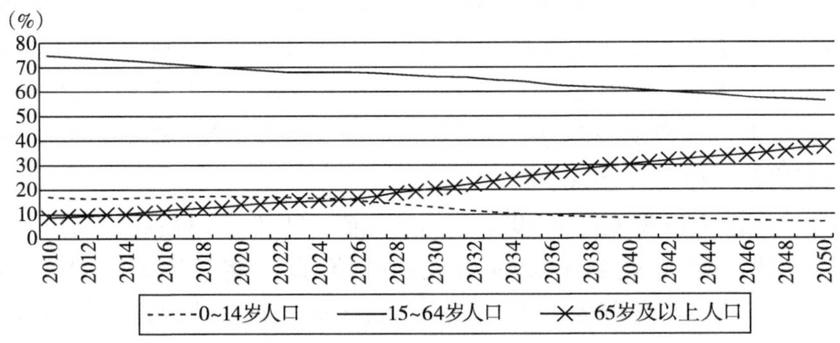

图6　2010—2018年我国人口结构及其发展趋势

资料来源:“中国人口迭代模型”模拟预测结果。

(二)未来我国经济活动人口规模将持续下降

劳动年龄人口规模、劳动参与率是决定经济活动人口规模的基础要素。从各国发展规律看,劳动参与率会随着收入水平与社会保障程度的提高以及人口老龄化的加重而不断下降。我国劳动参与率在1983年以后持续下降,随着人口老龄化程度的不断提高,未来劳动参与率下降是必然趋势。劳动年龄人口规模减小和劳动参与率下降,意味着未来我国经济活动人口规模必然持续下降。

模拟预测结果表明，我国劳动参与率、经济活动人口和劳动力供给规模将从2018年的68.6%、78325万人和76134万人持续下降到2050年的45.8%、51327万人和49468万人。但受人口从乡镇向城市转移的影响，城市经济活动人口和劳动力规模将趋于上升。

1. 未来我国劳动参与率仍将持续下降

从2010年人口普查数据看，我国不同年龄人口劳动参与率存在很大差异。2010年，16~28岁人口劳动参与率随着年龄增加而迅速提高，从15.29%提高到89.45%；29~45岁人口劳动参与率相对稳定，平均在90.43%；46~60岁人口劳动参与率随着年龄提高不断下降，从88.38%降为53.98%；60岁以后人口劳动参与率随着年龄提高而快速下降，到74岁降为15.77%，75岁及以上年龄人口的劳动参与率平均只有8.15%。

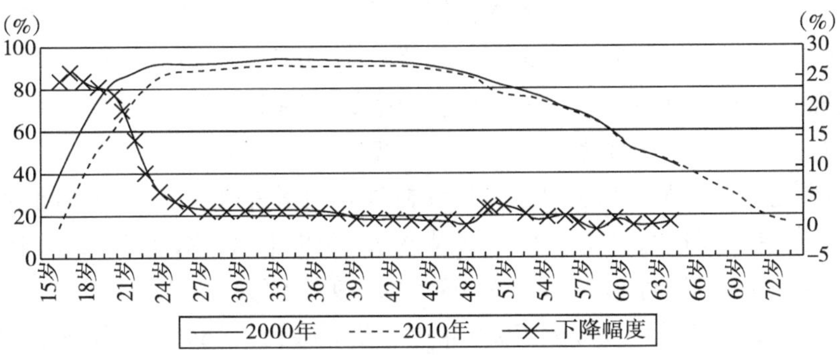

图7　2000年和2010年我国不同年龄人口劳动参与率

资料来源："中国人口迭代模型"模拟预测结果。

比较2010年和2000年两次人口普查数据可以看到，我国不同年龄人口劳动参与率随着时间推移呈不同程度的下降趋势，其中16~28岁人口劳动参与率降幅最大，28岁以后人口劳动参与率降幅相对较小。16~28岁人口劳动参与率的大幅度下降，主要与大学招生规模扩大有关，从2000年到2010年，我国大学和研究生招生人数增加了482万人，同期16~28岁非经济活动人口仅增加了414万人（从2000年的483.4万人增加到2010年的897.4万人），这一时期高等教育招生规模的扩大已完全涵盖了非经济活动人口扩大规模。28岁以上人口劳动参与率的小幅度下降，更多地体现了收入水平和社会保障程度提高后劳动年龄人口就业意愿的下降。从30~64岁年龄段人口劳动参与率降幅看，10年期间，只有51~53岁人口劳动参与率降幅超过3个百分点，其他年龄人口都不超过2个百分点，每年劳动参与率的降幅不超过0.3个百分点。即除高等教育扩招因素之外，其他因素对我国劳动年龄人口就业意愿的影响很小，特别是30岁以上人口的就业意愿相对稳定。

2010年以后我国大学和职业教育逐步走向普惠教育,高等教育招生规模(研究生和普通高校招生)继续扩大,从2010年的715.6万人扩大到2018年的876.8万人,但中等职业教育招生规模趋于下降,从2010年的868万人下降到2018年的557万人,高等教育和中等职业教育合计招生规模在2010年达到1583.7万人的峰值之后趋于下降,2013年降为1435.7万人之后,基本稳定在1414.8万人左右。高等教育和中等职业教育招生规模的相对稳定,显示我国高等教育和中等职业教育基本实现普惠教育,招生规模对相应年龄段人口劳动参与率的影响已大幅度下降。我们假定2010年以后不同年龄人口劳动参与率仍保持2010年的水平,利用"中国人口迭代模型"模拟得到的人口规模数据,估算2010年以后经济活动人口规模和劳动参与率,结果显示,2010年以后我国16岁及以上人口劳动参与率将持续下降,其中2011—2018年模型模拟得到的劳动参与率与世界银行公布的中国劳动参与率平均偏差只有0.18个百分点,这说明2010—2018年,我国劳动参与率的下降主要是由人口年龄结构变化造成的,招生规模和其他因素对劳动参与率的影响很小。

在假定不同年龄人口劳动参与率保持2010年水平不变情况下,我们利用"中国人口迭代模型"进行模拟预测的结果显示,2018年以后我国16岁以上劳动参与率还会持续下降,将从2018年的68.60%(实际值为68.72%)下降到2025年的63.48%、2035年的55.72%,2050年进一步下降到45.84%(如图8所示)。

表3 1999—2018年我国高等教育和中等职业教育招生人数 单位:人

年度	研究生招生数	普通高校招生数	中等职业教育招生数	合计
1999	92225	1548554	4732700	6373479
2000	128484	2206072	4083000	6417556
2001	165197	2682790	3999000	6846987
2002	202611	3204976	4736000	8143587
2003	268925	3821701	5158000	9248626
2004	326286	4473422	5662045	10461753
2005	364831	5044581	6556615	11966027
2006	397925	5460530	7478218	13336673
2007	418612	5659194	8100241	14178047
2008	446422	6076612	8121103	14644137
2009	510953	6394932	8736134	15642019
2010	538177	6617551	8681428	15837156

续表

年度	研究生招生数	普通高校招生数	中等职业教育招生数	合计
2011	560168	6815009	8138664	15513841
2012	589673	6888336	7541349	15019358
2013	611381	6998330	6747581	14357292
2014	621323	7213987	6197618	14032928
2015	645055	7378495	6012490	14036040
2016	667064	7486110	5933411	14086585
2017	806103	7614893	5824303	14245299
2018	857966	7909931	5570492	14338389

资料来源:Wind 资讯中国宏观数据库。

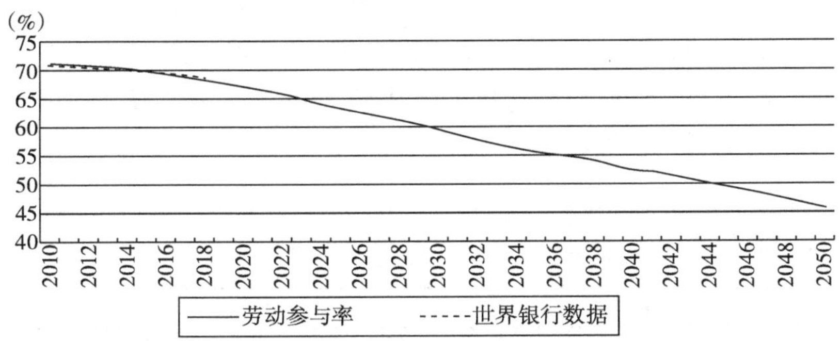

图8 2011—2018 年我国劳动参与率及其发展趋势

资料来源:"中国人口迭代模型"模拟预测结果,世界银行数据源自 Wind 资讯。

分城乡看,2018 年以后城市、镇和乡村 16 岁及以上人口的劳动参与率将分别从 2018 年的 59.13%、67.24% 和 77.13%,下降到 2025 年的 56.33%、60.14% 和 72.09%,2035 年降为 52.61%、47.77% 和 63.43%,2050 年进一步下降到 48.41%、29.94% 和 48.59%(如图 9 所示)。

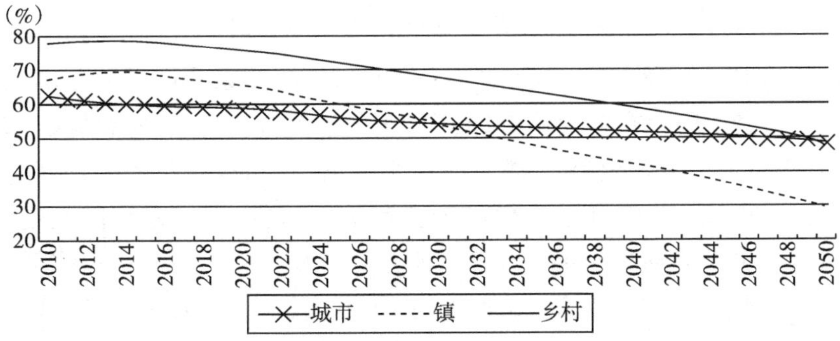

图9 2010—2018 年我国城市、镇、乡村劳动参与率及其发展趋势

资料来源:"中国人口迭代模型"模拟预测结果。

2. 未来我国经济活动人口规模仍将不断减少,城市经济活动人口趋于增加

基于人口出生率、人口死亡率和不同年龄人口劳动参与率的假定趋势,利用“中国人口迭代模型”模拟预测的结果表明,2018 年以后我国 16 岁及以上人口中经济活动人口规模仍将保持 2013 年以后的持续下降态势,将从 2018 年的 78325 万人(实际值 80567 万人)减少到 2025 年的 73905 万人,2035 年下降到 66620 万人,2050 年进一步下降到 51328 万人。分城乡看,镇和乡村经济活动人口规模将持续下降,分别从 2018 年的 14321 万人和 38929 万人下降到 2025 年的 12417 万人和 34453 万人,2035 年降为 9393 万人和 27422 万人,2050 年进一步下降到 4752 万人和 15513 万人。受高等教育和中等职业教育招生引致的人口从乡镇向城市转移因素影响,2018 年以后城市 16 岁及以上人口中经济活动人口规模会持续增加,将从 2018 年的 25055 万人增加到 2025 年的 27035 万人、2035 年的 29805 万人,到 2044 年达到 31597 万人的峰值,2050 年降为 31062 万人(如图 10 所示)。

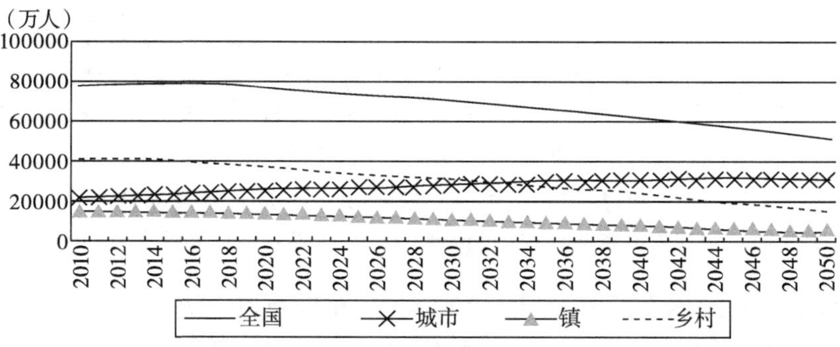

图 10　2010—2018 年我国城市、镇、乡村经济活动人口及其发展趋势

资料来源:“中国人口迭代模型”模拟预测结果。

3. 经济活动人口模拟值与实际值出现偏差的原因

比较 2010—2018 年经济活动人口的模拟值与国家统计局公布的实际值,我们发现二者之间存在较大偏差,其中 2010 年人口普查经济活动人口数据比统计局公布的实际经济活动(以下简称实际值)人口少 629 万人,实际值高于普查数据。2011—2012 年模拟值高于实际值,主要原因应是我国假定的劳动参与率高于实际劳动参与率(如表 4 所示)。2013—2018 年模拟值低于实际值,且偏差规模不断扩大,从 2013 年的 19 万人扩大到 2018 年的 2242 万人。我们基于模型模拟得到的总人口、16 岁及以上年龄人口、劳动参与率模拟值与实际值偏差很小(如表 5 所示),不足以解释经济活动人口模拟值与实际值的

巨大差额。同时,模拟预测时没有考虑15岁人口,但15岁年龄人口的劳动参与率很低,2000年的普查数据只有23.99%,即使不考虑15岁人口劳动参与率的大幅度下降,2014—2018年这一年龄人口平均每年340万人左右的经济活动人口规模,也不足以涵盖2018年超过2200万人的偏差。

我们进一步比较2010—2018年经济活动人口模拟值与世界银行公布的中国劳动力供给规模(相当于经济活动人口规模),二者之间的差异与劳动参与率之间的差异变化方向一致,且平均偏差只有157万人,偏离幅度平均为0.2%,与劳动参与率平均0.25%的偏离幅度接近。据此,我们认为,模型模拟预测得到的经济活动人口基本反映了我国劳动力供给的实际规模,与统计局公布的经济活动人口规模的差距应该是统计口径不同所致。

表4　2010—2018年模拟经济活动人口与统计局和世界银行数值的偏差

单位:万人

年度	统计局经济活动人口	模拟经济活动人口	模拟值与实际值差额	世界银行劳动力供给规模	模拟值与世行数据差额	模拟15岁人口规模	就业人员
2010	78388	77696	692	77996	299	1802	76105
2011	78579	78759	-180	78302	-457	1599	76420
2012	78894	79124	-230	78550	-574	1531	76704
2013	79300	79281	19	78701	-580	1548	76977
2014	79690	79272	418	78818	-454	1400	77253
2015	80091	79121	970	78890	-231	1452	77451
2016	80694	79083	1611	78915	-168	1435	77603
2017	80686	78757	1929	78990	233	1376	77640
2018	80567	78325	2242	78844	519	1351	77586

资料来源:统计局和世界银行数据来自Wind资讯宏观数据库,模拟值为“中国人口迭代模型”模拟结果。

表5 2010—2018年我国总人口、劳动年龄人口、劳动参与率模拟值与实际值

年度	总人口(万人)			16岁及以上人口(万人)			劳动参与率(%)		
	实际值	模拟值	模拟值×100/实际值-100	实际值	模拟值	模拟值×100/实际值-100	模拟值	世行值	模拟值×100/实际值-100
2010	134091	133281	-0.60	—	109346	—	71.06	70.97	0.12
2011	134735	134722	-0.01	—	110854	—	71.05	70.79	0.37
2012	135404	135344	-0.04	—	111439	—	71.00	70.62	0.54
2013	136072	135957	-0.08	112197	111950	-0.22	70.82	70.41	0.57
2014	136782	136603	-0.13	112825	112465	-0.32	70.49	70.18	0.43
2015	137462	137223	-0.17	113296	112841	-0.40	70.12	69.89	0.32
2016	138271	138273	0.00	113833	113517	-0.28	69.67	69.55	0.17
2017	139008	138902	-0.08	114289	113882	-0.36	69.16	69.21	-0.08
2018	139538	139421	-0.08	114678	114173	-0.44	68.60	68.72	-0.17

资料来源:实际值来自Wind资讯中国宏观数据库,模拟值为“中国人口迭代模型”模拟结果。

（三）未来我国自然失业率条件下劳动力供给规模将不断下降，但城市劳动力供给规模将不断扩大

经济活动人口规模是可利用的最大劳动力供给规模，由于存在自然失业现象，实际可使用的劳动力资源规模（以下简称自然失业率条件下劳动力供给规模）必然低于经济活动人口规模。模拟预测结果表明，受人口结构老龄化影响，我国自然失业率将呈先降后升发展趋势，自然失业率条件下劳动力供给规模将持续下降，从2018年的76134万人下降到2050年的49468万人，但受人口从乡镇向城市转移的影响，城市自然失业率条件下劳动力供给规模将趋于上升。

1. 自然失业率估计

2010年我国劳动力供求格局从供给过剩转为总量基本平衡之后，我国经济活动人口的失业率基本处于自然失业率状态。2000年我国劳动力供求处于比较严重的过剩状态时，15岁及以上经济活动人口失业率为3.58%，城镇失业率为8.27%。2010年劳动力供求总量基本平衡时，16岁及以上经济活动人口失业率为2.88%，城镇失业率为5.59%。2018年1季度到2019年3季度，我国城镇调查失业率平均为5.03%。基于2010年1季度以后我国城市劳动力市场求人倍率始终高于1倍，且不断提高，劳动力供给不足的状况不断加重，其间5%左右的城镇失业率可以视为自然失业率。同时，2000年和2010年人口普查显示，乡村经济活动人口失业率很低且变化不大，2000年和2010年分别为1.15%和1.21%。因此，我们将2010年人口普查得到的城市、镇和乡村经济活动人口失业率作为2010年以后我国自然失业率（如图11所示），据此估计各年度劳动力供给规模和经济活动人口的自然失业率。根据模型模拟预测结果，我国经济活动人口的自然失业率将从2010年的2.95%持续下降到2021年的2.79%，此后将逐步提高，到2050年达到3.62%。2021年以后自然失业率的上升，主要原因是高龄经济活动人口失业率较高和人口老龄化程度不断提高。

我们根据统计局公布的经济活动人口和就业人员数据计算得到的实际失业率，2010年为2.91%，此后不断提高，从2011年的2.75%提高到了2016年的3.83%，2017年和2018年下降到3.78%和3.70%。比较模型模拟自然失业率与实际失业率可以看到，2010—2018年二者偏差不断扩大（如图12所示）。鉴于2010年以后全国劳动力市场的求人倍率不断提高，劳动力供给不足的情况不断加剧，各地企业招工难的问题日渐突出，在此情况下，失业率提高了1个百分点相当于失业人员增加了800多万人。模拟自然失业率低于实际失业率，一方面显示经济转型时期结构性失业问题突出，部分产能过剩行业和资源枯竭地区因产业转型出现失业人员再就业难的问题，但经济活动人口模拟值

与实际值的巨大偏差也是重要原因,特别是在劳动力供给不足日渐严重的情况下,实际失业率的大幅度提高与经验判断相左。实际上,国内学界对城镇化登记失业率和国家统计局调查失业率等失业率统计指标存在颇多争议(王飞,2008)。

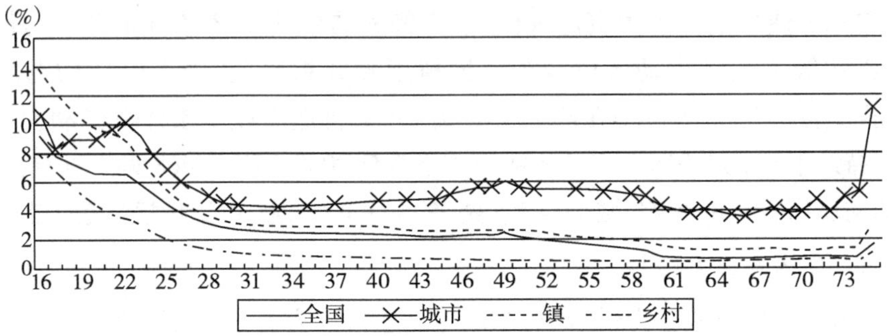

图 11 2010 年我国城市、镇、乡村不同年龄经济活动人口失业率

资料来源:根据 2010 年中国统计局人口普查数据计算得到。

根据世界银行公布的劳动力供给规模(经济活动人口)与实际就业人员数据计算得到的失业率(以下简称世行失业率),2010 年以后呈持续下降状态,从 2010 年的 2.42% 持续下降到 2018 年的 1.6%(见表 6)。世行失业率明显低于模拟自然失业率,且二者走势一致,也与我国劳动力市场供给不足日益严重的情况一致。据此,我们认为模拟分析所假定的自然失业率是合理反映我国经济活动人口自然失业情况的。

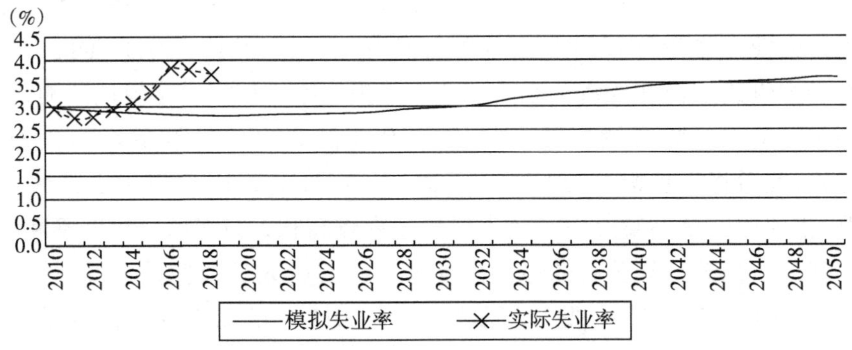

图 12 2010—2018 年我国经济活动人口失业率及其未来发展趋势

资料来源:根据 2010 年中国统计局人口普查数据计算得到。

2. 2010—2018 年自然失业率条件下劳动力供给规模与实际就业人员的偏差

根据假定自然失业率和经济活动人口规模,我们模拟计算得到 2010—2018 年我国自然失业率条件下劳动力供给规模(如表 6 所示)。从模拟结果看,2010—2018 年模拟自然就业人员规模与实际就业人员规模存在较大偏差,其中 2010 年模拟就业人员比实际就业人员规模少 698 万人,2011—2013 年模拟值比实际值略高,2014 年模拟值低于实际值,且偏差规模不断扩大,从 2014 年的 253 万人扩大到 2018 年的 1452 万人。2014 年以后偏差持续扩大的主要原因是实际经济活动人口高于模拟经济活动人口。

表 6　2010—2018 年就业人员和失业率的模拟值与实际值

年度	模拟劳动力供给(万人)	实际就业人员(万人)	就业人员偏差(万人)	偏差幅度(%)	模拟自然失业率(%)	实际失业率(%)	世行失业率(%)
2010	75407	76105	698	0.9	2.95	2.91	2.42
2011	76444	76420	-24	0.0	2.94	2.75	2.40
2012	76811	76704	-107	-0.1	2.92	2.78	2.35
2013	76986	76977	-9	0.0	2.89	2.93	2.19
2014	77000	77253	253	0.3	2.87	3.06	1.99
2015	76873	77451	578	0.7	2.84	3.30	1.82
2016	76851	77603	752	1.0	2.82	3.83	1.66
2017	76544	77640	1096	1.4	2.81	3.78	1.71
2018	76134	77586	1452	1.9	2.80	3.70	1.60

资料来源:实际值源自 Wind 资讯数据库,模拟值为“中国人口迭代模型”模拟分析结果。

3. 未来我国自然失业率条件下劳动力供给规模估计

基于上述假定自然失业率,利用“中国人口迭代模型”进行模拟预测的结果显示,2018 年以后我国自然失业率条件下的劳动力供给规模将保持持续下降态势,将从 2018 年的 76134 万人(实际值 78844 万人)下降到 2025 年的 71808 万人、2035 年的 64496 万人和 2050 年的 49468 万人。

分城乡看,受人口从乡镇向城市转移影响,城市自然失业率条件下劳动力供给规模将保持上升态势,从 2018 年的 23639 万人持续增加到 2025 年的 25532 万人、2035 年的 28146 万人,在 2045 年达到 29870 万人的峰值之后,趋于下降,到 2050 年降为 29399 万人。镇和乡村劳动力供给规模将持续下降,从 2018 年的 13903 万人和 38592 万人下降到 2025 年的 12080 万人和 34197 万人,2035 年下降到 9138 万人和 27212 万人,2050 年进一步下降到 4646 万人和 15424 万人。

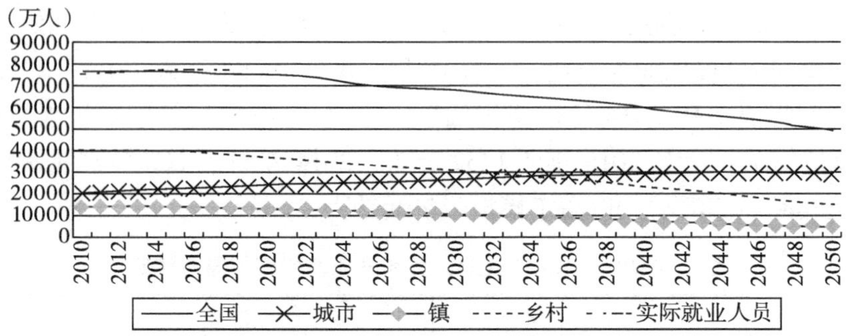

图 13 2010—2018 年我国城市、镇、乡村自然失业率条件下劳动力供给规模及其未来发展趋势

资料来源:根据"中国人口迭代模型"模拟预测数据计算得到,实际就业人员数据源自 Wind 资讯。

(四)城乡劳动力转移对未来劳动力供给格局的影响

我国是典型的城乡二元经济结构,城乡劳动力转移是影响第一产业和非农产业发展的重要因素。改革开放以来,农村劳动力向城镇和非农产业(第二产业与第三产业)的转移,是经济持续高速增长的重要条件。2010 年以后,在劳动力供给日渐不足、城乡收入差距相对缩小的情况下,乡村劳动力依然持续向非农产业转移,重要原因是非农产业劳动生产率远高于第一产业,非农产业就业的综合收益远大于第一产业。基于第一产业与非农产业劳动生产率相对差距缩小、绝对差距持续扩大的内在发展趋势,2018 年以后乡村劳动力还会持续向非农产业转移。在乡村劳动力转移占比保持 2018 年水平(47.5%)不变情景下,预计第一产业和非农产业劳动力规模将从 2018 年的 20261 万人和 55873 万人,持续下降到 2050 年的 8097 万人和 41371 万人。在乡村劳动力转移占比持续提高情景下,乡村劳动力转移规模有所扩大,预计第一产业和非农产业劳动力规模将从 2018 年的 20261 万人和 55873 万人,持续下降到 2050 年的 5623 万人和 43845 万人。

表 7 2008—2018 年我国乡村劳动力向非农产业的转移情况 单位:万人

年度	农民工人数	第一产业就业人数	模拟乡村劳动力供给	模拟镇劳动力供给	乡村劳动力转移到非农产业人数	乡村劳动力转移规模与农民工差额	乡村劳动力转移占比(%)
2008	22542	29923	—	—	—	—	—
2009	22978	28890	—	—	—	—	—
2010	24223	27931	40619	14138	12688	11535	31.2

续表

年度	农民工人数	第一产业就业人数	模拟乡村劳动力供给	模拟镇劳动力供给	乡村劳动力转移到非农产业人数	乡村劳动力转移规模与农民工差额	乡村劳动力转移占比（%）
2011	25278	26594	40900	14345	14306	10972	35.0
2012	26261	25773	40790	14411	15017	11244	36.8
2013	26894	24171	40595	14434	16424	10470	40.5
2014	27395	22790	40316	14409	17526	9869	43.5
2015	27747	21919	39952	14336	18033	9714	45.1
2016	28171	21496	39611	14254	18115	10056	45.7
2017	28652	20944	39125	14097	18181	10471	46.5
2018	28836	20258	38592	13903	18334	10502	47.5

资料来源：农民工和第一产业就业人数来自 Wind 资讯宏观数据库，乡村和镇模拟劳动力为“中国人口迭代模型”模拟测算数据。

1. 2010—2018 年乡村劳动力转移情况

农村劳动力向城镇和非农产业转移主要有两条途径，一是通过中等职业教育和高等教育，部分农村户籍年轻人口转变为城镇户籍和城镇劳动力；二是农村劳动力以“农民工”的身份直接从农村转移到城镇就业。我们在利用“中国人口迭代模型”进行模拟预测时，已考虑到农村年轻人口升学对未来城乡劳动力供给规模的影响，但没有考虑农民工因素的影响。从模拟预测的 2011—2018 年乡村自然失业率条件下的劳动力供给规模远大于第一产业就业人员，每年从乡村转移到非农产业就业的人数从 2010 年的 12688 万人增加到 2018 年的 18344 万人。乡村劳动力转移规模与国家统计局公布的农民工规模存在一定差距，2011—2018 年平均差额为 10412 万人，这一差额主要来源于镇劳动力向城市和非农产业的转移。

影响城乡劳动力转移的因素包括收入差距、生活成本、社会保障、生活环境等多方面，收入差距是主要因素。只要劳动力在非农产业就业的综合收益（包括收入、生活成本、社会保障和生活环境带来的收益）大于在第一产业就业的收益，乡村劳动力就会持续向非农产业转移。2010 年以后，在乡村劳动力供给规模下降、农村居民可支配收入不断提高情况下，乡村劳动力向非农产业的转移规模仍不断扩大，重要原因是非农产业就业的收益远大于第一产业的就业收益，农民工年平均工资与农村居民人均可支配收入的比率（相对差距）从 2011 年的 3.52 倍下降到 2018 年的 3.05 倍，但绝对差距从 2011 年的 17610 元扩大到 2018 年的 30035 元（见表 8）。

表8　2008—2018年农民工工资与农村居民人均可支配收入

年度	农民工平均年工资(元)	农村居民人均可支配收入(元)	平均工资/可支配收入(倍)	平均工资与可支配收入差距(元)
2008	16080	4760.62	3.38	11319.38
2009	17004	5153.17	3.30	11850.83
2010	20280	5919.01	3.43	14360.99
2011	24588	6977.29	3.52	17610.71
2012	27480	7916.58	3.47	19563.42
2013	31308	9429.60	3.32	21878.40
2014	34368	10488.90	3.28	23879.10
2015	36864	11421.70	3.23	25442.30
2016	39300	12363.40	3.18	26936.60
2017	41820	13432.00	3.11	28388.00
2018	44652	14617.03	3.05	30034.97

资料来源:根据Wind资讯提供数据计算得到。

2. 未来乡村劳动力转移对城乡劳动力供给格局的影响

基于第一产业劳动生产率远低于第二产业和第三产业,未来较长时间第一产业的从业收入还会持续低于第二产业和第三产业,劳动力从乡村向城市和非农产业转移的过程还会继续。鉴于2010—2018年在农村居民可支配收入与农民工收入相对差距缩小、乡村人口老龄化趋势加重、可转移劳动力规模趋于下降等情况下,乡村劳动力向非农产业转移的规模不断扩大,转移劳动力占乡村劳动力供给规模的比例仍不断提高,我们认为2018年以后乡村劳动力向非农产业转移的趋势还会持续,但受乡村劳动力供给规模下降制约,乡村可供转移劳动力规模必然趋于下降。据此,我们按照乡村劳动力转移占比不变和占比按其内在趋势不断提高两种情况,分别分析乡村劳动力转移对城乡劳动力供给格局的影响。

(1)乡村劳动力转移占比不变情况下的城乡劳动力供给格局。我们假定2018年以后乡村劳动力向非农产业转移的劳动力占比保持2018年47.5%的比例不变,镇劳动力全部从事非农产业,据此估算2018年以后第一产业可使用劳动力资源将从2018年的20261万人持续下降到2025年的17953万人、2035年的14286万人和2050年的8097万人,非农产业可使用劳动力资源将从2018年的55873万人持续下降到2025年53855万人、2035年的50210万人、2050年的41371万人(如图14所示)。

(2)乡村劳动力转移占比持续提高情景下的城乡劳动力供给格局。基于

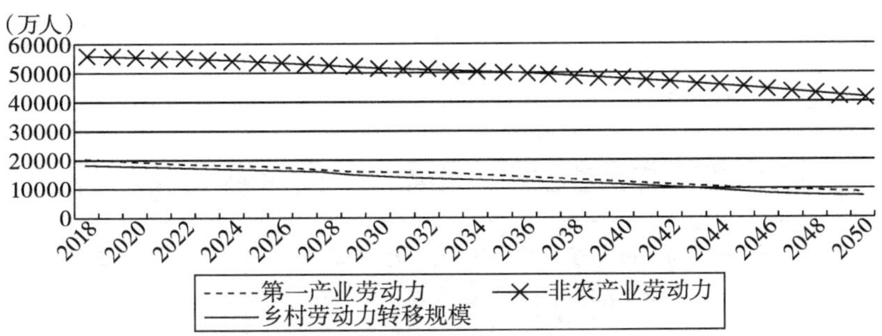

图 14　2018—2050 年乡村劳动力转移占比不变情景下我国第一产业和非农产业可使用劳动力规模

资料来源：根据“中国人口迭代模型”模拟预测数据计算得到。

2010—2018 年乡村劳动力转移到非农产业占比不断提高，同时从第一产业和非农产业的劳动生产率内在发展趋势看，第一产业劳动生产率始终低于非农产业，乡村劳动力转移占比存在持续提高的可能。我们将第一产业劳动生产率倒数（每亿元产值所需劳动力人数）与非农产业劳动生产率倒数的比值（非农产业与第一产业劳动生产率的相对差距）作为解释变量，以 2011—2018 年的数据为样本，对乡村劳动力转移占比进行回归分析，结果显示，二者之间具有高度显著的相关关系，即非农产业与第一产业劳动生产率的相对差距越大，乡村劳动力转移占比提升幅度越大，当期劳动生产率相对差距每扩大 1 个百分点，会引致劳动力转移占比提高 5.42 个百分点，上期劳动生产率相对差距每提高 1 个百分点，会引致劳动力转移占比提高 0.74 个百分点。

根据乡村劳动力转移占比与第一产业和非农产业劳动生产率相对差距的相关关系，利用第一产业和非农产业劳动生产率倒数的内在发展趋势，我们估计得到乡村劳动力转移占比的未来发展趋势，乡村劳动力转移占比将从 2018 年的 47.5% 逐步提高到 2025 年的 51.07%、2035 年的 57.16% 和 2050 年的 63.54%。与乡村劳动力转移占比的持续提高相对应，我国第一产业可使用劳动力资源将从 2018 年的 20261 万人持续下降到 2025 年的 16734 万人、2035 年的 11658 万人和 2050 年的 5623 万人，非农产业可使用劳动力资源将从 2018 年的 55873 万人持续下降到 2025 年的 55075 万人、2035 年的 52835 万人、2050 年的 43845 万人（如图 15 所示）。

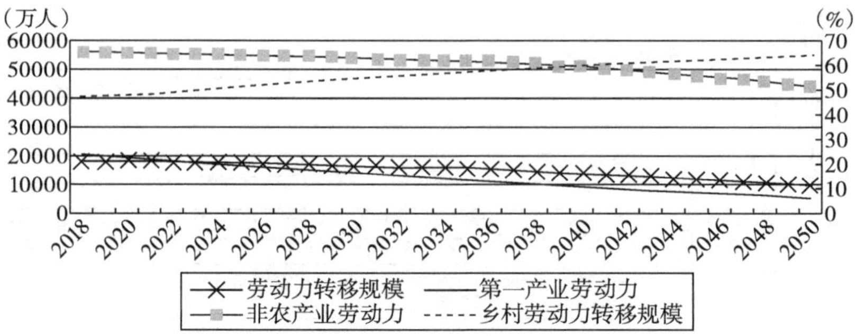

图 15　2018—2050 年乡村劳动力转移占比持续提高情景下我国第一产业和非农产业可使用劳动力规模

资料来源：根据“中国人口迭代模型”模拟预测数据计算得到。

注：左轴为劳动力规模，右轴为劳动力转移占比。

乡村劳动力转移占比（*LDLZY*）与第一产业劳动生产率倒数（Y_1）和非农产业劳动生产率倒数（Y_{23}）的相关关系：

$$LDLZY = -5.4254 \times Y_1/Y_{23} - 0.7376 \times Y_1(-1)/Y_{23}(-1) + 103.4358$$
$$(-7.19) \qquad (-1.09) \qquad (53.06) \quad (1)$$

$R^2 = 0.995154$，调整后的 $R^2 = 0.993216$，Durbin Watson stat = 1.48，方程通过 Q 检验。

三、我国技术进步与经济潜在增长率的发展趋势

劳动力、资本、自然资源和技术进步是决定经济潜在增长率的基本要素。经过改革开放以后 40 年的持续高速增长，我国已积累了大量财富和资金，资本已不再是制约经济增长的瓶颈要素。土地、水资源和矿产资源等自然资源对我国经济发展的约束不断增强，但在经济全球化和技术持续进步推动下，自然资源对经济增长的约束也不断得到化解。未来我国经济的潜在增长率在很大程度上取决于劳动力供给规模、劳动力资源在不同部门的优化配置和技术进步，其中技术进步是关键要素。从技术进步的内在发展趋势看，未来我国劳动生产率仍将持续提高，但提升幅度逐年下降，按 1978 年不变价，预计第一产业和非农产业劳动生产率将分别从 2018 年的 0.28 亿元/万人和 2.54 亿元/万人，持续提高到 2025 年的 0.46 亿元/万人和 3.87 亿元/万人、2035 年的 0.84 亿元/万人和 6.29 亿元/万人，2050 年将进一步提高到 1.53 亿元/万人和 9.92 亿元/万人。基于我国技术进步的内在发展趋势，在乡村劳动力转移占比不变情景下，未来我国经济潜在增长率将持续下降，预计将从 2019 年的 6.1% 持续下降到 2025 年的 5.12%、2035 年的 3.73% 和 2050 年的 0.34%。劳动力资源的优

化配置将明显提高经济潜在增长水平，在乡村劳动力转移占比持续提高情景下，我国经济潜在增长率依然呈持续下降趋势，但增速下降趋势明显放缓，预计将从2019年的6.23%下降到2025年的5.43%、2035年的3.86%和2050年的0.19%，这一潜在增长率水平明显高于乡村劳动力转移占比不变情景下的潜在增长率，经济规模也比劳动力转移占比不变情景下的经济规模提高4%左右。

（一）我国技术进步的内在发展趋势

衡量技术进步的方式有多种，包括全要素生产率①、劳动生产率等。鉴于技术进步要通过提升劳动力技能和物质资本技术含量促进经济增长，无论是劳动力综合素质的提升、管理能力的提高。还是生产设备自动化与智能化水平的提升，其对经济增长的贡献最终都会体现为劳动生产率的提高。为便于分析技术进步与劳动力和经济增长的内在关联关系，我们选择每亿元产值所需劳动力人数（劳动生产率的倒数）作为衡量技术进步的指标，即每亿元产值所需劳动力越少或劳动生产率倒数越小，劳动生产率越高，技术进步越大。

改革开放以后，我国GDP和三次产业的劳动生产率倒数均不断下降，但降幅逐年缩小，即我国劳动生产率或技术进步呈提升幅度逐年递减的平滑上升走势。基于第一产业和非农产业劳动生产率倒数的内在趋势，未来第一产业和非农产业劳动生产率仍将呈提升幅度逐年递减发展趋势，预计将分别从2018年的0.28亿元/万人和2.54亿元/万人逐步提高到2050年的1.53亿元/万人和9.92亿元/万人。

1. 我国三次产业技术进步的演变特点

改革开放以来，我国作为后发国家通过利用外资和大量进口技术成熟的先进设备，实现了管理技术和生产技术的快速提升与经济持续高速增长，按1978年不变价计算，GDP规模从1978年的3678.7亿元扩大到2018年的135273亿元，增长了36.8倍；每亿元GDP所需劳动力人数从1978年的10.91万人下降到2018年的0.57万人，下降了94.75%，相当于劳动生产率提高了18.03倍。GDP劳动生产率倒数走势的重要特点是降幅呈逐年递减的平滑下凹趋势，即我国劳动生产率或技术进步不断提升，但提升幅度呈逐年下降趋势。

分产业看，第一产业劳动生产率倒数呈阶段性下降趋势：总体看劳动生产率倒数从1978年的27.8万人/亿元下降到2018年的3.58万人/亿元，劳动生产率

---

① 全要素生产率又称为索罗余值，是在假定劳动力与资本同质化条件下，利用索罗经济增长模型，将经济增长分解为劳动力、资本和技术进步三要素的贡献。运用这一方法测度技术进步对经济增长的贡献，理论上可行，但现实中因无法将技术进步对劳动力和资本的影响分离出来，索罗余值并不能准确反映技术进步对经济增长的贡献。

提高了 7.77 倍。第一阶段是 1978—1989 年,第一产业劳动生产率倒数从 27.8 万人/亿元下降到 18.37 万人/亿元,劳动生产率提高了 1.51 倍,年均提升幅度为 3.52%。第二阶段是 1990—2002 年,劳动生产率倒数从 20.04 万人/亿元下降到 12.39 万人/亿元,劳动生产率提高了 1.62 倍,年均提升幅度为 4.08%。第三阶段是 2003—2018 年,劳动生产率倒数从 11.96 万人/亿元下降到 3.58 万人/亿元,劳动生产率提高了 3.34 倍,年均提升幅度为 8.38%。即三个阶段第一产业劳动生产率的提升呈不断加快趋势,但在每一个阶段,劳动生产率的提升幅度或劳动生产率倒数的下降幅度均呈逐年递减趋势。

第二产业是三次产业中劳动生产率倒数下降幅度最大、劳动生产率提高幅度最大的部门,劳动生产率倒数从 1978 年的 3.96 万人/亿元下降到 2018 年的 0.22 万人/亿元,劳动生产率提高了 18.27 倍。分阶段看,第一阶段 1978—1989 年第二产业劳动生产率倒数下降幅度相对较小,仅从 3.96 万人/亿元下降到 2.33 万人/亿元,劳动生产率仅提高了 1.7 倍,年均提升幅度只有 4.53%。1990—2002 年是我国轻工业化的重要时期,也是利用外资和进出口贸易高速增长时期,第二产业劳动生产率倒数下降幅度较大,从 2.61 万人/亿元下降到 0.7 万人/亿元,劳动生产率提高了 3.73 倍,年均提高 11.6%。2003—2018 年的第三阶段是我国经济重化工业化和工业化后期,第二产业劳动生产率倒数从 0.63 万人/亿元降为 0.22 万人/亿元,劳动生产率提高了 2.91 倍,年均提高 7.38%,提升幅度明显下降。总体看,1990 年以后第二产业劳动生产率倒数呈降幅逐年递减的平滑下降趋势。

1978—2018 年第三产业劳动生产率倒数从 5.4 万人/亿元降为 0.76 万人/亿元,劳动生产率提高了 7.08 倍,年均提升幅度为 5.01%,低于第一产业的提升幅度。其中 1978—1989 年劳动生产率倒数从 5.4 万人/亿元降为 3.18 万人/亿元,劳动生产率提升幅度与第二产业相同,均为 1.7 倍,年均提升 4.52%。但 1990 年以后第三产业劳动生产率提升幅度明显低于第二产业,劳动生产率倒数从 1990 年的 3.66 万人/亿元下降到 2018 年的 0.76 万人/亿元,劳动生产率提高了 4.79 倍,年均提升幅度为 5.76%,远低于同期第二产业的 12.04 倍和年均 9.29% 的劳动生产率提升幅度。

第二产业和第三产业是高度关联的,但在不同发展阶段二者之间的发展态势会出现较大变动,如 1990—2007 年我国经济处于新一轮的快速轻工业化和重化工业化阶段,第二产业发展相对较快,劳动生产率提升幅度远大于第三产业。2007 年以后我国经济向工业化后期转变,第三产业发展相对较快,劳动生产率提升幅度加大,与第二产业劳动生产率提升幅度差距趋于缩小。第二产业和第三产业劳动生产率的相对变化,也是不同发展阶段技术进步演变特征的具体体现。为便于对后续经济潜在增长率的分析,我们将第二产业和第三产业合并为非农产业进行综合分析。从图 16 可以看到,非农产业劳动生产率倒数更多取决于第二产业。1995 年以后,随着第三产业劳动生产率倒数与第二产业劳动生产率倒数差距缩小,非农产业劳动生产率倒数与第二产业和第三产业逐步趋同。

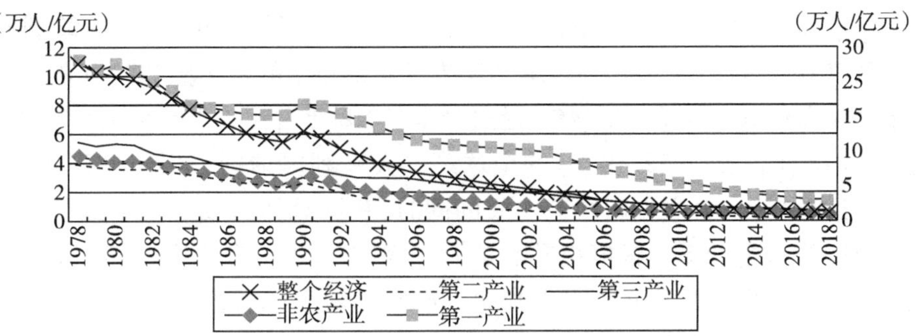

图 16 1978—2018 年我国劳动生产率倒数发展状况

资料来源:根据 Wind 资讯提供数据计算得到。

注:左轴为整个经济、第二产业、第三产业和非农产业数值,右轴为第一产业数值。

表 9 1978—2018 年我国三次产业劳动生产率年均增长率

劳动生产率	区间	整个经济	第一产业	第二产业	第三产业	非农产业
提高倍数(倍)	1978 — 2018	19.03	7.77	18.27	7.08	11.32
	1978 — 1989	1.97	1.51	1.70	1.70	1.68
	1990 — 2002	2.82	1.62	3.73	1.85	2.71
	2003 — 2018	3.53	3.34	2.91	2.44	2.59
年均提升幅度(%)	1978 — 2018	7.64	5.26	7.53	5.01	6.25
	1978 — 1989	5.81	3.52	4.53	4.52	4.41
	1990 — 2002	9.01	4.08	11.60	5.24	8.67
	2003 — 2018	8.78	8.38	7.38	6.14	6.55

资料来源:根据图 16 数据计算得到。

2. 我国技术进步的未来发展趋势

1978—2018 年,我国 GDP 和三次产业劳动生产率倒数所呈现的平滑下凹走势,反映了后发国家技术进步的普遍特征,即工业化早期发展中国家与发达国家技术差距很大,发展中国家仅仅依靠引进发达国家成熟技术就可以实现劳动生产率和技术进步的大幅度提升,随着工业化进程的不断深化和自身技术水平的提高,发展中国家与发达国家技术差距逐步缩小,能够从发达国家引进的先进技术越来越少,后发优势逐步弱化,即使加上自主创新,整个社会技术进步的速度也会不断下降,最后发展中国家的技术进步将逐步转向主要依靠自主创新,除非出现重大技术革命带来的技术进步快速发展,发展中国家技术进步或劳动生产率的提升速度,也会跟发达国家一样进入缓慢增长状态(张来明、李建伟,2015)。

从我国发展历史看,1995 年以后,我国自主创新进入快速发展阶段,PCT(Patent Cooperation Treaty,国际专利合作协定)专利申请量从 1995 年的 103 件迅速扩大到 2018 年的 53343 件,在全球 PCT 专利申请量中的占比从 1995 年的 0.26% 大幅度提高到 2018 年的 21.14%,超过日本(2018 年占比为 19.7%)成为仅次于美国(2018 年占比为 22.19%)的全球第二大专利申请国(如图 17 所示)。但正如上述分析,在自主创新快速发展的同时,我国总体劳动生产率或技术进步并没有因为自主创新大幅度提升而扩大,依然保持了提升幅度逐年下降的平缓走势,1995 年以后我国非农产业劳动生产率倒数下降幅度或劳动生产率的提升幅度依然保持逐年缩小趋势,劳动生产率倒数从 1995 年的 1.88 万人/亿元逐年递减到 2018 年的 0.39 万人/亿元,每年降幅从 1995 年的 0.13 万人/亿元递减到 2018 年的 0.02 万人/亿元,其重要原因即是我国技术水平与发达国家差距逐步缩小,后发优势逐步弱化。如果没有自主创新的快速发展,我国技术进步或劳动生产率会停止提升,整个经济也会陷入所谓的“中等收入陷阱”。

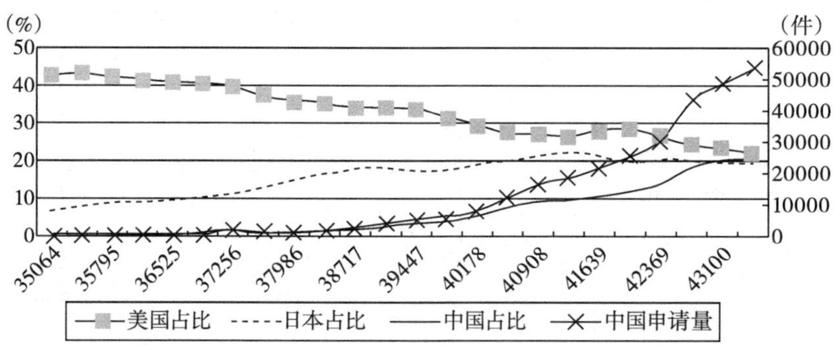

图 17　1995—2018 年我国 PCT 专利申请量及其占全球比重

资料来源:根据 Wind 资讯提供数据计算得到。

注:右轴为中国专利申请量,左轴为申请量占比。

从我国劳动生产率倒数降幅逐年递减的平缓下凹走势看,我国技术进步具有很强的内在规律性。根据第一产业和非农产业劳动生产率倒数的阶段性变化趋势,我们选择第一产业 2002—2018 年的数据和非农产业 1995—2018 年的数据为样本,对我国技术进步的内在趋势进行自回归分析,结果表明:第一产业和非农产业劳动生产率倒数均与其滞后三期的变量高度显著相关,如自回归分析方程(2)和方程(3)所示,方程拟合优度均高于 0.99,显示劳动生产率倒数的自回归方程能够高度反映其内在发展规律。

第一产业劳动生产率倒数（Y_1）的自回归方程：

$$Y_1 = 1.6027 \times Y_1(-1) - 0.7239 \times Y_1(-2) + 0.0878 \times Y_1(-3) + 0.0147$$
$$(6.3) \quad (-1.61) \quad (0.37) \quad (0.1) \qquad (2)$$

$R^2 = 0.99707$，调整后的 $R^2 = 0.996394$，Durbin Watson stat = 2.28，方程通过 Q 检验。

非农产业劳动生产率倒数（Y_{23}）的自回归方程：

$$Y_{23} = 1.2917 \times Y_{23}(-1) - 0.704 \times Y_{23}(-2) + 0.3377 \times Y_{23}(-3) + 0.0055$$
$$(6.84) \quad (-2.5) \quad (2.29) \quad (0.98) \qquad (3)$$

$R^2 = 0.999457$，调整后的 $R^2 = 0.999376$，Durbin Watson stat = 1.8，方程通过 Q 检验。

根据自回归分析方程进行趋势预测，我国第一产业劳动生产率倒数将从 2018 年的 3.58 万人持续下降到 2025 年的 2.09 万人、2035 年的 0.95 万人和 2050 年的 0.29 万人，第一产业的劳动生产率将从 2018 年的 0.28 亿元/万人提高到 2025 年的 0.48 亿元/万人、2035 年的 1.05 亿元/万人和 2050 年的 3.44 亿元/万人。非农产业劳动生产率倒数将从 2018 年的 0.39 万人持续下降到 2025 年的 0.26 万人、2035 年的 0.16 万人和 2050 年的 0.1 万人，非农产业的劳动生产率将从 2018 年的 2.54 亿元/万人提高到 2025 年的 3.87 亿元/万人、2035 年的 6.29 亿元/万人和 2050 年的 9.92 亿元/万人（如图 18 所示）。

比较第一产业和非农产业劳动生产率及其发展趋势，第一产业与非农产业劳动生产率的相对差距（非农产业劳动生产率/第一产业劳动生产率）在 2003 年以后持续下降，从 2003 年的 11.75 倍持续下降到 2018 年的 9.1 倍，未来依然会延续 2003 年以后的逐步缩小趋势，到 2050 年相对差距将缩小到 2.39 倍。从绝对差距（非农产业劳动生产率减去第一产业劳动生产率后的余额）看，1978 年以后非农产业劳动生产率一直高于第一产业劳动生产率，且差距不断扩大，从 1978 年的 0.19 亿元/万人扩大到 2018 年的 2.26 亿元/万人，未来绝对差距依然保持不断扩大趋势，将从 2018 年的 2.26 亿元/万人扩大到 2050 年的 6.48 亿元/万人（如图 19 所示）。第一产业与非农产业劳动生产率绝对差距的不断扩大，意味着第一产业就业人员与非农产业就业人员收入差距不断扩大，由此决定劳动力从第一产业向非农产业转移也是必然趋势。

（二）乡村劳动力转移占比不变情景下的经济潜在增长率发展趋势

估计经济潜在增长率的传统方法是以新古典经济增长理论为基础，利用道格拉斯生产函数，通过估算劳动力规模、资本存量和全要素生产率，计算潜在增长率。这一方法有四方面不足，致使不同学者在估计同一时期一国潜在增长率

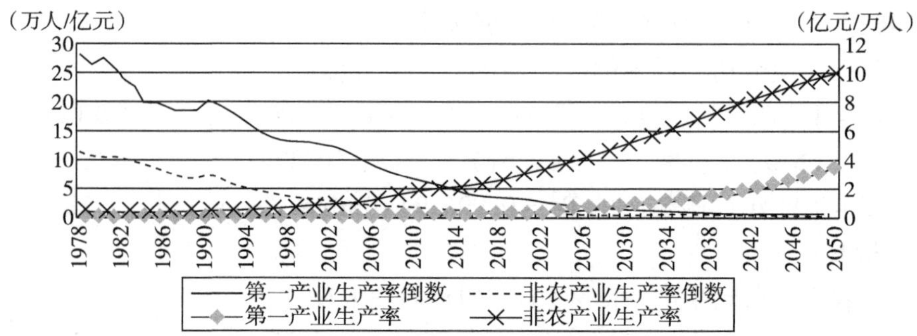

图 18　1978—2018 年我国第一产业和非农产业劳动生产率及其发展趋势

资料来源：2018 年及以前根据 Wind 资讯提供数据计算得到，2018 年以后数据为自回归方程模拟预测数据。

注：左轴为劳动生产率倒数，右轴为劳动生产率。

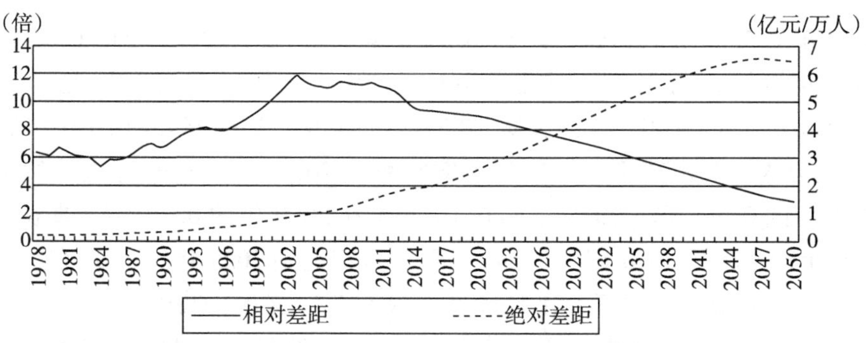

图 19　1978—2018 年我国第一产业和非农产业劳动生产率的相对差距和绝对差距及其发展趋势

资料来源：2018 年及以前根据 Wind 资讯提供数据计算得到，2018 年以后数据为自回归方程模拟预测数据计算得到。

注：左轴为劳动生产率相对差距，右轴为劳动生产率绝对差距。

时结论会出现巨大差异：一是资本存量难以精确估计，用不同方法测度的资本存量会出现很大差别。二是不同时期资本存量因技术进步也存在质的差别，这种质量上的差异很难做出准确测算。三是劳动力素质的提升或人力资本积累水平的提高，使不同时期劳动力质量也存在很大差别，目前以劳动力教育年限等方法测度人力资本积累水平的方法，难以准确反映劳动力质量的变化情况。四是正如前述已提及，全要素生产率难以反映技术进步的实际情况，只有劳动生产率能够比较全面反映技术进步对劳动力、资本和经济增长的实际影响。基于资本要素已不再成为制约经济增长的短板，我们在估计经济潜在增长率时仅考虑劳动力规模和技术进步(劳动生产率)两个要素的影响。

根据未来自然失业率条件下劳动力供给规模及其在第一产业与非农产业之间的配置和技术进步的内在发展趋势，我们模拟计算得到未来我国经济潜在增长率的发展趋势，在乡村劳动力转移占比保持2018年水平（47.5%）不变的情景下，按1978年不变价计算的我国GDP、第一产业增加值和非农产业增加值将从2018年的147823亿元、5664亿元和142160亿元，分别增加到2025年的217071亿元、8604亿元和208467亿元；到2035年将分别提高到330819亿元、15061亿元和315759亿元，2050年进一步提高到438416亿元、27853亿元和410563亿元（如图20所示）。

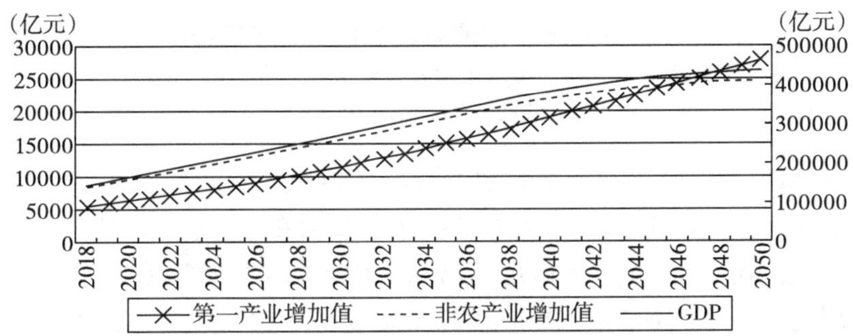

图20　乡村劳动力转移占比不变情景下我国不变价GDP、第一产业和非农产业增加值发展趋势

资料来源：根据劳动力规模和技术进步发展趋势值计算得到。

注：左轴为第一产业增加值，右轴为GDP和非农产业增加值。

从潜在增长率看，在乡村劳动力转移占比保持2018年水平不变情景下，2018年以后我国GDP、第一产业和非农产业增加值增长率均将呈持续下降态势。其中受假定乡村劳动力转移占比不变、第一产业劳动力规模降幅较小影响，第一产业增加值潜在增长率在从2019年的5.93%提高到2021年的6.3%之后趋于下降，到2025年降为6.12%，2035年降为5.46%，2050年降为3.14%。非农产业增加值的潜在增长率将从2019年的6.1%降为2025年的5.08%和2035年的3.69%。受人口老龄化加快和劳动力供给规模降幅加大、技术进步提升幅度递减等因素共同作用，2035年以后非农产业增加值增速加快下降，到2050年将下降到0.16%。与非农产业增加值增速的下降趋势一致，GDP潜在增长率将从2019年的6.1%下降到2025年的5.12%、2035年的3.73%，此后加速下滑到2050年的0.34%（如图21所示）。

（三）乡村劳动力转移占比提升情景下的经济潜在增长率发展趋势

鉴于第一产业劳动生产率一直低于非农产业劳动生产率，劳动力从第一产业向非农产业转移以及乡村劳动力转移占比提高是必然趋势。按照乡村劳动

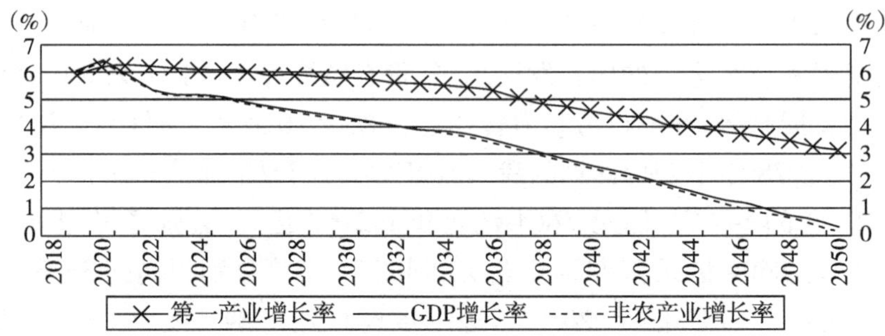

图21 乡村劳动力转移占比不变条件下我国GDP、第一产业和非农产业增加值潜在增长率发展趋势

资料来源:根据劳动力规模和技术进步发展趋势值计算得到。

注:左轴为第一产业增加值增速,右轴为GDP和非农产业增加值增速。

力转移占比的发展趋势和未来劳动力资源在第一产业和非农产业之间的配置(见图15),根据第一产业和非农产业技术进步内在趋势(见图18),我国GDP、第一产业增加值和非农产业增加值将从2018年的147823亿元、5664亿元和142160亿元,分别增加到2025年的221208亿元、8019亿元和213189亿元,到2035年将分别提高到344577亿元、12290亿元和332287亿元,2050年进一步提高到454462亿元、19341亿元和435121亿元(如图22所示)。

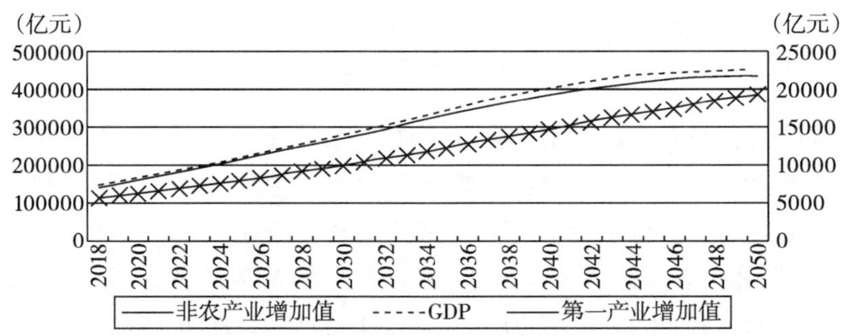

图22 乡村劳动力转移占比持续提高条件下我国不变价GDP、第一产业和非农产业增加值发展趋势

资料来源:根据劳动力规模和技术进步发展趋势值计算得到。

注:右轴为第一产业增加值,左轴为GDP和非农产业增加值。

与经济增加值的变化相对应,2018年以后我国GDP、第一产业和非农产业增加值增长率均将呈持续下降态势,将分别从2019年的6.23%、5.49%和6.26%下降到2025年的5.43%、4.8%和5.46%,2035年分别降为3.86%、4.09%和3.85%,2035年以后增速加快下降,到2050年将下降到0.19%、2.32%和0.1%(如图23所示)。

比较乡村劳动力转移占比不变和持续提高两种情景下经济发展状况，可以看到，在技术进步内在趋势确定情况下，自然失业率条件下劳动力供给规模的下降，必然导致经济潜在增长率下调，但劳动力从生产率较低的第一产业转移到劳动生产率更高的非农产业，能够明显扩大经济规模、提高经济增速。与劳动力转移占比不变情况下的 GDP 规模相比，劳动力转移占比不断提高会明显增加 GDP 规模，GDP 规模扩大额度将从 2019 年的 201 亿元提高到 18135 亿元，此后略有缩小，2050 年为 16046 亿元，GDP 规模扩大幅度占 GDP 比例也会从 2019 年的 0.1% 提高到 2025 年的 1.9%、2035 年的 4.2%、2041 年的 4.48%，此后下降到 2050 年的 3.66%（如图 24 所示）。

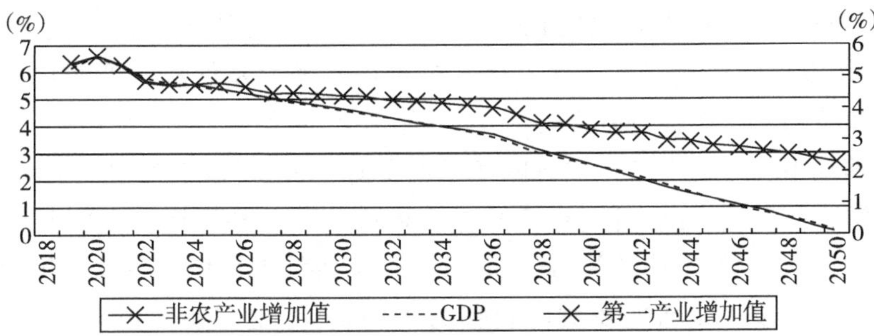

图 23　乡村劳动力转移占比持续提高情景下我国 GDP、第一产业和非农产业增加值潜在增长率发展趋势

资料来源：根据劳动力规模和技术进步发展趋势值计算得到。

注：右轴为第一产业增加值增速，左轴为 GDP 和非农产业增加值增速。

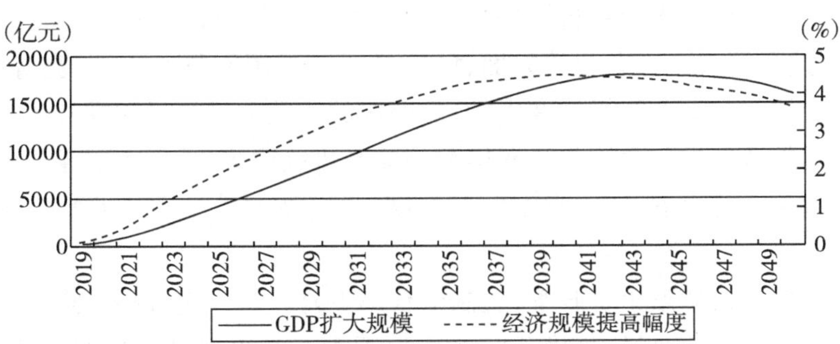

图 24　乡村劳动力转移占比持续提高比占比不变情景下我国 GDP 扩大规模和提升幅度

资料来源：根据劳动力规模和技术进步发展趋势值计算得到。

注：左轴为 GDP 扩大规模，右轴为经济规模提高幅度。

四、结论与政策建议

2010年以后,我国劳动力供求格局已从过去的劳动力供给过剩转变为劳动力供给不足,劳动年龄人口、经济活动人口和可使用劳动力资源先后在2013年、2016年和2017年进入逐年下降状态,模拟预测分析表明,2018年以后我国劳动年龄人口、经济活动人口和自然失业率条件下可使用劳动力资源均将持续下降,劳动力供给不足将成为经济发展的常态,并成为制约经济增长的关键因素。在劳动力供给规模持续下降情况下,未来经济潜在增长能力取决于技术进步或劳动生产率的提升幅度。技术进步有其很强的内在规律性,历经改革开放40年的高速发展,我国自主创新能力正在增强,与发达国家的技术差距正在缩小,但利用发达国家成熟技术促进社会技术进步的后发优势日渐弱化,我国技术进步和劳动生产率提升幅度逐年下降,未来还会保持持续下降态势。劳动力供给规模减小和劳动生产率提升幅度不断下降,决定了未来我国经济潜在增长能力必然不断下调,这是各国经济发展的共同规律。增强未来经济可持续发展能力,需要及时调整就业政策,通过延长退休年龄增加可使用劳动力供给规模、转变农业生产模式以增加乡村可转移劳动力资源,更需要改革教育与培训制度,提升劳动力素质,支持鼓励企业加大自主创新力度,加快技术进步和劳动生产率提升速度。

一是鼓励企事业单位加大自主创新力度。技术进步是经济结构升级的基础,也是提高劳动生产率、降低劳动力需求规模、应对未来劳动力供给不足的根本途径。我国已进入依靠自主创新推动技术进步的时期,在基础研究、前沿技术研究、应用开发及产业化等方面,已形成了包括国家科研机构、高等院校、地方科研机构和各类企业机构在内的、多层次的科技力量布局和框架体系。今后应进一步发挥好科研政策与科研体系的体制机制优势,鼓励企事业单位抓住第四次技术革命的机遇,加大自主创新力度,提高技术进步和劳动生产率的提升幅度。

二是应尽快调整生育政策,遏制生育率下降趋势。生育率下降是未来人口快速老龄化、劳动力供给规模下降的重要因素。改善未来人口结构、应对人口快速老龄化给经济社会发展带来的多方面挑战,首要措施应是提高生育率,至少应遏制生育率快速下降趋势。当前全面放开二胎的生育政策已不足以遏制生育率和人口出生率的下降趋势,应在全面放开生育限制政策的同时,借鉴高收入国家的成功经验,采取生育补贴、税收优惠、延长产假等多方面政策措施,将生育政策从限制生育转向鼓励生育。

三是就业政策应从保就业向鼓励就业转换。稳增长是保就业的基本前提,

2018 年以后经济只要保持在潜在增长率水平即可实现劳动力充分就业，且随着劳动力供给规模的下降，保就业的压力会逐步缓解，就业政策应从保就业向解决就业结构性失业和应对劳动力供给不足转换。解决就业结构性矛盾和劳动力供给不足问题，首先教育培训制度改革是关键，应通过高校招生制度改革和院校专业设置的市场化取向改革，适度控制普通高等教育及综合型大学规模，重点发展中等和高等职业教育、在职培训，提升劳动力综合素质，增强劳动力就业调整能力。其次进一步完善劳动力市场，取缔阻碍劳动力自由流动的行业限制、区域限制、户籍限制等体制机制障碍，促进劳动力资源在产业、区域之间的优化配置。

四是及早实施渐进式延长退休年龄政策。延长退休年龄、提高高龄人口的劳动参与率，是增加劳动力供给、缓解劳动力供给不足、支持经济持续稳定增长的重要途径。通过延长退休年龄实现经济可持续增长，不仅能够提升整个社会的收入水平，也能够增强当前社会保障制度的可持续性。为增强延长退休年龄政策可操作性，便于广大劳动者接受延长劳动力退休年龄的政策措施，需要做好延迟退休年龄的弹性政策与制度安排，建议尽快实施渐进式延长退休年龄的方式，并将延长退休年龄与养老保障待遇水平挂钩，提高延长退休年龄职工退休后的待遇。

五是加快农业发展模式转换步伐。农村劳动力持续向非农产业转移、农村劳动力规模下降与大龄化，是未来我国农村经济社会发展所必须面对的客观现实。近年来，政府高度重视农业劳动力过度流失和劳动力大龄化对未来农业可持续发展的负面影响，提出了乡村振兴战略。为应对劳动力不足与大龄化问题，农村已出现大量小型的自发互助合作组织，这种小型互助合作组织在一定程度上缓解了当前农村劳动力不足与大龄化的问题，但难以应对农村中长期发展所面临的劳动力供给大幅度下降和大龄化对农业发展的制约。今后应在推动土地大规模流转基础上，通过鼓励产业资本下乡，加快农业规模化、产业化经营进程，借助农业发展模式转换，提高农业劳动生产率与可持续发展能力，同时也要为乡村劳动力向非农产业转移创造良好的环境与条件。

参考文献

[1]蔡昉，王美艳．中国城镇劳动参与率的变化及其政策含义[J]．中国社会科学，2004(4).

[2]蔡昉．中国的人口红利还能持续多久[J]．经济学动态，2011(6).

[3]怀仁，李建伟．我国实体经济发展的困境摆脱及其或然对策[J]．改

革,2014(2).

[4]李建伟. 劳动力过剩条件下的经济增长[J]. 经济研究,1998(9).

[5]李建伟. 我国人口死亡率的演变特征及其发展趋势估计[J]. 发展研究,2014(10).

[6]李建伟. 我国人口出生率的影响因素及其发展趋势[J]. 发展研究,2014 (9).

[7]李建伟,周灵灵. 中国人口政策与人口结构及其未来发展趋势[J]. 经济学动态,2018(12).

[8]王飞. 我国失业率统计的现状和发展趋势分析[J]. 中国劳动,2008(9).

[9]张来明,李建伟. 中国经济发展新常态重要思想的科学性与理论涵义[J]. 经济纵横,2015(3).

[10]威廉·阿瑟·刘易斯. 经济增长理论[M]. 北京:商务印书馆,2014.

(作者单位:国务院发展研究中心公共管理与人力资源研究所)

信贷、杠杆率与经济增长:150 年的经验和启示

张晓晶　刘磊　李成

2008 年国际金融危机以来,尽管去杠杆成为主要发达国家摆脱危机、回归常轨的基本共识,但十年过去了,各大经济体债务攀升、杠杆率高企再次成为令人担忧的全球性现象。

信贷规模、宏观杠杆率(债务占 GDP 比重)伴随着经济周期起起伏伏,但却可以不断上升且屡创新高,这背后到底是什么机制在起作用?信贷变化与经济增长有着什么样的关联?所谓"信贷驱动增长"是可持续的吗?

本文考察了发达经济体 1870 年以来近 150 年的杠杆率长周期变化,探讨它与经济增长之间的关系,并尝试对上述问题做出回答。

一、信贷与增长:理论梳理

(一)货币与债务是一枚硬币的两面

借贷与负债行为古已有之,甚至在货币产生之前就已经有之。格雷伯(Graber,2012)在《债:第一个 5000 年》中认为债务的产生早于货币,最初的货币就是可以流通的债务凭据。而真正的银行信贷的出现可能要追溯到 1614 年荷兰阿姆斯特丹市政创建的借贷银行;80 年后英格兰银行诞生,更是被认为引发了一场"金融革命",使英国能够从市场上借债进而为始于 1688 年的英法九年战争融资。

虽然货币本身就是债务的衍生品,但黄金和白银被确定为货币后,其作为债务的属性弱化了。在信用货币体系下,货币本身就是一种信用。狭义货币 M0 指的是实体经济中各部门持有的现金,这在资产负债表中表现为中央银行的负债和持有现金一方的资产。其本质就是一种借贷关系,是央行对实体经济的负债。准货币(M2 中非现金部分)指的是实体经济各部门在商业银行的存款,这依然是一种债务形式,表现为商业银行的负债和实体经济各部门的资产。由此,无论是从人类社会经济活动的起源看,还是从现代信用货币体系看,债务与货币都是密不可分的,债务与货币是一枚硬币的两面,银行的负债方对应的是货币,银行的资产方对应的就是债务。更进一步,货币是债务的一个子集,表示在法律意义上可用于支付、结算、财富储存等功能的一种债务凭证。

鉴于货币、信贷与债务之间的密切关联,在讨论中,有时候并不刻意强调它们之间的区别。

(二)货币观点与信贷观点

关于货币、信贷与经济的关系,在经济学思想的长河中一直有广泛探讨。

19 世纪末及 20 世纪初的经验加上 20 世纪 30 年代的大萧条,形成货币观点(Money View)的基础。这里最突出的贡献是弗里德曼的货币史研究(Friedman 和 Schwartz,1963),他认为,狭义与广义货币供给的水平在短期会严重影响产出,因而央行必须要对商业银行总负债施加适度的间接调控。除此之外,银行的实际运作、通过贷款进行的信用创造,在长期内对实际经济均不重要。

20 世纪 80 年代以来,信贷观点(Credit View)得到了越来越多的重视。这一观点强调,单纯的货币观点已经无法解释货币(政策)对经济的影响。这一观点源于米什金(Mishkin,1978)、伯南克(Bernanke,1983)、格特勒(Gertler,1988),还可以追溯到费雪(Fisher,1933)以及格利和肖(Gurley 和 Shaw,1955)。信贷观点的最突出特点就是:影响经济的不仅仅是银行的狭义和广义货币,事实上,整个银行的资产负债表——其资产方、杠杆率以及结构——都会对经济产生作用。最典型的是伯南克提出的金融加速器效应(Bernanke 和 Blinder,1992),指出信贷渠道是对传统货币传导机制的加强。不过,伯南克也强调,这一信贷渠道并不是真正独立的或平行的渠道,而是强化机制。从这一意义上,信贷渠道是有点"被动"的。

信贷渠道的出现与银行与金融发展有关。二战以来,信贷开始脱离广义货币而快速增长(见图 1),主要基于两方面原因:一是银行杠杆的提高,二是银行的非货币负债使资金来源增加。此外,在银行资产负债表中安全性资产开始下降,资产组合中政府债券占比自 1950 年以来大幅下降。这些变化强化了信贷作用,同时也带来了金融风险的上升。

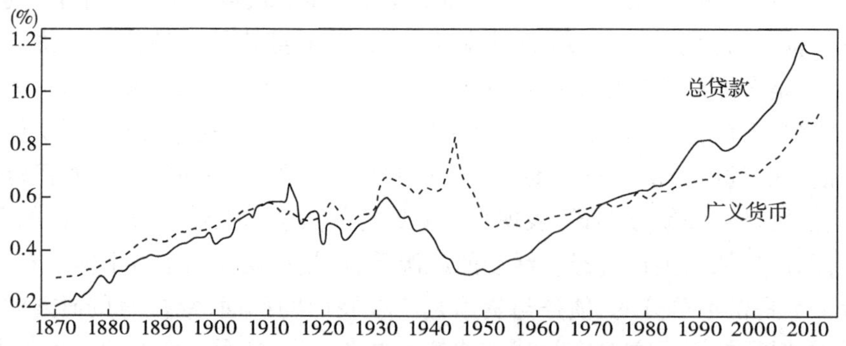

图 1 广义货币与总贷款占 GDP 的百分比

资料来源:转引自 Jordà 等(2017)。

在这些微观变化背后是更重要的宏观的制度性变化。自20世纪70年代中期以来布雷顿森林体系崩溃,80年代以来金融全球化与金融自由化的发展,信贷出现了前所未有的增长。由此,经济周期的变化开始由信贷金融主导,所谓金融周期开始出现。实际上,金融周期凸显了信贷周期以及房地产周期的共同作用。

(三)信贷驱动增长的机制

讨论增长,一般会涉及生产函数。而在生产函数中,并没有信贷什么事。就信贷与产出的文献而言,也主要关注信贷对产出波动的影响,直接探讨信贷与增长的关系也不多见。不过,信贷推动名义需求增长,并在一定时期内推动经济较快增长,这一点基本上是理论共识。如果观察20世纪80年代以来的现象,这一特征表现得更为明显。那么,信贷驱动增长的机制是什么呢?

其实凯恩斯的货币先行理论已经阐述了货币信贷对产出的重要性,甚至是经济活动的"第一推动力"。进一步考察信贷与增长的关系,最直接的机制就是信贷对投资与消费的驱动,即促进资本形成与扩大最终消费,从而带来经济增长。

伯南克的金融加速器理论也阐述了信贷作用于实体经济的机制。不过,他强调,这个信贷渠道并非单独起作用,而是要借助更根本的机制发挥作用,信贷渠道不过是顺势而为,抑或是推波助澜。这其实道出了信贷影响实体经济(无论是增长还是波动)的根本特征。

因此,强调信贷作用的同时,一定不能忽视信贷其实是借助于实体经济活动才能促进增长:要么是需求侧对投资、消费或净出口的促进,要么是供给侧对生产要素的驱动,如促进资本形成、推动技术创新等。

二、过多的信贷为什么不能带来更快的增长?

信贷驱动增长,尤其就短期而言,几乎是没有争议的。即使弗里德曼的货币观点也支持这一判断。不过,现实的故事却是,过多的信贷未能带来更快增长,相反,信贷过度膨胀之后,往往出现的是危机。著名的凯恩斯主义经济学家、诺奖得主托宾则将"过度信贷"称之为经济体系中的"阿基里斯之踵"(Tobin,1989)。

那么,为什么过多信贷不能带来更快的增长呢?

首先,金融自由化、创新与发展导致信贷增长脱离实体经济。信贷也好,金融也好,其存在的依据是为实体经济服务。但随着金融自由化、金融创新与发展,通过银行资产负债表扩张的传统信用创造机制,现在由于银行表外业务和非银金融机构的参与而增加了信贷扩张的新途径。而由后者所创造的信贷,大多并未流向实体经济,而是被房市、股市、债市吸收,在金融体系内部“空转”,从而形成信贷与实体经济的脱离,产生了“异化”。

其次,为现存资产融资导致的信贷扩张对产出增长作用甚微(特纳,2016)。以现存资产作抵押的信贷业务绝大多数是房地产抵押贷款。这部分信贷虽然也有一些用于新房的购买(从而支持新增房地产投资),但更多的是对存量房产的购买(这部分支出不计入 GDP,且不形成新的投资)。图 2 显示,即便发达经济体完全不进行新建房地产投资,银行信贷同样会集中于房地产融资。截至 2010 年,17 个发达经济体房地产信贷接近全部银行信贷的 60%。并且,随着社会富裕程度提高,房地产在财富中的重要性不断上升。以 2010 年为例,发达经济体房地产占国民财富(非金融资产加上对外净金融资产)基本是在 50% 以上。其中,英国 57.4%、法国 61.3%、德国 55.8%、美国 42.2%、加拿大 51.4%(皮凯蒂,2014)。这意味着,房地产对于信贷扩张仍起到了重要的推动作用。

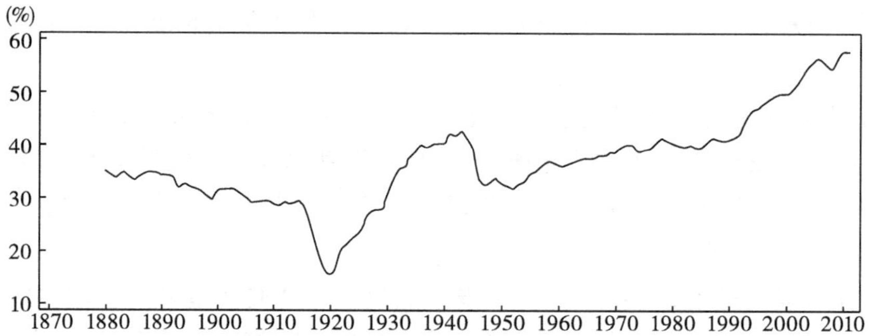

图 2 17 个发达经济体房地产信贷占总贷款比重

资料来源:转引自 Jordà 等(2016)。

金融周期的经验事实表明房地产价格与信贷规模存在同步的周期性。信贷增长支撑了房地产价格上涨,房产价值的增加反过来又支撑了信贷需求的上升。这部分贷款并不直接创造 GDP,并且具有更强的顺周期性,其本身便可形成与实体经济无关(或关联较弱)的信贷周期。由此,当为现存资产(特别是房地产)融资导致信贷扩张时,往往并不伴随着新的投资,因而仅仅是信贷增长,却没有相应的产出增长。

第三,贫富差距导致信贷扩张成为很多政府的制胜法宝。信贷或者说债务的产生在于经济体系中储蓄与投资的不匹配。储蓄转化为投资一般有两条渠道:债权融资与股权融资。到底采用哪种方式,可能与很多因素有关,但我们为什么常常看到的是信贷(或债务)不断攀升呢?一个重要的原因在于贫富差距的存在。贫富差距扩大使不可持续的信贷扩张成为维持经济增长的关键。一般来讲,社会中相对富裕的群体都会将收入中的更大比例用于储蓄。贫富差距的扩大会导致储蓄率上升,并抑制名义需求增长。而信贷增长能够作为抵销因素。银行信贷部门或其他中介可以把更多储蓄借给穷人,支持他们在实际收入不变甚至下降情况下维持或提高消费水平。典型的就是美国的房地产抵押贷款(特别是次贷)。通过这种方式给没有钱的穷人贷款,扩大消费,从而支撑经济增长。这是很多发达经济体包括发展中经济体采用的办法。政府通过扩大信贷,一方面缓解了穷人困境(部分掩盖了贫富差距,这就是为什么我们看到美国过去几十年贫富差距不断拉大,却没有导致不同收入阶层消费差距的扩大),另一方面也推动了增长,达到一石二鸟的效果。从图 3 可以看出,美国的收入不平等程度与消费者信贷占比自 20 世纪 60 年代以来以类似的趋势增长,由此带来的危害有目共睹。事实上,那些借债的穷人在危机冲击中所受的损失,要远远大于有钱的但杠杆率较低的人群。

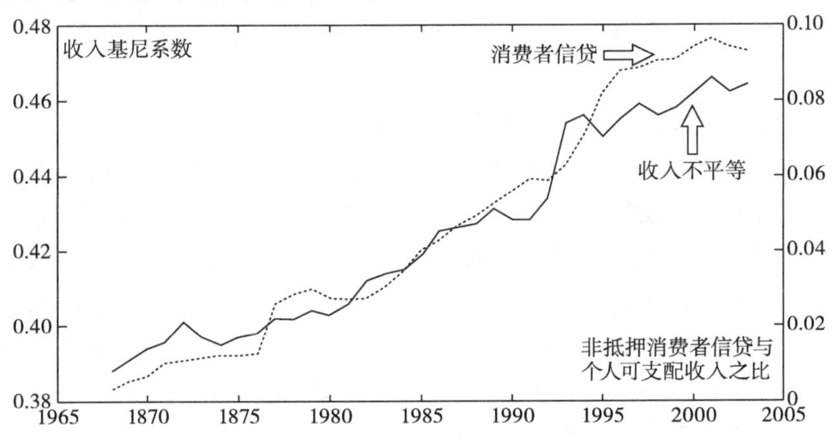

图 3 美国收入不平等与消费者信贷走势一致

资料来源:转引自 Krueger and Perri(2006)。

第四,金融全球化、跨境资本流动与全球失衡进一步推动信贷攀升。就全球看,也存在着储蓄与投资的不匹配,如伯南克所说的中国储蓄过剩问题,以及发达经济体的储蓄不足问题。在贫富差距不断扩大的社会内部,穷人以信贷融资的消费扩张对应于富人的储蓄增长,而纵观世界,美国、英国、西班牙、爱尔兰等国以信贷融资的房地产价格泡沫和消费繁荣则对应于中国、德国、日本等国居高不下的储蓄率。全球失衡(正体现了全球储蓄与投资的不匹配)造成了信贷扩张,发达经济体一定意义上是在借助外部(即国外)杠杆支撑本国增长。此外,金融自由化与全球化的发展也导致了与实际资本形成无关的大规模跨境资本流动。由此产生的信贷膨胀,不仅对产出增长的积极作用有限,甚至那些反复无常的跨境资本流动往往还会带来波动与危机,严重抑制增长。

以上从四个方面给出了信贷过快增长为什么不能带来产出快速增长的原因,实际上是讨论了信贷误配置是如何形成的,更进一步,是什么原因造成了金融未能很好地服务于实体经济。

三、信贷、杠杆率与产出增长:150 年的历史

这部分主要是经验分析。一方面是长周期的杠杆率变化,另一方面是这些变化与产出增长呈现什么样的关系。大部分的杠杆率研究都基于 20 世纪 60 年代(甚至 80 年代)以来的数据样本,时间跨度也都不到 60 年,以此讨论杠杆率的长周期还不够确切。尤为重要的是,在近五六十年中,发达经济体已经跨越了工业化快速发展阶段,杠杆率与产出增长之间的关系也发生了结构性变化。如果要给现在的发展中经济体特别是中国提供经验(或教训),还需要探寻发达经济体早期工业化的历史。因此,我们将数据样本回溯到了 1870 年,即第一次全球化繁荣的起始阶段,也差不多是第二次工业革命的开端。

(一)17 个发达经济体 1870 年以来的经验

我们首先选取 17 个率先完成工业化的国家自 1870 年以来的数据。关于信贷对经济增长驱动的研究,自金融危机之后有大量文献已经做了深入分析,但经验分析中普遍选取的都是 1960 年(有的甚至是 20 世纪 80 年代)以来的数据。由于许多因素在短期内并未发生显著变化,1980 年以来全球也基本处于金融全球化、经济自由化不断深入的时代,对一些因素的长期影响并未得到充分认识。为解决这一困境,我们将研究拉长到第二次工业革命以及经济全球化以来的大历史角度。

1. 研究变量描述

由于我们要做将近 150 年历史的经济分析,必须选择工业化完成较早,并且现在已经全部进入发达国家行列的国家,主要以欧洲国家为主。我们选择的国家包括 13 个欧洲国家:比利时、丹麦、芬兰、法国、德国、意大利、荷兰、挪威、葡萄牙、西班牙、瑞典、瑞士和英国;2 个美洲国家:加拿大和美国;1 个亚洲国家:日本;1 个大洋洲国家:澳大利亚。这 17 个国家已经囊括了所有最重要的早期工业化国家,对其发展历史中债务驱动经济增长模式的分析,将有助于我们理解当前中国工业化过程中的杠杆率发展路径。全部数据频率皆为年度,选取国家及数据区间如表 1 所示。

表 1　研究国家及各国数据区间

国家	符号	区间	杠杆率变量数
比利时	BEL	1885—2013	113
丹麦	DEN	1870—2013	144
芬兰	FIN	1870—2013	144
法国	FRA	1900—2013	97
德国	GER	1883—2013	123
意大利	ITA	1870—2013	144
荷兰	NET	1900—2013	102
挪威	NOR	1870—2013	138
葡萄牙	POR	1870—2013	128
西班牙	SPA	1900—2013	104
瑞典	SWE	1871—2013	143
瑞士	SWI	1870—2013	144
英国	UK	1880—2013	134
加拿大	CAD	1870—2013	144
美国	USA	1880—2013	134
日本	JAP	1875—2013	138
澳大利亚	AUS	1870—2013	142

资料来源：http://www. macrohistory. net/data/。

我们主要研究杠杆率对经济增长的影响。杠杆率定义为债务与名义 GDP 之比。债务包括私人债务与公共债务：私人债务采用私人贷款数据，公共债务统计为政府贷款和国债之和。二战之后随着金融体系发展，私人部门债务除贷款外，还发展出了相当丰富的其他融资工具，企业债券占比也不断攀升。但为了保持数据一致性，我们暂时以私人贷款来代替。根据我们的验证，加入其他融资工具后的私人债务与私人贷款在变化趋势上是很一致的。因此，这里我们以私人贷款和政府债务相加后与名义 GDP 的比值作为总杠杆率，并将其作为核心解释变量。

除杠杆率外，我们还加入了投资率、人口增速、人均 GDP 作为控制变量。这些变量的符号表达、经济含义及数据来源如表 2 所示。

表 2 变量描述

	变量	含义
被解释变量	*DLGDP*	实际 GDP 增速
控制变量	*TotLev*	总杠杆率
	InvRate	投资率
	DLPop	人口增速
	LGDPPC	对数化人均 GDP

资料来源:http://www.macrohistory.net/data/。

从这 17 个国家杠杆率发展的历史趋势看,私人部门杠杆率在 1960 年之前波动率较大,周期相对更短,而 1960 年之后大部分时间都处于上升趋势中直至 2008 年金融危机才普遍去杠杆。而公共部门杠杆率的特征略有不同,在整个 150 年间并未表现出显著趋势,其波动的幅度相比私人部门要更大。这可以理解为:公共部门杠杆率往往是对经济动荡的一种逆周期调节。也就是说,在私人杠杆面临大幅下跌甚至崩溃的情况下,公共部门杠杆快速攀升。这在大危机期间表现甚为明显。而且,二战以来总杠杆率的变动大体上可以由公共部门杠杆率的变动解释。

2. 面板回归结果

以上从统计描述上直观表现了新增债务对经济增长的影响,以下便通过国际面板数据模型验证这一关系。我们构造的面板模型为:

$$DLGDP_{i,t} = c + \alpha_1 TotLev_{i,t} + \alpha_2 InvRate_{i,t} + \alpha_3 DLPop_{i,t} + \alpha_4 LGDPPC_{i,t-1} + u_{i,t} + \varepsilon_{i,t}$$

这里 u_i 为各国的个体效应与时间效应,$\varepsilon_{i,t}$ 为回归残差。为更深入地分析资本主义不同发展阶段中债务驱动经济增长的模式变化,我们将整体时间段划分为两段:1870—1930 年和 1960—2013 年。在前一阶段,几个重要的工业化国家经历了工业化初期的黄金发展阶段,后一阶段伴随着二战后各工业化国家经济自由化和金融全球化过程。1930—1960 年经历了资本主义世界的大萧条和第二次世界大战,数据的连续性较差,故在分段研究中去除。对于这两段区间以及整个 150 年区间分别作回归检验,结果如表 3 所示。

表 3 债务杠杆对经济增长的影响(1870—2013 年)

	全区间	1870—1930 年	1960—2013 年
$TotLev_{i,t}$ 总杠杆率	-0.0132*** (-4.44)	-0.0186*** (-2.69)	-0.0183*** (-6.36)

续表

	全区间	1870—1930 年	1960—2013 年
$InvRate_{i,t}$ 投资率	0. 1063 *** (4. 53)	0. 2010 *** (3. 70)	0. 0655 *** (2. 75)
$DLPopu_{i,t}$ 人口增速	0. 8203 *** (6. 88)	0. 7950 *** (2. 67)	1. 0356 *** (15. 75)
$LGDPPC_{i,t-1}$ 人均 GDP 对数值滞后项	-0. 0234 *** (-5. 25)	-0. 1104 *** (-5. 84)	-0. 0558 *** (-9. 44)
调整后的R^2	0. 2944	0. 2293	0. 6395
国家数	17	16	17
观测数	2027	705	915

资料来源:作者计算。

注:被解释变量为各国实际 GDP 增速。括号中为 t 统计量。*、**、***分别代表在 10%、5%、1% 的水平下显著。

可以看出,总杠杆率对实际 GDP 增速具有反向抑制作用。这似乎与一般认为杠杆率开始对经济有促进作用,然后再带来负面影响的观点不一致。我们认为,这里控制了投资率,实际上是体现杠杆率的正向促进作用,因为投资的实现基本上是基于信贷,在早期更是如此。而如果杠杆率的正向作用由投资率体现,那么在此之外的杠杆率上升就会带来副作用。所以这个杠杆率的攀升可以看作是对增长的风险指标的衡量。

在整个区间里,杠杆率每上升 1%,实际 GDP 增速下降 0. 01% ~0. 02%。这一结果的显著性在 1960 年之后明显上升,表明高杠杆率对经济增长的抑制作用这一规律更为稳定。用投资率和人口增速来模拟资本和劳动力对经济增长的促进作用,二者回归系数都为正,且都具有显著性。

投资的驱动作用在前一阶段更明显(从其系数可以看出),这是因为这个阶段刚好是发达经济体的早期快速工业化发展阶段。

人均 GDP 的加入用于控制各国间的不同经济发展阶段,其回归系数为负,说明随着人均 GDP 绝对值的上升,经济增速会缓慢下降。这与经济体由中等收入进入高收入阶段经济增速大幅下降这一规律性认识是完全一致的。

(二)64 个经济体 1980—2016 年的样本分析

下文转而研究 1980—2016 年的债务杠杆对经济增长的影响。此处,我们利用世界银行世界发展指数(WDI)、国际货币基金组织《世界经济展望》(WEO)、佩恩表等数据库(见表 4),构建了一个含有 64 个国家的面板数据。值得指出的是,这一样本涵盖了各大洲处于不同发展阶段的主要经济体,具有较高的代表性,国家列表见表 5 所示。

表 4　变量解释与数据来源

变量/项目	来源	备注
私人信贷占 GDP 比重	世界银行,世界发展指数 (World Development Indicators,WDI)	—
GDP 增速	同上	按市场汇率计算的实际增速
投资占 GDP 比重	同上	投资指“总资本形成”
消费占 GDP 比重	同上	消费指“最终消费支出”
储蓄占 GDP 比重	同上	储蓄指“总国内储蓄”
城镇人口比重	同上	—
政府债务占 GDP 比重	国际货币基金组织,《世界经济展望》 (World Economic Outlook, WEO)	债务指“广义政府总债务”
全要素生产率指数	佩恩表(Penn World Table 9.0 版)	以 2011 年为基期

表 5　样本国家列表

亚洲/大洋洲(15 个)	欧洲(19 个)	非洲(16 个)	南美洲/北美洲(14 个)
中国、印度、印度尼西亚、伊朗、日本、约旦、韩国、马来西亚、菲律宾、沙特阿拉伯、斯里兰卡、泰国、土耳其、阿联酋、澳大利亚	奥地利、比利时、捷克、法国、德国、希腊、匈牙利、以色列、意大利、荷兰、波兰、葡萄牙、罗马尼亚、俄罗斯、西班牙、瑞典、瑞士、乌克兰、英国	贝宁、布基纳法索、布隆迪、喀麦隆、科特迪瓦、埃及、肯尼亚、摩洛哥、尼日利亚、尼日尔、卢旺达、塞内加尔、南非、苏丹、坦桑尼亚、突尼斯	阿根廷、玻利维亚、巴西、智利、哥伦比亚、多美尼加、厄瓜多尔、危地马拉、洪都拉斯、秘鲁、委内瑞拉、加拿大、美国、墨西哥

下文的经验回归公式可表达为:

$$DLGDP_{i,t} = c + \alpha_1 TotLev_{i,t} + \beta_l \sum_{l=1}^{b} Control_{l,i,t} + u_{i,t} + \varepsilon_{i,t}$$

其中,被解释变量为 GDP 增速(*DLGDP*);核心解释变量是总杠杆率(*TotLev*),被定义为私人信贷同政府债务存量之和与 GDP 的比例。控制变量(*Control*)包括“投资率”等影响经济增长的其他因素。$u_{i,t}$ 指代未被观测的个体(国家)固定效应和时间(年度)固定效应参数,$\varepsilon_{i,t}$ 为服从正态分布的随机误差项。表 6 报告了相关面板回归的结果。

表 6　债务杠杆对经济增长的影响(1980—2016 年)

变量/模型	模型 1	模型 2	模型 3	模型 4	模型 5
$TotLev_{i,t}$ (总杠杆率)	-0.0108 *** (-4.92)	-0.0100 *** (7.96)	-0.0002 (-0.04)	-0.0107 *** (-4.91)	-0.0157 *** (-6.91)
$TotLev^2_{i,t}$ (总杠杆率二次项)			-0.0029 ** (-2.57)		
$InvRate_{i,t}$ (投资率)	0.2150 *** (12.59)	0.2003 *** (10.95)	0.2134 *** (12.52)	0.2144 *** (12.55)	
$SavingRate_{i,t}$ (储蓄率)					0.0901 *** (5.76)
$ConRate_{i,t}$ (消费率)		-0.0391 ** (-2.21)			
$LGDPPC_{i,t-1}$ (对数人均 GDP 滞后项)	-0.0220 *** (-8.04)	-0.0215 *** (-7.84)	-0.0224 *** (-8.18)	-0.0215 *** (-7.70)	-0.0150 *** (-5.31)
$DLTFP_{i,t}$ (TFP 增速)	0.6884 *** (32.07)	0.6901 *** (32.18)	0.6940 *** (32.25)	0.6893 *** (32.09)	0.7119 *** (31.50)
$DLPopu_{i,t}$ (人口增速)	0.0763 (0.54)	0.0820 (0.58)	0.0842 (0.60)	0.0562 (0.40)	0.2819 * (1.91)
$Urban_{i,t}$ (城镇人口占比)				-0.0317 (-1.11)	
调整后的R^2	0.7596	0.7605	0.7609	0.7596	0.7319
国家数	64	64	64	64	64
观测数	1160	1160	1160	1160	1160

资料来源:作者计算。

注:被解释变量为各国实际 GDP 增速。括号中为 t 统计量。*、**、***分别代表在 10%、5%、1% 的水平下显著。

首先,由作为基准的“模型 1”的结果可知,在给定其他变量的条件下,债务杠杆(*TotLev*)系数显著为负值,表明债务规模(相对于 GDP)扩大会降低经济增速。这一结果与之前 17 国 150 年的经验规律相同,通过将研究对象的范围扩大,我们进一步确信了信贷扩张对经济活动的负面影响。信贷扩张的主要作用在于将储蓄转化为投资。而当投资给定时,信贷扩张的影响则仅限于增加债务风险,并通过“资产负债表衰退”(辜朝明,2008)的形式制约私人部门的经济活动。同时,公共部门债务高企也会限制财政政策空间,进而拖累私人部门增长(Reinhart et al. ,2012)。此外,模型对投资率、人均产出滞后项(反映了增长收敛效应)、全要素生产率(经济增速的组成部分)等控制变量的回归结果均符合理论预期。

出于稳健性的考虑,在“模型 2”中,我们增加了“消费率”指标。相关结果同“模型 1”无明显差异,但消费率的系数显著为负值,这也符合新古典经济增长模型的预期,即经济增速是储蓄率的增函数。接下来,“模型 3”中加入了债务杠杆(*TotLev*)的二次项,用于考察债务杠杆对增长的潜在非线性关系。结果表明,债务杠杆率的一次项符号未变,但显著性消失,二次项则显著为负值,表明了债务对经济增长有某种“加速式”的压抑作用。随后,在“模型 4”中,我们又考察了城镇化进程对增长的影响。结果显示,城镇人口占总人口比重(*Urban*)这一指标系数并不显著,其中的原因可能在于它同投资率有较高相关性,导致所谓的“多重共线性”问题。其他系数则变化较小。最后,在“模型 5”中,我们又以“储蓄率”代替“投资率”进行了回归(即等于“投资”与“国际收支余额”之和同 GDP 的比率)。如表 6 所示,相关结果总体上仍保持稳健,特别是杠杆率系数依然显著为负值。

由此,以更多的样本国家为研究对象,在其他条件不变的情况下,债务积累对经济增长有着显著的甚至是“加速式”的负面影响,而且不同模型设定均印证了这一经验事实。其现实含义在于,金融效率在经济增长和管控宏观风险中扮演重要角色。有关决策者应高度重视金融活动——特别是信贷行为——能否以最小成本和风险将储蓄转化为有效投资,进而带动经济增长。这是促进金融业更好地服务实体经济、防范化解金融风险、实现经济可持续发展的关键。

四、杠杆率长周期:典型案例分析

为了更好理解杠杆率和产出增长的关系,同时也基于长时段数据的可获得性,我们选取美、英、日、德四个典型经济体进行案例分析。前面提到,这几个国家的杠杆率数据可以追溯到 1870 年。为了考察杠杆率长周期的变化,我们把 1870 年至今近 150 年的时间跨度大致分为四个时期。

周期划分与考察问题的视角有关。我们这里的四个时期划分(每个时期大约三四十年)主要是考虑制度、政策范式的较大转变(如从金本位到信用本位,布雷顿森林体系与后布雷顿森林体系,金融自由化与金融全球化的发展等)和大的外部冲击(如两次大战、两次大危机等)。具体来说:

(1)1870—1914 年,第一次全球化繁荣时期。除英国外,对其他三个国家而言,也是一个快速工业化的时期。大部分国家在这段时间都有较高的经济增速,但杠杆率并未显著上升,债务与经济活动以近似的速度增长。

(2)1914—1946 年,一战、大萧条和二战,这可以说是“非常时期”。这段时期发达国家的金融体系波动极大,主要特征表现在三个方面:首先,大部分国家在这段时期都曾放弃过金本位制度，各国处在寻求信用货币锚的探索阶段。第二，危机发生频繁，大萧条达到了危机的顶点。第三，金融制度大量创新，以美国为例，1913 年出现了美联储，1933 年出现了《格拉斯—斯蒂格尔法案》，这个法案既建立了联邦存款保险公司，还规定了金融分业经营的制度。

(3)1946—1975 年，西方战后增长的“黄金时代”。基本上由布雷顿森林体系主导，特征是国际资本管制与国内金融压抑。在我们研究的样本中，几乎所有国家在这段时期都未曾发生过金融危机。

(4)1975—2013 年，布雷顿森林体系崩溃，金融自由化、金融全球化发展阶段。这段时期的最大特征是金融资产迅速增长，并且伴随着危机的回归。以英国为例，1964 年金融部门总资产仅占 GDP 的 34%，到 2007 年这一比例已经增长至 500%，2008 年全球金融危机的爆发是这段时期不稳定状态的顶点。

(一)美国

美国历史上发生过 3 次较为明显的去杠杆过程，包括 1932 年大萧条之后的去杠杆、1946 年二战之后的去杠杆和 2010 年全球金融危机之后的去杠杆，如图 4 所示。

美国经济 1929 年陷入通缩与萧条，1930—1933 年连续 4 年 GDP 出现负增长，总杠杆率和私人部门杠杆率从 1932 年开始下降。在 1930—1932 年这段时期，经济下滑伴随杠杆率继续提高，政府杠杆率上升加快。在经济连续几年紧缩促使债务出清后，1933 年美元与黄金脱钩出现大幅贬值，相对宽松的流动性带动了经济复苏，私人部门和总杠杆率开始下降。2008 年的全球金融危机起源于过高的居民部门杠杆率，随着房价下跌居民部门出现资不抵债从而引发连锁的债务违约。美国 2009 年开始出现了连续 6 个季度的经济紧缩，私人债务下降的同时政府杠杆率上升。2009 年起美联储实行了三轮量化宽松，同样是在债务和经济出清的环境下通过放松流动性环境来实现去杠杆率。

这两次去杠杆有较多的一致性。首先，完美的去杠杆并不产生于债务增速下滑，而是得益于经济增速复苏。债务增速下滑时的杠杆率反而在加大。第二，在去杠杆之前都经历了经济滑入负增长区间的过程。在经济负增长过程中，债务实现了出清。理想中的“无痛去杠杆”是不存在的。第三，在债务出清后，适当的流动性宽松环境会促进经济加速增长，实现完美去杠杆。

我们进一步划分为四个区间予以分析，如表 7 所示。美国前两段时期的实际 GDP 增速要明显快于二战后。二战前平均增速为 3.5% 左右，二战后降至 2.7%。第二段时期的债务增速最快，第三、第四段时期的债务增速高于第一段

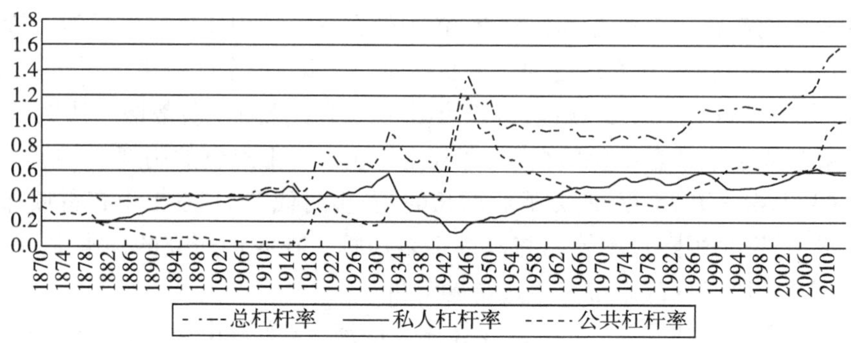

图4 美国杠杆率

资料来源:http://www.macrohistory.net/data。

时期。排除第二段特殊时期,美国战后较高的债务增速并未起到拉动经济增长的作用,相反,工业化初期,在杠杆率基本稳定的环境下,美国经济保持了平均3.5%的稳定增长。第二和第四段时期的杠杆率上升最为明显,其共同特征是政府债务增速超过私人债务。私人债务增速最快的是第三段区间,平均增速达到11.8%,如果排除1946年和1947年这两年战后经济负增长时间,这段时期是美国历史上经济增长最稳定繁荣的时期。私人债务增长与经济稳定增长的对应关系非常明显。与之形成反向对比的是第二段时期,这段时间经济波动最大,私人债务增速也最低,平均仅有1.6%。

再比较经济增长与衰退情况下的债务变化。私人债务在大部分经济衰退环境下都表现为增速下降,而政府债务则是在大部分经济衰退环境下表现为增速上升,逆势加杠杆。在第一段区间里,经济衰退期的私人债务增速由平均的6.5%下降到1.7%,政府债务增速由平均的-1.7%上升到1.8%。在第四段区间里,经济衰退期的私人债务增速由平均的6.2%下降到0.3%,政府债务增速由平均的9.0%上升到12.5%。第二段区间私人部门的特征也很明显,经济衰退期的私人债务增速由平均的1.6%下降到-2.3%。不同的是,政府部门债务增速在衰退期也稍有下降,从16.8%下降到13.8%。但这一下降比例较小,基本可视作保持平稳。第三段区间较为特殊,这段时期美国经历了从二战中经济疲弱快速过渡到高速增长的过程。1946年GDP增速为-23.1%,到1950年已经恢复到8.3%(本文的实际GDP同比增速计算方法为对数之差)。因此在最初几年经济的波动性较大,规律并不明显。如果在这段区间中排除掉1946年和1947年这段经济负增长时期,则同样符合其他三个区间中的规律。经济衰退期的私人债务增速由平均的10.5%下降到8.1%,政府债务增速变化不大,由平均的2.3%下降到1.9%,也可被看作基本平稳。在第四段时期,

1975 年以来美国总共出现过 6 年经济增速低于 0 的情况，在这 6 年中政府债务的平均增速达到 12. 5%，而私人债务的平均增速仅有 0. 3%。从总债务看，经济衰退期间的增速全部低于平均水平，可见私人债务的收缩幅度要高于政府债务的扩张幅度，债务增速总体放缓。在经济增长的环境下，私人债务和总债务普遍呈现出更高增速。仍以第四段区间为例，1975—2013 年中有 34 年经济增速大于 0，这 34 年私人债务和总债务的平均增速分别为 7. 1% 和 7. 8%，略高于整个区间的平均水平 6. 2% 和 7. 6%。

由此，从总体上看，我们可以认为美国在四段时期里私人债务全部表现为顺周期规律，而政府债务在两段时期里具有逆周期特征。

表 7　美国不同时期信贷与产出关系

		样本年数	实际 GDP 平均增速（%）	实际 GDP 标准差（%）	名义 GDP 平均增速（%）	私人债务平均增速（%）	政府债务平均增速（%）	总债务平均增速（%）
1870—1914 年	全部	33	3. 5	4. 8	4. 0	6. 5	-1. 7	4. 6
	经济增长	27	5. 1		5. 8	7. 6	-2. 5	5. 3
	经济衰退	6	-3. 4		-3. 8	1. 7	1. 8	1. 4
1914—1946 年	全部	32	3. 6	9. 1	5. 5	1. 6	16. 8	8. 6
	经济增长	22	7. 8		10. 7	3. 3	18. 2	11. 5
	经济衰退	10	-5. 6		-6. 0	-2. 3	13. 8	2. 3
1946—1975 年	全部	29	2. 6	2. 8	6. 6	11. 8	2. 3	5. 4
	经济增长	24	4. 3		7. 2	10. 7	2. 4	5. 5
	经济衰退	5	-5. 3		3. 8	16. 2	1. 9	4. 8
1975—2013 年	全部	39	2. 8	2. 0	6. 1	6. 2	9. 0	7. 6
	经济增长	34	3. 4		6. 5	7. 1	8. 5	7. 8
	经济衰退	5	-1. 3		3. 1	0. 3	12. 5	6. 3

以上特征可归结为三点。第一，私人债务表现出较强的经济内生性。无论在不同时期之间，还是在同一时期的不同增长背景下，稳定环境下的高增长总是伴随着更高的私人债务增速。第二，信贷环境萎缩一般也会伴随着经济增速的下行。市场一般会在这样的环境下实现债务出清，经济衰退的幅度普遍大于债务紧缩的幅度，表面看到的是杠杆率不降反升。第三，政府大部分时候都采用逆周期操作，在经济下行时提高债务增速对冲私人债务的紧缩。

（二）英国

与美国较为类似，英国历史上有四段明显的去杠杆过程：一战前、大萧条后、二战后和全球金融危机之后，而加杠杆比较明显的三段时期分别是：一战开始后至1925年、二战期间和1975年至全球金融危机前,如图5所示。英国持续时间最长的一段去杠杆过程出现在1947—1975年。当时的全球大环境是发达国家经济普遍快速增长,整体杠杆率比较平稳。由于战争期间的大量负债,英国杠杆率自1940年开始快速上升,到1944—1947年实际GDP连续4年出现负增长,债务也在这个过程中实现出清。1948年英镑汇率出现大幅贬值,相对于黄金和美元都贬值了30%,出清后宽松的货币环境促进经济恢复增长。这个过程与美国的几次去杠杆进程非常类似,唯一的区别是英国在这段时期的私人债务水平很低,总杠杆率主要依靠政府部门的债务驱动。

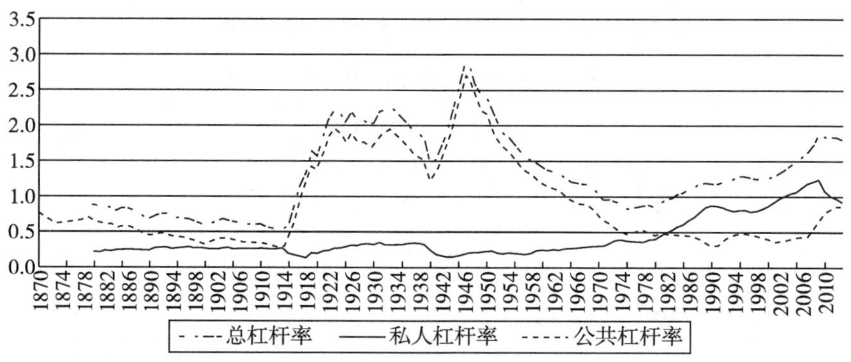

图5 英国杠杆率

资料来源:http://www.macrohistory.net/data。

分时期来看,如表8所示。前两段时期的经济平均增速较低,均低于2%;战后两段时期平均增速为2.3%,且战后经济增长的波动性更低。私人债务增速与经济增速的变化方向一致,四段时期的平均增速分别为2.6%、2.8%、10.8%和9.8%,战后的私人债务增长明显快于战前。第三段时期是英国经济增长最平稳快速的阶段,私人债务增速也相应最快。相反,第二段时期的经济增速最低,波动性最大,私人债务增速也相对较慢,平均仅有2.8%,远低于同期名义GDP的平均增速4.3%,私人部门杠杆率下降。政府债务的走势在大部分时候与私人债务呈反向关系,第二段时期政府债务增速最高,而在第三段时期政府债务增长较为缓慢。总杠杆率在第四段时期增长最快,经济增长的信贷密度有所加强。

再将每段时期分为不同经济环境来看,英国的私人债务增速在增长和衰退的不同环境下并未表现出明显区别,但政府债务普遍表现出在衰退时期增速更快,由此导致总债务在后两段时期也都表现出衰退时以更快的速度增长。

表 8　英国不同时期信贷与产出关系

		样本年数	实际 GDP 平均增速 (%)	实际 GDP 标准差 (%)	名义 GDP 平均增速 (%)	私人债务平均增速 (%)	政府债务平均增速 (%)	总债务平均增速 (%)
1870—1914 年	全部	33	1.9	2.2	2.1	2.6	−0.5	0.6
	经济增长	27	2.6		2.8	3.3	−0.9	0.6
	经济衰退	6	−1.5		−1.1	−0.6	1.2	0.5
1914—1946 年	全部	32	1.4	5.0	4.3	2.8	11.0	9.1
	经济增长	24	3.7		6.6	1.6	12.5	10.0
	经济衰退	8	−5.6		−2.6	6.4	6.4	6.6
1946—1975 年	全部	29	2.3	2.0	7.7	10.8	2.4	4.2
	经济增长	23	3.2		8.0	10.8	1.8	3.7
	经济衰退	6	−1.4		6.2	10.9	5.0	6.0
1975—2013 年	全部	39	2.3	2.1	7.6	9.8	9.0	9.4
	经济增长	33	3.0		7.4	9.7	8.1	9.1
	经济衰退	6	−1.7		8.8	10.4	13.8	10.8

资料来源：作者计算。

从以上分析中可以总结出如下特征：第一，私人债务增长与经济增长在不同时期内方向一致，但同一时期里不同环境下则没有明显规律。第二，英国的总债务受政府债务影响较大，这一点与美国有所不同。第三，与美国类似，英国政府普遍采用逆周期操作，在经济下行时期偏向于扩大政府债务。

（三）日本

日本杠杆率的显著特征是除了二战战败后出现过一次彻底的去杠杆和经济出清外，几乎没有发生过明显的去杠杆过程。1945 年日本战败后，杠杆率从 1944 年的顶点 274% 跌落至 1948 年的 33%，此后，随着私营经济和金融体系的发展，私人部门杠杆率出现快速上升，这一过程持续至今。如图 6 所示。

自 20 世纪 70 年代以来，政府部门杠杆率一直在快速增长，1965 年日本政府杠杆率仅为 6.5%，到 2013 年已增长至 243%。但 90 年代之后经济增速开始回落，陷入了长期通缩，私人杠杆率出现下降，而政府杠杆率仍在快速上升。与英美两国不同的地方在于，日本经济没有实现出清（大量僵尸企业的存在就是证明），也就无法实现完美去杠杆（Dalio，2012）。过高的杠杆率成为抑制经济增长的重要因素，至今也未走出低速增长的阴影。虽然债务增速大幅下降，但经济增速下降更多，杠杆率持续增长。

分时期来看，如表 9 所示。日本经济增长最辉煌的时期是二战后到 1975

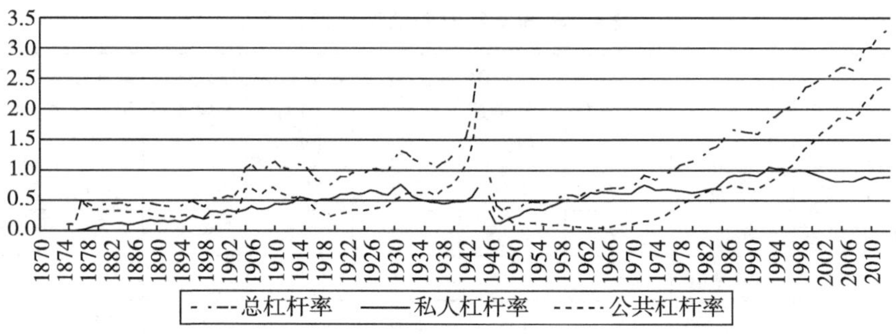

图6　日本杠杆率

资料来源:http://www.macrohistory.net/data。

年这段时间,实际GDP平均增速达到8.6%,且仅在1975年出现过一次经济衰退。这段时期的债务增速也最快,私人债务增长领先于政府债务。1975年后,日本经济发展模式发生较大幅度的转变,平均经济增速滑落至2.3%,债务增速也相应下降,且私人债务增速降幅更大。政府债务增幅仅是略有下降,平均增幅仍达到10%,总杠杆率也在政府债务的带动下快速增长。政府债务的逆周期现象非常明显。比较前两段时期,第一段时期经济平均增速略低于第二段时期,但波动性较小,私人债务增速在第一段时期也相应高于政府债务,但两段时期总债务增速基本保持一致,平均都为11.8%。政府债务在全部区间里的平均增速基本一致,每个阶段的平均增速都在10%~15%。私人债务的波动性更大,第三段时期平均增速达到22.6%,而1975年之后仅有4.0%,因此总债务增速主要是由私人债务决定。

从划分增长和衰退的不同环境看,在战后的两段时期里,私人债务都在经济增长时以更快的速度上升,而政府债务并无明显规律,总债务也具有顺周期性,在增长时增速更快。而在前两段时期里,私人债务增速的变化并不明显。

表9　日本不同时期信贷与产出关系

		样本年数	实际GDP平均增速(%)	实际GDP标准差(%)	名义GDP平均增速(%)	私人债务平均增速(%)	政府债务平均增速(%)	总债务平均增速(%)
1870—1914年	全部	38	2.4	4.9	5.9	18.0	10.2	11.8
	经济增长	28	4.6		7.9	17.7	11.8	12.7
	经济衰退	10	-3.6		0.4	19.0	5.9	9.2
1914—1946年	全部	31	3.4	13.9	8.5	9.8	12.9	11.8
	经济增长	25	5.1		10.2	9.5	11.8	11.1
	经济衰退	6	-3.7		1.5	10.9	17.1	14.7

续表

		样本年数	实际 GDP 平均增速（%）	实际 GDP 标准差（%）	名义 GDP 平均增速（%）	私人债务平均增速（%）	政府债务平均增速（%）	总债务平均增速（%）
1946—1975 年	全部	28	8.6	3.2	20.0	22.6	15.9	19.9
	经济增长	27	8.9		20.1	23.1	15.6	20.1
	经济衰退	1	-1.3		17.7	10.4	22.7	12.8
1975—2013 年	全部	39	2.3	2.3	3.3	4.0	10.0	6.8
	经济增长	35	2.8		4.0	4.5	10.5	7.2
	经济衰退	4	-2.3		-3.0	-0.4	5.9	3.2

资料来源：作者计算。

从上述分析可以总结出以下特征：第一，日本私人债务同样在经济稳定增长的第三段时期增速最快，而在波动性最大且增速较慢的第二段时期缓慢增长，这与其他国家的经验类似。第二，与美国类似，日本信贷环境萎缩时同样也伴随着经济增速下行，杠杆率不降反升。第三，政府债务在战后体现出逆周期操作的规律，与其他国家类似，这并没有推动经济增长。

（四）德国

德国曾在一战后由于糟糕的战后和约造成了严重的经济后果，在魏玛共和国时期通胀率极高，1922—1924 年通胀率都在 200% 以上，1923 年甚至超过了 2000%。这段时期债务增速与名义 GDP 增速也极高，社会金融体系遭到破坏。由于恶性通胀的作用，存量债务被稀释，到 1923 年地方政府债务仅占当年 GDP 的 0.09%，去杠杆得以实现。二战后的情况也与日本类似，债务被强制出清，杠杆率降到最低点。杠杆出清后，总杠杆率开始上升，至今尚未出现显著的去杠杆率过程，如图 7 所示。

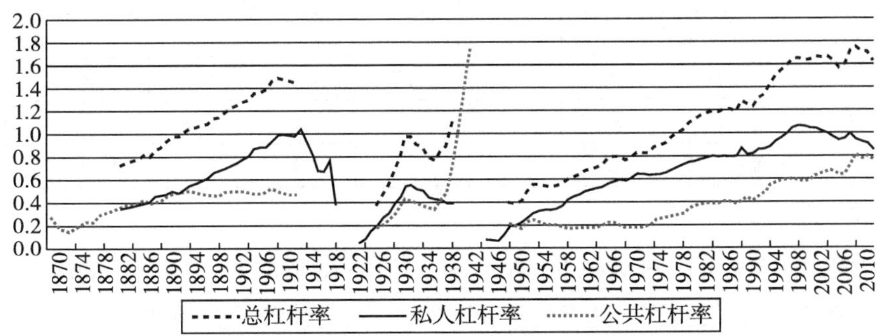

图 7　德国杠杆率

资料来源：http://www.macrohistory.net/data。

由于出现过几次剧烈震荡,德国数据在前两个阶段的缺失点较多,我们排除掉这些异常点及数据缺失年份后进行分段分析,如表 10 所示。私人债务增速最快的时期仍然是第三阶段,这一时期经济增速最快,波动性最小。政府债务增速与名义 GDP 增速持平,政府杠杆率保持稳定。在第四阶段中,经济增速下滑,波动性上升,债务增速也随之下降,但由于经济增速下滑更快,杠杆率依旧上升。比较特殊的是 2000 年以来,私人杠杆率开始下降,政府杠杆率以更快的速度上升,总杠杆率趋于稳定,但这段时期宏观经济的波动性更大,政府债务对经济的拉动作用有限。

从不同经济增长环境看,除第二段时期外,德国的政府债务表现出较明显的逆周期性,在经济衰退时更倾向于提高政府债务增速。这一规律在第四段时期最为明显,政府债务增速在衰退时期达到 13.1%。相反,私人债务则更多表现为顺周期特征。德国的总债务增长受政府债务影响较大。

表 10 德国不同时期信贷与产出关系

		样本年数	实际 GDP 平均增速 (%)	实际 GDP 标准差 (%)	名义 GDP 平均增速 (%)	私人债务平均增速 (%)	政府债务平均增速 (%)	总债务平均增速 (%)
1870—1914 年	全部	30	3.0	3.6	2.9	6.3	3.7	5.2
	经济增长	28	3.3		3.0	6.5	3.3	5.2
	经济衰退	2	-1.3		0.7	3.1	8.4	5.5
1914—1946 年	全部	13	3.2	20.3	3.7	8.9	14.4	11.9
	经济增长	9	6.6		10.5	9.9	17.4	14.2
	经济衰退	4	-4.4		-11.6	6.4	7.5	6.9
1946—1975 年	全部	24	5.6	4.4	9.4	14.5	9.0	12.4
	经济增长	24	5.6		9.4	14.5	9.0	12.4
	经济衰退							
1975—2013 年	全部	39	2.4	4.7	4.2	5.0	7.8	6.0
	经济增长	33	3.1		4.5	4.9	6.9	5.6
	经济衰退	6	-1.6		2.8	5.6	13.1	7.9

资料来源:作者计算。

德国的情况可以归纳如下:第一,私人债务在稳定增长环境下的增速最快。第二,债务紧缩时,经济增速下滑更快。第三,政府债务的逆周期特征也很明显。

总结这几个国家的经验发现,发达经济体的长周期杠杆率与经济增长呈现出以下特征:

(1)政府债务相对私人债务来说更不稳定,逆周期现象明显,且对经济增长的拉动作用有限。在经济陷入衰退期时,大多数政府都更倾向于加大债务增速对冲私人部门投资意愿的下降。从对经济增长的影响看,各国经济繁荣时期,往往对应着私人债务温和增长而政府债务增速有限的时期。可见,私人部门主动加杠杆是经济增长的重要动力,有助于实现长期稳定的经济增长,而政府杠杆率一般不具有可持续性。在政府加杠杆的早期,经济依然可以维持一定增长,但随着政府债务的积累,对经济增长的拉动往往缺乏后劲,最后总是以经济衰退或危机收场。由此,也可以区分私人部门与公共部门杠杆率在增长中的不同角色。一般来说,公共部门杠杆率是“补台”,是熨平波动的;而私人部门杠杆率才是在短期内推动增长的真正动力。长期来看,无论是公共部门杠杆率还是私人部门杠杆率,积累到一定程度都会对金融稳定造成冲击,对经济增长带来负面影响。

(2)20 世纪 70 年代以来,经济的信贷密度在上升,迎来了一个对信贷依赖度持续攀升的新时期。一方面,金融自由化与金融全球化带来了信贷的快速增长;另一方面,发达经济体经历了二战后增长的黄金时代,经济增长趋于下滑。这二者的结合导致信贷占 GDP 比重(信贷密度)不断上升。从另外一个角度看,发达经济体普遍较高的杠杆率,基于两个原因:一是经济对信贷的依赖是由整个经济范式(Paradigm,包括制度、体系以及相应的政策安排)决定的,并不简单取决于决策者或市场的偏好;二是成熟市场经济体的经济增速回落是无法阻挡的规律,债务增长对经济的拉动作用有限,只有创新才是增长的持续推动力。这种信贷依赖症在未来较长一段时间也难以有变化,因为这将取决于国际货币体系、金融监管与法律框架、跨境资本流动以及金融科技等诸多方面的发展与变革。

(3)杠杆率变化呈现某种长周期特征。从最长的时段来看,150 年的变化基本上经历了两次大的债务高增长,且以危机告终。如果进一步细化,则杠杆率大致呈现三四十年的变化周期。这实际上与后发经济体快速追赶的时间相一致,事实上 20 世纪 90 年代末亚洲金融危机国家(或地区)基本上都是经历了三四十年的高速增长。考虑到中国改革开放 40 年的后发赶超,当前宏观杠杆率也基本处在一个周期的峰值附近,因此去杠杆政策成为必然之选。这不仅是着眼于杠杆率本身蕴含的风险,也是着眼于 40 年快速发展累积的各类风险在杠杆率上的体现。

五、结论与政策建议

过多的信贷为什么不能带来更快的增长?我们从理论层面给出了四个理由:①金融自由化、创新与发展导致信贷增长脱离实体经济,产生“异化”。

②现存资产融资导致的信贷扩张对产出增长的作用甚微。③贫富差距导致信贷扩张成为很多政府的制胜法宝。④金融全球化、跨境资本流动与全球失衡进一步推动信贷攀升。

从经验层面看:①17 个发达经济体 150 年的杠杆率经验表明,如果杠杆率的正向作用由投资体现,那么在此之外的杠杆率上升就会带来副作用。所以这个杠杆率的攀升可以看作衡量增长风险的指标。从回归的系数可以看出,投资驱动作用在前一阶段(即 1870—1914 年)更明显,这是因为该阶段刚好是发达经济体早期快速工业化发展阶段。这也说明该时期信贷的正向作用更明显,因为信贷主要是用于支持投资。②对 64 个经济体 1980—2016 年的计量分析,以及近年来的国际经验均表明,在其他条件不变的情况下,债务积累对经济增长有着显著的甚至是"加速式"的负面影响,而且不同模型设定均印证了这一经验发现。其现实含义在于,金融资源的配置效率(比如杠杆率的配置)在经济增长和管控宏观风险中扮演重要角色。有关决策者应高度重视金融活动——特别是信贷行为——能否以最小的成本和风险将储蓄转化为有效投资,进而带动经济增长。这是促进金融业更好地服务实体经济、防范化解金融风险、实现经济可持续发展的关键。

认识到杠杆率的变化是一个长周期过程,特别是它在不同阶段对产出增长的不同作用,就需要在政策层面对杠杆率攀升有合理的应对:

第一,杠杆率本身的变化取决于诸多因素,除了一般的周期性因素(如经济波动甚至危机),还和社会经济范式有关,包括制度、体制、政策等诸多层面。制度上,后布雷顿森林体系、金融自由化(放松监管)、金融全球化,这些都推动了信贷膨胀;体制上,是否存在对市场主体信贷扩张的约束机制以及是否存在因政府担保带来的道德风险,也使不同经济体对信贷依赖的程度呈现差异;政策上,货币当局在经历滞胀阶段后积累了治理通胀的经验,且货币政策的关注点只在通胀而非资产价格,这些都会纵容信贷扩张而忽视其潜在风险。制度、体制与政策安排,既是社会经济范式的主要内容,它们的组合也反映出当局的治理能力。总体上,发达经济体的治理能力更强,对债务的承受能力也更高,也就是说,面临较高的杠杆率,仍然可以正常地发展。当然,发达经济体的治理能力与债务耐受力强都是相对的(即相对于发展中国家),本轮国际金融危机也暴露出对信贷的过度依赖最终会超过其治理能力的限度,招致巨大损失。

第二,公共部门杠杆与私人部门杠杆率往往呈现此消彼长的特征,这实际上是政府干预经济、熨平波动、保持增长的重要职能的体现。没有政府杠杆率在非常时期(包括危机或战争)的"补台"(这时候私人杠杆率往往都接近于崩溃),要渡过难关是难以想象的;同时,这种补台也预示着实体部门的总杠杆率会越升越高,后一个周期的峰值甚至会超过前一个周期的峰值。

第三,针对杠杆率变化的长周期,在去杠杆过程中就要有定力。要稳中求进,不能操之过急。尤其是危机以来,我们看到各大经济体都是金融去杠杆取得成效,但实体经济部门的杠杆率仍在攀升(当然内部结构上有所变化,比如私人部门去杠杆、政府部门加杠杆)。这就意味着,我们在强调去杠杆的时候,也要更加理性、客观、务实。从一般性去杠杆到结构性去杠杆,就是务实精神的体现。国内一些学者一提到去杠杆,恨不得每个部门都能做到去杠杆,认为这样风险才会得以化解。这种片面的、一厢情愿的想法,未能着眼于中国经济发展的全局,未能着眼于杠杆率变化的长周期,以及未能着眼于改革、发展与稳定三者的统一(张晓晶等,2018)。

第四,典型案例分析揭示了实现完美去杠杆的前提条件。达里奥(Dalio,2012)区分了糟糕去杠杆与完美去杠杆。糟糕去杠杆要么体现为货币支持不足(即通缩式),要么体现为货币支持过度(即通胀式);而完美去杠杆则体现为货币支持适度,实体经济复苏,使名义增长高于名义利率,最终实现去杠杆。当前有人强调要以宽松的环境实现完美去杠杆,却忘记了达里奥并非提供了去杠杆的"三种武器"由我们自由选择,而是指出了去杠杆的三个阶段。完美去杠杆的前一阶段是市场出清的过程,会出现糟糕的通缩式去杠杆。而下一阶段是过度加大信贷刺激力度,导致糟糕的通胀式去杠杆。因此,我们可以将强制性的市场出清导致的经济收缩看作是完美去杠杆的前提。没有市场出清(伴随着企业破产倒闭和债务清理),就难以出现之后的经济复苏和杠杆率下降。那种只想要完美去杠杆而不想要市场出清过程的提法是一厢情愿的,完全没有理解达里奥去杠杆的实质。此外,还要警惕那些一味强调宽松环境去杠杆的观点,鉴于信贷刺激措施实在是太好用了,以至于跟政府的其他选项相比,它们很可能会被滥用,从而导致"糟糕的通胀去杠杆"。从这个意义上看,中国的去杠杆需要总体上偏紧一点的货币环境。

参考文献

[1]格雷伯. 债:第一个5000年[M]. 北京:中信出版社,2012.

[2]辜朝明. 大衰退:如何在金融风暴中幸存和发展[M]. 北京:东方出版社,2008.

[3]特纳. 债务和魔鬼:货币、信贷和全球金融体系重建[M]. 北京:中信出版社,2016.

[4]皮凯蒂. 21世纪资本论[M]. 北京:中信出版社,2014.

[5]张晓晶,常欣,刘磊. 结构性去杠杆:进程、逻辑与前景[J]. 经济学动态,2018(5).

[6]BERNANKE B S. Nonmonetary Effects of the Financial Crisis in Propagation of the Great Depression[J]. American Economic Review, 1983,73:257 -276.

[7]BERNANKE B S,A S BLINDER. The Federal Funds Rate and the Channels of Monetary Transmission [J]. American Economic Review, 1992, 82: 901 -921.

[8]DALIO R. An In -depth Look at Deleveragings[R]. Bridgewater Report,2012.

[9]FISHER I. The Debt - deflation Theory of Great Depressions[J]. Econometrica,1933(1):337 -357.

[10] FRIEDMAN M, A J SCHWARTZ. A Monetary History of the United States, 1867—1960[M]. Princeton University Press,1963.

[11]GERTLER M. Financial Structure and Aggregate Economic Activity: An Ovrview[J]. Journal of Money Credit and Banking, 1988,20:559 -588.

[12]Gurley J G,E S Shaw. Financial Aspects of Economic Development[J]. American Economic Review,1955,45:515 -538.

[13]JORDÀ Ò M. SCHULARICK and A M TAYLOR. The Great Mortgaging: Housing Finance, Crises and Business Cycles [J]. Economic Policy, 2016, 31: 107 -152.

[14]JORDÀ Ò M SCHULARICK, A M Taylor. Macrofinancial History and the New Business Cycle Facts[J]. NBER Macroeconomics Annual,2017,31:213 -263.

[15] KRUEGER D and F PERRI. Does Income Inequality Lead to Consumption Inequality? Evidence and Theory [J]. the Review of Economic Studies, 2006, 73: 163 -193.

[16]MISHIKIN F S. The Household Balance Sheet and the Great Depression [J]. Journal of Economic History,1978,38:918 -937.

[17]REINHART C M, V R Reinhart, K S Rogoff. Public Debt Overhangs: Advanced - Economy Episodes Since 1800[J]. Journal of Economic Perspectives, 2012,26:69 -86.

[18]TOBIN J. Review of Stabilizing an Unstable Economy by Hyman P. Minsky[J]. Journal of Economic Literature,1989,27:105 -108.

(作者单位:中国社会科学院经济研究所)

中国城市 TFP 增长与潜在增长率

张自然[①]

一、引言

中国经济经历了 40 年的高速增长，近 10 年来潜在增长率开始出现下降趋势：2017 年中国 GDP 增长率为 6.7%，2018 年为 6.6%，2019 年预计在 6.4% 左右，今后几年中国潜在增长率继续下降是必然趋势。张自然（2014）[1]探讨了 1990—2011 年中国地级及地级以上城市 TFP 增长对经济增长和波动的影响，2011 年已经出现经济增长乏力的迹象，由于当时经济还处在上升期，从增长趋势图上看不出明显的拐点。经过近 7 年的发展，中国城市经济结构性减速的趋势已经形成，我们有必要继续探讨中国城市尤其是地级及地级以上城市的经济增长趋势即潜在增长率的问题。

有关中国全国、省域或者城市的潜在增长率和全要素生产率方面的文献较为丰富（Young，2000[2]；Sachs 和 Woo，2000[3]；谢千里等，2001[4]；Guillaumont 和 Hua，2003[5]；张军和施少华，2003[6]；颜鹏飞和王兵，2004[7]；Zheng 和 Hu，2004[8]；郭庆旺、贾俊雪，2005[9]；孙琳琳和任若恩，2005[10]；郑京海和胡鞍钢，2005[11]；张自然、王宏淼等，2010[12]；张自然、陆明涛，2013[13]；张自然，2014[1]）。不少学者认为中国经济增长较少存在技术创新，而主要依赖要素投入的积累，特别是固定资产投资，认为中国经济的高速增长缺乏技术进步（Young，1992[14]；Krugman，1994[15]；Young，1995[16]和 2000[2]），但也有更多的国内外学者研究认为中国的经济增长主要是依赖全要素生产率的增长（Ezaki 和 Sun，1999[17]；郑玉歆，1999[18]；Islam 和 Dai，2004[19]；郑京海和胡鞍钢，2005[11]；Bosworth 和 Collins2008 [20]；Ozyurt，2009[21]；Lee，2009[22]；张自然、王宏淼等，2010[12]；Brandt 和 zhu，2010[23]；张自然和陆明涛，2013[13]；张自然，2014[1]；张平和张自然，2018[24]）。

对中国全要素生产率的研究主要集中在以下四个方面：①对具体行业的全

---

① 张自然，中国社会科学院经济研究所研究员、博士，研究方向：技术进步与经济增长。本文受国家社会科学基金重点课题“中国城市规模、空间聚集与管理模式研究”（批准文号：15AJL013）资助。本文发表在《湖南大学学报》2019 年第 6 期。

要素生产率和技术进步增长的研究。这些研究主要集中在第一产业、第二产业和第三产业的全要素生产率增长及技术进步。②对中国经济的全要素生产率增长和技术进步的研究。③对中国省域全要素生产率增长的研究,研究全要素生产率增长及技术进步、技术效率变化、纯技术效率变化和规模效率变化等。④对中国城市全要素生产率的研究。主要有张自然(2014)[1]对1990—2011年TFP增长对中国地级及地级以上城市的增长和波动的影响的研究。本文在张自然(2014)[1]的基础上,将数据从2011年延展到2018年,即用中国264个地级及地级以上城市1990—2018年的数据,分别从固定资本存量、劳动和全要素生产率增长几个方面来分析中国地级及地级以上城市的潜在增长率,并探讨生产要素和TFP增长对经济增长的贡献,并探讨TFP增长与潜在增长率的相关性。2018年中国内地264个地级及地级以上城市覆盖的常住人口占全国总人口139538万的89.36%,264个地级及地级以上城市国内生产总值占中国内地的国内生产总值的比重至少在90%~95%以上,因此无论从常住人口数还是国内生产总值来看,本文264个地级及地级以上城市都具有很大的代表性。

本文第二部分是研究方法、数据及变量,第三部分是分地区城市TFP增长及各要素对经济增长的贡献,第四部分为分区域城市TFP增长与潜在增长率的相关性分析,第五部分是结论及政策建议。

二、研究方法、数据及变量

(一)研究方法

全要素生产率主要有增长核算法和前沿分析法两种研究方法,后者考虑了技术非效率,包括非参数DEA Malmquist生产率指数法和随机前沿分析法。由于DEA Malmquist指数法在中国省域、市域或分行业面板数据中应用较为普遍,本文采用Fare et al.(1994)[25]构建的基于DEA的Malmquist指数法来分析中国264个地级及地级以上城市的全要素生产率增长和潜在增长率,同时利用随机前沿分析法来分析资本和劳动的产出弹性,进而分析资本和劳动对经济增长的贡献份额。

Malmquist指数法测算的全要素生产率在规模报酬不变(CRS)的情况下可以分解为反映资源使用效率变化的技术进步指数和反映资源配置效率变化的技术效率指数。而在规模报酬可变的情况下可以进一步将技术效率指数分解为纯技术效率指数和规模效率指数。本文采用规模报酬可变的Malmquist指数分析。Malmquist指数法的具体推导过程参见张自然和陆明涛(2013)[13]。

(二)数据和变量

本文采用的是1990—2018年的264个地级及以上城市全市的投入和产出

数据,数据来源于以下几类统计年鉴:历年《中国城市统计年鉴》、历年中国各省市统计年鉴、历年《中国统计年鉴》、历年各城市统计年鉴,以及历年各个城市国民经济和社会发展统计公报。2018 年未公布国民经济和社会发展统计公报的城市则按近三年加权增速进行递推。用 Malmquist 指数法测算全要素生产率及其分解要素,需要确定产出和投入,现将有关变量详细说明如下。

1. 产出

产出为 264 个地级及地级以上城市的实际的国内生产总值,使用 1990—2018 年各城市全市的名义地区生产总值和以 1990 年为基期的各年份国内生产总值指数调整得到。

2. 固定资本存量

投入包括固定资本存量和劳动。固定资本存量采用永续盘存法(PIM)来进行测算。计算方法为:

$$K_{it} = K_{i,t-1}(1 - \delta) + I_{it} \quad (1)$$

其中,K_{it} 是第 i 个城市第 t 年的固定资本存量,δ 是折旧率,I_{it} 是第 i 个城市第 t 年的当年实际新增固定资产投资,使用各城市 1990—2018 年的名义新增固定资产投资和以 1990 年为基年的固定资产投资价格指数调整得到。具体计算方法可以参照张自然和王宏淼等(2010)[12]。

3. 劳动

劳动有三种指标表示:①就业人数;②总劳动时间;③劳动者报酬。本文的劳动采用 1990—2018 年中国 264 个地级及地级以上城市全市的年末就业人口数。

三、分地区城市 TFP 增长及各要素对经济增长的贡献

利用以上 1990—2018 年中国 264 个地级及地级以上城市的投入和产出数据,采用 Coelli(1996)的 DEAP 软件对中国 264 个城市的全要素生产率及其分解因素进行测算,得到 1991—2018 年中国 264 个地级及地级以上城市的 Malmquist 生产率指数(见表 1)。

(一)中国城市全要素生产率增长的变动

(1)1991—2018 年中国 264 个地级及地级以上城市的 TFP 增长为 4.3%(见图 1),全要素生产率增长对经济增长的贡献率为 38.62%。其中技术进步年均增长为 2.9%(见图 2),而技术效率变化为 0.5%,技术进步对 TFP 增长起着主要作用(见表 1)。

(2)中国 264 个地级及地级以上城市平均的技术效率变化波动较大,而 2009 年后技术效率变化则基本处于恶化状态(见图 3)。

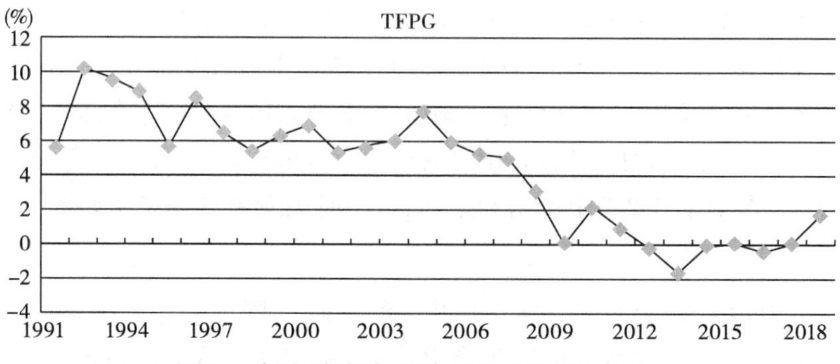

图1　中国城市全要素生产率平均增长

注:TFPG 表示全要素生产率增长。

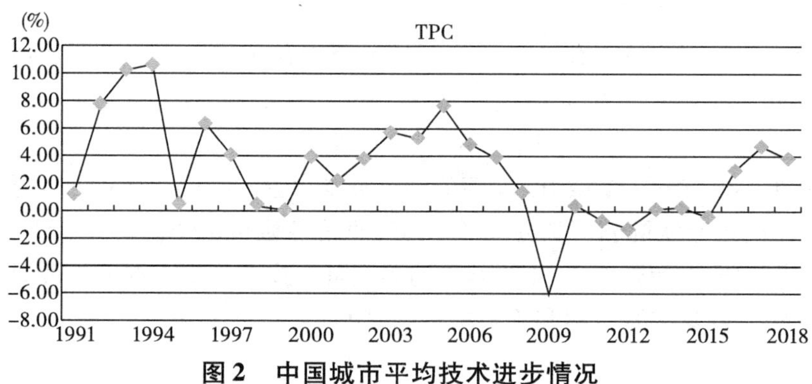

图2　中国城市平均技术进步情况

注:TPC 表示技术进步变化。

全国、东部地区、中部地区和西部地区城市的平均技术效率总体呈上升趋势,直到 2012 年后全国、东部地区、中部地区和西部地区的平均技术效率则呈下降趋势(见图 4)。

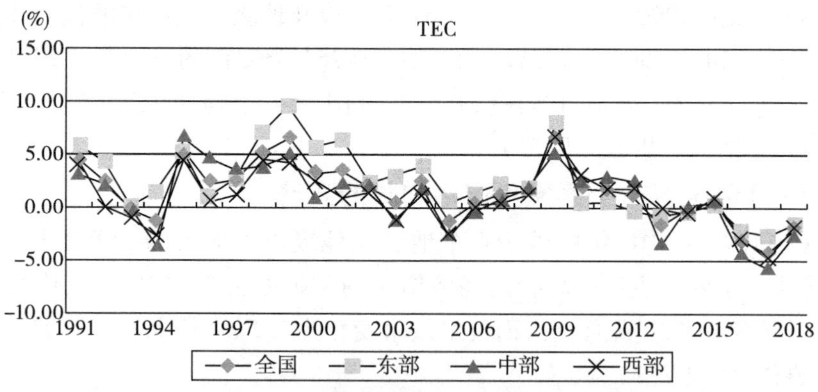

图3　中国城市分区平均技术效率变化

注:TEC 表示技术效率变化。

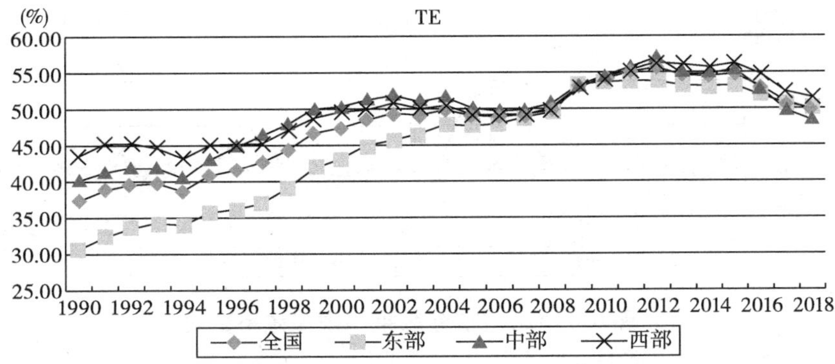

图 4　中国城市分区平均技术效率(1990—2018 年)

注:TE 表示技术效率。

(3) 2009 年前全国、东部地区、中部地区和西部地区城市的纯技术效率变化基本处于改善状态。而 2010 年后 264 个地级及地级以上城市的全国、东部地区、中部地区和西部地区的平均纯技术效率变化则呈下降趋势, 2013 年后平均纯技术效率变化则基本呈恶化趋势(见图 5)。

(4) 1995—2002 年的规模效率变化有一个比较大的增幅,规模效率变化方面,东部地区和全国在 1999 年、中部地区和西部地区在 1995 年达到最大值。除 2014 年略有回升外,2009 年后 264 个城市全国、东部地区、中部地区和西部地区规模效率变化呈恶化趋势(见图 6)。

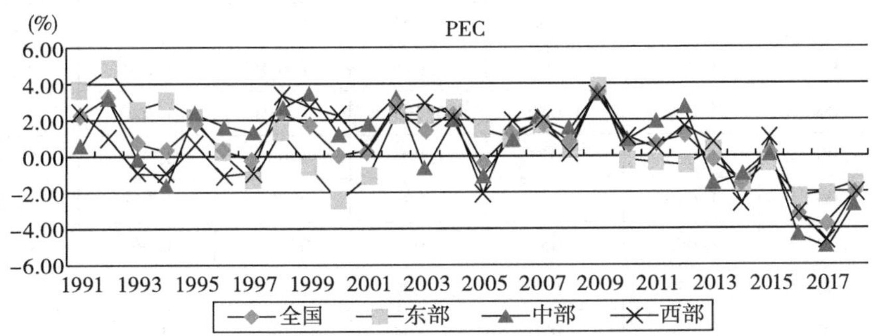

图 5　中国城市分区平均纯技术效率变化

注:PEC 表示平均纯技术效率变化。

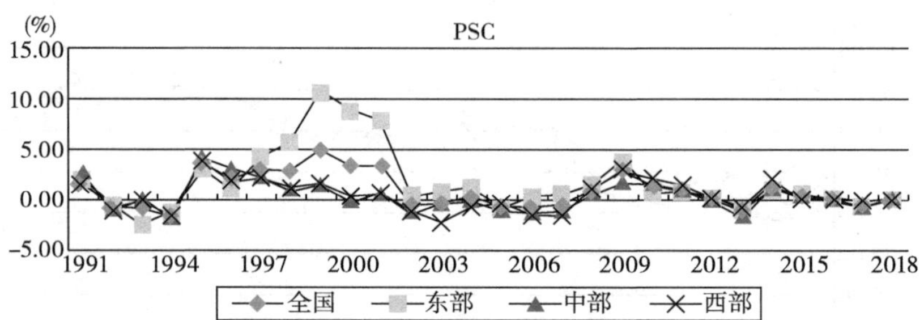

图 6 中国城市分区平均规模效率变化

注:PSC 表示平均规模效率变化。

表 1 中国地级及地级以上城市 Malmquist 生产率指数的分解(1991—2018 年)

年份	TEI	TPI	PTEI	SEI	TFPI	TFPG 贡献率(%)
1990—1991 年	1.043	1.012	1.021	1.022	1.056	56.51
1991—1992 年	1.022	1.078	1.03	0.992	1.102	71.77
1992—1993 年	0.996	1.102	1.005	0.990	1.097	73.74
1993—1994 年	0.985	1.106	1.001	0.984	1.089	70.86
1994—1995 年	1.053	1.005	1.016	1.036	1.058	58.94
1995—1996 年	1.021	1.063	1.002	1.019	1.085	66.65
1996—1997 年	1.024	1.040	0.995	1.029	1.065	58.26
1997—1998 年	1.050	1.004	1.022	1.028	1.055	57.50
1998—1999 年	1.063	1.001	1.015	1.048	1.064	80.59
1999—2000 年	1.029	1.040	0.999	1.030	1.070	83.26
2000—2001 年	1.033	1.022	1.001	1.031	1.055	57.85
2001—2002 年	1.019	1.038	1.026	0.993	1.058	52.88
2002—2003 年	1.003	1.057	1.009	0.994	1.061	49.51
2003—2004 年	1.024	1.053	1.022	1.002	1.077	53.61
2004—2005 年	0.986	1.076	0.994	0.992	1.06	43.00
2005—2006 年	1.003	1.049	1.011	0.992	1.053	37.31
2006—2007 年	1.012	1.039	1.018	0.994	1.051	33.58
2007—2008 年	1.017	1.014	1.006	1.011	1.031	23.25
2008—2009 年	1.065	0.940	1.036	1.028	1.001	0.77
2009—2010 年	1.018	1.004	1.004	1.014	1.022	15.14
2010—2011 年	1.016	0.994	1.005	1.011	1.010	7.58
2011—2012 年	1.011	0.988	1.010	1.001	0.999	−0.85

续表

年份	TEI	TPI	PTEI	SEI	TFPI	TFPG 贡献率(%)
2012—2013 年	0.983	1.002	0.995	0.988	0.985	-14.66
2013—2014 年	0.996	1.003	0.983	1.014	0.999	-1.19
2014—2015 年	1.004	0.997	1.001	1.003	1.001	1.32
2015—2016 年	0.968	1.03	0.967	1.001	0.997	-4.28
2016—2017 年	0.957	1.047	0.961	0.995	1.001	1.41
2017—2018 年	0.979	1.039	0.979	1.000	1.017	24.11
平均	1.013	1.029	1.005	1.009	1.043	38.62

注:TFPI 为 TFP 指数,TPI 为技术进步指数,TEI 为技术效率指数,PEI 为纯技术效率指数,SEI 为规模效率指数,TFPG 为 TFP 增长。

(二)分地区城市全要素生产率的变动

1991—2018 年全国、东部地区、中部地区和西部地区全要素生产率增长分别为 4.56%、4.56%、4.54%、4.57%,其对经济增长的贡献分别为 40.93%、38.91%、42.76%、41.65%。从 1991—2018 年平均来看,各地区城市间的差距并不大,见表 2。

1991—2018 年全国、东部地区、中部地区和西部地区技术进步分别为 3.07%、2.25%、3.5%、3.69%,对经济增长的贡献分别为 27.59%、19.23%、32.93%、33.63%。技术进步为西部地区大于中部地区,中部地区大于东部地区。1991—2018 年全国、东部地区、中部地区和西部地区技术效率变化分别为 1.62%、2.5%、1.13%、0.99%,对经济增长的贡献分别为 14.51%、21.33%、10.59%、8.98%。

1991—2018 年全国、东部地区、中部地区和西部地区纯技术效率变化分别为 0.68%、0.78%、0.65%、0.58%,对经济增长的贡献分别为 6.15%、6.67%、6.15%、5.32%。

1991—2018 年全国、东部地区、中部地区和西部地区规模效率变化分别为 1%、1.79%、0.5%、0.53%,对经济增长的贡献分别为 9.01%、15.29%、4.74%、4.82%。规模效率变化低于技术效率变化,全国和东部地区规模效率变化高于纯技术效率变化,而中部和西部地区规模效率变化则低于纯技术效率变化,且东部地区略快于西部、中部地区,西部地区略快于中部地区。

264 个城市平均技术效率从 1990 年的 37.3 % 提高到 2018 年的 49.8 %,29 年间改善了 12.5 个百分点,平均每年改善 0.45 个百分点。东部地区平均技术效率从 1990 年的 30.7 % 提高到 2018 年的 50.0 %,29 年改善了 19.3 个百分点,平均每年改善0.69个百分点,改善相对较大。而中部地区和西部地区平均技术效率改善则相对较小。

1991—2018年264个地级及地级以上城市的TFP平均增长最高的地级市是黑河市①,增长11.8%;TFP增长最小的地级市是宿州市,增长-6.3%。其中:技术效率变化最快的地级市是茂名市,其值为6.8%;技术效率变化最小的地级市是莆田市,为-2.8%;纯技术效率变化最大的地级市是七台河市,为4.9%;纯技术效率变化最小的地级市是宿州市,为-3.5%;规模效率变化最大的地级市是徐州市,为4.6%;规模效率变化最小的地级市是宜昌市,为-0.7%,见表3。

表2 分地区TFP增长和各分项及其对经济增长的贡献率(1991—2018年)

地区	TFPG	TFPG贡献率	TP	TP贡献率	TEC	TEC贡献率	PEC	PEC贡献率	SEC	SEC贡献率
全国	4.6	40.9	3.1	27.6	1.6	14.5	0.7	6.2	1.0	9.0
东部	4.6	38.9	2.3	19.2	2.5	21.3	0.8	6.7	1.8	15.3
中部	4.5	42.8	3.5	32.9	1.1	10.6	0.7	6.2	0.5	4.7
西部	4.6	41.6	3.7	33.6	1.0	9.0	0.6	5.3	0.5	4.8

注:TFPG为TFP增长率,TP为技术进步率,TEC为技术效率变化,PEC为纯技术效率变化,SEC为规模效率变化,下同。

表3 中国城市TFP相关项增长最高和最低的城市(1990—2018年)

	TEC	TP	PTEC	SEC	TFPG
最高城市	茂名市	宣城市	七台河市	徐州市	黑河市
最高值(%)	6.80	8.20	4.90	4.60	11.80
最低城市	莆田市	宿州市	宿州市	宜昌市	宿州市
最低值(%)	-2.80	-3.70	-3.50	-0.70	-6.30

3. 资本、劳动和TFP增长对GDP的贡献率

通过随机前沿分析法分析得出资本和劳动的产出弹性,先由上面的Malmquist指数法得到TFP增长和TFP增长对经济增长的贡献率,再将TFP增长对经济增长贡献之外的部分由资本和劳动的产出弹性及其增长率求得资本和劳动对经济增长的贡献率[12]。如图7所示。

① 造成1990—2018年间黑河市的TFP平均增长过高的原因主要是劳动增长率下降过快引起的:一是1990—2018年GDP平均增长率为8.52%,固定资本存量平均增长率为4.2%,而就业平均增长率平均为-4%;二是其中2010—2013年四年间劳动增长率平均下降幅度达19.3%,也造成对应年份TFP增长率虚高。今后的研究中应该考虑相关城市年份数据,如劳动增长率下降幅度的合理性问题。

2004 年前中国 264 个地级及地级以上城市 TFP 平均增长对经济增长的贡献率大约在 50% 以上，其后 TFP 增长对 GDP 的贡献率则持续下降，直到 2016 年 TFP 增长对经济增长的贡献才开始有所反弹。

而固定资本存量对经济增长的贡献率则稳定上升，2005 年后固定资本存量对经济增长的贡献率超过 TFP 增长对经济增长的贡献率，此后固定资本存量对经济增长的贡献一直高于 50%，高于 TFP 增长的贡献率，并在 2013 年达到最高值，其贡献率为 74.6 %，2013 年后固定资本存量对经济增长的贡献率开始逐年下降。

劳动对 GDP 的贡献率呈不规则 S 形，从 1990 年的 18.7% 持续下降，并在 2004 年降为最低 7.9 %，此后劳动对经济增长的贡献有所回升，并在 2013 年达到最高值，其贡献率为 32.1 %，之后劳动对经济增长的贡献率一直下降，直到 2018 年的 13.9 %。

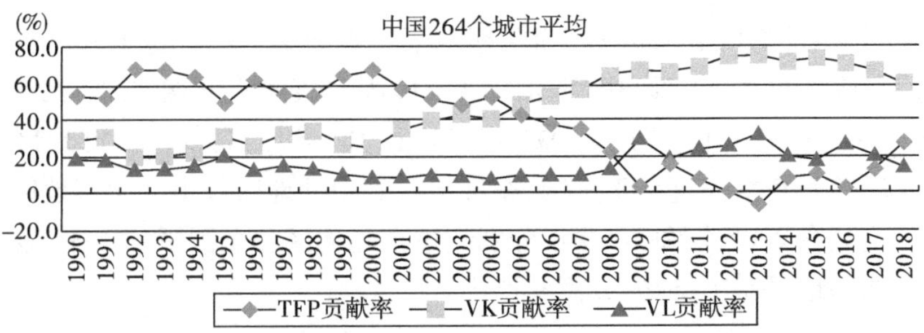

图 7　TFP 增长、资本和劳动对 GDP 的贡献率

注：K 贡献率和 L 贡献率是 TFP 增长对 GDP 贡献的剩余部分按资本和劳动的产出弹性和增长率得到的份额进行分配。

四、分区域城市 TFP 增长与潜在增长率的相关性分析

(一) TFP 增长、投入要素增长与 GDP 增长率的 HP 滤波与分解

将 264 个地级及地级以上城市的 GDP 增长率按全国、东部地区、中部地区和西部地区分别进行 HP 滤波，得到全国、东部地区、中部地区和西部地区的滤去经济波动的 GDP 增长的趋势值，即 GDP 的潜在增长率。而 GDP 实际增长率为 GDP 增长率的趋势值加 GDP 增长率的波动值。由于 HP 滤波采用的是年度数据，故取 λ 值为 100。按照同样的方法，将分区域的 TFP 增长率、资本增长率和劳动增长率分别进行 HP 滤波，得到分区域的 TFP 增长率、资本增长率和劳动增长率的趋势值和波动值。

1990—1997 年东部地区 GDP 潜在增长率的走势不同于中部和西部，东部地区由高到低，至 1998 年到最低，值为 11.9%，此时中部和西部地区 GDP 潜在

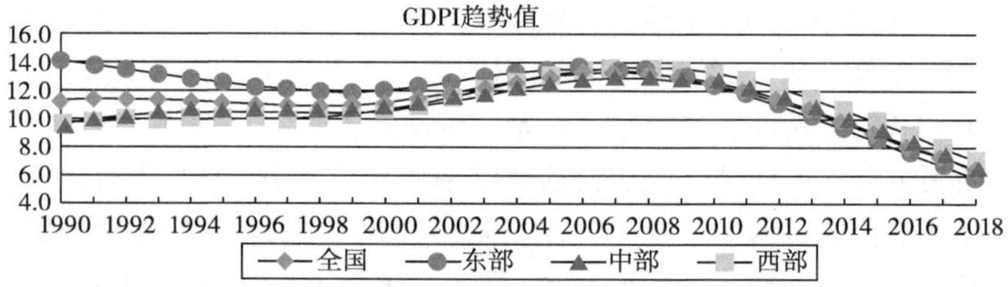

图8 全国、东部地区、中部地区、西部地区城市 GDP 增长率趋势图

注:其中 GDPI 是 GDP 增长率。

增长率呈缓慢上升态势,1998 年后,东部、中部和西部地区走势开始变得一致,其潜在增长率分别在 2006 年、2007 年和 2008 年达到最大值 13.5%、12.9% 和 13.6%,此后重拾下降通道,到目前为止,各地区潜在增长率下降的趋势仍然未能得到有效遏制,如图 8 所示。

全国、东部地区、中部地区和西部地区城市固定资本存量增长率经历了先上升后下降的过程,东部、中部和西部城市固定资本存量增长率分别于 2009 年、2011 年和 2010 年达到 15.5%、17.9% 和 18.4% 的高值。西部地区固定资本存量增长率基本一直高于全国、东部地区和中部地区城市。中部地区固定资本存量增速在 2005 年和 2006 年分别超过东部地区和全国平均水平,现在基本已经和西部地区城市持平,如图 9 所示。

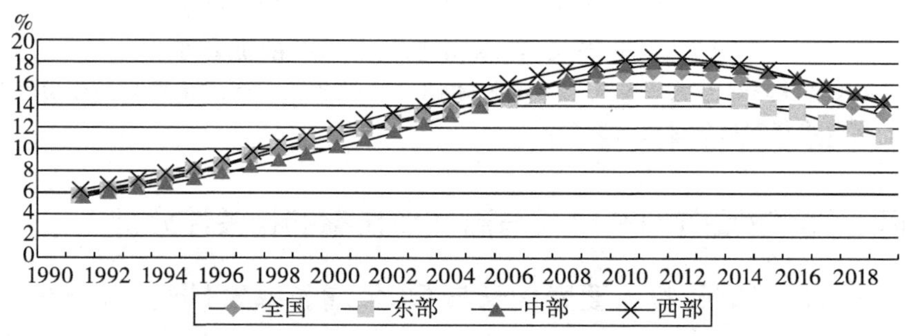

图9 全国、东部地区、中部地区、西部地区城市固定资本存量增长率趋势图

1990—2018 年全国、东部地区、中部地区、西部地区地级及地级以上城市的劳动增长率趋势值的曲线成 S 型形,先降后升再降,劳动增长率从 1990 年的 2.6% 左右下降到 2000 年的 -0.3 %、0.4 %、-0.9 % 和 -0.5 %,此时只有东部地区劳动增长率为正值,并在 2000 年后逐步回升到 2010—2012 年的 2.8% ~3.7%,此后持续下降到 2018 年的 0.2 %、-0.5 %、0.6 % 和 0.9 %,只有东部地区的劳动增长率为负值。2008 年前东部地区劳动增长率高于西部、中部地区,西部地区的劳动增长率则一直高于中部地区,并在 2008 年后超过东部地区的劳动增长率,如图 10 所示。

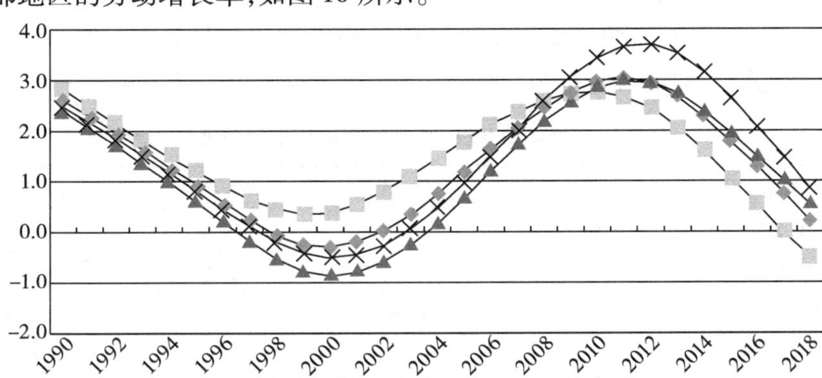

图 10 全国、东部地区、中部地区、西部地区城市劳动增长率趋势图

全国、东部地区、中部地区和西部地区地级及地级以上城市的 TFP 增长基本呈下降趋势,其中东部地区的平均 TFP 增长持续下降,而中部地区、西部地区的 TFP 增长从 1990 年到 1997 年、1998 年有一个上升过程,此后和东部地区一样,基本持续下降,东部地区 TFP 增长下降较为平缓,如图 11所示。

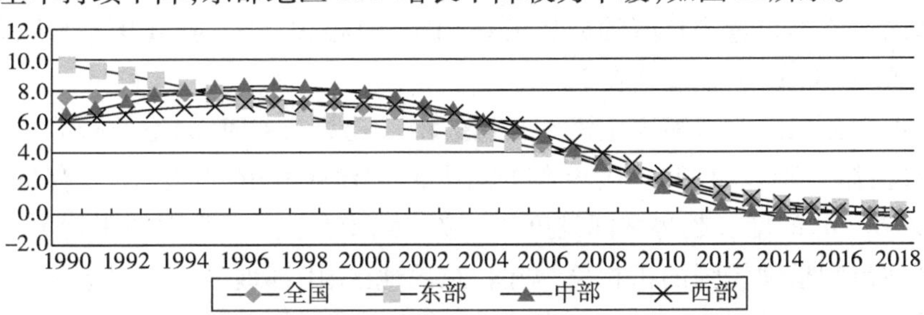

图 11 全国、东部地区、中部地区、西部地区城市 TFP 增长趋势图

(二)GDP 增长、TFP 增长与要素之间趋势相关性

从 1990—2018 年整个阶段来看,就东部地区 GDP 增长率与 TFP 增长呈现稍强的正相关,而全国、中部地区和西部地区 GDP 增长趋势值与 TFP 增长趋势值成较弱的正相关。2000 年后分区域的 GDP 增长趋势值与 TFP 增长趋势值相关性略强于 1990—2018 年。

按照中国的工业化、国际化和城市化进程将 1990—2018 年划分为三个阶段:第一阶段(1990—1999 年)、第二阶段(2000—2007 年)、第三阶段(2008—2018 年)。第一阶段东部地区和中部地区的 GDP 增长趋势与 TFP 增长趋势显著相关,相关度分别为 0. 99 和 0. 97,全国和西部地区呈较强相关,相关系数分别为 0. 76 和 0. 83;第二阶段全国、东部地区、中部地区和西部地区 GDP 增长趋势和 TFP 增长趋势高度负相关,分别为 -0.95、-0.90、-0.98 和 -0.95;第三阶段全国、东部地区、中部地区和西部地区 GDP 增长趋势分别与 TFP 增长趋势高度正相关,相关系数分别为 0.91、0.92、0.91 和 0.91 ,见表 4。

表 4　GDP 增长趋势与 TFP 增长趋势相关系数(1990—2018 年)

时间段	全国	东部地区	中部地区	西部地区
平均	0.44	0.72	0.28	0.05
2000 年后	0.65	0.79	0.55	0.49
1990—1999 年	0.76	0.99	0.97	0.83
2000—2007 年	-0.95	-0.90	-0.98	-0.95
2008—2018 年	0.91	0.92	0.91	0.91

从 1990—2018 年来看,全国、中部地区、西部地区 GDP 增长率与固定资本存量增长率正相关,但相关性较弱,而东部地区 GDP 增长率与固定资本存量相关性极弱,为负相关。全国、东部地区、中部地区和西部地区城市的 GDP 增长率趋势值和固定资本存量增长率趋势值相关系数分别为 0.12、-0.18、0.24、0.60。2000 年后全国、东部地区、中部地区和西部地区城市 GDP 增长率的趋势值和固定资本存量增长率的趋势值正相关,但相关性较弱,其相关系数分别为 0.35、0.64、0.15、0.53,见表 5。

本文分三阶段考察固定资本存量的增长趋势与 GDP 的增长趋势之间的相关情况:第一阶段(1990—1999 年)全国、东部地区城市的固定资本存量的增长趋势与 GDP 的增长趋势之间高度负相关,西部地区则呈很强的正相关,而中部地区城市则呈现较强的正相关,全国、东部地区、中部地区和西部地区固定资本存量增长趋势与 GDP 增长趋势的相关系数分别为:-0.95、-0.98、0.71、0.90;第二阶段(2000—2007 年)全国、东部地区、中部地区和西部地区城市 GDP 增长趋势与固定资本存量的增长趋势呈高度正相关,相关系数均大于 0.98,分别为 0.99、0.98、0.99、1.00;第三阶段(2008—2018 年)全国、东部地区、中部地区、西部地区城市 GDP 增长趋势与固定资本存量的增长趋势呈高度的正相关,相关系数均大于 0.90,分别为 0.95、0.98、0.90、0.95。第二阶段和第三阶段 GDP 增长趋势与固定资本存量增长趋势分别呈高度正相关。说明这两个阶段的中国城市分区域 GDP 增长仍然主要是靠投资带动的。同时,2000 年后全国、东部地区、中部地区和西部地区的 GDP 增长率与固定资本存量增长率之间呈弱正相关性,而 2000 年后第二和第三两个阶段全国、东部地区、中部地区和西部地区的 GDP 增长率与固定资本存量增长率之间均呈高正相关性,说明适当的划分阶段有利于分析 GDP 增长趋势和固定资本存量增长趋势之间的相关关系。

表 5 GDP 的增长趋势与固定资本存量的增长趋势的相关系数(1990—2018 年)

时间段	全国	东部地区	中部地区	西部地区
平均	0. 12	-0. 18	0. 24	0. 60
2000 年后	0. 35	0. 64	0. 15	0. 53
1990—1999 年	-0. 95	-0. 98	0. 71	0. 90
2000—2007 年	0. 99	0. 98	0. 99	1. 00
2008—2018 年	0. 95	0. 98	0. 90	0. 95

从 1990—2018 年平均来看,全国、东部地区、中部地区和西部地区城市 GDP 的增长率趋势值与劳动的增长率趋势值间呈较弱的正相关,其相关系数分别为 0. 27、0. 58、0. 12 和 0. 30。2000 年后的全国、东部地区、中部地区和西部地区城市 GDP 的增长率趋势值与劳动的增长率趋势也呈较弱的正相关,相关系数分别为 0. 28、0. 62、0. 14 和 0. 25 ,见表 6。

分阶段来看,第一阶段(1990—1999 年)全国、东部地区的 GDP 的增长趋势与劳动的增长趋势呈高度正相关,而中部地区和西部地区城市则呈较强的负相关性,其相关系数分别为 0. 95、1. 00、-0. 77 和 -0. 89;第二阶段(2000—2007 年)全国、东部地区、中部地区和西部地区城市 GDP 增长趋势均和劳动增长趋势高度相关,相关系数均高于 0. 95,分别为 0. 96、0. 95、0. 97 和 0. 96;第三阶段(2008—2018 年)全国、东部地区、中部地区和西部地区城市 GDP 增长趋势和劳动增长趋势高度正相关,分别为均超过 0. 82,分别为 0. 91、0. 97、0. 85、0. 81。

综合 264 个地级及地级以上城市 GDP、固定资本存量和劳动的增长趋势来看,2006 年以来,东部地区、中部地区和西部地区城市的潜在增长率呈下降趋势。其中,第二阶段 GDP 增长趋势与固定资本存量增长趋势和劳动的增长趋势呈高度正相关,与 TFP 增长趋势呈高度负相关,第三阶段 GDP、TFP、固定资本存量和劳动的增长趋势相关性逐渐趋同,都呈高度正相关。

表 6 GDP 的增长趋势与劳动的增长趋势相关系数(1990—2018 年)

时间段	全国	东部地区	中部地区	西部地区
平均	0. 27	0. 58	0. 12	0. 30
2000 年后	0. 28	0. 62	0. 14	0. 25
1990—1999 年	0. 95	1. 00	-0. 77	-0. 89
2000—2007 年	0. 96	0. 95	0. 97	0. 96
2008—2018 年	0. 91	0. 97	0. 85	0. 81

(三)GDP 与 TFP 和投入要素增长波动相关性

1990—2018 年全国、东部地区、中部地区和西部地区城市的 GDP 的增长率波动与 TFP 的增长率波动存在着较弱的正相关性,其相关系数分别为 0.64、0.79、0.60 和 0.48。东部地区的 GDP 的增长率波动与 TFP 的增长波动相关性大于全国平均和中部地区、西部地区的相关性。

分阶段来看,第一阶段(1990—1999 年)全国、东部地区、中部地区和西部地区城市 GDP 的增长波动与 TFP 的增长波动间呈较高的正相关性,其相关系数分别为 0.86、0.89、0.86 和 0.79;第二阶段(2000—2007 年)全国、东部地区、中部地区和西部地区城市 GDP 的增长波动与 TFP 的增长波动则呈现一定的正相关性,相关系数为 0.77、0.96、0.55 和 0.34 ,其中东部的相关系数达到 0.96;第三阶段(2008—2018 年)全国、东部地区、中部地区、西部地区城市 GDP 的增长波动与 TFP 的增长波动间则呈非常弱的正相关性,其相关系数分别为 0.17、0.20、0.20 和 0.13。如表 7 所示。

GDP 增长率波动与固定资本存量增长率波动呈现非常弱的负相关性。全国、东部地区、中部地区和西部地区 GDP 增长率波动与固定资本存量增长率波动相关系数分别为 -0.21、-0.24、-0.08 和 -0.11。如表 8 所示。

从 GDP 的增长率波动与固定资本存量增长率波动的相关性来看,第一阶段(1990—1999 年)全国、东部地区、中部地区和西部地区城市均呈非常弱的负相关,相关系数分别为 -0.52、-0.44、-0.37 和 -0.70;第二阶段(2000—2007 年)全国、东部地区、中部地区和西部地区城市呈很弱的相关性,相关系数分别为 -0.31、0.04、-0.28 和 -0.67;第三阶段(2008—2018 年)全国、东部地区、中部地区和西部地区城市呈极弱的相关性,相关系数分别为 0.09、-0.11、0.11 和 0.45。

全国、东部地区、中部地区和西部地区 GDP 的增长率波动与就业的增长率波动呈较弱的正相关性,其相关系数分别为 0.50、0.47、0.49 和 0.39,如表 9 所示。

从 GDP 的增长率波动与劳动的增长率波动相关性来看,第一阶段(1990—1999 年)全国、东部地区、中部地区和西部地区城市均呈一定的正相关,相关系数分别为 0.51、0.40、0.54 和 0.38;第二阶段(2000—2007 年)全国、东部地区、中部地区和西部地区城市呈较强的正相关性,相关系数分别为 0.80、0.72、0.85 和 0.52;第三阶段(2008—2018 年)全国、东部地区、中部地区和西部地区城市呈一定的正相关性,相关系数分别为 0.51、0.59、0.42 和 0.46。

表 7 GDP 的增长波动与 TFP 的增长波动的相关系数(1990—2018 年)

时间段	全国	东部地区	中部地区	西部地区
平均	0.64	0.79	0.60	0.48
2000 年后	0.42	0.69	0.26	0.21
1990—1999 年	0.86	0.89	0.86	0.79
2000—2007 年	0.77	0.96	0.55	0.34
2008—2018 年	0.17	0.20	0.20	0.13

表 8 GDP 的增长波动与固定资本存量的增长波动的相关系数

时间段	全国	东部地区	中部地区	西部地区
平均	-0.21	-0.24	-0.08	-0.11
2000 年后	-0.05	-0.07	0.02	0.13
1990—1999 年	-0.52	-0.44	-0.37	-0.70
2000—2007 年	-0.31	0.04	-0.28	-0.67
2008—2018 年	0.09	-0.11	0.11	0.45

表 9 GDP 增长波动与劳动的增长波动相关系数

时间段	全国	东部地区	中部地区	西部地区
平均	0.50	0.47	0.49	0.39
2000 年后	0.54	0.53	0.53	0.45
1990—1999 年	0.51	0.40	0.54	0.38
2000—2007 年	0.80	0.72	0.85	0.52
2008—2018 年	0.51	0.59	0.42	0.46

五、结论及政策建议

从以上分析可以得出如下结论：

(1)东部地区、中部地区和西部地区城市的潜在增长率分别在 2006 年、2007 年和 2008 年达到最大值 13.5%、12.9% 和 13.6%，此后重拾下降通道，到目前为止，各地区城市的潜在增长率下降的趋势仍然未能得到有效遏制。

(2)全国、东部地区、中部地区和西部地区城市的平均 TFP 增长均呈下降趋势。其中东部地区的 TFP 增长持续下降，而中部地区、西部地区的 TFP 增长从 1990 年到 1997 年、1998 年有一个上升过程，此后和东部地区一样，基本持续下降，东部地区 TFP 增长下降较为平缓。2004 年前中国 264 个地级及地级以上城市 TFP 增长对经济增长的贡献率大约在 50% 以上，2004 年后 TFP 增长对经济增长的贡献率则持续下降,直到 2016 年开始 TFP 增长对经济增长的贡献率才有所反弹。

(3)固定资本存量对经济增长的贡献率持续上升。2005 年后固定资本存量对经济增长的贡献率超过 TFP 增长对经济增长的贡献率,此后固定资本存量对经济增长的贡献率稳定地高于 50%,且高于 TFP 增长对经济增长的贡献率,并于 2013 年达到最高值,其贡献率为 74.6%,而后固定资本存量对经济增长的贡献率逐步下降。

(4)劳动对经济增长的贡献率呈不规则的 S 形。从 1990 年的 18.7% 持续下降,并在 2004 年降到最低为 7.9%,之后劳动对经济增长的贡献率有所回升,并在 2013 年达到最高,其贡献率为 32.1%,此后劳动的贡献率一直下降。

(5)第三阶段(2008—2018 年)的 GDP 的增长趋势与 TFP 的增长趋势、固定资本存量的增长趋势和劳动的增长趋势分别都呈高度正相关。

(6)1990—2018 年全国、东部地区、中部地区和西部地区城市平均 GDP 的增长率波动与 TFP 的增长率波动存在一定的正相关性,相关系数分别为 0.64、0.79、0.60 和 0.48。三个阶段 GDP 的增长波动与 TFP 的增长波动从比较高的相关性逐步减弱。

结合研究结论本文提出如下政策建议:第一,全国、东部地区、中部地区和西部地区的 GDP 潜在增长率处于下降通道,需要优化投入要素和资源的合理配置,通过技术研发、人力资本、制度变革等多方面来提升全要素生产率增长及其对经济增长的贡献率。第二,东部地区、中部地区和西部地区的 GDP 增长趋势与固定资本存量的增长趋势间具有正相关性,表明可以通过提高固定资本存量及其有效使用率来提高 GDP 潜在增长率具有可行性。第三,从全国总体来看,GDP 的增长率趋势值与劳动的增长趋势值间呈高度正相关,可以提高劳动参与水平和有效的劳动参与率来提高 GDP 的潜在增长率。

参考文献

[1]张自然. TFP 增长对中国城市经济增长与波动的影响——基于 264 个地级及地级以上城市数据[J]. 金融评论, 2014(1): 24-37.

[2]YOUNG A. The Razor's Edge: Distortions and Incremental Reform in the People Republic of china[J]. Quarterly Journal of Economics, CXV, 2000.

[3]SACHS J D, W T WOO. Understanding China's Economic Performance [J]. Journal of Economic Policy Reform, 2000, 4(1):1-50.

[4]谢千里,罗斯基,郑玉歆,王莉. 所有制形式与中国工业生产率变动趋

势[J]. 数量经济技术经济研究, 2001(3):5 -17.

[5]GUILLAUMONT JEANNENEY S, HUA P. Real Exchange Rate and Productivity in China[J]. 4th International Conference on the Chinese Economy, The Efficiency of China's Economic Policy, 2003:23 -24.

[6]张军,施少华. 中国经济全要素生产率变动: 1952—1998[J]. 世界经济文汇, 2003(2):17 -24.

[7]颜鹏飞,王兵. 技术效率、技术进步与生产率增长: 基于 DEA 的实证分析[J]. 经济研究, 2004(12):55 -65.

[8]JINGHAI ZHENG A, HU. An Empirical Analysis of Provincial Productivity in China(1979—2001) [J]. Goteborg, Department of Economics, 2004.

[9]郭庆旺, 贾俊雪. 中国全要素生产率的估算: 1979—2004[J]. 经济研究, 2005(6):51 -60.

[10]孙琳琳, 任若恩. 中国资本投入和全要素生产率的估算[J]. 世界经济, 2005, 28(12):3 -13.

[11]郑京海,胡鞍钢. 中国改革时期省际生产率增长变化的实证分析(1979—2001 年)[J]. 经济学, 2005,4(2):263 -296.

[12]张自然,王宏淼,袁富华,刘霞辉. 资本化扩张与赶超型经济的技术进步[J]. 经济研究, 2010(5):43 -47.

[13]张自然,陆明涛. 全要素生产率对中国地区经济增长与波动的影响[J]. 金融评论, 2013, 5(1):7 -31.

[14]YOUNG A. A Tale of Two Cities: Factor Accumulation and Technical Change in Hong Kong and Singapore[J]. NBER Macroeconomics Annual, 1992(7):13 -54.

[15]KRUGMAN P. The Myth of Asia's Miracle[J]. Foreign Aff, 1994, 73(6):62 -78.

[16]YOUNG A. The Tyranny of Numbers: Confronting the Statistical Realities of the East Asian Growth Experience[J]. The Quarterly Journal of Economics, 1995, 110(3):641 -680.

[17]EZAKI MITSUO, SUN L. Growth Accounting in China for National, Regional, and Provincial Economies: 1981—1995[J]. Asian Economic Journal, 1999, 13(1):39 -71.

[18]郑玉歆. 全要素生产率的测度及经济增长方式的"阶段性"规律: 由东亚经济增长方式的争论谈起[J]. 经济研究, 1999(5):55 -60.

[19]ISLAM N, E DAI. Alternative Estimates of TFP Growth in Mainland Chi-

na: An Investigation Using the Dual Approach. the 9th International Convention of the East Asian Economic Association (EAEA),2004.

[20]BOSWORTH B, S M COLLINS. Accounting for Growth: Comparing China and India[J]. Journal of Economic Perspectives, 2008, 22(1):45 - 66.

[21] OZYURT S. Total Factor Productivity Growth in Chinese Industry: 1952—2005[J]. Oxford Development Studies, 2009, 37(1):1 - 17.

[22] LEE D. Determinants of the Chinese TFP: National & Regional Level [EB/OL]. http://www.rcie - cn.org/conferences/2009/conf09 - prog.pdf, 2009.

[23]BRANDT L, XIAODONG ZHU. Accounting for China's Growth[J]. IZA Discussion Paper,2010,4764.

[24]张平,张自然. 高质量发展本质是以人民为中心[N]. 经济参考报, 2018 - 10 - 10.

[25]FARE R, GROSSKOPF S,NORRIS M,ZHANG Z. Productivity Growth, Technical Progress, and Efficiency Change in Industrialized Countries[J]. American Economic Review, 1994, 84(1):66 - 83.

(作者单位:中国社会科学院经济研究所)

信息基础设施建设、产业集聚与经济增长
——基于中介效应模型的实证分析

王帅　周明生

一、引言

自改革开放以来，基础设施建设就一直没有停下快速发展的步伐，政府对“铁公基”的建设投资往往成为推动经济增长的重要引擎。尤其是在2008年金融危机后期，推动基础设施建设更是被奉为经济走出泥潭的良方，中央政府斥资“四万亿”支持经济平稳过渡，其中以铁路、公路、机场、水利以及城市电网改造等为主体的重大基础设施建设投资额高达15000亿元，占比达到38%。在财政政策刺激下，铁路、公路等基础设施又迎来迅猛发展的高峰期。以高速铁路发展为例，高铁运营里程从2008年的672公里增加至2015年的19838公里，占全球高铁运营里程的60%以上，十年间中国高铁运营里程扩张接近30倍，并且中国高铁建设逐渐走向世界，成为国际市场上的重要力量。

当然，更为重要的是除了交通基础设施的发展外，移动电话、互联网等信息基础设施也在高科技突破的浪潮中呈现“井喷”式发展。截至2017年8月，互联网上网人数已经高达7.51亿人，超过欧洲人口总量，互联网普及率高达54.3%，农村互联网普及率也达到34%。事实上，伴随着以互联网为核心的信息基础设施建设的发展，近乎无成本的远程瞬时交流成为现实，以新产业、新业态以及新商业模式为主的新经济呈现如火如荼的发展态势，那么相较于传统的交通基础设施来说，信息基础设施建设在产业布局过程中到底扮演着什么角色呢？是有助于强化集聚趋势还是促进产业扩散呢？又在多大程度上促进经济增长呢？这是需要我们回答的问题。党的十九大报告中进一步着重提出“加强水利、铁路、公路、水运、航空、管道、电网、信息、物流等基础设施网络建设”，又一次表明基础设施建设在我国经济发展中的重要地位，可以预见，在供给侧结构性改革与信息经济加快发展阶段，信息基础设施建设对实现中国经济的平稳过渡和区域协调发展仍将大有可为，所以在这种宏观经济背景与政策支持下，考察信息基础设施建设对产业集聚与经济增长的影响，在优化产业空间布局、转变经济增长结构、促进经济高质量增长等方面具有重要的指导意义。

二、文献回顾

基于基础设施建设影响产业集聚和经济增长的视角,国内外众学者的研究概括来讲主要涉及三个方面,即基础设施建设的直接推动作用、空间溢出效应以及阶段性变化。许多研究将基础设施视为投入要素,考察其对区域经济增长、产业集聚的直接作用,绝大多数资料都支持交通基础设施建设对产业集聚与区域经济增长存在促进作用,但是存在区域差异与行业异质性。Aschauer(1989)利用时间序列数据的柯布—道格拉斯生产函数研究美国基础设施建设与经济增长的关系,结果表明交通基础设施的产出弹性为0.39,表明其对经济增长的重要作用[1]。Bougheas等(2000)利用罗默的内生经济增长理论为分析基础,把基础设施定义为导致成本降低的公共产品,分析结果显示基础设施投资能够促进产业专业化和长期经济增长,但是受到资源约束[2]。金煜、陈钊(2006)基于新经济地理学的分析框架对工业集聚影响因素的研究表明,基础设施的改善有利于工业集聚,相比中西部地区,沿海地区更具集聚优势[3]。Picard等(2010)构建了不同运输成本下的两部门模型,得出交通成本较高的产业倾向于集聚,而交通成本较低的产业倾向于分散[4]。金祥荣、陶永亮等(2012)在自由资本模型的基础上研究基础设施、产业集聚与区域协调发展的关系,模型表明地区间的基础设施差异会导致收入差距与社会福利水平的降低,政府推行基础设施发展的政策需要根据区域经济规模和基础设施的发展水平相机抉择[5]。魏巍、李强等(2014)利用我国省级面板数据考察交通基础设施、产业集聚与经济增长的互动关系,结论表明相较于交通基础设施投资,交通基础设施密度的增加更有利于促进区域内制造业聚集,进而推动区域经济增长[6]。邓涛涛、王丹丹等(2017)的研究则表明本地交通设施改善有助于促进高外向度产业、轻工业集聚,而在一定程度上会导致低外向度产业、重工业的扩散[7]。

也有一些研究资料从空间溢出效应的角度考察基础设施建设的增长效应与集聚效应。S. Yilmaz (2002)等考察了基础设施建设的空间溢出效应,结果显示,基础设施投资对于州内的溢出效应为正,而对其他州的溢出效应为负[8]。刘生龙、胡鞍钢(2010)考察不同类型基础设施的经济增长效应,实证结果显示交通基础设施和信息基础设施对我国的经济增长有着显著的溢出效应,而能源基础设施的溢出效应并不显著[9]。张学良(2012)实证发现交通基础设施建设对区域经济增长的产出弹性值大约为0.05~0.07,且空间溢出效应明显,区域外交通基础设施对本地经济增长表现为以正的空间溢出效应为主[10]。刘生龙、郑世林(2013)利用省级面板数据围绕基础设施跨区域溢出效应进行研究，实证研究结果表明，交通基础设施建设存在跨区域溢出效应，但其对经济增长的促进作用存在“本地化”特征，且公路的本地效应要明显强于铁路[11]。周海波、胡汉辉等（2017）的研究则表明省内交通基础设施的发展有利于促进产业本地化集聚，其空间溢出效应并不明显；而省间交通基础设施在东部地区会促进产业集聚，但在中西部地区可能会导致产业转移[12]。陈文新、潘宇等（2017）的研究表明丝绸之路经济带沿线省份整体交通运输能力对区域全要素生产率具备显著的正向溢出效应，而交通基础设施投资效果的溢出则不显著[13]。

还有一些研究资料表明交通基础设施建设对产业集聚存在阶段性效应，不同阶段的交通发展状态对应不同产业集聚度。Thisse 等（2009）认为交通运输成本与区域产业集聚水平呈现“钟型”曲线变化，即交通成本过高或者过低的情况下都不会产生高度的集聚[14]。孙早、杨光等（2015）实证分析了基础设施建设投资与区域经济增长之间的关系，结果显示基础设施建设投资与东、中部地区经济增长之间存在显著的倒“U”型关系，而西部不明显[15]。叶炜、林善浪（2017）基于新经济地理学分析框架，从地区、行业双重角度实证考察高速公路发展对地级市制造业集聚的影响，结果显示高速公路里程密度与制造业集聚存在“倒 U 型”效应，但高速公路发展对不同区域、不同行业的聚集存在显著异质性[16]。

而近年来，随着信息技术和互联网的飞速发展，许多研究逐渐开始关注信息化对产业集聚或经济增长的影响。徐瑾（2010）通过考察地区信息化水平对经济增长的影响，发现信息化对经济增长具备显著的促进作用，且东部地区最为明显[17]。姜涛、任荣明等（2010）的研究表明，东部地区和全国范围信息化与经济增长存在双向因果关系，而西部地区信息化与经济增长则不存在因果关系[18]。张跃胜（2015）的研究表明，在较长时期内信息化对经济增长存在明显的推动力，但其推动作用会逐渐减弱并趋于消失[19]。喻莎莎（2017）研究了互联网发展背景下文化产业集聚的变化趋势，发现互联网发展的确有助于促进文化产业集聚，但对区域的推进作用小于全国地区[20]。李波、梁双陆（2017）的研究表明信息技术发展有助于促进地区产业增长，且对信息化密度较高的产业促进作用更为明显，通过信息化推进产业结构升级大有可为[21]。潘伟、韩伯堂（2018）的研究指出信息化为城市群经济增长提供动力，但信息化的不均衡发展导致其对城市群经济增长的促进作用存在差异，相比长三角、珠三角，京津冀地区信息化促进增长的作用有限[22]。

通过从不同角度对相关文献资料的梳理，可以发现目前许多研究已经对基础设施建设、信息技术发展与产业集聚和区域经济增长的内在逻辑进行理论分析与实证检验,并且得出许多很有参考价值的研究结论,但是随着基础设施完善与产业集聚的发展,还存在一些值得改进的地方。首先,绝大多数研究资料集中于考察交通基础设施建设对产业集聚的影响,对当前发展阶段中最重要的信息基础设施建设的重要作用关注不足,研究资料相对匮乏。事实上,随着技术进步与新经济、新业态的发展,信息基础设施在产业集聚、扩散中具有越来越重要的地位。因此,关注信息基础设施与产业集聚的关系是研究经济增长的重要切入点。其次,少数现有研究信息基础设施对经济增长影响的资料主要是将信息基础设施处理为经济增长的投入要素,忽视了产业集聚在信息基础设施影响经济增长过程中所发挥的中介作用。因此,文章利用省级面板数据,对信息基础设施影响经济增长过程中产业集聚所发挥的中介效应进行分析,综合考察信息基础设施建设、产业布局与经济增长的关系,力求为区域信息基础设施建设、产业布局优化以及经济高质量增长提供一些有益的思考与建议。

三、理论分析与研究假说

信息技术发展的突破使得与之配套的信息基础设施建设对经济增长的重要性愈发显著。

从微观层面来看,信息基础设施建设有助于降低消费者的搜寻成本和交易成本,提高市场交易的匹配率和成功率,实现消费者效用最大化;同时,信息基础设施的发展促使企业依托网络技术转变管理方式和运营系统,提高信息化水平和企业生产效率。从中观层面来讲,信息化是导致产业结构升级的重要推动力,信息产业本身作为国民经济发展的主导产业,其迅速发展有助于改变传统产业结构,促使高能耗、高污染、高投入、低产出的产业向知识密集型、技术密集型方向转变。国务院在 2016 年政府工作报告中强调的“新经济”概念就是以网络信息技术与创新为基础建立的新产业、新业态以及新商业模式等。从宏观层面来看,信息化发展可以促进宏观经济增长方式的转变,自中国经济发展进入“新常态”轨道后,经济增长由要素驱动向创新驱动的转变成为政府和社会各界的不懈追求,而信息技术的发展为创新驱动的实施奠定基础,依托信息技术,强化自主创新能力建设,形成一大批创新型企业,有助于实现经济增长方式的根本性转变和高质量增长。无论是涉及产业结构还是经济增长模式的转变,以现代信息技术应用为核心特征的信息化均发挥着重要作用,而信息基础社会设施发展是信息化得以推进的重要基础保障。基于上述分析,提出本文的假说 1。

假说 1:信息基础设施建设有助于促进经济增长。

空间距离是影响产业集聚的最基本因素,但是伴随计算机技术水平的突破与大数据时代的发展,信息基础设施建设促使近乎无成本的远程瞬时交流成为现实,在一定程度上打破传统地理因素对产业空间布局的束缚,为产业扩散提供外部助力。但是,信息基础设施的发展是否一定导致产业空间布局由集聚走向分散呢?绝大多数支持信息基础设施发展促使产业集聚走向分散的理由集中于知识溢出的便捷性。知识溢出的外部性是产业集聚的重要作用机制,知识外溢呈现出随距离衰减的特征(keller,2002)[23],而信息基础设施的发展打破了距离对知识溢出的束缚,使得局部知识溢出向全球知识溢出转变,从而导致知识本地化外溢特征弱化。然而,信息基础设施发展所依托的技术基础是可编码的显性知识,显性知识的地方化溢出特征有所弱化。事实上,相比于可编码的显性知识,默会知识对产业集聚和知识溢出的作用不可忽视。默会知识是广泛存在却又不能通过语言、文字、符号予以清晰表达或直接传递的知识,属于只可意会不可言传的隐性知识。

默会知识的存在使得产业空间布局依然具备集聚发展的强劲动力,其主要原因包括两方面:第一,默会知识的传播与扩散需要知识携带者面对面的交流和持续重复的接触,在很大程度上还得需要共同的社会背景与知识储备,比如方言、文化传统以及近似的教育经历等,因此,建立在默会知识溢出基础上的产业集聚有助于形成以社会网络、社会信任为核心的社会资本,而丰富的社会资本积累在循环累积因果机制的作用下又会反过来强化产业集聚的发展,尹希果(2006)的研究就表明信任指数与工业集聚呈现出显著正相关关系[24]。第二,不完全契约理论表明市场交易合同总是不完整的,交易双方在各自追寻利益最大化的前提下很难达成一致,并且很多合同内容并不能表现为可编码的显性信息,而面对面的频繁交流显然有助于不完全契约的达成。

虽然信息基础设施的发展使得跨空间知识传递的边际成本降低,但是默会知识的溢出效应仍是随距离递减的,具备显著的本地化特征。所以,面对面交流的频繁接触成为促进产业集聚的重要存在机制,产业集聚的内在趋势和集聚效应并不会因为信息基础设施发展而弱化。奥村等(2005)的研究就表明,电子邮件和电话通话并不能成为面对面交流的有效替代方式,可能更多的是用来建立、组织或安排面对面的接触,有助于帮助人们建立更加密切的联系,他们基于日本的城市发展模式,调查了电讯设施发展对城市发展模式的影响,结果表明电讯设施的发展使得日本城市经济更加具备集聚发展趋势[25]。信息基础设施发展有助于促进经济增长和产业集聚,而产业集聚对经济增长的推动作用已经得到众多研究资料的支持(Ciccone,2002;范剑勇,2006;潘文卿和刘庆,2012)[26]-[28]。所以,信息基础设施发展对经济增长的影响效应除直接作用外,还会通过产业集聚发挥间接作用。因此,我们将上述逻辑概括假说2、假说3。

假说2:信息基础设施建设会影响产业集聚的知识溢出效应,对产业空间布局产生分散力,但默会知识的存在依然会为产业空间布局提供充足的集聚力,最终促进产业集聚。

假说3:信息基础设施建设对经济增长的影响效应除直接作用外,还会通过产业集聚发挥间接作用,即产业集聚在信息基础设施建设促进经济增长的过程中发挥中介效应。

四、研究设计

(一)模型设定

一般在考察经济增长问题时,影响经济增长的要素除了直接对增长起作用外,也有可能通过其他要素间接地产生推动作用,所以研究中介变量的中介效应能更有效地分析各种要素对经济增长的影响效应,也应该成为我们关注的重点。参考温忠麟(2012)检验中介效应的程序[29],发现中介效应的检验主要是利用逐步回归分析法,具体包括三个步骤:一是考察核心解释变量对被解释变量的总体影响效应,需要确保其影响效应显著;二是考察核心解释变量对中介变量的影响效应;三是需要同时考察核心解释变量、中介变量对被解释变量的影响效应,如果在纳入中介变量后,核心解释变量的影响系数低于步骤1,中介变量影响显著,则中介变量发挥中介作用,并可以根据相关系数计算中介效应大小,步骤2中核心解释变量对中介变量的影响系数与步骤3中介变量对被解释变量的影响系数的乘积即为中介效应大小。因此,接下来本文计量模型的设定主要根据中介效应模型的检验程序,利用逐步回归分析法依次推进。

步骤1,构建基础模型,考察信息基础设施建设对经济增长的总体影响效应:

$$\ln gdp_{it} = \alpha + \beta \ln inform_{it} + \beta_1 \ln x_{it} + \mu_{it} \tag{1}$$

其中,i 表示截面,t 表示时间,$\ln gdp_{it}$ 表示经济增长,$\ln inform_{it}$ 表示信息基础设施水平,$\ln x_{it}$ 表示其余相关控制变量,α 为常数项,μ_{it} 表示随机扰动项。

步骤2,考察信息基础设施建设水平对产业集聚($aggl_{it}$)的影响效应:

$$aggl_{it} = \beta_2 + \beta_3 \ln inform_{it} + \beta_4 \ln x_{it} + \varepsilon_{it} \tag{2}$$

步骤3,将信息基础设施、产业集聚共同纳入经济增长回归模型中,进行中介效应检验:

$$\ln gdp_{it} = \beta_5 + \beta_6 \ln inform_{it} + \beta_7 aggl_{it} + \beta_8 \ln x_{it} + \gamma_{it} \tag{3}$$

(二)变量选择与数据处理

(1)被解释变量:地区生产总值是衡量经济增长的常用指标,考虑到各地区人口规模的差异会影响我们对总体经济增长水平的判断，所以为提高被解释变量的有效性，采用各省市人均地区生产总值来衡量经济发展水平。

（2）核心解释变量：目前研究资料中衡量信息基础设施的指标主要包括人均长途光缆线路长度、互联网上网人数、人均移动电话用户数等，而信息基础设施涵盖邮电、通信、广播电台、电视机以及计算机网络等相关多元化领域，单一领域的指标不足以反映信息基础设施水平。国家统计局公布的邮电业务总量是反映多领域信息基础设施产出的综合性指标，涵盖邮政基础设施、长途电话、交换机容量、局用交换机总量、移动电话交换机总量以及互联网接入端口等，所以采用人均邮电业务总量能较为有效地衡量信息基础设施建设水平。

（3）中介变量：采用各省市制造业区位熵指数作为产业集聚的代理指标，考察产业集聚在信息基础设施影响经济增长过程中的中介效应，其中区位熵指数的计算主要采用制造业就业人口规模。

（4）其余控制变量：采用各省市人均固定资产投资表示影响经济增长的物质资本投入；采用进出口总额占各地区生产总值的比重衡量对外开放程度；采用平均受教育年限衡量各省市的人力资本水平，具体计算公式为：$H = 6S_1 + 9S_2 + 12S_3 + 16S_4$，其中 S_1、S_2、S_3、S_4 分别代表 6 岁及以上人口中小学文化程度、中学文化程度、高中文化程度、大专及以上文化程度的人口数量占总人口规模的比重；采用年末常住人口数量衡量各省市的人口规模；采用人均财政支出规模衡量政府部门在经济活动中的参与程度，变量的具体设定与详细说明见表 1。

表 1 变量设定与说明

变量名称	衡量指标	单位	变量符号
经济增长	人均 GDP 水平	元/人	*gdp*
信息基础设施	人均邮电业务总量	元/人	*inform*
产业集聚	区位熵指数	%	*aggl*
对外开放程度	进出口总额占 GDP 比重	%	*open*
物质资本投入	人均固定资产投资	元/人	*invest*
人力资本水平	平均受教育年限	年/人	*edu*
政府参与程度	人均财政支出规模	元/人	*gov*
人口规模	年末常住人口数量	万人	*pop*

上述变量的考察范围为中国内地 31 个省级单位 2003—2016 年的面板数据，数据主要来源于《中国统计年鉴》《中国教育统计年鉴》以及国家统计局网站等，除制造业区位熵指数变量外，其余包含价格因素的变量均采用以 2003 年为基期的消费者价格指数剔除物价水平的波动，尽量降低通货膨胀的影响，其

中各地区进出口总额原始数据为美元计价,采用美元对人民币的年平均汇聚进行折算。最后为平滑数据序列,优化拟合回归效果,除制造业区位熵指数、进出口总额占 GDP 的比重两个相对数指标外,对其余绝对数指标均进行取对数处理,处理后各变量的描述性统计特征见表 2。

表 2　各变量的描述性统计特征

变量	均值	中位数	最大值	最小值	标准差
ln*gdp*	9.9697	10.0227	11.3216	8.2123	0.6276
ln*inform*	6.9258	6.8767	8.5407	5.5548	0.5539
aggl	0.8485	0.7806	1.7946	0.0993	0.3615
open	0.3357	0.1404	1.7215	0.0357	0.3982
ln*invest*	9.4542	9.6127	10.9543	7.5480	0.7665
ln*edu*	2.1281	2.1415	2.5099	1.3187	0.1578
ln*gov*	8.3614	8.4542	10.4205	6.6084	0.7715
ln*pop*	8.0965	8.2385	9.3056	5.5991	0.8688

资料来源:根据《中国统计年鉴》《中国教育统计年鉴》及国家统计局网站收集、整理所得。

五、实证检验与分析

(一)单位根检验

在进行面板数据模型回归前,首先需要对数据平稳性进行检验,分别采用相同单位根的 LLC 检验法与不同单位根的 Fisher—ADF 检验法进行单位根考察,结果表明在剔除物价波动以及取对数的基础上,变量均在水平条件下通过平稳性检验,具备进行回归分析的基础条件,单位根检验结果见表 3。

表 3　面板数据单位根检验结果

变量	LLC 检验	P 值	ADF 检验	P 值	结论
ln*gdp*	-12.2496	0.0000	120.276	0.0000	平稳
ln*inform*	-4.7926	0.0000	106.003	0.0004	平稳
aggl	-4.0153	0.0000	113.575	0.0001	平稳
open	-5.6602	0.0000	99.8405	0.0016	平稳
ln*invest*	-9.5039	0.0000	93.0966	0.0065	平稳
ln*edu*	-7.5451	0.0000	112.745	0.0001	平稳
ln*gov*	-13.0826	0.0000	109.824	0.0002	平稳
ln*pop*	-6.0311	0.0000	153.233	0.0000	平稳

(二)信息基础设施影响经济增长的总效应

在进行面板数据模型回归前,需要识别模型类型,采用 Hausman 检验法对模型类别进行考察。检验结果表明,除东部地区信息基础设施影响产业集聚的模型在 10% 的显著性水平下通过检验外,其余模型均在 1% 的水平下通过检验(Hausman 检验结果已经分别在表 4、表 5 中展示),因此,可以拒绝随机效应的原假设,接受备择假设,采用固定效应模型进行面板数据的回归分析。

首先,对中介效应模型的步骤 1 进行考察,实证分析信息基础设施影响经济增长的总效应,同时也是对假说 1 的合理性进行验证。表 4 汇报了信息基础设施影响经济增长的实证结果。从全国范围来看,在未纳入中介变量前,信息基础设施建设对经济增长的影响系数为 0.3968,且通过 1% 的显著性水平检验,说明信息基础设施对经济增长的推动作用显著为正。

从区域范围来看,东部地区、中部地区信息基础设施对经济增长的影响系数分别为 0.2147、0.2471,且分别在 1%、5% 的显著性水平下通过检验,而西部地区的影响系数仅为 0.0756,估计系数较低且未通过显著性检验,表明信息基础设施在东部、中部可以有助于经济增长,而西部地区的信息基础设施建设还不能成为影响经济增长的重要动力。

事实上,模型估计结果符合我国西部地区目前的发展现实,相较于东部、中部地区,西部地区经济发展落后,落后的经济发展还主要依靠人力资本积累、物质资本投入、劳动力数量等传统生产要素支撑,对信息基础设施的依赖程度较低,所以西部地区信息基础设施建设对经济增长的影响系数偏弱且不显著,短期内还不能提供明显的推动力。

而在相关控制变量方面,回归结果表明人力资本水平对经济增长的影响作用超过物质资本投入、对外开放程度以及人口规模,表明经济增长逐渐由外延式增长向内涵式增长转变,教育与人才培养逐渐成为推动经济增长的中坚力量;物质资本投入的影响系数虽然低于人力资本积累,但是在经济增长中所发挥的作用依旧不可否认;政府支出规模对经济增长的作用也比较明显,且政府支出规模对经济增长的影响系数东部最低、中西部偏高。一方面表明政府在提供公共服务、制定产业政策及弥补市场失灵等方面的积极作用,另一方面也说明要更好地实现政府与市场的目标选择,清晰界定政府与市场的边界问题。对外开放、人口规模对经济增长的推动作用明显弱化,反映人口红利逐渐消失,单纯依靠劳动要素投入,发展外向型经济已经不足以支撑中国经济继续高质量发展。尤其在 2008 年金融危机后,出口贸易受阻,再加上东部地区劳动力成本上升,大量劳动力密集型产业向中西部地区转移,东部地区以技术、服务贸易为主的高端贸易结构还未成型,导致对外开放对经济增长的拉动作用有限。而中西部地区出口以资源类产品、低端加工产品为主,进口以技术密集型制成品为主,这种贸易结构不仅对本地企业产生“挤出作用”,在深化供给侧结构性改革的背景下,以低端产品为主的出口结构也不能为推动经济增长提供持续动力。

表 4 信息基础设施影响经济增长的总体效应检验(步骤 1)

变量	全国范围	东部地区	中部地区	西部地区
ln*inform*	0.3968*** (11.2562)	0.2147*** (4.3311)	0.2471** (2.5932)	0.0756 (0.8016)
ln*edu*	0.6294*** (10.4799)	0.7202*** (3.0680)	1.0227*** (4.3964)	0.8250*** (8.8158)
ln*invest*	0.4388*** (19.3954)	0.4153*** (11.3068)	0.1725*** (3.4718)	0.3916*** (8.2100)
open	0.1052*** (2.9692)	0.1815*** (3.2760)	-0.0098 (-0.2418)	-0.0025 (-0.0159)
ln*gov*	0.1974*** (5.1407)	0.1813** (2.1661)	0.5512** (5.8933)	0.4753*** (7.0303)
ln*pop*	0.1043*** (6.3945)	0.1064*** (5.0880)	0.2678*** (7.9746)	0.1362*** (5.5272)
常数项	-0.7969** (-2.0215)	0.6877 (1.1963)	-2.3817 (-2.4162)	-1.2313** (-2.1443)
Hausman 检验	106.0398***	50.1771***	77.4158***	45.4524***
拟合优度	0.95	0.95	0.98	0.96
样本数	434	154	112	168

注:Hausman 检验显示模型为固定效应模型;括号上方数值为变量的估计系数,括号内数值为估计系数对应的 t 值;***、**、*分别代表估计系数在 1%、5%、10% 的水平下通过显著性检验。

(三)产业集聚的中介效应检验

通过考察信息基础设施影响经济增长的总效应,发现除西部地区外,全国范围和东部、中部地区的回归结果均表明信息基础设施有助于促进经济增长,与理论假说 1 一致,同时也满足中介效应模型步骤 1 的条件,接下来可以进行产业集聚的中介效应检验。表 5 汇报了产业集聚对信息基础设施影响经济增长的中介效应检验结果。

在全国范围内,信息基础设施对产业集聚的影响系数为 0.2969,并且在 1% 水平下通过显著性检验;在纳入产业集聚变量后,信息基础设施、产业集聚对经济增长的影响系数分别为 0.2949、0.1794,且均通过 1% 的显著性检验。

显然，纳入产业集聚变量后，信息基础设施对经济增长的影响系数由0.3968降至0.2949，满足中介效应模型的逐步检验程序，表明产业集聚在信息基础设施影响经济增长的过程中发挥中介作用，中介效应约为0.0533。

东部地区信息基础设施对产业集聚的影响系数为0.1323，在5%的显著性水平下通过检验；而在纳入产业集聚变量后，信息基础设施对经济增长的影响系数降至0.1880，此时产业集聚对经济增长的影响系数为0.2624，二者均在1%的显著性水平下通过检验，表明在东部地区，产业集聚在信息基础设施影响经济增长中也发挥部分中介作用，中介效应约为0.0347。

中部地区信息基础设施对产业集聚的影响系数为0.4487，且通过1%的显著性水平检验；在考虑产业集聚作为中介变量后，信息基础设施对经济增长的影响系数降至0.1570，在10%的显著性水平下通过检验，产业集聚对经济增长的估计系数为0.2029，通过1%的显著性水平检验。实证结果说明中部地区产业集聚在信息基础设施影响经济增长中发挥的中介效应约为0.0910。

上述研究结果表明，信息基础设施建设除对经济增长产生直接推动作用外，还会通过产业集聚发挥间接作用，满足假说2、假说3。当然，产业集聚的中介效应在中部最强、全国次之、东部最弱。原因在于东部地区信息基础设施较为完善，产业发展基础良好，但随着产业结构升级与调整，东部地区制造业逐渐向内陆转移，首先最具承接优势的区域就是中部地区，导致制造业集聚在中部地区逐渐优于东部地区，所以产业集聚在中部地区发挥的中介效应最强。当然，随着东部地区产业升级与结构调整，会逐渐形成新一轮的产业再集聚现象，产业再集聚会在信息基础设施推动经济增长的过程中继续发挥中介作用。

表5 产业集聚对信息基础设施影响经济增长的中介效应检验（步骤2、步骤3）

解释变量	全国范围		东部地区		中部地区	
	步骤2（*aggl*）	步骤3ln（*gdp*）	步骤2（*aggl*）	步骤3ln（*gdp*）	步骤2（*aggl*）	步骤3（ln*gdp*）
ln*inform*	0.2969*** （4.8409）	0.2949*** （12.2149）	0.1323** （2.1772）	0.1880*** （5.0141）	0.4487*** （3.5440）	0.1570* （1.8000）
aggl		0.1794*** （6.0745）		0.2624*** （10.1205）		0.2029*** （4.4987）
ln*edu*	-0.4646*** （-4.4464）	0.4808*** （8.9451）	-2.5571*** （-6.1546）	1.3465*** （7.1774）	-1.5699*** （-3.7029）	1.1162*** （5.4968）
ln*invest*	0.3222*** （8.1866）	0.2944*** （16.0084）	0.4390*** （3.6895）	0.3148*** （10.6961）	-0.2007** （-2.2363）	0.1113** （2.5468）

续表

解释变量	全国范围		东部地区		中部地区	
	步骤 2 (*aggl*)	步骤 3ln (*gdp*)	步骤 2 (*aggl*)	步骤 3ln (*gdp*)	步骤 2 (*aggl*)	步骤 3 (ln*gdp*)
open	0. 3608 *** (5. 8523)	0. 0758 *** (2. 8240)	0. 4692 *** (7. 0400)	0. 0644 (1. 4854)	-0. 2301 * (-1. 8171)	-0. 0059 (-0. 1654)
ln*gov*	-0. 4597 *** (-6. 8801)	0. 1968 *** (5. 5911)	-0. 0823 (-0. 4098)	0. 1850 *** (2. 9309)	0. 4539 *** (3. 1027)	0. 6932 *** (8. 0913)
ln*pop*	0. 0673 ** (2. 3720)	0. 0653 *** (2. 8223)	0. 1419 ** (2. 4844)	0. 0621 *** (3. 7895)	0. 1279 (0. 3085)	0. 2859 *** (10. 0641)
常数项	-0. 0878 (-0. 1281)	1. 7684 *** (3. 9549)	0. 7750 (0. 9639)	0. 5869 (1. 3527)	-1. 6427 (-0. 4143)	-2. 8729 *** (-3. 4196)
Hausman 检验	42. 8879 ***	83. 4413 ***	12. 4618 *	33. 7761 ***	12. 9186 ***	41. 0782 ***
拟合优度	0. 58	0. 95	0. 50	0. 97	0. 78	0. 99
样本数量	434	434	154	154	112	112

注:Hausman 检验显示模型为固定效应模型;括号上方数值为变量的估计系数,括号内数值为估计系数对应的 t 值;***、**、*分别代表估计系数在 1%、5%、10% 的水平下通过显著性检验。

六、结论与政策启示

本文利用我国 2003—2016 年的省级面板数据实证考察了在全国层面与区域范围内,产业集聚在信息基础设施影响经济增长过程中所发挥的中介作用,主要得出以下研究结论:首先,除西部地区外,信息基础设施建设有助于促进经济增长和产业集聚,西部地区落后的经济增长与信息基础设施发展容易形成恶性循环累积因果链,即经济增长落后导致信息化缓慢,而信息基础落后又反过来制约经济增长。其次,产业集聚所发挥的中介作用在中部最强、全国次之、东部最弱,原因在于东部地区逐步进行产业升级与产业转移,而中部地区承接转移的制造业,已经逐渐成为制造业集聚中心,考察制造业集聚的中介效应显然与产业集聚程度有关,因此中部地区产业集聚的中介效应最强。最后,控制变量对经济增长的推动作用具备区域异质性,人均政府支出规模对经济增长的推动作用在中西部更强,说明相比率先进行改革开放的东部沿海地区,内陆地区政府对经济增长的参与度依然较高,从侧面反映出其市场化程度有待进一步强化;人力资本积累已经逐渐超过物质资本投入对经济增长的影响,表明经济增长模式逐渐由“外延式”向“内涵式”转变,但人口规模对中西部地区经济增长依旧具备一定的作用,说明现阶段人口红利在中西部地区仍具备释放空间;受金融危机和外部国际环境的影响，对外开放对经济增长的作用有所弱化，尤其是在中西部地区，对外开放并不能成为推动经济高质量增长的持续动力。针对上述研究结论，主要得出以下相关政策启示与建议：

第一，坚持区域协调发展战略，缩小区域发展差距。研究结论表明相比东部地区，西部地区信息基础建设并未给产业集聚和经济增长提供动力，其主要原因就在于西部地区经济发展全面落后，与东部、中部存在较大差距，落后的经济增长更多依赖传统要素投入，信息基础设施发挥的作用有限。因此政府应继续坚持西部大开发、东部对口援助等举措，强化财政转移支付对西部地区经济建设的支持力度，促进西部地区经济稳定增长，在实现经济增长的基础上推进信息化建设和经济全面发展，逐渐实现经济增长与信息基础设施建设、经济发展的良性互动。但也要注意，信息基础设施建设和经济全面发展绝不是一蹴而就的，需要结合实际发展情况，循序渐进。

第二，通过产业有序转移承接，合理完善产业空间布局。东部地区产业基础发展良好，是率先进行产业集聚发展的地区，拥挤效应的出现使得以制造业为主的传统集聚产业具备产业转移与扩散趋势。因此，东部地区需要坚持区域产业结构优化升级，形成以高新技术产业、生产性服务业等现代产业为主导的新一轮产业集聚，发挥产业再集聚对经济增长的推动作用。而中部地区产业集聚的中介效应最强，因此，中部地区应该继续加强信息基础设施建设，强化产业集群建设，充分发挥产业集聚对信息基础设施影响经济增长的中介效应。西部地区要以“一带一路”为契机，把握东部地区制造业转移扩散的契机，积极吸引东部沿海地区的转移产业，通过产业承接形成集聚发展模式，在集聚基础上推进信息基础设施建设和经济增长。

第三，深化市场化改革，继续加强人力资本积累。研究结论表明人力资本积累对经济增长影响已经超过物质资本投入，因此转变外延式增长模式，形成以人力资本为基础的增长动力系统是实现经济高质量增长的迫切需求。尤其是中西部地区，需要加大对人才引进的政策扶持，加快人力资本积累进程，努力实现经济内生增长。同时，坚持市场在资源配置中发挥决定性作用，积极推进市场化进程，尝试构建市场机制与政府调节的兼容框架，有效提高资源配置效率，尽量避免政府不合理的经济政策所带来的“资源错配”问题，尤其是在产业集聚过程中，要避免地方政府蜂拥承接相似转移产业，以防出现严重的产业同构问题。

第四，强化“一带一路”建设，完善对外开放格局。研究结论表明受金融危机和外部国际经济环境的影响，对外开放对经济增长的作用有所弱化，尤其是近期美国挑起的贸易争端进一步影响我国对外开放的增长促进作用。因此，我们需要强化“一带一路”建设，坚持从“引进来”向“引进来与走出去并重”的发展策略，加强与欧洲经济圈、中亚、西亚以及东南亚等区域的贸易联动，开辟新的外贸着力点。通过全方位、多层次、宽领域的贸易关系建设，完善对外开放格局，培育国际竞争新优势。

参考文献

[1]ASCHAUER D A. Is Public Expenditure Productive[J]. Journal of Monetary Economics, 1989, 23 (2) :177 -200.

[2]BOUGHEAS S, DEMETRIADES P O, MAMUNEAS T P. Infrastructure, Specialization, and Economic Growth [J]. Canadian Journal of Economics, 2000, 33(2):506 -522.

[3]金煜，陈钊，陆铭. 中国的地区工业集聚：经济地理、新经济地理与经济政策[J]. 经济研究，2006(4):79 -89.

[4]PICARD P M, TABUCHI T. Self - organized Agglomerations and Transport Costs [J]. Economic Theory, 2010, 42(3): 565 -589.

[5]金祥荣，陶永亮，朱希伟. 基础设施、产业集聚与区域协调[J]. 浙江大学学报(人文社会科学版)，2012,42(2):148 -160.

[6]魏巍，李强，张士杰. 交通基础设施、产业聚集与经济增长——基于省级面板数据的经验研究[J]. 地域研究与开发，2014,33(2):46 -50.

[7]邓涛涛，王丹丹，吴丹. 交通基础设施、空间溢出与制造业地理集聚——基于省级分行业面板数据分析[J]. 区域经济评论，2017(2):33 -40.

[8]YILMAZ S, HAYNES K E, DINC M. Geographi and Network Neighbors, Spillover Effects of Telecommunications Infrastructure [J]. Journal of Regional Science, 2002, 42(2):339 -360.

[9]刘生龙，胡鞍钢. 基础设施的外部性在中国的检验：1988—2007[J]. 经济研究，2010,45(3):4 -15.

[10]张学良. 中国交通基础设施促进了区域经济增长吗——兼论交通基础设施的空间溢出效应[J]. 中国社会科学，2012(3):60 -77,206.

[11]刘生龙，郑世林. 交通基础设施跨区域的溢出效应研究——来自中国省级面板数据的实证证据[J]. 产业经济研究，2013(4):59 -69.

[12]周海波，胡汉辉，谢呈阳. 交通基础设施、产业布局与地区收入——基于中国省级面板数据的空间计量分析[J]. 经济问题探索，2017(2):1 -11.

[13]陈文新，潘宇，马磊. 交通基础设施、空间溢出与全要素生产率——

基于丝绸之路经济带面板数据的空间计量分析[J]. 工业技术经济,2017,36(10):22-30.

[14]Thisse J F. How Transport Costs Shape the Spatial Pattern of Economic Activity [J]. Sourceoecd Transport, 2010(3):17-43.

[15]孙早,杨光,李康. 基础设施投资促进了经济增长吗——来自东、中、西部的经验证据[J]. 经济学家,2015(8):71-79.

[16]叶炜,林善浪. 高速公路的发展是否促进了地区制造业产业集聚?——基于中国高速公路网与制造业微观企业数据的实证研究[J]. 经济经纬,2017,34(4):8-12.

[17]徐瑾. 地区信息化对经济增长的影响分析[J]. 统计研究,2010,27(5):74-80.

[18]姜涛,任荣明,袁象. 我国信息化与区域经济增长关系实证研究——基于区域差异的面板数据分析[J]. 科学学与科学技术管理,2010,31(6):120-125.

[19]张跃胜. 信息化与中国经济增长:理论与经验分析[J]. 经济与管理研究,2015,36(4):63-69.

[20]喻莎莎. 互联网影响下我国文化产业空间集聚变化趋势——基于省级面板数据的实证分析[J]. 商业经济研究,2017(14):175-177.

[21]李波,梁双陆. 信息通信技术、信息化密度与地区产业增长——基于中国工业数据的经验研究[J]. 山西财经大学学报,2017,39(9):58-71.

[22]潘伟,韩伯棠. 基于信息化的城市群经济增长实证研究[J]. 科研管理,2018,39(S1):289-297.

[23]KELLER W. Geographic Localization of International Technology Diffusion[J]. American Economic Review, 2002, 92(1):120-142.

[24]尹希果. 社会资本、工业集聚与经济增长——基于中国经验的实证研究[J]. 西南政法大学学报,2006(4):110-117.

[25]OKUMURA Y, NAOIY M, NISHIZAWAZ T. Long- and Short-Distance Telecommunications Technologies and the Future of Cities. Keio University Market Quality Research Project, 2005.

[26]CICCONE A. Agglomeration Effects in Europe[J]. European Economic Review, 2002, 46(2):213-227.

[27]范剑勇. 产业集聚与地区间劳动生产率差异[J]. 经济研究,2006(11):72-81.

[28]潘文卿,刘庆. 中国制造业产业集聚与地区经济增长——基于中国

工业企业数据的研究[J]. 清华大学学报(哲学社会科学版),2012,27(1):137 – 147,161.

[29]温忠麟,刘红云,侯杰泰. 调节效应和中介效应分析[M]. 北京:教育科学出版社,2012.

(作者单位:首都经济贸易大学经济学院)

新冠肺炎疫情下中小企业中间产品结构错配问题研究

王军　马骁

一、引言

2019年底，新冠肺炎（COVID－19）疫情在我国爆发，我国政府采取了“封城”、严格控制人员流动等强有力的政策应对。到2020年2月中下旬，新冠肺炎疫情防控工作进入了有序恢复生产的新阶段。2月10日，习近平总书记在北京调研指导防疫工作时就明确提出了有序复工复产的要求。2月23日，党中央召开了一场影响深远的电视电话会议，全国出现了全民动员的积极局面。党中央明确将此次新冠肺炎疫情对我国经济的作用概括为“带来明显影响”，“造成较大冲击”。新冠肺炎疫情发生以来，武汉封城、省际交通停运、全国各地陆续启动重要突发公共卫生事件一级响应，导致出现了消费受阻、投资不振、贸易下滑等现象，使得我国经济面临巨大压力。

目前，大量中小企业出现了经营困难现象，危及我国制造业的产业链和供应链。同时，全国部分地区为了防止疫情蔓延而采取了一系列严格防控措施，如封路、断航、交通管制等，以控制人口流动，但这也影响到了全国物流的畅通。中小企业生产所需的原材料、零部件等中间产品因物流不畅而无法从市场上获取，企业损失巨大，使得经营困难程度进一步加剧，小部分采取极端防控措施的地区企业甚至受到灾难性影响。2月29日，武汉市相关负责人谈到菜价物价上涨时表示，疫情大幅推高了物流、人工成本，达到平时的3倍。关乎国计民生的人民群众的“菜篮子”尚且如此，当前我国中小企业在恢复生产时所面临的困难程度就可想而知了。

中小企业迫切需要原材料来恢复生产。中间产品是生产中为了区别于最终产品的一类生产要素。中间产品通过再加工而继续投入生产者的生产过程中，典型的有原材料、零部件、燃料等，部分生产性企业的产品如钢筋、面纱、布料等也属于中间产品的范畴。中间产品是对一切处于待加工阶段而尚未成为最终产品的一系列产品总称。

疫情期间全国交通产业停滞，物流运输停顿，除了保障疫情所需的医疗、生活物资供应之外，大量中小企业由于物流不畅而面临着无法获取原材料、零部件和产品无法配送等问题,这不可避免地产生了中小企业间的资源结构错配现象,其中中间产品的错配占据主要地位,而当资源被错误分配时,经济将在生产可能性曲线内而不是曲线上运转,这其实是 TFP 会降低的不同表述方式:给定数量的投入会产生更少的产出。

本文将针对疫情期间中小企业恢复生产时面临的要素配置问题展开研究。通过构建使用中间产品为生产要素的代表性企业模型,分析了微观层面上企业出现的中间产品结构错配现象将如何对宏观经济的总产出水平、总体 TFP 水平造成影响。研究发现,当前中小企业因为物流不畅而无法获取生产所需的中间产品,这意味着我国以制造业为主的部分行业存在着较为严重的要素市场扭曲现象。模型表明,中间产品扭曲不仅给整个宏观经济带来了负面影响,还会加剧、加快疫情对经济社会造成的负面冲击,削弱宏观经济政策的效果。

本文的结构安排如下:第二部分为文献综述,梳理关于疫情冲击、资源错配、中间产品的一系列研究成果;第三部分构建关于中间产品结构错配的理论模型,并考察中间产品在生产中的特殊地位及其对宏观经济的作用机制;第四部分从改善中间产品扭曲的角度给出了当下纾解中小企业复工难问题的政策建议;第五部分进行总结。

二、文献综述

关于重大疫情冲击对经济体产生的影响, Mahul(1999)将动物流行病的爆发引入经济学模型中,强调疫情不仅会对畜牧业、养殖业造成负面影响,而且会作用于整个宏观经济的多个部门。Bloom(2018)讨论了疫情发生前后如何预防、控制和化解等问题,着重分析了疫情发生后对经济的影响,强调这种影响不仅仅源于不确定的健康风险和社会的防控举措,更被人们面对不确定性所产生的恐慌所放大,这甚至会使疫情并不严重的经济体受到损害。另外,笔者强调,疫情对经济的影响将不平等地作用于经济的各部门,有的行业将受到严重影响。在谈到疫情发生后社会的应对措施时,笔者认为最重要的莫过于社会联动、多方合作,统筹医疗救治、政府防控、科研攻关、保障人权、国际支援、针对特殊人群的政策等问题,通过整个社会积极、一致的行动来减轻疫情对经济社会的冲击。

由于受重大疫情的影响,生产结构、经济结构均会产生扭曲与错配,因而探讨资源错配问题有着重要的意义。Hsieh 和 Klenow(2009)、Restuccia 和 Rogerson(2008)是资源错配理论的代表作,均明确提出了资源错配现象对宏观经济的影响表现为总体 TFP 水平的降低。要素市场错配是资源错配的主要来源,李静等(2017)探讨了我国人力资本错配问题,认为具有高生产力的劳动力没有被配置到科技创新部门,从而阻碍了我国经济增长。邓明等(2020)考察了我国农业和非农业部门的劳动力配置情况。结果表明我国劳动力市场扭曲抑制了我国经济由农业向非农业转型,并降低了各部门的总体 TFP 水平。Brandt et al. (2013)则认为中国劳动力市场的扭曲主要表现为跨地区错配,盖庆恩等(2015)采取更全面的视角评估了我国生产要素错配对总体 TFP 水平的影响,并将要素市场扭曲带来的影响分为直接效应和间接效应。

关于中间产品的研究,以往的文献注重于中间产品的跨国流动及其对贸易的影响,如张翊(2015)分析了进口的中间产品如何影响我国制造业的全要素生产率水平,陈雯等(2016)考察了中间产品的贸易对我国企业技术选择的影响。近两年的文献开始关注国内中间产品的存在及其对宏观经济的作用机制,马丹等(2019)对如何理解中间产品在国内市场和出口贸易上的重新配置问题做出了一定的贡献。

中间产品错配是要素市场错配的一种情况。刘宗明等(2018)讨论了中间产品的错误配置对能源行业 TFP 的影响。由于中间产品的存在,当其作为经济中的生产要素发生资源错配时,不仅会降低经济的总体 TFP 水平,还会对经济的负面影响产生一个乘数效应。

关于中间产品错配及其所带来的这种乘数效应,Jones(2011a)的研究最具有代表性。中间产品的乘数效应可根据含有中间产品的生产函数来衡量,Jones(2011a)建立了一个基于柯布—道格拉斯生产形式的生产函数并考虑了贸易因素,并考察了产业间中间产品错配所带来的乘数效应,通过定量分析来计算现实中总体经济和具体部门的乘数大小,研究产业间存在的中间产品错配现象对总产出的影响。模型的推导表明,总体经济和具体生产部门的 TFP 水平都取决于中间产品的配置情况。具体来说,当中间产品的配置效率达到最优时,经济的 TFP 水平才能实现更高,从而实现产出最大化。而任何偏离中间产品的最优配置效率的情况都会使总体 TFP 水平降低,这种降低的幅度大小由中间产品的错配程度所决定。从而 Jones(2011b)得出结论,中间产品错配和生产率的差异对 TFP 的影响都存在着乘数效应,这个乘数效应和经济偏离中间产品的最优份额的程度成正比。而由于经济体的生产性企业间普遍存在着庞杂的“投入—产出”关系,资源错配产生的负面影响将会超出过去文献里所估算的范围。

目前关于分析重大疫情冲击下资源错配现象对宏观经济影响的文献还比较少见,本文旨在将当前形势下物流不畅导致的中小企业复工难问题与随之产生的资源错配现象联系起来,着重抽取企业面临的中间产品结构错配现象进行分析,以考察其对 TFP 和宏观经济的影响。

三、理论模型

本文的理论分析将遵照以下思路展开：

首先，我国经济中以制造业为主的生产性行业普遍存在着庞大的“投入—产出”结构，各企业的产品又会作为中间产品被其他企业所加工，通过复杂的供应链关系生产出最终产品。疫情导致我国一部分产业供应链受到冲击，中小企业面临着劳动力不足和原材料、零部件短缺等问题，又由于中小企业分布于我国不同区域，政策上的相互匹配程度低，通过物流运输获取生产所需的生产要素的程序多、手续杂、难度大，不可避免地产生了以中间产品结构错配为主的资源错配现象。

其次，资源错配的存在会降低总体 TFP 水平，且中间产品的乘数效应会放大要素市场扭曲对 TFP 产生的负面效应。中间产品是当前事关中小企业存活的一个至关重要的生产要素，通过将基于中间产品乘数效应的企业间中间产品结构错配现象模型化，把中小企业在生产中面临中间产品短缺时的决策纳入模型中来，我们认为厂商的这类决策只是当前特殊情况下的权宜之计，其产生的资源错配现象将会导致我国总体 TFP 水平和产出降低。

另外，中间产品在生产过程中与实物资本有着一定相似性，将中间产品在生产中的作用视为特殊形式的资本是一个合理的简化分析的手段。建立在过往研究的基础上，中间产品的存在会对宏观经济产生一个明显的乘数效应，我们通过理论推导分解出了本文模型中的乘数效应，并分析了这种乘数效应将如何加剧疫情冲击的负面影响及其对宏观经济政策效果的影响。

(一)基础模型

首先，考虑一个代表性的企业 i 。假设宏观经济中包含 N 个生产性企业，代表性企业 i 在生产中所需要的生产要素包括实物资本、人力资本、国内其他企业生产的中间产品以及从国外进口的中间产品，同时，企业 i 的产品的一部分也将会作为其他企业所需的中间产品投入生产加工中。N 个企业的产出除了作为中间产品继续投入生产之外，剩下的部分将作为经济的最终产品供社会消费。

首先，将代表性企业 i 的生产函数设定为柯布—道格拉斯形式：

$$Q_i = A_i(K_i^{\alpha}H_i^{1-\alpha})^{1-\sigma-\lambda}d_{i1}^{\sigma_{i1}}d_{i2}^{\sigma_{i2}}\cdots d_{iN}^{\sigma_{iN}}m_{i1}^{\lambda_{i1}}m_{i2}^{\lambda_{i2}}\cdots m_{iN}^{\lambda_{iN}} \tag{1}$$

假设该生产函数规模报酬不变，国内中间产品与国外中间产品的总份额分别为：

$$\sigma \equiv \sum_{j=1}^{N}\sigma_{ij} \tag{2}$$

$$\lambda \equiv \sum_{j=1}^{N} \lambda_{ij} \tag{3}$$

其中，A_i 为代表性企业 i 的生产率，K_i、α 为企业使用的实物资本及其份额，H_i、$(1-\alpha)$ 为企业使用的人力资本及其份额，d_{ij} 代表企业 i 使用的国内企业 j 产品的数量，m_{ij} 代表企业 i 使用的国外企业 j 产品的数量。

假设 $\bar{\omega}$ 为企业的产出水平中被用作中间产品的比例，则有：

$$Y_i = (1-\bar{\omega}) Q_i \tag{4}$$

宏观经济的国内生产总值 Y 由 N 个企业的产值 $Y_i(i=1,\cdots,N)$ 决定，设其表达式为：

$$Y = Y_1^{\theta_1} Y^{\theta_2} \cdots Y_N^{\theta_N} \tag{5}$$

其中，$\sum_{i=1}^{N} \theta_i = 1$ 。

设宏观经济总的物质资本、人力资本和中间产品使用量分别为 K、H 和 X ，则有：

$$K = \sum_{i=1}^{N} K_i \tag{6}$$

$$H = \sum_{i=1}^{N} H_i \tag{7}$$

$$X = \sum_{i=1}^{N} \sum_{j=1}^{N} d_{ij} + \sum_{i=1}^{N} \sum_{j=1}^{N} m_{ij} \tag{8}$$

当实物资本和人力资本的配置不存在扭曲时，各企业要素使用量应该相等。为了单独考察中间产品的结构错配对宏观经济的影响，我们假设物质资本和人力资本的错误配置程度由 $M(K,H)$ 表示，且总产出水平与其错配程度成反比，使用函数 $G(*)$ 来定义这种负面影响。

如果 N 个企业使用中间产品的比例分别为 $x_i(i=1,\cdots,N)$ ，那么可得总体 TFP 水平和国内生产总值 Y 的表达式为：

$$TFP = \bar{A}\left[\prod_{i=1}^{N} x_i^{\theta_i}\right]^{\sigma} G\left[\frac{1}{M(K,H)^{1-\sigma}}\right] \tag{9}$$

$$Y = \bar{A}\left[\prod_{i=1}^{N} x_i^{\theta_i}\right]^{\sigma} G\left[\frac{1}{M(K,H)^{1-\sigma}}\right] (K^{\alpha} H^{1-\alpha})^{1-\sigma} X^{\sigma} = TFP \times (K^{\alpha} H^{1-\alpha 1-\sigma} X^{\sigma}) \tag{10}$$

其中，$\bar{A} = (1-\bar{\omega})^{N} \prod_{i=1}^{N} A_i^{\theta_i}$ ，是一个不随资源的配置状况改变的定值。从而由该式可知，国内生产总值 Y 和经济的总体 TFP 水平受到了中间产品配置情况的影响，其表达式为 $(\prod_{i=1}^{N} x_i^{\theta_i})^{\sigma}$ 。

对该式求最优化,只有当每一个企业都满足条件 $x_i = \theta_i$ 时,该表达式才能达到最大值,同时意味着中间产品市场实现了最优配置。如果偏离了这个值,那么无论相比中间产品最优配置的比例是高了还是低了,经济的总 TFP 水平都会降低,降低的大小由其偏离最优值的程度所决定,我们将这种情况统称为中间产品的结构错配现象。

我们也可以观察到一个中间产品的存在对总体 TFP 损失以及总产出下降产生的乘数效应。已知除中间产品配置扭曲之外的生产要素错配程度为 $M(K,H)$,其对宏观经济的影响为 $G\left[\frac{1}{M(K,H)^{1-\sigma}}\right]$,中间产品的存在使得要素市场扭曲的影响被进一步地放大,表现为乘数 $\frac{1}{1-\sigma} > 1$,该乘数的大小由中间产品在生产过程中所占的份额决定。

(二)中间产品市场扭曲及其对宏观经济的影响

疫情发生后,全国大量企业停工停产、物流不畅,导致已经响应国家政策的复工企业无法从市场上获取其生产所需的原材料、零部件等中间产品,因此产生了中间产品的结构错配现象。

为了分析的简化,我们设定一个已经复工复产了的代表性企业,并对其做了如下几点假设:①实物资本和劳动配置状况并未受疫情影响;②疫情发生前企业对各中间产品的需求量和比例相等,即 $d_{i1} = d_{i2} = \cdots = d_{iN} = m_{i1} = m_{i2} \cdots = m_{iN}, \sigma_{i1} = \sigma_{i2} = \cdots = \sigma_{iN} = \lambda_{i1} = \lambda_{i2} = \cdots = \lambda_{iN}$;③疫情发生后企业所需的 k 种中间产品因为物流不畅而无法获取,企业将这 k 种中间产品的需求用当前能获取到的 $N-k$ 种中间产品代替;④疫情发生前企业经济体的中间产品错配程度为0,即 $x_i = \theta_i (i = 1,\cdots,N)$ 。

根据上述假设,可以计算出疫情发生后中间产品错配的程度为:

$$\tau = 1 \times \frac{k}{N} + \frac{k}{N-k} \times \frac{N-k}{N} = \frac{2k}{N} \tag{11}$$

即疫情发生后已复工复产的企业面临的中间产品错配程度大小由当前无法获取到的中间产品种类 k 所决定,其扭曲程度为 $\tau = \frac{2k}{N}$ 。

这表现为总产出用作当期中间产品的比例将下降,设当前比例为 x_i^* ,那么有:

$$x_i^* = (1-\tau)x_i = \left(1 - \frac{2k}{N}\right)x_i \tag{12}$$

为保证 $1-\tau \geqslant 0$,我们进一步假设,当有一半以上的中间产品无法从市场上获取时,代表性企业 i 只能停工停产。

由 $TFP = \bar{A}[\prod_{i=1}^{N} x_i^{\theta_i}]^{\sigma} G\left[\frac{1}{M(K,H)^{1-\sigma}}\right]$，将 x_i^* 的表达式代入，设疫情发生后的全要素生产率水平为 TFP^*，从而可得：

$$TFP^* = \bar{A}G\left[\frac{1}{M(K,H)^{1-\sigma}}\right] \times \{\prod_{i=1}^{N}[(1-\tau)x_i]^{\theta_i}\}^{\sigma} = (1-\tau)^{\sigma} \times TFP \tag{13}$$

由于 $1-\tau<1$，从而疫情发生后产生的中间产品错配现象必然会使得总体 TFP 水平下降，为原来水平的 $(1-\tau)^{\sigma}$ 倍，其降低幅度由物流不畅条件下中间产品的获取难度 $f(k)$ 和中间产品的份额 σ 所决定。

同理，中间产品错配也会降低国民生产总值，此时的 GDP 水平将会小于原有水平的 $(1-\tau)^{\sigma}$ 倍，因为中间产品的乘数效应将进一步放大物流不畅时的资源错配对总产出水平的影响。

（三）对新冠肺炎疫情负面冲击的反应

新冠肺炎疫情对我国经济各部门都产生了不同程度的负面影响，这意味着疫情冲击可能会改变我国经济的平衡增长路径。疫情发生后，由于全国部分企业停工停产、交通物流不畅所产生的中间产品错配现象可能通过改变经济体收敛到平衡增长路径的速度来加剧负面冲击对经济的不利影响。

在经济学核心理论中，无论是增长理论还是宏观经济学都一定程度地忽略了中间产品的存在。一直以来，研究的重点放在了宏观经济的增量上，而没有考虑到生产过程中作为重要生产要素的中间产品。关于资源错配理论的一部分研究虽然有所触及，但其理论发展受到数据可得性和测量误差的制约，无法为现实经济运行提供有效的指导。

中间产品与实物资本的关系类似于流动资本与固定资本之间的关系。资本家垫付在固定资本上的货币资本将伴随着固定资本在生产过程中的磨损多次、逐步回到资本家手上。而流动资本价值的转移是短期、一次性的，资本家在一个完整的生产过程之后便能收回垫付的全部货币资本。简而言之，中间产品和实物资本都是厂商在生产活动中所使用的重要生产要素，中间产品在生产中的作用可视为特殊形式的资本。我们在理论分析中将中间产品视为另一种形式的资本。在疫情冲击下，中间产品市场产生了扭曲，大量的生产性企业无法从市场上获取到所需的中间产品，这将表现为我国经济目前的资本份额 α 下降。

增长理论中，在平衡增长路径附近，人均资本 k 向 k^* 收敛的速度与两者间的距离近似成正比，也就是说，$k(t)-k^*$ 的增长率近似为常数并且等于 $-\lambda$。而 λ 的表达式为：

$$\lambda \equiv -\frac{\partial k(k)}{\partial k}\Big|_{k=k^*} = (1-\alpha)(n+g+\delta) \tag{14}$$

λ 由于 α 的下降而上升,经济体向新的平衡增长路径收敛的速度将提高,这意味着疫情给我国经济产生了不利影响,而这种不利影响将被中间产品市场的扭曲所加剧,加大经济的下行压力。

(四)结构错配对宏观经济政策效果的影响

如果物流不畅产生的中间产品市场扭曲现象未有缓解,那么扩张性宏观经济政策的效果也将大打折扣。

习近平总书记在2020年2月3日的中央政治局常委会会议上,要求将"积极推动企业复工复产"和"推动重大项目开工建设"两点要求放在了确保我国经济平稳运行工作的首要位置。全国多地积极响应党中央的号召,推动国家、省级重点项目建设进入"快进"模式。我国产业链环环相扣,如果一个环节出现了问题,那么处在上下游产业链上的企业都会受到影响。从经济学的角度来看,多项重大项目开工建设有着稳定促进投资、拉动社会就业、优化产业结构、确保经济平稳运行、推动经济高质量发展等积极作用,这将会对我国经济承受疫情冲击的能力提供有力支撑。

设疫情防控期间我国产出水平为 Y_0,实物资本存量为 K_0,重大建设项目推行后上升为 K_1,当期的储蓄率为 s,那么有:

$$sY_0 + (1-\delta)K_0 = K_1 \tag{15}$$

化简可得:

$$s\frac{Y_0}{K_0} - \delta = \frac{K_1}{K_0} - 1 \tag{16}$$

由于推动了重大项目上马,那么我国下期的资本存量 K_1 将上升,这也将会提高我国下一期的总产出水平 Y_1,而等式左边的 Y_0、K_0、δ 都是定值,所以重大建设项目开工建设将存在一个提高疫情期间的社会储蓄率 s 的效应。

由于该政策提高了经济的储蓄率,在增长理论中,储蓄率变化对产出影响的表达式为:

$$\frac{\partial y^*}{\partial s} = f'(k^*)\frac{\partial k^*(s,n,g,\delta)}{\partial s} \tag{17}$$

其中 n 为人口增长率,g 为技术进步率,δ 为折旧率。

定性来看,该宏观政策是可以拉动我国经济增长的,但中间产品市场扭曲则会严重降低其效果。

假设市场不存在外部性,那么此时资本将按照边际产出支付报酬,则资本收入占总收入的比例为 $\frac{k^*f'(k^*)}{f(k^*)}$,即为资本份额 α。代入并化简可得:

$$\frac{s}{y^*}\frac{\partial y^*}{\partial s} = \frac{\alpha}{1-\alpha} \tag{18}$$

由于中间产品市场扭曲造成总的资本份额 α 降低，这使得产出对储蓄率的弹性下降，可能导致储蓄率的大幅变化对产出水平的影响程度有限，这削弱了扩张性宏观经济政策的效果。

四、政策建议

2020 年 2 月 21 日，中央政治局召开会议，把交通运输放在了对有序复工复产各项具体要求的首位，明确提出交通运输是“先行官”，必须打通“大动脉”，畅通“微循环”。目前看来，虽然我国复工率有逐渐回升的现象，截至 2 月 26 日，中小企业复工率已经超过 30%，制造业中小企业的复工率超过了 40%。但中小企业面临的困难情况依然并不容乐观。按照本文的分析，即使疫情冲击和随后的防控措施只导致了 10% 的原材料、零部件等中间产品无法从市场上获取，中小企业的 TFP 水平也会降到正常水平的 80% ~ 90%，人均产出则会更低。

概而言之，疫情发生后对经济造成的冲击可以分为直接影响和间接影响。所谓直接影响是指重大突发事件发生后对经济社会造成的人力物力损失、恢复经济社会秩序的成本等。本次疫情发生后，我国部分地区经济遭受了重大打击，局部情况严重地区生产活动几乎停顿，需要靠中央、地方救济才能维持社会正常运转。而间接影响主要是由社会针对未来疫情的不确定性而出台的相关措施所产生的，全国各省份均陆续启动重要突发公共卫生事件一级响应，部分企业关停、省际交通停滞、物流运输不畅，这不可避免地带来了投资下跌、贸易减少和企业复工难等问题。

本文所研究的中间产品结构错配现象是重大疫情冲击对经济社会产生的间接影响之一。要统筹做好疫情防控工作与有序推动复工复产，着力解决当下中小企业面临的中间产品结构错配问题是必要的。在接下来工作过程中，有以下几点是值得注意的：

首先，在妥善布置疫情防控工作的前提下有序恢复正常交通运输秩序，管住人流，畅通物流。本文的研究结果显示，中间产品的结构错配现象会加剧、加快疫情冲击对宏观经济的影响，如果企业面临的问题不解决，受影响的产业总体 TFP 水平就上不来，并通过中间产品结构错配的乘数效应加大对我国经济总产出的负面作用。所谓打通“大动脉”，就是要打通我国完善的交通运输网络，保证海陆空等各类运输通道畅通，各地政策衔接有序、精准对接。在做好对重点人群防控工作前提下，应该全面恢复全国的交通运输服务，将对货运物流业的政策由限制转变为疏导,保证全国各地中小企业恢复生产所需的劳动力、原材料、零部件供应。所谓畅通"微循环",就是要打通、解决企业和居民生产生活所需的各个环节,维持我国经济产业链、供应链运转正常。应该全力改善当前形势下复工复产存在的程序多、手续杂等问题,切实解决企业、居民需要,用良好的交通运输秩序确保企业生产所需的物资准时送达、企业生产的产品及时送出。

其次,在保证宏观经济政策有力有效的同时在微观层面因企制宜、因企施策,切实解决企业复工复产所需。2020 年 2 月 21 日的中共中央政治局会议首次将疫情期间宏观经济政策的力度分别定义为"积极有为"和"灵活适度",这意味着政府对采取扩张性宏观经济政策以减缓重大疫情对经济社会冲击的取向是明确的。而本文的研究表明,中间产品的结构错配现象会削弱扩张性宏观经济政策的效果,如果不精准解决中小企业因为物流不畅导致供应链断裂等问题,那么我国经济复苏的速度将大打折扣。所以,在中央的大力支持下,地方政府与职能部门应该广泛调查研究、坚持问题导向,以服务型政府的姿态设身处地地为中小企业着想,以解企业复工复产面临的燃眉之急。

最后,中间产品的结构错配并不是疫情发生后才有的特殊现象,而是一直存在于我国经济以制造业为主的产业内部,此次疫情将这个问题暴露了出来,更应该引起政府和学界的高度重视。根据 2020 年 2 月 3 日的中央政治局常务委员会会议的会议精神,我们应该从此次疫情中找到过去长期存在着的薄弱环节,中间产品的结构错配不仅在当下对中小企业复工复产造成了困难,在我国经济正常运转时也会通过中间产品市场的扭曲来降低总体 TFP 水平,从而影响社会总产出。我国作为经济体量最大的发展中国家,随着我国社会主义市场经济制度趋于完善,市场资源配置效率不断优化,从而推动了我国经济的长期持续增长,国内对资源错配理论的研究主要集中于对中国经济改革的重新审视。目前,在资源配置过程中存在扭曲现象的有劳动、资本、土地等传统的生产要素,同时也一定包括作为中间产品的原材料、零部件等生产要素。目前国内外涉及要素市场扭曲的文献中关注到中间产品的还不多,但事实证明恰恰是中间产品这一生产要素的错配现象对我国制造业产生了很大影响。在疫情过去后的经济恢复过程中,如果能重点关注中间产品错配现象并深入研究,既能为国民经济的复苏提供有参考价值的政策框架与评估标准,也能为我国日后的经济持续增长提供重要的动力。

五、总结

本文研究发现,中间产品的结构错配现象对宏观经济有着负面影响,而这一点在新冠肺炎疫情发生后由于交通停滞、物流不畅等现象显得尤为明显。通过构建包含中间产品的理论模型,使其能涵盖中间产品的关键特征,较为全面地解释了包含中间投入在代表性企业中产生结构错配现象对宏观经济所产生的影响,而中小企业面临的原材料、零部件短缺造成的复工难问题是目前的一个普遍现象,这表明中小企业出现的资源错配现象将对我国宏观经济带来负面作用。

本文主要结论为:①中间产品作为生产活动中的重要组成部分,其配置效率对全要素生产率起到了重要作用,并存在一个显著放大资本、劳动等其他生产要素扭曲对经济增长的乘数效应。②新冠肺炎疫情对我国经济社会产生了较大冲击,中小企业不可避免地出现了中间产品结构错配现象。③疫情期间,中间产品的结构错配对全要素生产率的负面影响进一步加剧,并通过乘数效应降低了总产出。④中间产品是一类重要的生产要素投入,可以将其理解为特殊形式的资本。新冠肺炎疫情冲击下中间产品的结构错配表现为总资本份额的降低,这加剧了新冠肺炎疫情对我国经济社会造成的负面影响。⑤如果不有针对性地解决当前中小企业面临的具体问题,不逐步有序恢复交通运输正常秩序,中间产品的结构错配现象将持续存在,并且会削弱扩张性宏观经济政策的效果。

本文不足与有待进一步完善之处:首先,本文考虑的是一个封闭经济,或者假设了新冠肺炎疫情对中小企业进口依赖的原材料、零部件供应未造成影响,而此次疫情不可避免地对我国进出口贸易产生了作用,将中间产品的结构错配现象拓展到贸易部门将会是一个有益的尝试;其次,本文考察了企业复工难问题导致的中间产品结构错配现象所带来的静态效率损失,但事实上新冠肺炎疫情影响下企业复工复产不仅仅面临着原材料、零部件等中间产品无法获取的问题,劳动力短缺、投资不振、消费停滞等问题共同影响着广大中小企业的生产行为,后续需要进一步地将各个要素市场的扭曲现象纳入研究中来。

参考文献

[1]陈雯,苗双有．中间品贸易自由化与中国制造业企业生产技术选择[J]．经济研究,2016(8).

[2]邓明,柳玉贵,王劲波．劳动力配置扭曲与全要素生产率[J]．厦门大学学报(哲学社会科学版),2020(1).

[3]盖庆恩,朱喜,程名望,史清华．要素市场扭曲、垄断势力与全要素生产率[J]．经济研究,2015(5).

[4]李静,楠玉,刘霞辉．中国经济稳增长难题:人力资本错配及其解决途径[J]．经济研究,2017(3).

[5]刘宗明,吴正倩．中间产品市场扭曲会阻碍能源产业全要素生产率提升吗——基于微观企业数据的理论与实证[J]．中国工业经济,2019(8).

[6]马丹,何雅兴,张婧怡．技术差距、中间产品内向化与出口国内增加值份额变动[J]．中国工业经济,2019(9).

[7]张建华,邹凤明．资源错配对经济增长的影响及其机制研究进展[J]．经济学动态,2015(1).

[8]张翊,陈雯,骆时雨．中间品进口对中国制造业全要素生产率的影响[J]．世界经济,2015(9).

[9]AOKI S. A simple Accounting Framework for the Effect of Resource Misallocation on Aggregate Productivity[J]. Journal of the Japanese & International Economies,2012,26(4):473 -494.

[10]BLOOM D E et al. Epidemics & Economics: New and Resurgent Infectious Diseases can Have Far - reaching Economic Repercussions[J]. Fidance & Development, 2018,55(2):46 -49.

[11]BRANDT L, T TOMBE and X ZHU. Factor Market Distortions Across Time, Space and Sectors in China. Society for Economic Dynamics,2012.

[12]HSIEH CHANG - TAI, P J KLENOW. Misallocation and Manufacturing TFP in China and India[J]. The Quarterly Journal of Economics,2009,124(4):1403 -1448.

[13]MAHUL O and B DURAND. Simulated Economic Consequences of Foot - and - mouth Disease Epidemics and Their Public Control in France[J]. Preventive Veterinary Medicine,1999,47(1 -2):23 -38.

[14]RESTUCCIA D, R ROGERSON. Policy Distortions and Aggregate Productivity with Heterogeneous Establishments[J]. Review of Economic Dynamics, 2008,11(4):707 -720.

[15]JONES C I. Intermediate Goods and Weak Links in the Theory of Economic Development[J]. American Economic Journal: Macroeconomics, 2011, 3(2):1 -28.

[16]JONES C I. Misallocation,Economic Growth, and Input - output Economics[EB/OL]. https://www.nber.org/papers/w16742,2011.

(作者单位:首都经济贸易大学经济学院)

第五部分

国家治理

中国经济增长与经济周期（2019）

中国经济增长与经济周期（2019）

经济社会一体化：多目标平衡与治理机制①

袁富华

一、引言

本质上，发展是一个基于结构条件变化不断创造报酬递增机制的过程。经济社会政策的选择及其平衡，由特定发展阶段目标决定。工业化时期中国的发展战略以经济建设为中心，总体目标是加速资本积累，满足基本物质和服务的生产消费需求。与此不同，中国城市化时期的发展路径由服务业和消费主导，核心理念是"经济建设服务于社会发展"，以人为中心的社会政策的作用凸显，由此产生城市化时期效率/福利动态平衡的内在要求，且需要治理结构现代化的制度保障。

发展阶段及其主要矛盾的变化，引致经济社会目标和政策平衡机制的变化。随着结构服务化主导中国新常态趋势的形成，一些不同于工业化规模经济的问题也随之出现，为此，有必要提供一种理论认识的反转，即：从生产供给角度看待消费，转变为从消费角度看待生产；从制造业发展角度看待服务业，转变为从服务业发展角度看待整体经济；从经济政策看待社会政策，转变为从社会政策看待经济政策。我们认为，这是理解转型时期经济社会一体化的关键。

现阶段中国城市化的主要问题源于工业化资源配置的路径依赖，主要表现为创新动力不足、要素质量升级滞后以及经济社会发展脱嵌。治理结构现代化的目的是推动发展型国家向规制型国家转变，在发挥制度红利的基础上寻求结构服务化的效率补偿效应，避免无效率增长下的滞涨风险。治理结构现代化的重点是应该围绕分享型就业机制的建设，通过制度互补性进行系统整合。

二、经济社会一体化的国际实践与理论基础

后工业化时期以高度城市化为标志的西方成熟社会，其经济社会目标和政策与工业化时期有相当大的差异。围绕罗斯托关于工业化奇迹之后政策选择的再平衡思想，我们在前期一系列研究中，对城市化时期多目标动态平衡的问

① 本文受国家社科基金项目"我国不同要素分配关系与分配正义理念创新研究（17ZDA114）"资助。

题与机制进行了初步探讨[①][②][③],将其综合在城市化时期效率/福利的动态平衡框架下,并因此把经济社会一体化视为高度现代化的一种必然。这种理解既有发达国家的历史实践可供借鉴,也有充分的经济社会理论基础,特别体现在发展理念变化、城市化特殊性以及国家作用的再定位之中。

发达国家长期增长所蕴含的一个铁律是报酬递增机制的创造和再造,这是发展阶段转换和经济演化的本质。体现为技术创新及治理结构现代化的报酬递增机制,在经济因素与社会因素的相互作用中生成、演化,以此推动历史阶段的顺次递进,呈现出高质量发展的动态图景。随着发展阶段从大规模工业化向工业化后期城市化的升级,为了寻求效率持续改进以满足多样化的福利需求,发达国家不断调整完善制度结构和经济社会结构。由之,现代化理念也处于动态变化之中。二战后世界经济社会所呈现的加速减速规律,特别鲜明地体现了这种趋势。

(一)作为工业化发展成果的经济社会一体化趋势及其理念

根据发达国家经验,经济社会一体化内生于现代化过程之中:即,社会发展的制度化建设,由技术创新和管理创新推动,并作为新一轮创新的条件和规范存在,以此促进经济效率改进与制度质量提升的良性互动,报酬递增的发展本质蕴含在这种机制之中。与工业化时期重积累、重产出的技术理念不同,经济社会一体化的要点在于围绕社会政策制定实施经济政策。我们认为,这种差异是理解二战后发达国家转型和城市化可持续的关键。

尽管各国制度模式差异显著,但从经济绩效和社会发展的总体表现来看,1950 年代以来发达国家现代化过程大致可以分为两个阶段,见证了分享机制与福利制度的建设与完善:①第一阶段围绕规模工业化的生产供给展开,对应着 1950—1970 年代的结构性加速,微观动力来自福特制在资本主义世界扩散,这种制度适应了重化工业化、深加工度化以及垂直一体化的生产方式。这个时期,发达国家为了利用工业化的规模效率优势,结合特定国情演化出了各自的制度模式,典型如日本的供应商体制、德国的参与型企业等[④]。受到凯恩斯主义的影响,各国政府对经济活动广泛干预,目的是提高私营企业效率,这一点在

① 袁富华,张平.宏观调控:产业政策和财政金融政策相互关系的视角[J].中共中央党校(国家行政学院)学报,2019(5).

② 付敏杰,张平,袁富华.工业化和城市化进程中的财税体制演进:事实、逻辑和政策选择[J].经济研究,2018(12).

③ ROSTOW W. The Stages of Economic Growth: A Non - Communist Manifesto[M]. Cambridge University Press,1960.

④ AMABLE B. The Diversity of Modern Capitalism[M]. Oxford University Press,2003.

加尔布雷斯的著作中有着鲜明体现[①]。配合生产端的效率改进，这个 30 年间公共服务支出急剧增长，到 1980 年达到峰值。②1980 年代以来开启的第二阶段，以三种理念和社会态度的反转为标志——从生产供给角度看待消费，转变为从消费角度看待生产；从制造业发展角度看待服务业，转变为从服务业发展角度看待整体经济；从经济政策看待社会政策，转变为从社会政策看待经济政策。这种反转发生的背景，是服务业主导下发达资本主义新形态的出现，包括生产组织层面上水平分工取代垂直一体化，知识白领或知识技术阶层取代蓝领阶层成为社会主体，以及效率/福利多目标动态平衡取代工业化相对单一的目标等。

（二）一体化政策目标框架

立足于上述总体趋势的观察可以看到，政策一体化制度框架的生成和演化是沿着技术、社会和治理等三个层面展开，分别对应着工业化时期的规模经济、知识中产阶层扩大再生产以及转型时期制度调整，目的是适应发展阶段变化的要求。其间，由不同结构条件所塑造的发展理念不断更新，最终推动了与高度现代化内在一致的激励结构的形成。二战后至今发达资本主义的转型，制度上虽然不断调整，但保持着连续性和稳定性，并作为后续生产/消费高质量发展的条件，新目标、新环境、新要求的反馈路径由此形成。总体来看，1980 年代以来，蕴含在发达资本主义转型过程中的效率/福利目标平衡机制如下：①从产业结构升级中培育创新动力。知识经济的兴起改变了生产结构和生产组织，这种不连续的结构因素导致创新源泉发生变化，由以往大规模工业化时期的工业技术创新，转向以服务业高端化为基础的知识创新。在充分挖掘了重化工业化和深加工度化规模效率的基础上，为了寻求蕴含于知识经济中的报酬递增机会，发达国家竞争的焦点转向服务业高端化，科教文卫等与要素升级关系密切的领域受到重视。经由这些知识密集产业的发展，发达国家实现了生产/消费结构升级的互动以及市场激励与公共服务提升的互动。②知识中产阶层的扩大再生产。发达国家工业化带来的显著社会变化是知识中产阶层的崛起[②]，主要归因于二战后高技能和高等教育的迅速普及。根据 Kochhar（2017）[③]所提供的数据，欧美老牌资本主义国家中产及中产以上人口比重普遍在 80% 左右，平均教

---

① 作者在《新工业国》中，用了最后 11 章的篇幅对以下观点进行阐述：在工业化时期，国家多重经济社会目标的制定，都是为了促进大企业产出和效率提升。约翰·加尔布雷斯. 新工业国[M]. 嵇飞，译. 上海：上海人民出版社，2012.

② 袁富华，张平. 知识技术阶层再生产：效率和发展的一类等价命题[J]. 经济与管理评论，2018（6）.

③ KOCHHAR R. Middle Class Fortunes in Western Europe[R]. Pew Research Center, 2017.

育年限高、人均收入水平高是其主要特征。作为高度现代化的内核,知识白领阶层充当了协调经济社会和谐发展的纽带,既是消费生产性(或人力资本积累的)源泉,也是缓冲社会不公平压力的减震器。③国家治理结构现代化。权利—利益制衡机制连同呼吁—退出机制的建设,是发达国家治理结构现代化的根本特征,也是推动治理现代化的根本力量[①②]。这种治理结构面对经济社会条件变化表现出较大的适应性,并使得参与和分享制度在知识经济时代得以完善与巩固。根本上来说,发达国家规制型政府与新兴工业化国家发展型政府的重要区别在于运用规则和妥协维护要素所有者的利益均衡,包括产权保护、竞争激励和社会保护等在内的一系列正式或非正式规则的建立,成为效率/福利动态平衡的助推器。

(三)结构服务化的特殊性与多目标平衡机制

1980 年代以来知识经济的发展,有力推动了工业型社会向知识型、福利型社会的升级。上述技术创新、社会发展和制度变革等三个层面的目标,在工业化时期逐步形成并在结构服务化条件下进一步完善。换句话说,发展中心从生产供给转向高端人力资本积累,要素质量升级成为建立在工业巨大生产力之上的新的需求和趋势。这种转变由高度城市化的特殊结构条件所致,也是经济社会政策再平衡作用的结果。具体来看:

第一,后工业化时期城市化的特殊性,使得政策选择及其再平衡方式发生了改变。发达国家福特制主导的大规模工业化,在三个原则的互补与平衡中寻求生产率持续增长,即分工精细化、工资讨价还价以分享进步红利、资本积累与消费升级协同演化[③]。以物品产出和供给为中心的这个阶段,社会政策目标服从于经济效率目标,尤其是大企业发展目标。当工业化主导在高度城市化时期被结构服务化主导所取代,经济发展促进社会发展与人的发展的理念逐步形成,体现在发达国家在社会学、心理学思潮对工业化的反思中。经济社会政策一体化目标的平衡中,倾向于强调由科教文卫事业发展所主导的人力资本积累,进而呈现出向需求支出端要效率的特殊景象。

第二,需求支出端的生产性与效率补偿。间接效率补偿与消费结构升级中所蕴含的生产性有关。我们在前期一系列研究中,对消费的效率补偿机制进行了探索,旨在说明内需主导的城市化可持续性的源泉在于劳动力要素升级和知

---

① 阿尔伯特·赫希曼.退出、呼吁与忠诚[M]. 卢昌崇,译. 北京:经济科学出版社,2001.

② 阿尔伯特·赫希曼.欲望与利益[M]. 冯克利,译. 杭州:浙江大学出版社,2017.

③ BOYER R,SAILLARD Y. Regulation Theory[M]. Routledge,2002.

识过程创造，这都需要科教文卫等高端消费项目的支持，从而间接提供创新动力①。从制度化方面看，要素质量升级所涉及的大都是外部性较大的公共领域，公共服务支出能力提升也就成为可持续发展的内在要求，并由此引出经济效率/福利制度动态平衡重要性。直接的效率补偿来自服务业结构升级，沿着消费结构升级以及其他部门高质量发展的需求，位于高端的知识生产部门得到发展，知识的扩散推动服务业和制造业一体化融合。

第三，适应社会目标的产业政策调整。实践来看，顺应工业型社会向知识型、福利型社会转型的趋势，1990 年代以来发达国家一改以往选择性、特定性产业支持政策，转向促进研发和支持创新扩散，注重营造良好的科技创新环境和营商环境，高度城市化时期的产业政策更加具有前瞻性和综合性①。无论是美国一系列创新法案和国家创新战略，还是欧盟信息化和竞争力战略，还是日本科技创新立国战略，都是根植于要素质量升级和知识创新的预期之中。经历了 1950—1970 年代快速增长后，1980 年发达国家社会保障、教育、医疗等公共支出达到顶峰，公共服务制度化建设进一步完善，城市化可持续的先行条件准备就绪，也因此使得(置于后端的)产业效率改进具有了连续性，发达国家用各自的现代化实践，讲述了从工业化时代向信息化时代递进的完整故事。

三、中国以经济建设为中心的历史阶段性及其在转型时期的脱嵌与失衡

以上述发达国家经验和现代化理论为参照，本部分考察中国工业型社会向知识型、福利型社会转型时期所遇到脱嵌或失衡问题。就经济社会一体化目标和机制而言，首先表现三个层面的偏离(或三重挑战)：一是干中学模仿复制技术路径依赖，与城市化时期可持续发展要求不相适应；二是中国资本驱动模式，抑制了知识技术层的扩大再生产，迟滞了劳动力要素升级②；三是原有以经济建设为中心的工业化资源配置体系与城市化时期基于社会发展的理念不相适应。

可以认为，上述失衡问题是由中国新常态下新旧动能转换摩擦所引致的，且成为发展型国家向规范型国家嬗变的瓶颈制约。从共性上来说，干预加市场的中国工业化资源配置体系，符合发展主义初期阶段的一般规律：不论是二战后欧洲和日本对美国的追赶，还是中国工业的迅速崛起，都得益于银行主导的资源集中配置体制。与发达国家福特主义技术路径一致，中国经由大企业主导

---

① 袁富华. 供给侧结构性改革：现实基础、理论逻辑、治理配套[J]. 贵州省党校学报，2017(5).

② 袁富华，张平，陆明涛. 长期增长过程中的人力资本结构：兼论中国人力资本梯度升级问题[J]. 经济学动态，2015(5).

的重化工业化,成功地将人口红利转化为资本积累,奠定了现代化所需的巨大生产力物质基础。从特殊性来说,中国承接国家低端产业转移的同时,技术组织上沿袭了流行的生产模式,但是受制于城乡二元性这个初始条件,逐渐发展出一种生产优先的"准福特主义",即重投资轻消费、重物质资本轻人力资本、重规模轻质量。这种资源配置体制以短期利润最大化为特征,与城市化内生效率改进的要求脱节,集中体现为转型时期经济发展与社会发展脱嵌或失衡,这是理解治理现代化重要性的关键。根据前文所述,后工业化时期结构服务化主导经济的显著特征,在于要素质量升级的要求变得迫切,发展理念的反转也集中体现在对社会发展目标的重视上。为此,我们强调以下几点。

(一)立足于服务业结构升级看待效率改进和宏观稳定

结合中国现实问题,这里提供两点分析。首先是报酬递增的源泉和机制。由工业化时期向人口红利要效率,转变为城市化时期向服务业结构高端化或知识经济要效率。理论上,中国产业转型连续性需要内生的创新机制支撑,或者就像发达国家表现的那样,有一个人力资本积累的平台,通过新机会的创造抵消资本报酬递减压力。但是,中国工业化后期面临的问题恰恰是人力资本升级滞后所带来的瓶颈,中低层次人力资本主导的产业发展从技术能力和消费能力两方面形成制约。现阶段,中国经济结构上的困境主要是工业化资源配置体制路径依赖所致,典型如干预和银行主导的投融资体制,将工业规模化扩张模式移植到城市化和服务业发展过程中,对"快钱"的盲目追逐导致房地产"虚业"挤掉"实业",从根本上抑制了服务业高端化。这种无效率的增长蕴含了风险累积机制:虚业在挤掉实业的同时导致服务业规模化扩张,这种数量型扩张在长期中不利于提高就业质量和收入水平,进一步导致人力资本投资能力低下,反过来抑制产业升级,并打破城市化过程中效率和福利目标的动态平衡。其次是结构上的矛盾影响到宏观层面稳定,这是发展型国家常见的问题。转型时期不稳定的根源是"虚业"盛行——典型如房地产和"互联网+"的不适当运用,"快钱"思维本质上是旧体制追求利润最大化的不良遗产。需要强调的是,转型时期对宏观形势的研判需要立足于结构服务化的大背景,特别是对关系民生的通胀趋势的判断,应该联系对于结构优化有潜在影响的指标进行分析。我们的前期研究①将这类指标称为"隐性通胀"因素,原因是不同于资本驱动的投资需求诱致的通胀,城市化时期的通胀成因由工业部门转移到服务业,不仅包括房地产部门,还包括科教文卫等高端部门,这都是影响未来潜力和增长预期的结构成分。从发达国家历史经验来看,城市化总体趋势是这类隐性通胀因素导

① 袁富华,张平.结构性减速过程中的储蓄耗散:假说与事实[J].天津社会科学,2018(3).

致的不稳定。据此我们认为，鉴于中国科教文卫等服务业高端项目供给和人力资本升级存在短板，由此导致的效率补偿能力不足，是未来通胀趋势的最大隐患（城市化过快发展引致的农业供给短板，也值得重视）。

（二）立足于知识中产阶层扩大再生产看待社会发展

除了“脱实向虚”的效率失衡，转型时期脱嵌或失衡的另一个重要诱因是知识技术阶层发展滞后，这在拉美国家表现得比较明显。对于新兴工业化国家而言，能否实现经济对社会发展的嵌入——或者说能否达成劳动力要素质量升级，是突破中等收入陷阱的关键。对于中国而言，以经济建设为中心的阶段性目标基本实现，但是人口红利之后面临的挑战在于要素质量升级机制及知识创新过程，其成败取决于知识中产阶层扩大再生产能力。

有必要对一个流行的认识误区进行订正。现在有关经济增长保 6 与否的争论，不少是基于增长速度来预测中国什么时候达到发达水平，这是误解。鉴于发展型国家的结构性因素制约，工业化后期能否再上一个台阶不是纯粹的统计数据游戏，而是艰难的系统性转型问题，特别是人力资本升级、知识中产阶层扩大以及治理结构的建设完善。因此，经济发展本质上是一个效率/福利动态均衡概念，是对报酬递增机制的不断寻求而非简单的统计预测，关键是如何通过要素和结构升级保持可持续的增长。

提供一个数据说明。北京和上海作为全国最发达的两个省市，目前人均 GDP 均突破 2 万美元，进入发达水平的门槛。同时，作为全国高级人力资本最集中的两个地区，也代表了社会发展的最高水平。即便如此，北京和上海发展型特征仍然很突出（见表 1），中国两个发达地区与日本、韩国平均人力资本水平相比仍有很大的追赶空间，尤其是作为主要储蓄者的 35 ~ 54 岁几个年龄组，高等人力资本普及率相差 20 年左右[①]。我们的前期研究也表明，日、韩两国在后工业时期均经历过高等教育普及的 15 ~ 20 年的快速提升时期。根据这种经验可以预想，中国如果要将城市化机遇变为现实，需要创造一个人力资本快速提升机制，但是这需要教育、培训的大力投入和治理机制的精心设计。

上述分析可以这样归纳，转型时期的脱嵌问题根本上是由需求支出端无效率所致。具体包括两种情景：一是由于缺乏知识中产阶层的支持，消费结构升级能力不足，无法提供城市化持续增长的内生动力，即消费不具有效率补偿性；二是公共服务支出无效率，表现为公共大量投资于回报率低下的基础设施，在人口红利结束之后，唯一的效率路径是保证科教文卫等人力资本的投资。

① 依据分段年龄组，大致可以递推高等教育普及率的差距。

表1 2015年上海各个年龄组人口高等教育比重及其对比 (%)

年龄组	北京	上海	韩国	日本
25~29岁	44.0	32.8	85.0	42.1
30~34岁	45.8	33.6	78.3	55.5
35~39岁	39.0	25.1	70.3	54.1
40~44岁	27.3	16.3	56.1	46.7
45~49岁	20.2	10.3	46.0	46.5
50~54岁	14.9	7.3	36.5	41.4
55~59岁	9.6	3.9	25.3	41.4
60~64岁	9.2	3.7	18.4	23.3

资料来源:Barro - Lee.com; 北京和上海1%人口抽样调查。

(三)立足于规制型国家建设看待治理结构现代化

经由治理结构现代化增强制度韧性,用制度多样性理论解释就是通过制度设计推动发展型国家向规制型国家转轨。中共十九届四中全会将国家治理作为重要战略目标提出,可谓抓住了转型问题的本质。现阶段产业结构失衡以及经济社会脱嵌,要从原有经济体制的路径依赖上找原因。治理结构现代化既要保持制度连续性(以便为效率提升创造一个稳定环境),又要增强就业系统、投融资系统和公共部门的韧性,以此判断为参照,现阶段的实质性问题可归结为以下几点:

第一,投融资体制与结构服务化的激励不相容问题。银行主导、大企业主导的工业化资源配置体制,反映了中国高速增长时期典型的发展主义特征。与大多数发达国家——如日本和欧洲老牌资本主义国家不同,中国为了实现快速工业化追赶,采取了短期利润最大化的静态比较优势策略,与欧洲和日本采取的平衡发展分享的"反利润"模式存在极大不同。短期利润追求的工业化模式与中国二元经济的初始条件有一定程度的相容性,但是这种以激励投资为目的的资源配置体制,却与结构服务化和消费主导的知识经济不相容。原因是随着服务业对制造业的替代,原有大规模资本驱动的基础削弱甚至消失了,在以质量和结构升级趋势引领新时代的理想条件下,原有投融资体制需要调整和重塑,为新的报酬递增机制提供相容的激励。

第二,市场缺位与退出机制缺失。中国的发展主义采取了政府组织市场的策略,使市场机制符合国家战略,也因此导致了转型时期市场缺位和退出机制缺失。为了保持体制的连续性,与二战后其他工业化追赶的举国体制不同(典型如日本),政府组织市场在中国采取了直接经济运行的方式,国有经济嵌入高增长机制中,这样做的优势是推动了资本积累的迅速完成,劣势是导致市场缺位,即必要的市场规范机制的缺失,当前频发的借贷违约问题,以及僵尸企业难以退出的问题就是这种问题的反应。从这一点来看,转型时期的脱嵌,也表现为市场制度供给能力与规则需求之间存在缺口。就像发达国家在高度城市化时期以公共财政深度干预社会发展那样,发展型国家的干预在结构服务化时期同样重要,只是政府角色转变为提供市场规则和公共服务,法制化和制度化是解决市场缺位的重中之重。

第三,经济社会一体化的信任机制与呼吁机制问题。信任与呼吁机制的建立和完善既是国家治理结构现代化的标志,也是发展型国家嬗变为规制型国家的关键制度关节①。效率不能替代制度建设,一味追求效率可能导致欺诈、责任感丧失等一系列道德风险,增加治理成本、削弱发展潜力。信任和呼吁规定了经济活动参与人交换规则和规范,包括正式的、非正式的经济社会规则,它的作用是降低不确定性,并为实验、试错等创新行为带来激励。发展型国家与规制型国家在这个制度的领域的重要差别就在于个体表达个人信念的成本相对较低,健全的呼吁机制阻止低效率风险累积。发展型国家工业化时期制度供给以经济建设为主,特别是银行主导的选择性资源配置体制,人为地挑选了优胜者,致使经济中大部分信用机制和交换惯例得不到培育,这是与金融市场主导的发达经济的重要差别。同时,信任和呼吁机制也是丰裕时代需求多样化的产物,原有资源配置体制下受到忽视的中小企业和消费者,当有能力和意愿参与发展分享的时候,都同样面临有关制度建设的迫切需求,制度红利的大部分作用由此得到体现。

四、多目标动态平衡:制度互补性与均衡回复

理论上,多目标动态平衡机制属于制度模式多样性和制度互补性的研究范畴,回顾一下稍早时期的文献,至少可以追溯到1970年代法国调节主义学派对福特主义问题及其后资本主义转型的分析⑩。根据这种理论及其变种,特定发展模式由就业系统、市场组织框架、金融系统和开放系统根据各国国情组合而成,五类体制在目标上基于特定结构条件实现互补,形成一定时期稳定的经济社会治理机制,若某个系统出现问题则通过反馈机制作用于其他系统,如果冲击足够大,将会导致发展模式整体上的调整和转型,适应于新的发展条件的互补性制度也相应产生。这是1970年代之后对发达国家试图扭转福特主义所导致的通胀困境的大致阐释。理论上,这种解释对于中国转型治理分析具有启

① 袁富华,张平.经济现代化的制度供给及其对高质量发展的适应性[J].中国特色社会主义研究,2019(1).

发性。

参照发达国家经验,前文述及中国“准福特主义”的发展模式在工业化后期所遇到的主要困难,并把多目标平衡问题归结为结构服务化过程中效率/福利提升的动态均衡问题,强调城市化时期理念和政策变化的两个趋势:即从生产供给为中心转向要素质量升级,以及从经济建设为中心转向社会发展为中心。实际上,2010 年以来这种转型趋势已经显著起来,尽管受到投融资体制扭曲的困扰——特别是对房地产价格高启以及地方政府债务平台风险的担忧,但是问题解决过程中,中国宏观政策逐渐转向支持城市化高质量发展的大方向却是非常清晰的。根据国际转型经验,未来一二十年中国将会出现一个公共服务支出快速增长时期,这种城市化的客观规律必然会对经济效率持续改善提出更高要求,以效率覆盖城市化高成本成为避免风险的唯一路径。为此,需要完善治理机制推动效率补偿的达成。这里结合一些具体的平衡机制,从制度互补性角度给出一些扼要提示,核心是说明以多目标平衡增强发展分享能力。

(一)新发展理念:从联系的角度理解多目标平衡

适应结构服务化新常态下经济社会条件变化,“创新、协调、绿色、开放、共享”五大发展理念不仅体现了多目标综合平衡的发展思想,而且突出了运用系统论和联系观点理解转型问题的方法论,具有很强的前瞻性且具有制度多样性、互补性的理论逻辑,是对“以经济建设为中心”传统发展认识的突破。把五大发展理念贯穿五类制度组织系统时,其因素联系和因果机制,就是围绕中国工业化后期民生事业塑造经济效率系统,实现效率与福利的动态平衡——综合来看,通过制度调整达成高质量消费与高质量生产供给的相互促进。

据此我们可以将发展目标的重置及其关系做一概览:①以消费结构升级促进生产效率提升。这既是从就业和收入提升角度看待生产率提升,与高速增长时期基于短期利润最大化看待规模效率的角度显然不同。消费结构升级对应着未来高质量就业和收入水平的持续提高,与“耐心”的前瞻性目标密切关联,具有跨期多、贴现率高的特征,这既是消费主导不同于资本驱动的效率机制,也是消费生产性和效率补偿潜力所在。②以服务业结构升级促进整体经济发展。以产业论,结构服务化下改善效率的机制是升级服务业结构,服务业高端化作为知识经济的典型特征,其目标着力于知识过程的建立,知识创新、垄断、扩散作为新的报酬递增机制存在,也是服务业提供效率补偿效应的源泉。③经济发展服务于社会发展和民生改善。两类目标误置是导致城市化时期各类矛盾的根源。社会保护目标与相应制度建设,一方面是为了适应工业化后期需求多样性,另一方面也是缓和工业时期加剧的社会不公平问题。目标权衡和重置的核心,在于民生事业发展具有动态效率支撑。

（二）顶层设计：政府目标及其在联系中的作用

放在转型时期理解，顶层设计这一理念提出的背景有两个：一是政府发挥作用的环境变化了，政府与其他制度系统的目标及其联系变化了，典型如经济发展服务于社会发展的要求下，政府能把法制化和民生事业做好就已经尽职尽责了。二是作为发展分享的重要推动者，政府被嵌入非线性的经济社会关联网络之中，或者说，传统发展型政府的统治者角色有必要转变为经济社会联系中的利益博弈合作角色，这是规制型政府的特征，它具有与其他制度系统妥协的能力。因此，执行顶层设计的政府原则上是社会一体化政策的协调者。

为协调各类制度系统及其目标，结构服务化时期政府功能将发生以下转变：①由直接干预和供给端激励，转变为促进需求端升级。公共服务支出有效性的衡量，一大类指标是教育和社会保险，属于广义人力资本提升范畴，与劳动力质量提升、社会保护等有关。这一块公共服务提供能力及其可持续性，是效率/福利平衡能力的核心，也是决定城市化可持续性的关键，掉进中等收入陷阱的大多数国家，都是在这个环节上出了问题。②规则设计者、提供者。城市化时期政府的主要功能转型促进需求端，相应把产出供给的激励交给市场，这是政府/市场划界的基本轮廓。但是对中国而言，这个过渡的挑战很大，原因在于政府直接干预所导致的市场缺位，需要以新的制度规则进行弥补，这也是转型时期强调法制重要性的原因。③国家创新体系建设。包括基础研发平台提供、功能性产业政策的设计等，涉及创新潜力、营商环境的塑造。

（三）就业系统：从维持型向分享型转变

前期研究中，我们对中国就业系统在新常态下的演进趋势进行了分析，认为维持型就业系统向分享型就业系统的演变，是提升就业质量、促进效率改善的客观要求①。从联系和目标平衡角度来看，这种转变具有极其重要的意义。作为国民经济的核心环节，就业领域的制度变化涉及公共服务目标、市场组织以及投融资制度的变化，即关乎发展模式的整体转型。中国工业化的持续扩张长期依赖于二元分割的就业制度，行政垄断部门的就业受到高度保护——如稳定的就业、较高的工资以及乐观的职业生涯等。相比较之下，农民工和城市部分低素质劳动者处于劳动力市场的弱势一方，就业不稳定、缺乏社会保护问题突出，但这部分就业群体却构成中国劳动力供给的绝大部分，中低层次教育程度是其特征。

福特主义的特征是利润分享，这种制度设计产生于发达国家高增长时期，

---

① 张鹏，张平，袁富华．中国就业系统的演进、摩擦与转型［J］．经济研究，2019（12）．

并促成了生产消费高质量的协同演化。相比较而言,中国将在中低速新常态下补充发展分享这个短板,在劳动力代际更新过程中推动要素质量升级,因此面临的压力会更大。未来挑战是如何提高公共服务能力满足人力资本积累要求,这里仅就社会保护的制度化问题提供一些分析:①就业保护与合同实施。规制型政府的作用很大程度上体现在就业的社会保护上,除了教育公平以促进整体劳动力质量提升外,还包括失业保险以及劳动力市场保护规则的提供。中国庞大的劳动力规模为城市就业市场施加了巨大压力,经济社会不稳定的根源也在于就业合同的不完备,劳动契约规范需要政府与企业之间进行制度妥协。②提升就业能力和学习激励。就劳动力更新过程中人力资本升级途径而言,中国相对有限的普通教育资源意味着只能有少部分青年人接受高等教育,大部分青年人需要通过技能培训体系获得高技能,因此,建立与高等教育类似的职业生涯规划和激励,是中国职业教育系统需要慎重对待的问题。

(四)金融市场的结构改革

1990 年代以来,日本和欧洲基于银行的投融资体制,发生了向金融市场主导的转变及直接融资的地位上升。理论上,基于银行的间接融资机构与国家动员体制密切相关,典型如日本的主银行制。这是一种与企业组织系统互补的制度安排,并且通过影响生产组织形式,对就业系统及其他经济系统造成影响。与此类似,中国的工业化基于银行主导的金融体制形成和运作,在转型时期也面临金融结构完善问题。中共十九届四中全会对于金融系统供给侧结构性改革的定调是,加强资本市场基础制度建设,健全具有高度适应性、竞争力、普惠性的现代金融体系,有效防范化解金融风险。传统的基于银行的金融结构,主要功能是动员储蓄、对大企业进行选择性融资。金融供给侧改革的基调从金融系统内部结构完善,以及金融系统与其他经济系统的联系角度认识问题,把金融发展之于小企业、消费者的普惠性纳入进来,契合创新激励和稳定性的现代化特征。

总之,新常态下治理结构现代化的任务是推动要素质量升级,以便为效率/福利动态平衡提供基础。由于发展战略和瓶颈制约不同,中国现代化两个阶段治理框架存在本质差异。大规模工业化阶段围绕资本积累进行体制设计,经济建设是中心,这种体制成功地把中国带入中等收入国家。但是,在向高等收入俱乐部迈进的时候,人力资本高端化是必要条件,促进人的发展自然成为中国城市化阶段制度设计的主要目标。以就业系统为核心展开的规则设计和法制化,是这个阶段制度改革的要务。

(作者单位:中国社会科学院经济研究所)

新时代财政职能的国家化与财政学的政治学转向

付敏杰

中共十八届三中全会提出“财政是国家治理的基础和重要支柱”对财政的定位与之前历次改革，特别是 1994 年分税制改革强调“匹配市场”和公共财政制度相比，首次将财政的研究对象从“适应市场转向匹配国家治理”[1-2]，开启了现代财政制度研究的起点[3]。五年以来，理论学界对财政在国家治理中的地位和作用做了大量研究。这些文献试图建立反映和适应国家治理语境下财政学的新框架，但是还远远没有形成共识。财政学必须构建新的分析框架，从根本上推动财政学基础理论创新。本文在梳理国家治理为核心的财政学文献的基础上，试图从学科属性入手，探讨国家治理语境下的财政职能转变和财政学学科属性转变问题，试图为财政学研究明确方向。

本文可能的学术贡献有两个：第一是明确财政学的创新与发展应当以财政职能为基础，而国家治理语境下的财政学研究应以国家为核心展开。经济学只研究市场和市场视角下的政府，而国家是政治学的核心范畴。财政体制从适应市场到匹配国家治理的转换过程，是财政体制从注重经济职能转向注重国家职能的过程，特别是从经济领域再分配职能向政治领域基础性职能的转变。第二是在财政学学科发展方向上，考虑到财政天然的治国之术地位和多学科属性，国家治理语境下的财政学应当逐步从经济学主导转向政治学主导，更加关注财政对国家认同、国家治理、市场统一、社会公平和国家安全等国家主题的影响机制。

一、财政的市场职能和财政学的经济学视角

自 Musgrave[4] 的开创性贡献以来，财政学走上了现代经济学的研究轨道，财政学的经济学化是 20 世纪财政学发展的主流。刘晓路和郭庆旺[5] 从 1928 年 Pigou 发表的“A Study in Public Finance”开始计算财政学的经济学时代。杨志勇和张馨[6] 认为，阿兰和布朗 1947 年出版的《公共财政经济学》首次采用了意大利学者马尔科《公共财政学基本原理》中“财政学是经济学”的观点。张晋武[7] 则认为，以斯密为代表的古典经济学派确立了“财政的经济范畴属性”，而经济学的兴起则对应财政学政治观的退化。如果不是对财政和政府职能的强

调,那么一切财税(和政府)活动都会变成市场原教旨主义者眼中的市场效率损失,从而一切政府也就失去了存在的必要性。在这样一种传统财政学的视野下,财政是一种特殊的经济范畴[8]。从经济学体系的内在理论逻辑看,在消费者、生产者等代表性行为人的优化结构下,政府在市场中的第一角色是克服由于垄断、外部性、公共产品和信息不完全等种种市场内在缺陷所造成的市场失灵[9]。潜台词就是政府通过修正或者弥补市场失灵来改善市场主体决策的环境和经济人优化行为的效率含义,间接提高市场资源配置的效率。经济学以市场为研究对象,所以经济学强调政府通过财政来弥补市场失灵的逻辑。如果市场失灵的表现也包括收入差距过大,那么政府的第二个角色就是改善收入分配。经济学本身很少提到公平,至多是客观描述分配,在这样一个经济学框架下,尽管与企业和家庭等私人部门理财的主体不同——财政的主体是政府,但"公共财政学(Public Finance)"一词的出现,也意味着政府、企业和家庭在很大程度上只是研究对象不同而已,至少在融资(Finance)这一点上存在着巨大的相同之处。

财政学的学科体系基本建立在财政职能的基础上,财政职能是财政活动的安身立命之本。符合经济学逻辑的马斯格雷夫传统的财政学,把以财政所代表的政府收支建构在三大职能之上:以公共品供给来调节市场资源配置、以累进税制和对低收入群体的财政支持来改善收入分配、以逆周期的财政政策来稳定宏观经济。实际上,公共品由于其具有非排他性和非竞争性,也会产生重要的收入分配效果[10-11]。考虑到财政学的经济学学科属性问题,不妨把马斯格雷夫传统的上述财政三大市场职能,视为财政的经济学职能。在经济学的视域内,以财政为代表的政府职能主要是弥补市场的不足,所以传统财政学会自然地陷入政府与市场关系讨论。如李俊生和姚东旻[9]对类问题进行了讨论,强调财政的市场功能客观上就是强调财政学的经济学特征。进一步地,从经济学的真实经济周期理论(RBC)框架下,宏观调控的作用是让经济尽快复苏,从而具有明确的效率含义。如希瑞克斯和迈尔斯将上述三大职能进一步简化为效率和公平两大职能[12]。公平与效率之间的折中关系意味着每个公平增进基本都对应效率损失。

经济学以市场为研究对象,适应市场代表了财政学的经济学导向。纵观新中国财政改革的历史,适应市场是改革开放特别是中国1994年分税制的基本价值导向。如分税制改革的三大纲领性文件就明确强调了财税体制改革以适应市场经济为制度导向,其中《国务院关于实行分税制财政管理体制的决定》中提到"分税制改革是发展社会主义市场经济的客观要求",《国务院批转国家税务总局工商税制改革实施方案的通知》提出工商税制改革的目的是"适应建立社会主义市场经济体制的需要”,《国务院办公厅转发国家税务总局关于组建在各地的直属税务机构和地方税务局实施意见的通知》提出两套税务机构分设是为了“加强国家宏观调控和促进社会主义市场经济体制的建立”[1]。

值得注意的是,在经济学领域内,财政及其对应的税收和支出属于经济再分配的范畴。从理论上看,劳动者在以市场为核心的初次分配环节通过边际产出(边际劳动生产率)来确定边际收入,从而确定了初次分配的基本格局。经济学上所说的通过财税体制来促进公平,基本上局限在改善(而不是决定)收入分配的范围之内,通常是通过采用累进所得税税制和财政支出手段,通过财税体制的消高补低作用来衡量财税制度对收入分配的改善效果。如普遍采用的衡量财税制度对改善收入分配作用的 MT(Musgrave - Thin)指数就是税前和税收的基尼系数之差,衡量的是税制对收入差距的改善作用,而非决定性作用。用标准的经济学术语来说,就是以财政为代表的政府承担的是对市场的补充性角色(Complemental Role)。

正是在这样一种公共财政学隶属于经济学的定位和理论背景下,财政学甚至退化成了与家庭理财和公司理财类似的政府理财学。能够说明现阶段财政学属于“经济学”范围之内的,除了财政学学位在学科属性上属于经济学门类下属的一级学科“应用经济学”以外,还有更加明确的财政经济学、公共经济学和公共部门经济学等财政学在经济学中的代名词。在公共财政学的传统内容之外,大多数版本的公共经济学或者公共部门经济学都增加了公共选择传统的个人政治行为经济学分析,试图以此弥合公共财政理论与公共选择理论之间的鸿沟。其中代表性较强的是斯蒂格利茨[13]的《公共部门经济学》。

经济学以市场效率为核心,所有的代表性行为人优化框架和均衡都是在证明市场主体的自由选择具有效率。出于经济学逻辑一致性的需要,经济学视角的财政也必须以市场和市场失灵所带来的效率损失为出发点。正是这个经济学体系的内在逻辑,导致经济学视角下的财政很难跳出“如何以政府来弥补市场失灵”的逻辑圈子,从而“只研究政府、不研究国家”成为一种经济学的潜在共识。尽管 2013 年以来有财政学的种种创新尝试,但是中外财政思想史的发展表明,在经济学范围内的财政学也就只能是公共经济学和公共部门经济学[14],或者经济学研究的公共部门版[15],现实价值大幅降低[16],因为其必须以经济学研究的市场运行为基础。① 靠批判经济学的范式和范畴来建立新时代

① 李俊生和姚东旻的新市场财政学强调了市场的交易平台特征,采用欧洲传统的参与型政府观替代主流财政学的政府与市场二元对立。但是从学科划分上,对“市场”二字的强调意味着其仍然基本属于经济学的研究范围。

财政学的种种努力基本都是徒劳的。财政学学科的创新和发展,须跳出经济学范围,另辟蹊径。

二、财政的国家治理新定位和国家职能

"财政是国家治理的基础和重要支柱,科学的财税体制是优化资源配置、维护市场统一、促进社会公平、实现国家长治久安的制度保障"[3]。中共十八届三中全会对财政的全新定位,是五年来理论财政学研究的全新指引。国内学者以此为起点,开始了大量创新性研究。例如高培勇[3]的基础和支柱说率先分析了财政改革的国家治理新定位。吕冰洋[16]的国家治理财政论强调了财政的制度供给职能和公共秩序的公共品含义。国家并不是一个传统的经济学范畴。与经济学关注市场相比,国家是政治学的核心范畴。与财政的市场职能或者经济学职能相对应,财政的现代国家职能本质上是财政的政治学职能,用于强调财政学的政治学导向。从柏拉图、亚里士多德对古希腊城邦政治的论述开始,直到现代政治学关于国别政治和比较政治的研究,国家都处于政治学的皇冠地位。唯一的例外可能是公共选择理论对官僚个人行为的分析和对于国家的重新认识。而 20 世纪 70 年代以来政治学国家学派的重新回归,把国家重新视为政治学的基本范畴[17],尤其是近年来盛行的国家建构和国家能力等新理论。

以国家能力理论为例分析财政的政治学职能。① 国家治理的核心是提高国家能力。不同学者对国家能力的理解不同,但国家能力的理论研究大多使用了一个制衡性框架,即政府行政能力的增强和对政府制衡的增强。把国家能力理解为政府实现既定政策目标的能力,这一点也是国家学派的核心观点。如斯考切波[19]将国家能力归结为政府有效管理的能力。Mann[20]认为,国家能力是国家穿透市民社会,在全领域理性实施政治决策的基础性权力。Fukuyama[21]把国家能力引申为国家制度能力。从国家能力的外延看,Migdal[22]把国家能力分为渗入社会能力、调节社会关系能力、从社会中提取资源、配置与运用资源能力四个部分。Besley 和 Persson[23]的国家能力模型和实证指标只包括互补性的财政能力和司法能力两个部分。王绍光[24]把国家能力分为国家的汲取能力、调控能力、合法化能力和强制能力四个部分。王绍光和胡鞍钢[25]把基础性国家能力划分为国家的强制能力、汲取能力、濡化能力、国家认证能力、规管能力、统领能力、再分配能力和吸纳与整合能力八个部分。考虑到中国经济发展的基

① 与本文的视角相同,段炳德、刘晓路和郭庆旺的国家视角财政理论变迁和吕冰洋的国家治理财政论都采用了国家能力视角,并引用了相当数量的国家能力文献。

本经验和改革方向,适用于全面深化改革阶段的国家能力可以分为财政能力、司法能力、发展能力和安全能力四部分[26]。

《中共中央关于全面深化改革若干重大问题的决定》提出“科学的财税体制是优化资源配置、维护市场统一、促进社会公平、实现国家长治久安的制度保障”,是对财政现代国家职能的新概括。这就把财政体制的职能置于资源配置、市场统一、社会公平和国家安全等国家治理语境下,突破了经济学传统财政三大职能的范围。这意味着以国家治理为核心、以国家为研究对象的财政学,必须要突破传统经济学视野下的财政学“只研究政府、不研究国家”的限制,发展到研究对象涵盖经济、政治、文化、社会、生态文明“五位一体”的新范围[3]。

具体来看,从经济学理论出发,在优化资源配置方面,财政只能起到辅助的补充性作用,因为在资源配置中起决定性作用的是市场。政治学对优化资源配置的理解与经济学有共同之处,但不在一个层面。在中国特有的政府管理体制和政府激励型发展模式下,至少在政治发展层面上,财政制度所定义的“(中央和地方)两个积极性”又对经济发展具有特别重要的长期制度性作用。这一点已经被大量的经济增长和经济发展文献所证实。解释中国经济发展的代表性文献都强调了政府激励和政府行为对增长奇迹的作用。如政治激励的晋升竞标赛和强调财政激励的中国式财政联邦主义以及政府间的激励相容才是中国改革成功的原因[27]。现代财政制度国家职能强调的优化资源配置,意味着现代财政制度的国家职能发挥必须以现代化经济体系为基础(国家强,经济必须强)。现代财政制度中对于财政优化资源配置的强调,首先应该是公共资源配置效率的提升,其次是在公共资源配置效率基础上的整个市场资源配置效率的提高。这是财政国家职能试图涵盖市场职能,或者政治学职能试图兼顾经济学职能的表现。从这个意义上讲,强调财政的政治学职能不应该,也不会否认财政的经济学职能,学科意义上的财政学也不会完全转为政治学,而是成为政治学的分支。经济学对维护市场统一的主要注解是市场的规模效应,即市场分割会严重限制创新收益递增效应的实现,继而影响技术进步和长期增长[28]。相比经济学,政治学对市场统一的解释要更加生动和真实。许多国家的著名内战都是出于打破地区割据,建立统一全国市场和全国性政权的需要,如林肯时期的美国南北战争。南北战争也是美国联邦财政集权的开始,“联邦”一词就是强调在州的基础上再建构一层国家政权,从而推进国家认同,在州的基础上进一步建构美利坚民族的共同价值,为民主政治奠定稳固的现代国家框架。

社会公平正义是政治追求的终极价值。各个政权、各种政权形式都在追求某种形式的公平正义,对公平和正义定义的改进是政治学家和哲学家的重要历史贡献。相比经济学强调财政通过现代税制和财政支出来改善收入分配的职能,特别是对群体差距、区域差距影响的定量化测度来说,一个拥有长达两千多年封建阶级社会历史的民族在面向现代化强国的建设之路上,社会公平至少包含了等级公平、官民公平、种族公平、性别公平等更高层面的国家制度和社会终极价值。这一点可以从马克思主义关于人类社会的演进规律、人的全面自由发展或社会主义核心价值观上体现出来。就财政而言,促进社会公平最重要的是在公共财政强调的基本公共服务均等化基础上,进一步实现公共服务无差别化,让任何一个人不会因为民族、种族、性别、职业、出身、宗教信仰、教育程度和财产状况受到公共服务的歧视性待遇,并以此作为政府和国家促进整个社会公平的基石。发达国家宪法中大多包含了强调公共服务无差别化的非歧视性条款。值得注意的是,公平也不是瓦尔拉斯—萨缪尔森传统的边际革命后的纯粹经济学的研究范围,至多属于市场运行的环境。现代经济学家对公平的研究基本都属于政治经济学,这已经超越了边际革命以来的现代经济学。①

长治久安既是发达国家的基本特征,也是建立现代国家制度的重要目标。Besley 和 Persson [23] 发现,按照宾州世界表 PWT6.3(2005 年不变价国际元)的数据,和平国家的人均收入均值为 9412 美元,而内战国家的人均收入均值为 3612 美元,内战的国家要比和平国家更加贫穷得多。能够避免内部暴乱和外部战争是国家能力的重要表现,这一点远远超越了经济学强调的以逆周期总量调控政策为核心的财政宏观稳定职能(也远远超过了时间期限上从短期转向长期的含义)。实现国家长治久安,必须增强国家安全能力。关于中国历史长期以来的王朝更替、低税率和低国家能力的研究也证实了这一点。Perkins[29] 认为整个帝制时期的政府收入从未超过 GDP 的 4%。Dincecco[30] 提到 1776 年左右清王朝统治期间的中国人均财政能力不到同期英国的 1/12。王绍光[31] 提到国民政府时期政府预算占 GDP 比重的最高值是 1936 年的 8.8%。付敏杰[32] 提供了关于封建社会中国国家能力低水平长期锁定的初步判断和简要综述。从政治学来看,维护国家长治久安就是要通过现代财政制度的汲取能力维护国家安全尤其是政权安全。发达国家现实中最极端的国家安全问题是:如果政府因为财政资金不足不得不关门,哪些才是必须运转以保证整个国家运转的部门?在广泛的国家利益之中,哪些利益才是国家的核心利益所在?要解决政权合法性问题,首先就要在中国立法至上的政治制度下,通过全国人民代表大会以人民同意的最高政治形式批准国家预算,实现税收法定。同时增强国家安全能力,避免内部动乱和外部战争,切实保护产权。有恒产者有恒心,如何合理

① 从政治经济学到经济学转变的标志是 19 世纪后半期的边际革命。经济学自此走向关注市场运行的形式科学化路线,表现为数学优化工具和物理学均衡思想在经济学基本理论框架的广泛使用。

设置一般财产税，既能强化地方政府对保护财产的激励，又能保证整个社会财产的持久增长？这些都已经超出了经济学的范围。

作为国家从社会中获取资源的基本能力，国家财政抽取能力始终既是国家总体能力水平的基础性和决定性因素，也是国家其他能力得以实施的前提条件[31]。以国家能力理论为代表的政治学派，将财政代表的国家抽取（汲取）能力视为整个国家运转和国家职能得以发挥的前提和基础。国家抽取能力的强弱，直接决定了其他方面的国家能力和国家整体能力的水平，财政因而成为一切国家行为的基础。正是基于此，Kaldor[33]认为政府通过提取公共收入促进经济发展的角色“无论怎么强调都不过分”。税收与发展的核心问题是：一个政府如何才能把税收占 GDP 的比重从 10% 提高到 40%？[34]

与财政在经济中所处的再分配职能地位不同，本文认为财政不仅具有政治学职能，而且在以国家为核心的政治学职能体系中处于基础性、决定性地位（见图 1）。正是从市场中的“再分配职能”向国家治理政治中的“基础性”和“决定性”职能的转变，才产生了财政学从经济学主导向政治学主导转变的学科需求。

三、财政从以市场为中心转向以国家为中心

政治学还没有像经济学那样建立统一标准的现代化理论框架体系，无法采用标准的通用模型来分析财政的政治学职能。① 国家的范畴散见于历代政治学家的隔空呼应式甚至是矛盾性的辩论著作之中。如基于契约论的“国家是想象中的共同体”理解，与马克思主义关于国家是阶级暴力统治工具的理解完全不同。为了分析财政从以市场为中心转向以国家为中心的含义，我们建构了一个简单模型来系统理解财政的市场职能与国家职能，也就是经济学职能与政治学职能及其之间的关系。如图 1 所示。

---

① 这里所说的现代化是指自然科学化。虽然政治学追求科学化的进程至少和经济学一样早，但与现代经济学的新古典理论框架相比，政治学的科学化还远远没有完成。如早在 1691 年威廉·配第就写作了《政治算术》，19 世纪初美国政治科学学会成立并出版《美国政治科学评论》杂志，但政治学至今没有像经济学一样，建立一个从代表性行为人的优化行为出发的完整学术体系。虽然政治学也有“政治人”假设，但习惯上把代表性行为人假设看作政治学的一个（行为主义）派别（而不是整个学科的逻辑研究起点），如把公共选择学派基于交易费用的政治学理解为个体政治学，而国家学派的国家行为理论则完全排斥个体政治优化行为。公共选择下的个体政治的利己主义理论逻辑和国家观，与马斯格雷夫传统利他主义的仁慈政府截然对立[35]。

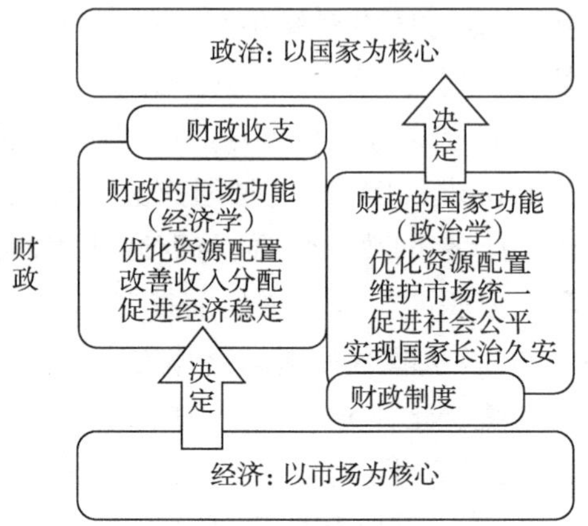

图1 财政的市场职能与国家职能

从图1可以看出：

第一，财政的市场职能和国家职能是同时客观存在的，只是认识视角不同。财政的市场职能首先存在于财政收支之间，通过税收可以矫正外部性支出，可以提供公平品，收支都具有改善特定群体收入的能力，而逆周期的周期性财政收支差额(赤字)政策又适度熨平经济波动，这是经济学传统的马斯格雷夫财政经典三职能。从现代财政制度和国家治理的角度看，除了通过总量和个体的政策来改善资源配置和促进社会公平外，科学统一的财政制度和统一执法既是全国统一市场的重要标志，也是资源在全国范围内自由流动和市场配置能力深化的基本保障。财产税等特定税种的开征，有助于增强地方政府的产权保护激励。国家安全能力和司法能力的增强又有助于避免内乱外患，使全民享受和平红利，促进经济发展、社会稳定、政治民主和国家长治久安。

第二，财政在市场领域只能具有补充性作用，而在国家领域则具有决定性作用。在任何一个市场经济国家，资源配置的决定性力量都掌握在市场一方，政府在资源配置中只能起到补充性作用，主要补充方式是弥补市场失灵带来的效率损失。中国全面深化改革的重要目标也是让市场在资源配置中起决定性作用，从而把市场制度的效率发挥到极致。这就意味着以财政收支为核心的政府行为只能在资源配置中起到辅助性和补充性作用。但从国家治理的角度看，财政收入的多少、财政支出的覆盖、国家预算的规模，直接决定了各项国家职能的发挥程度，国家汲取能力是一切自主性国家行为的基础。在现代国家学派中，国家自主性是国家能力和国家行为的重要基础[36]。在政治学的视域内，回归国家学派将国家自主性理解为国家是特定行为的出发点，而不是如同公共选择理论一样把国家理解为个人主义政治选择的结果(公共选择更多是经济学方法在政治学研究领域的应用,属于典型的"经济政治学")。作为国家能力最好、最常用的指标,财政能力在很大程度上决定了国家能力的上限,财政是国家治理的基础和重要支柱。①

第三,财税制度是作为经济基础的市场与作为上层建筑的国家之间的天然屏障,不同的国家形式可以具有相同的国家能力。正是因为能够从市场中抽取到足够的财政资金,各个国家的政府政治职能才拥有基本保障,独立的国家自主行为才能展开,各国政治发展路径的差别也由此开始。也就是说,因为有现代财税制度的存在,经济基础与上层建筑的实现形式之间已经不再是一一对应的关系,财政成为政治模式、政治制度多样化的基本保证。这一点在多样化资本主义(Varieties of Capitalism)的研究中已经得到了充分体现[37]:发达国家的经济基础和国家治理基本上都是现代化的,但相对而言各国的国家治理模式和国家治理体系差别巨大,不同国家的国家行为和国家能力的差别已经远远超过了其经济基础的差距。

四、财政的多职能性与财政学的天然多学科特征

财政问题具有很强的复杂性和综合性。作为"治国之术",财政学产生的时间至少可以追溯到古典政治经济学时期。这就意味着,财政学的历史远远超过了从马歇尔开始的现代经济学,经济学只能算是财政学的"近代史"。20 世纪现代经济学科学化的快速发展,客观上为财政问题搭乘经济学的"便车"创造了条件。但经济学以市场为研究对象,客观上要求经济学体系下的财政研究必须以"市场"为核心,围绕政府和财政的一切经济学分析都以是否补充和增进市场资源配置能力,特别是有助于完善价格机制为导向,这就从根本上排斥了财政学在"市场"之外研究的创新空间。自 20 世纪中叶经济学中的新古典综合出现之后,关于税收、支出、债务、财政政策规则等财政运行层面的问题可以在新古典的代表性行为人框架(尤其是动态一般均衡框架或者动态随机一般均衡框架)中得到形式化的科学表述,这促进了财政研究结果的定量化、规范化和形式科学化,也使财政学在一定程度上进一步摆脱了炼金术的身份。但采用新古典经济学分析框架也会带来很多问题,特别是以一般均衡框架为代表的经济学模型进一步限制了财政问题表述范围。在经济学的大旗下,20 世纪财政学的研究范围经过从经济学到新古典经济学连续两次压缩。从而经济学框架内的财政只能从市场的视角研究政府运行的特定问题,而且主要是资源配

① 国家能力最常见的衡量指标是财政收支占 GDP 比重,在国际上有着最广泛的应用。此外,税收收入占 GDP 比重、直接税占全部税收比重也是重要的二级备选指标。

置效率问题,距离现实的国家研究需要越来越远。要研究国家治理问题,就必须突破经济学的限制。

财政问题具有综合性和复杂性,财政学天然具备多学科、跨学科特征。仅就"财政"二字而言来看,"财"与"政"首先意味着经济和政治两种角色,从而财政学天然涵盖了经济学和政治学两个学科。如张晋武[7]认为经济与政治的关系是构建财政学体系的核心问题。陈共提出财政这个范畴是经济与政治共同作用下的产物,在财政诞生那一刻就注入了两种因素,即经济因素和政治因素,因而财政范畴是二元的,是经济和政治的结合体[38]。陈共[38]反思了财政学研究忽视政治视角的缺陷,认为应当从经济学与政治学结合和交叉的角度考察财政学对象。经济学绝非财政学的全貌,也绝非财政学的全部属性,财政学在此基础上还可以延伸到法学、管理学、社会学、历史学等[39-40]。李炜光和任晓兰[41]强调了财政的社会学视角。傅志华和陈龙[42]认为财政具有经济、政治、社会、生态以及文化与伦理道德等多重属性。从学科发展的角度看,新时代财政创新中复杂性和紧迫性交织,最有效率的方式是寻找跨学科、多学科财政研究的最小公约数:如果经济学研究范围内的财政学不足以涵盖国家治理的财政研究,那么转向政治学无疑是最明确的。

与多学科背景下财政学创新的其他文献对财政学改革方向的探讨不同,本文明确强调财政学的政治学转向,而不是转向其他未知的学科或领域。将财政学界定为经济学与政治学相互交叉和综合的特殊性学科,是由财政活动所特有的客观属性决定的。无论将财政学只视为经济学还是财政学,都不能形成真正科学的财政理论体系。只有同时兼顾财政的经济学和政治学研究,才能解释新时代国家治理的客观财政规律。

五、从经济学主导转向政治学主导的财政学科:一个思路

第一,从内容上看,财政学的创新必须从财政职能入手。财政原有的三大市场职能已经被公共经济学和主流财政学进行了很好的刻画,这是今天财政学创新的基本理论基础。国家治理对财政四大国家职能的强调,意味着必须在财政学原有的经济学分析框架下增加政治学内容、强化政治学导向,力求同时体现财政在市场中的再分配地位与国家治理的基础性地位,从而形成一个完整的财政学的政治经济框架。这就是说,新时代的财政学研究和学科建设,首先要在经济学的基础上做加法,尝试涵盖国家治理的财政制度分析。这不仅是一个财政学扩围、加厚的问题,或者是如何以中国发展实践为基础来创新财政学理论的问题,而是去匹配国家治理的推进对于财政学创新提出的新需求。

第二,从方法论上看,国家治理语境下财政的政治学职能:资源配置、市场

统一、社会公平和国家安全，并没有否认原有财政的三大经济学职能：资源配置、收入分配和稳定经济，因为二者并不在同一个层次上。语境下的财政研究要求在国家治理层次上认识财政的新职能，尤其是财政对政治的基础性作用。所以对于财政国家职能的研究必须要以现有的主流财政学为基础，通过扩展现有财政学的研究范围来实现，尤其是在资源配置效率之外，更加关注财政制度对国家认同、国家治理、社会公平、市场统一和国家安全等政治主题的影响。这样一来，国家治理时代的财政学创新表现为财政学扩展了研究对象和研究范围，将革命性和创新性寄托在延续性和一致性之中，通过符合政治学传统的国家视角来补充和完善，而不是替代和挑战原有基于经济学学科的财政学。

第三，从学科和人才培养看，国家治理语境下的财政学学科应当逐步从经济学学科中独立出来。现有的学科门类目录下，财政学只是经济学学科下属应用经济学的二级学科[8]。授予的分别是应用经济学学科内的经济学学位，集中反映了现阶段财政学隶属于"经济学"的定位。随着财政学逐步从经济学主导转向政治学主导，财政学的学科属性应当尽早上提。若上提两级，与作为门类的经济学并列，则成为经济学和政治学之外的独立学科[42]；或至少是上提一级，依然位列在经济学门类之中，向传统财政学时代回归，但与法学门类的一级学科的政治学基本对应，而留在经济学门类下的财政学应当变更为公共经济学，防止学科名称滥用。使学生能够尽早接受现代经济学和政治学的专业知识教育，适应新时代繁荣中国特色哲学社会科学和培养新时代财政学人才的需要。

综上，强调财政学的政治学转向，很大程度上是一个问题导向和现实导向的时代需要，首先是为了满足中国新时代国家治理的现实需要。现实和问题提出了新时代财政学创新的基本需要，表明了新时代中国财政学创新的问题导向，而不是对哪一种财政基本问题的更新或者财政学方法论的革命。这符合中国长期以来经济发展政策和体制改革中的问题导向传统，更符合财政自诞生之日起"治国术"的基本定位。

参考文献

[1]高培勇．由适应市场经济体制到匹配国家治理体系——关于新一轮财税体制改革基本取向的讨论[J]．财贸经济，2014（3）:5－20.

[2]高培勇．论中国财政基础理论的创新——由"基础和支柱说"说起[J]．管理世界,2015(12):4－11.

[3]中共中央关于全面深化改革若干重大问题的决定[N]．人民日报，

2013 - 11 - 16.

[4]MUSGRAVE R A. The Theory of Public Finance [M]. New York: Mc Graw - Hill, 1959.

[5]刘晓路,郭庆旺. 财政学300年:基于国家治理视角的分析[J]. 财贸经济,2016(3):5 - 13.

[6]杨志勇,张馨. 公共经济学(第3版)[M]. 北京:清华大学出版社, 2013.

[7]张晋武. 财政学的政治观:历史回溯与现实反思[J]. 财政研究, 2015(9):75 - 85.

[8]安体富. 关于财政学的学科属性与定位问题[J]. 财贸经济, 2016(12):17 - 27.

[9]李俊生,姚东旻. 财政学需要什么样的理论基础?简评市场失灵理论的“失灵”[J]. 经济研究, 2018(9):20 - 36.

[10]AARON H, MCGUIRE M. Public Goods and Income Distribution[J]. Econometrica, 1970,38(6):907 - 920.

[11]KAPLOW L. Public Goods and the Distribution of Income[J]. European Economic Review, 2006,50(7):1627 - 1660.

[12]吉恩·希瑞克斯,加雷思·迈尔斯. 中级公共经济学[M]. 张晏,等译. 北京:格致出版社, 2011.

[13]约瑟夫·E. 斯蒂格利茨. 公共部门经济学(第3版)[M]. 北京:中国人民大学出版社, 2005.

[14]马珺. 财政学基础理论创新:重要但需审慎对待的诉求[J]. 财政研究, 2018(8):50 - 61,75.

[15]杨志勇. 财政学的基本问题——兼论中国财政学发展的着力点[J]. 财政研究,2017(12):11 - 20.

[16]吕冰洋."国家治理财政论":从公共物品到公共秩序[J]. 财贸经济, 2018(6):14 - 29.

[17]]曹海军."国家学派"评析:基于国家自主与国家能力维度的分析[J]. 政治学研究,2013(1):68 - 76.

[18]段炳德. 现代财政制度的基本要素与构建逻辑——基于政治代理模型和中国省级数据的分析[J]. 管理世界,2016(8):23 - 31.

[19]西达·斯考切波. 国家与社会革命[M]. 上海:上海人民出版社,2007.

[20]MANN M. The Autonomous Power of the State: Its Origins, Mechanisms,

and Results[A]. IHall J. States in History. Oxford: Oxford University Press,1986: 109 -136.

[21]FUKUYAMA,FRANCIS. State - Building: Governance and World Order in the 21st century[M]. Ithaca,NY: Cornell University Press, 2004.

[22]MIGDAL J S. State - in - Society: Studying How States and Societies Transform and Constitute One Another[M]. New York: Cambridge University Press, 2001.

[23]BESLEY T,PERSSON T. Pillars of Prosperity:The Political Economics of Development Clusters[M]. Woodstock:Princeton University Press, 2011.

[24]王绍光. 国家治理与基础性国家能力[J]. 华中科技大学学报(社会科学版),2014(3):8 -10.

[25]王绍光,胡鞍钢. 中国国家能力报告[M]. 沈阳:辽宁人民出版社,1993.

[26]付敏杰. 国家能力视角下改革开放四十年财政体制改革逻辑之演进[J]. 财政研究. 2018(11):33 -45.

[27]张军,范子英. 再论中国经济改革[J]. 经济学动态,2018(8):18 -27.

[28]CHARLES I J,Romer M P. The New Kaldor Facts: Ideas, Institutions, Population, and Human Capital[J]. American Economic Journal: Macroeconomics, 2010, 2 (1): 224 -245.

[29]PERKINS D. Government as an Obstacle to Industrialization: the Case of Nineteenth - Century China[J]. Journal of Economic History, 1967, 27 (4): 478 -492.

[30]DINCECCO M. State Capacity and Economic Development: Present and Past[M]. Cambridge :Cambridge University Press, 2017.

[31]王绍光. 国家汲取能力的建设——中华人民共和国成立初期的经验[J]. 中国社会科学,2002(1):77 -93,207.

[32]付敏杰. 国家能力与经济发展:理论假说和中国实践[J]. 学习与探索,2018(11):117 -126.

[33]KALDOR N. Taxation for Economic Development[J]. Journal of Modern African Studies,1963, 1(1):7 -13.

[34]BESLEY, T TORSTEN PERSSON. Why Do Developing Countries Tax So Little? [J]. The Journal of Economic Perspectives, 2014, 28(4): 99 -120.

[35]詹姆斯·M. 布坎南,理查德·A. 马斯格雷夫. 公共财政与公共选择:两种截然不同的国家观[M]. 北京:中国财政经济出版社,2000.

[36]刘晓路,郭庆旺. 国家视角下的新中国财政基础理论变迁[J]. 财政研究,2017(4):27 -37.

[37]HALL P, SOSKICE D. Varieties of Capitalism: The Institutional Foundations of Comparative Advantage[M]. Oxford :Oxford University Press, 2001.

[38]陈共. 财政学对象的重新思考[J]. 财政研究,2015(4):2-5.

[39]高培勇. 抓住中国特色财政学发展的有利契机[N]. 人民日报,2017-02-27.

[40]齐守印. 中国特色财政学部分基础理论问题辨析[J]. 财政研究,2018(8):29-39。

[41]李炜光,任晓兰. 财政社会学源流与我国当代财政学的发展[J]. 财政研究,2013(7):36-39.

[42]傅志华,陈龙. 财政本质的“多重性”与集中体现——兼论财政学的学科属性[J]. 财政研究,2018(8):11-19,49.

(作者单位:中国社会科学院经济研究所)

工业化和城市化“孪生”宏观资源配置体制失调与转型

张平　袁富华

中国70年的现代化探索和发展历程大致分为三个阶段。一是1949—1991年以农业社会为主体的初步工业化阶段，这个时期中，中国实现了工业化起飞到突破贫困陷阱的飞跃，经历了国民经济恢复、计划经济体制建立、“文化大革命”十年、土地承包制推行和乡镇工业崛起等一系列历史事件。围绕要素和增长潜力动员，该阶段表现出了典型的制度实验、试错、调整和适应的早期现代化特征，具体如以计划经济为主的体制转向有计划商品经济体制，以经济为主的综合平衡转向经济社会多目标调控，以宏观直接管理为主转向微观积极性调动等等。尽管变动频繁、波动较大，1953—1991年均实现了7.5%高增长速度，1953—1977年年均增速为6.5%，其间有过三个时期的负增长，负增长高达-27.3%，改革开放后则无负增长，1978—1991年增速加快到9.3%。二是1992—2011年重化工业化加速阶段，经济增长高达10.5%，经济波动逐步降低。这个时期中，中国初步建立市场经济体制、对外开放和宏观管理体系的深度调整，实现了从低收入水平向中高收入水平的飞跃。有三个有利因素推动了这个20年的经济加速，即出口导向的工业化提供了快速扩张的资本积累；宏观体制保障了经济的平稳运行；城市化进程进入快车道，2011年城市化率突破50%。同时，现代化的制度特征也越来越明显，以社会主义市场经济的确立为标志，调控手段也基本达成了向开放的市场体制的转型，特别是1994年之后，中国对出口导向的工业化体制进行了有效探索，为经济高速平稳增长奠定了坚实基础。三是2012—2035年深度城市化阶段。这个时期中，中国城市化率预计从50%跃迁到70%以上。2019年城市化率突破60%，城市化已经成为新常态的主导趋势和核心议题。为了继续实现人均GDP向高收入阶段的飞跃，未来20多年将再次面临着经济体制的转型和调整。

深度城市化阶段的新特征。1949—2011年的中国发展道路遵循了后发国家工业化的道路，整体资源配置体制服务于“低成本—规模扩张”的工业化模式，国家干预主导了工业化进程（张平，2018）。2012年以来，伴随结构性减速的经济新常态，中国开始进入以人为本的深度城市化阶段，深度城市化与工业化创新升级再度融合,成为新的发展阶段的主题,核心是规模发展让位于创新发展,结构特征表现如下:①工业化占 GDP 的比重下降,服务业比重不断提高,经济结构服务化格局逐步形成,这个阶段工业部门转向依赖转型升级参与全球竞争。②要素驱动的低成本工业化出现了严重的"规模收益递减",需要新的人力资本、信息、制度等非独占性要素更新的生产函数体系,提高经济增长中的 TFP 贡献率,培育内生增长路径。③城市化规模扩张"建设周期"逐步结束,以人为中心的深度城市化格局形成。特别是以城市基建、住房为依托的土地城市化进程接近尾声,财政收入中公共服务开支占比提高,公共服务均等化要求越来越强。财政转型与深度城市化互动,以便促进广义人力资本积累,提高消费结构升级带动经济发展的能力和潜力。④中国成为世界经济第二大经济体、国际贸易第一大经济体,在国际分工的地位正从出口导向转向大国模型,深度融入全球化体系及相应国际收支再平衡将带来巨大外部挑战。⑤深度城市化阶段的有效运转有赖于市场配置效率和包容性发展的相互协调,经济发展与社会发展的同步化是大势所趋(经济增长前沿课题组,2012—2017)。

工业化向深度城市化转变过程中,以往基于出口导向工业化发展的宏观管理体制也将发生变化。特别是 2009 年"四万亿"投资后,城市建设加速,在传统宏观管理体系的母体中已经"孪生"出一个满足城市化需求的资源配置体系,即一个血脉下的两个资源配置系统——一个服务于工业化,另一个服务于城市化。银行为了满足城市化发展的大规模资金需求,形成了庞大的影子银行体系,或确切称为银行的影子——钱主要来自银行体系,但服务于市政和住房开发的城市化需求;财政更是直言不讳,传统财政就是"吃饭财政",但是发展城市必须依靠"土地财政",同时空间规划优先于产业规划以推动城市化。于是,"孪生"于工业化激励体制之上的第二套宏观管理体制在城市阶段开始起到主导作用,作为既成事实,它应城市需求而生。宏观管理体制转型的方向应是顺应深度城市化和高质量发展的要求,确立以"人民为中心"的经济社会多重目标管理体制。毫无疑问,在主体责任、发展目标和协调机制的重塑过程中,将会遇到各种失调和再平衡的困难。

一、工业化和城市化"孪生"的宏观管理体制

后发国家管理工业化过程的方式,本质上是一种举国体制。就中国的实践而言,不论是计划经济时期的综合平衡,还是改革开放以来的周期调节,都严格遵循了"低成本—工业规模扩张"的逻辑,围绕财政—银行系统的控制和协调,在要素价格、要素使用和产业发展上制定了一套严密的资源配置体制。为配合重化工业化加速,1994 年建立了市场化激励与出口导向相配合的管理体系,促

进了出口导向工业化路径的形成。在这个管理体制下,货币政策钉住美元锁定汇率,财政政策采用“减免”和“补贴”招商引资,政府干预和金融支持的目标是促进主导产业发展。由此,农村剩余劳动力优势得到了最大程度的发挥,低成本—出口扩张的发展范式得以达成。伴随着重化工业化的加速,城市化在1997年之后开始加速,2011年城市化率超过了50%,中国经济步入城市化发展阶段,2019年城市化率将突破60%,一套满足城市化需求的新的资源配置体制也应运而生。孪生的两套配置和管理体系的功能和机制分析如下。

(一)“孪生”体制的生成机制

1997年私人按揭贷款的启动和2002年土地招拍挂的推行,揭开了城市化时期资金流程和管理体制历史性变迁的序幕,从低价工业化向高价城市化转型的步伐因此加快(经济增长前沿课题组,2003)。在这种背景下,以往基于工业化的宏观管理体制亟待修正和补充,与城市化配套的资源分配系统被纳入发展议程。总体上看,工业化管理体制与其衍生出来的城市化资源配置系统,二者高度关联但责任主体不同。以财政—银行为主导的选择性投融资体系,一直是支撑中国工业化发展的基石,政府作为责任主体维护着“吃饭财政”功能。但是,随着城市化加速及其对资源需求的快速增加,在银行体系之外生长出来一套被称为“影子银行”或“银行影子”的配置机制(殷剑峰,2013),即银行体系衍生出来一个为城市化融资的新体系,游离于监管和规制;与此同时,为了发展城市,财政运营也向“土地财政”转变,新的财政主体由“地方政府融资平台”等公司体系承担。融资平台成为新型财政主体,其特征是尽管顶层宏观管理体系没有变化,但是地方管理体系发生了根本变化:如资金分配的95%先分到银行,影子银行实质是银行的影子,需要从银行分配资金,而财政则更有分权性倾向,地方融资平台运营与中央财政更是相分离的,在对其统计口径上一直争论很多,算国企还是政府,一直难以确认。

(二)“孪生”体制的演化及其矛盾

与工业化和城市化相应孪生出来的两套资源配置系统,二者的目标和演进机制存在本质上的不同。工业化的协调是一种纵向协调逻辑,以获取规模经济,而以城市为主导的经济体系是获取范围经济,横向协调是其协调逻辑的基础。在工业化和城市化过程中,这两种目标和演进机制从相容逐步走向不相容。①早期是工业化和城市化共生阶段,工业化集聚人口,提高城市化,中国很多的城市都是工业城,典型的是大庆、十堰等城市。当城市化自我发展后,城市化与工业化的冲突首先来自成本。中国大规模工业化一直靠低成本,相应的管理体制也维持着这种低成本优势。但是,随着城市化集聚程度的提高和其他经济条件的变化,城市化的劳动、资金、排污等高成本反过来导致“去工业化”(课题组,2009),这反过来又会加剧高价城市化。②产业部门协调发展的问题。服务业长期作为工业化低成本竞争的配套产业存在,受到工业发展回波效应的冲击难以提高质量和效率。问题在于,中国深度城市化过程中看病、上学等公共服务需求迅速提高,传统体制桎梏下的服务业必将难以满足这些新需求。更为严重的是,在经济转型的新常态下,服务部门的垄断持续推高垄断租金和经济泡沫,影响了制造业和服务业的融合和升级拓展。③公共福利支出与工业化税收负担不匹配。原有工业化资源配置体制在现阶段经济转型过程中造成的一个悖论是:企业高税赋和公共服务提供不足并存。工业化部门承担了过高的税赋,但却无法满足城市居民日益增长的公共服务需求,这是税收收支错位的必然结果(付敏杰等,2017)。④时间结构导致的矛盾。土地城市化具有跨期融资的特征,滚动式的负债发展模式,一方面导致地方债务率高居不下,地方税收难以弥补;另一方面由于中央财政收入增长将在结构服务化过程中受到削弱,导致中央对地方财政转移支付力度减弱。另外,国家调控中针对地方的“地根”限制也施加了更大的财政收支约束。⑤中央与地方发展目标的激励相容性受到挑战。地区发展目标已经脱离了早期 GDP—增值税的激励相容特性,转而采用一些新的区域性激励因素——如土地空间优化、人口流入、公共服务配置激励因素。这将迫使城市化和工业化两个资源配置系统展开资源争夺,因此“孪生”资源配置体制必然是一个具有内在冲突的不稳定体制。两大资源配置系统的共生性很容易导致相互掣肘,造成政策操作非连贯性和资源配置的扭曲。

(三)宏观管理体制的变迁

与城市发展阶段特征相关联的中国宏观管理变革的现实条件也很清晰。IMF 的观察列出了 11 项:①从外部需求转向国内需求;②从投资转向消费;③从工业转向服务业;④资源分配上,从国家导向转向市场和私人部门推动;⑤从过高的企业债务转向可持续的杠杆水平;⑥从财政债务上升(特别是地方政府债务)转向可持续的财政;⑦从金融部门自由化转向改善治理;⑧从增加要素投入转向提高生产率和鼓励创新;⑨从不平等的增长转向更加包容性的增长;⑩从高污染转向绿色增长,可持续利用能源;⑪从旧式的、间歇的政府公告,转向及时、清晰易懂的沟通(IMF,2018)。经济发展阶段转变与宏观管理体制变化的矛盾,已经被很多文献进行了深入研究。2012 年中国经济结构性减速后,讨论集中在经济转型,但到 2015 年后,宏观波动频繁,宏观学术和政策讨论聚焦于央行货币发行方式、中国财税改革、降低债务杠杆等宏观管理体制的分析上。

从货币金融看:①货币供给机制的变化。中国从出口导向转变为以内需为主,这是不可避免的过程,相应地,基于外汇占款的货币发行方式需要转变。因此,以往以不断提高存款准备金率对冲货币发行的政策面临挑战,以商业银行国债做抵押进行的各类便利资产创造货币模式是否可持续,已经引起了广泛关注与研究(张平,2017)。②"宏观审慎+货币政策"的双支柱的金融体系改革在2017年得以确认,这个框架适应了当前的经济增长阶段,把稳定资产价格作为重要目标,说明城市化推进后居民住房和金融资产配置成为不可回避的重大问题,资产价格纳入宏观监控有助于平衡实体经济和非实体经济。

从财政看:①中国人均GDP进入中高收入阶段,城市居民成为中国经济的主体力量,居民纳税和城市福利支出相匹配,成为城市化主导下税收与公共服务良性循环的现实基础,它有别于基于工业化的税收—支出体制。②从不平等增长转向包容性增长,财政体制上的税收—福利支出安排,应该有助于抑制居民收入差距。同时,城市化时期的宏观管理应特别注重地方财政的可持续性,改革中央—地方财政分配体制以稳定地方财政(付敏杰等,2017)。

从产业政策看:①从干预转向消除资源配置扭曲转变。工业化时期扶持幼稚产业和管制服务业价格的政策,目的是降低工业化成本;在城市化阶段,过去那种以扭曲服务业成本支持工业化的做法,已经完全不能适应服务业结构升级的要求了。实际上,新常态下产业转型升级的诸矛盾中服务业已经成为结构扭曲的最大来源(陆江源等,2018),扭曲导致的资产泡沫若得不到有效治理,将直接拖垮工业(或称为加快"去工业化")。因此,国家对服务业的干预和管制,必须让位于市场配置。②市场激励推动创新发展。中国当前全要素生产率增速下降、贡献降低,与高质量发展仍然背道而驰,这是当前经济阶段转换最不利的挑战,产业政策应该致力于提高全要素生产率。

2018年,工业比重降低到30%左右,消费对GDP增长的贡献超过了70%,出口对增长的带动效应为负值。总的趋势是工业化和城市化推动的投资建设周期让位于城市化过程中的居民消费带动,工业让位于服务业,出口让位于内需增长,基于城市化的宏观体制转型调整到了最重要的历史时期。

二、宏观"孪生"资源配置系统的"双轨"失调

(一)互补与双轨

原则上,基于城市化的资源配置体系与基于工业化的资源配置体系,二者应该互补和协调。工业化的发展带动了城市化,地方以居民住房的高地价补贴工业用地的低地价,形成"互补"关系。金融也是如此,2009年后通过以信托为代表的影子银行体系一方面满足了城市化需求,另一方面继续服务于工业化低

成本的资金使用。

随着城市化主导经济发展格局逐步形成,具有互补性的两套资源配置系统开始发生重心转移。影子银行的膨胀推动资源配置向城市化倾斜,同时以往那套为工业化谋求低成本扩张的配置机制失效,两种资源配置体系的目标不一致性变得越来越显著,形成了要素价格再次“双轨制”:第一,土地要素价格双轨制,即工业用地价格和城市住宅用地价格的双轨制。“双轨”价格和用量出现了矛盾,靠短期的高住房用地价格补贴工业用地,导致城市居民住房价格上涨过快,也直接提高了劳动成本,与工业化的低成本机制相背离。第二,资金要素价格“双轨”。金融体系中出现银行基于存贷国家基准利率的存贷款利率浮动,以及基于市场利率的刚性兑付的理财利率和信托利率等,资金配置机制也偏向于城市化需求的高受益部门,更大规模的“套利”活动愈演愈烈。第三,劳动要素一直都处于城乡分割、区域分割,打工者由于高房价变得越来越难以融入城市,劳动要素分割没有因为城市化变好,反而更需“返乡”。第四,公共服务与居民纳税不匹配,工业化期间产业纳税与工业需要配套基础设施相匹配,而城市化期间,产业税收与城市居民公共服务的责权利越来越不匹配,地方政府转向通过“土地财政”来获得公共受益,而通过高房价转移给了市民负担,扭曲了城市化公共服务与居民纳税义务的对称性原则。

“孪生”资源配置的协调主体发生了变化,财政中的融资平台、金融中的影子银行、主体开发区都是新的协调主体。这些都显示出“孪生”资源配置体系的协调机制也出现了“失调”。新的资源配置体系以新的扭曲方式把宏观协调的三个主体——发改委、财政部门和一行两会等金融部门——捆绑到了城市化这一辆马车上。其机制是:产业—空间规划进行城市化土地的扩张,财政服务于土地的金融运营,金融服务于城市化的资金需求。这与围绕着工业化进行协调的机制有着本质差异,然而也开启了中国城市化阶段的新资源配置之路,是对工业化资源配置体系再次“双规制”的扭曲。

(二)工业化阶段宏观管理体制的适应性与协调

工业化期间三主体协调目的是降低工业化成本,推动工业化规模扩张:①产业政策不仅仅是保护和激励幼稚产业,还包含了一整套产业组织体系,用以降低工业化的土地成本、用工成本、社会保障成本、排污成本。产业政策将与工业部门相配套的社会服务部门(如科教文卫体等)定义为工业化的成本中心,保障工业劳动力再生产过程的顺畅和低成本,低价工业化的发展路径因此得以维持(张平,2003;刘世锦,2004)。②货币金融政策。货币政策的目标是稳定币值,按 IMF 分类是钉死美元汇率和货币供给双锚定。1994—2007 年盯住美元汇率和货币供给,通过提高存款准备金和央票圈住“货币”,稳定物价;

2007—2011 年单一盯住物价，2012 年专注货币供给和 2017 年开启双支柱框架，将资产价格纳入宏观目标中。货币发行体系是基于出口导向的工业化，以外汇占款为基础发行货币，保障货币体系的稳定。金融政策是以银行为主体的抵押—信贷体系，为工业化提供信贷创造，持续保持低成本的资金供给，这些政策有效地推动了中国的工业化进程。③财政政策。从根本上讲就是一个税收—生产型财政体制，政府的税收来源于工业企业的流转税。1994—2016 年，中央和地方政府的税收主要来自工业企业增值税；2017 年前，地方政府也有部分税收来自营业税，该税是第三产业的税收；2017 年增值税和营业税合并，将第二、第三产业合并为增值税。中国工业化时期的税收高度依赖于工业企业，财政支出服务于生产建设，基础设施投资多为工业部门配套，而后才逐步转向为工业化和城市化服务。地方财政利用“三减两免”等各类税收减免方式、土地免费方式招商引资，大力发展工业企业，税收和财政支出是相匹配的，工业部门纳税，政府也积极服务于工业部门。

总体来看，自新中国成立以来形成的基于工业化的宏观管理体制，是一种促进工业化发展的战略组织框架。无论是改革开放前依靠计划经济进行剪刀差积累的早期工业化，还是改革开放后依靠市场经济推动的出口导向型工业化，宏观管理体制基本都是遵循了传统的计委（后为发改委）—财政—人民银行体制框架，目的都是稳定经济、提供低成本工业化的资金和税收、保障工业化的快速发展。这个资源配置体系使得中国工业化取得了举世瞩目的成就，在全球 500 种主要工业品中，产量位居全球第一位的产品中国占了将近一半，成为全球最完善开放的工业产业体系，成为全球制造业大国。

（三）新常态下旧管理体制的不适应性和“规范”冲突

中国高效率的宏观管理体制取得了辉煌工业化成就，但是到 2011 年前后这一管理体制出现了巨大的不适应性。每一次调整宏观资源体制的方式都是通过“规范”城市化不成熟的体制转回到工业化的“规范”体制，形成了多轮的“规范”性冲突。如最近银行业整顿的“回表”就是一个明显的“规范”冲突。中国城市化步伐从 1990 年代中期后加速，居民参与度提高——典型如原有城市化是被政府严格控制的，城市住房实行分配体制，这有助于减低工业化的成本；1997 年后，为了应对亚洲金融危机冲击、弥补多年的城市住房欠账，住房制度改革逐步深化，到 2002 年土地允许招拍挂后，土地要素正式进入中国经济发展的轨道上，土地“无偿划拨”推动工业化的时代结束。2011 年中国城市化率突破 50%，城市主体地位确立，但是由于体制和产业转型滞后，城市带动的经济与工业化低成本的经济产生冲突，基于工业化的宏观管理体制与城市化巨大需求的不协调，导致一系列扭曲和宏观政策协调机制的破损，也导致每一次调整资源分配方案都希望“回到”基于工业化的老体制上去。

新旧体系不适应体现在方方面面。产业规划从招商引资布局转向城市空间布局,主要是扩张城区:农村土地快速转变为开发区,城市辖区快速扩张,农民就地转变为市民,通过推动土地城市化带动人口城市化。城市化不同于工业化的要求,土地不可能再免费、污染要治理、公共服务刚性需求需要满足,以前作为工业化低成本来源的公共服务,在城市化需求拉升过程中变成了一个具有行政垄断的“高租金”的服务部门。由此,压低工业化成本的诸多组织和机制开始解体。

同时,与城市化更为密切的金融体制只好进行增量改革。为了满足城市化的需求,2009 年之后形成了一个巨大的影子银行或银行的表外业务体系。传统银行以为工业企业融资为基准,缺少对土地融资和市政建设融资的渠道与方法,但是巨大的资金需求推动了银行资金由表内转向表外。表面上看,这是银行体系为了绕开监管和存款准备金率的束缚,本质上是通过主动满足城市化的刚性资金需求,实现被传统体制压抑的高收益。现实情况就是,表外业务和以信托为基准的影子银行体系快速发展,满足了城市化发展的巨大需求,获取了高收益,这一高收益正是针对扭曲的宏观体制管理的套利。

货币政策问题。2015 年外汇占款下降后,直接就引起了货币收缩,当年金融波动与此有关,现阶段大量有关人民银行与财政部政策协调的讨论也是这个问题的反应。金融结构发生变化后,货币供给传递也发生了变化,突出地体现在 2012 年后大量资金供给没能进入生产部门,PPI 转负,实体部门进入通缩,而房地产部门的价格不断上涨,释放货币就会进一步激励资产部门,紧缩货币则实体经济通缩,调控陷入这种双目标困境。资金价格基本上是“双轨制”,国家制定了存贷款的基准利率,尽管允许上下浮动,但变动幅度很小,基本是只上不下;另一个价格是市场利率,以 shibor(上海银行间交易市场)的利率为基准建立,这个利率市场反应比较迅速,由于资金供给少需求大,因此价格普遍高于基准利率,形成了利率双轨体制。双轨体制反映了如下问题,在转型和城市化时期,以往基于工业化的货币金融政策体系需要进行新的改革。

“土地财政”弥补了中央和地方支出责任与税收的不对称性。地方财政如同影子银行一样,形成了体外的第二财政体系,即以土地为基础的“土地财政”体系——包括土地开发和转让收入、土地抵押获得的贷款收入、基于土地和建筑的地方融资平台所动员的财政资金力量等。地方从土地中获得的这些财政实力,一是用以弥补财税收入与公共服务支出的差距,二是要继续维持较低的工业用地的价格,因此不得不以推高住房土地价格为代价进行弥补。但是,地产价格提升会推高租金成本,对工业发展形成挤压,即工业用地不断转变为住宅用地,企业获取工业用地似乎以工业发展的名义套取土地升值的利益,这是土地“双轨制”的必然结果。三是用以推动市政建设。中国城市化的大规模资本支出是通过土地贴现而来,地方“双财政”体系直接决定了地方财政的决策目标,导致与工业化低成本目标的偏离,从而引发了高成本的城市化发展。以融资平台为主体通过高成本融资推动城市化,靠高地价弥补财政缺口,城市化的高成本导致工业化和城市化冲突。每一次政策调整都试图降低工业化成本,新的“规范”适应城市需求的资源配置体制,希望回到原有体制,这已经是不可能了。

(四)目标不一致性导致的问题

产业—财政—金融从激励工业化转向围绕土地运行后,中央的集中化协调机制让位于地方经济目标,原有的分权激励工业化特征让位于分权维持地方城市化发展。首先,以 GDP 为导向的宏观目标与分权化的工业化发展目标是相容的,而现有国家发展的 GDP 目标与地方福利最大化(土地城市化)发展目标并不相容。其次,中央和地方原有的税收分享体系也出现了不一致。地方财政从税收中分享的部分不断下降,而来自土地财政相关的税收和融资更大。最后,跨期平衡的调节方面,工业化时期集中于国家财政赤字和国债发行,但在城市化阶段,各个地方均有了跨期平衡的能力和要求,土地贴现机制直接造就了两大功能:抵押负债和跨期平衡,导致杠杆率越来越高。

从体制规范的角度看,基于工业化的资源配置体制是规范的,而“孪生”的基于城市化的资源配置体制则是不规范的,但后者已经逐步占据了主导地位。在现阶段的政策操作层面,与城市化共生的资源配置体制都成了整顿的关键——如影子银行、土地财政、债务杠杆等,尽管必要的整顿和规范是必要的,但是采取抑制其发展并试图转回到工业化体系的管理体制却是不可行的,也不符合经济发展规律。“孪生”体制的双轨协调在现实中表现出越来越大的冲突,目标不一致、激励不相容成为矛盾焦点。因此,现实中,由政策和监管引起的波动,由市场引起的波动,以及多部门协调过程中的不一致,本质上都是双轨制协调失效的现实反应,中国需要的是真实适应城市化的资源配置的根本性转型。

三、基于城市化宏观管理体制转型

两个宏观资源配置体系的资源争夺和机制不协调导致的经济摩擦,已经引起政府高度重视。鉴于现阶段的宏观调控仍然囿于传统工业化的资源配置机制,便不可避免地导致更为混乱的状况出现,这有悖于城市化发展和转型的阶段性要求。从经济阶段转换的要求看,必须着眼于新的宏观资源配置体系的建设。原因如下:第一,发展目标已经发生从以物质生产为中心向以人民为中心的转变,生产供给导向的宏观管理系统转向消费者导向的宏观管理系统。这种转换背景下,提高居民收入份额和人力资本回报率、强化消费跨期效率补偿,成为宏观调控目标的一个重要方面。第二,发展机制已经发生从低成本—规模扩张的单一效率标准向基于多样性—风险分散的经济韧性标准的转变,以便形成效率—韧性较为均衡的宏观资源配置体制。第三,激励方式已经发生从工业化的产业干预向竞争性政策的转变,特别是将服务部门从管制和低效率中释放出来,以部分市场供给的方式促进服务业升级,强化创新的市场激励。第四,发展战略逐渐从出口导向调整为"大国模型",以内需为主,提升国际分工价值链的地位,增厚出口附加价值,而非补贴化发展。

为了推动发展阶段转型,宏观资源配置体制必须以更为均衡的方式进行适应性转变,归根结底需要坚持两条:第一,要逐步规范基于城市化需求"孪生"出的宏观体制,构建基于城市化发展的资源配置体制,并轨两套体制,完成协调信号的一致性、激励的一致性、主体目标的一致性,从根本上服务于以人为中心的内需发展;第二,宏观管理目标从单一效率标准转向可持续的效率—韧性均衡目标,服务于包容性增长;第三,宏观资源配置应覆盖跨期均衡以缓解风险。从财政、金融和产业政策这三驾马车的功能重塑角度看,整合方向和机制如下。

(一)公共财政体制的财权与事权相匹配改革

中国 1994 年的税制改革是基于收入(财权)划分的改革,建立的是一套以工业发展为主的财税体制。财权集中在中央,事权在地方,中央靠转移支付来完成初步匹配,这种机制设计明显是为了大规模工业化顺畅运转。但是,受到特定发展阶段认识的局限,当时的分税制改革并没有划分事权,并导致城市化阶段财权与事权不匹配问题的发生。由于城市化快速发展,财政公共服务支出快速增长,2002 年后地方政府逐步靠土地财政进行收支缺口弥补,形成了第二套财政收支系统。

中国现行的税制可概括为产业流转税制主导"产业税制"。这种税制围绕大规模工业化建立,是以企业为主要纳税人的财政收入结构,纳税人结构单一,基本负担了国家的全部税收。但是随着结构服务化的形成,工业比重持续下降,工业化税收基础逐渐减少;与此同时,城市化加速使得公共财政支出增大,即使有了土地财政的补充,也难以有效缓和财政支出刚性压力。财政收支矛盾的背后是收支主体的不匹配,财政支出越来越多地服务于城市居民,但是财政收入负担却压在企业和土地财政融资上,而中央与地方的财权事权不匹配,进一步加剧了地方压力。

要想保持城市化新阶段的稳定发展,必须对税制做出新的顶层设计,核心就是重新匹配财权和事权。这种重新匹配不仅仅表现在财政收入和公共支出的数字匹配上，更应该体现在城市居民享受服务与纳税责任以及中央与地方事权财权的匹配上，否则会造成财税体制缺少可持续发展的韧性和合理性。因此，公共财政的改革方向应是：①从流转税为主导转向直接税和间接税的混合型框架，从单一针对企业法人征税转向对自然人和法人共同征税，逐步形成纳税人与享受公共福利相匹配的格局。②流转税征收环节上，也要仅从生产环节征收转向生产环节与消费环节共同征收，征收价外型消费税，减轻地方对土地财政的过度依赖。③财政体制的转型也意味着政府职能转变，从过去的负债发展型政府转向公共服务型政府，政府预算约束硬化。④事权和财权匹配问题在城市化发展的今天已经无法回避了，城市的纳税与公共服务匹配，是城市化的基本要求。中央与地方事权合理划分，中央上收需要全国统筹的事权，保障劳动要素全国统一市场的形成，形成中央和地方发展合力，以便于从整体上建立服务业和创新的良好环境。

（二）货币供给基础与金融系统韧性的改革

中国基于外汇占款的货币发行方式也正在逐步转变。一方面，2015 年外汇占款下降，导致央行缩表；2016 年央行依靠“其他金融机构借款项目”——以其他金融机构的国债等抵押物发行各类短期、中期便利等，大幅度创造资产，新的资产创造占比已经逐步弥补外汇占款下降。另一方面，依靠不断提高的货币乘数来增加 M2 的货币发行，达到扩张的效果，货币乘数高达 6 倍。依据外汇占款作为货币发行的模式是明显的小国模型，类似于货币局制度，对于盯住汇率的货币政策体系是非常有效的，但中国现阶段出口导向型工业化逐步结束，货币发行也在逐步改变，以国债作为新的资产来源将逐步登堂入室。通过“其他金融机构借款项目”对政府负债使用过两次，但没有成为类似于发达国家以国债为基础的央行负债表。原因很多，一个根本原因就是政府软预算、财政收支体系存在着很多非规范状态，对政府的法律规范仍然不够。发达国家的货币发行均以公债货币化为主要资产，以债券市场操作作为货币调节的主要手段。我国的国债和地方债等公债都与庞大的长期基础设施资产相匹配，因此创设公债资产可以为货币供给的长期资产打下基础，同时也有利于推动中国债券市场的操作与统一。这方面的探索需要央行与财政部的协调，财政部成为创设资产方，更需要配合财政体制的深化改革和立法体系的完善。如果财政体制不能建立有效的自我约束的监督体制，软预算无法克服，采用公债货币化的货币发行机制会导致经济的波动加大，对此中国有着深刻的教训。

从城市资源配置融合的角度看，利率双轨制和基于市场利率加刚兑的高成本利率体系是中国当期需要加快改革的资金价格体系，否则将导致利率传递渠道不畅、信号扭曲、大量累积金融风险。金融改革方面:第一,要逐步实现各类利率并轨。政府出台了资管新规,逐步要求打破刚兑和套利、降低杠杆,这有助于金融机构降低风险和为逐步统一利率打下基础。利率并轨除了刚兑问题外,就是如何统一银行存贷款利率与市场基准利率的联动,而不能视为存贷款国家制定的基准利率是银行天生的优惠,因此利率定价一定要以市场基准利率为基础定价,而不是依据已经实施了70年的人民银行统一定价后上下浮动,浮动的锚定需要根本改变。第二,需要对货币供给渠道进行改革。现实是,央行外汇占款中90%左右贷给银行,银行再进行分配,各类贷款便利实施后,银行获得的资金依然占资金的90%以上,城市化资金需求的很多非银行金融机构得不到央行货币分配。这与发达国家近一半资金分配给非银行金融机构使用的情况完全不同。发达国家的资金分配方式有益于其他金融机构的资金来源稳定,能够更多元化地服务于市场需求。银行是工业化效率发展的代表,但随着城市化发展,多样化的需求需要更多的金融机构满足,因此,增加金融机构的多样性是增加金融业韧性的关键所在。第三,在城市化阶段,建立统一的债券市场和多层次资本市场,成为越来越迫切的需求,特别是债券市场改革需要进一步加快。第四,增强金融系统的韧性,即通过多样化发展金融中介,并强化金融中介的资本补充和风险防范能力,有效配置资源,吸收经济波动的损失。

(三)产业政策由干预转向竞争和创新激励

以GDP规模来衡量,2018年中国达到美国GDP的70%,全球新增GDP的52%来自中美,中国已经名副其实地成为世界第二大经济体。“大国模型”必须成为思考未来中国宏观管理的前提条件。如果说过去30年,我们更多关注的是影响中国发展的世界因素,那么面向未来,我们不仅要关注外部世界对中国的影响,更要着重考虑世界发展的中国因素。

虑及产业政策,要逐步从工业化阶段的直接干预转向城市化阶段的市场竞争。政府直接干预的产业政策在保护幼稚产业发展过程中有积极意义,但是,干预与融入全球化的创新规则之间存在矛盾:其一,在全球竞争中,由于政府干预导致“竞争中性”机会的丧失,影响全球化竞争。其二,直接干预国内竞争也产生不公平性。干预政策有利于集中动员资源,但是却不利于创新激励。产业政策在发达国家依然是重要的干预工具,但更加注重产业和创新成长条件的改变,创新环境的塑造是这种干预的本质。发达国家产业政策致力于对小企业的扶持,但多集中于改善环境、降低风险方面,而不是直接用补贴的方式。特别是发展阶段进入城市化后,创新和就业都需要小企业的大发展,产业政策重点也从干预产业转型到主体开发区规划,以便为小企业发展创造条件,如在改善基础设施、金融设施、社会设施等领域加大投入。其三,政府要进一步深化改革,特别是放松行政化的管制，升级中国的服务业，自我提升营商环境，推动政府职能转变，迎接规则层面的治理参与并与国际规则对接，探索中国屹立于世界的相互融合之道。

基于城市化的宏观资源配置体系，脱胎于工业化宏观资源配置体系，经过十年的“共生”发展和试错后，应进行一揽子的资源体制再融合。目前，面向城市经济社会的宏观管理体制的原则、目标已经出现了条理化轮廓，但体系化建设仍然充满挑战。不论是财政、金融政策还是产业政策，都需要进行功能上的重新定位，最终目标是建立市场导向的兼顾效率与韧性的均衡配置体制，即适应城市化要求，资源配置效率要与制度韧性、制度包容性相互协调。到 2030 年，我国的城市化率大致达到 70% 左右，完成城市化的加速增长，未来 10 年是宏观资源管理体系再造的最好实践期。

四、结论

作为本文的总结，这里继续对重构城市化时期资源配置体系的理论含义，给出一个简单提示，由本文引出的更加系统的理论分析，将在后续研究中展开。

正如前文所述，中国当期宏观管理中的问题主要来自两大挑战：一是宏观资源配置部门三驾马车（发改委的产业政策和空间规划体系、财政部的财税体制、一行两会的货币金融体系）的协调和各个部门内部资源配置体系的协调，这需要宏观资源配置转型来完成；二是逆周期调节短期政策与宏观资源配置体系转型的协调性问题。当然，这都是供给侧结构性改革的要义所在。就本文的主旨来看，我们更加关心管理体制的韧性塑造问题，因为它与“孪生”资源配置体制中一个系统性变化趋势有关，与此相关的关键理论认识是如何让创新激励起作用，或者说资源配置和管理体制改革如何让创新发生？

针对创新路径的发生，前文分析暗含了一个假设，即：两套资源配置体系对应着不同的创新路径和激励。中国工业化时期的政府直接干预体制所走的创新路径是文献中所谓“干中学”“模仿”，用更加明晰的术语来说就是复制——以市场换技术。这种复制的最大特征是成套引进国外技术，这种技术创新路径的好处是可以在短期内占据低成本工业品市场，局限就是容易引起过度竞争——不是技术的而是产品的竞争，且容易遇到市场饱和的冲击。现阶段中国的脱实向虚问题，即是以往创新路径累积风险所致。

问题由此也更加明了。供给侧结构性改革所要求的创新，已经不是也不可能是“复制”了，而是转向了“试错”，这是主流经济学内生性增长路径的要义。因此也正好与本文城市化时期资源配置体制的构建要求相一致。不同于创新的复制路径，试错和实验只能在去中心的经济体制中发生，这是由试错本身隐含的巨大风险所决定的。我们之所以强调城市化资源配置和管理体制的韧性，即是直接面对这一新的风险路径的形成来说的。财政—金融—产业体系的再造，目标也是集中于此。

参考文献

[1]殷剑锋，王增武．影子银行与银行的影子[M]．北京：社会科学文献出版社，2013.

[2]付敏杰，张平，袁富华．工业化和城市化进程中的财税体制演进：事实、逻辑和政策选择[J]．经济研究，2017，52(12)：29-45.

[3]张平．货币供给机制变化与经济稳定化政策的选择[J]．经济学动态，2017(7)：26-34.

[4]张平．从“摸着石头过河”到“大国模型”——改革开放四十年中国宏观经济学理论演变[J]．文化纵横，2018(12).

[5]IMF. 中国该如何深化改革——IMF的国际视野[M]．林卫基，等，编著．北京：中信出版社，2018.

（作者单位：中国社会科学院经济研究所）

第六部分

贸易与启示

中国经济增长与经济周期（2019）

美联储量化宽松货币政策的成本探索

李婧 高明宇

一、引言

美国次贷危机爆发后，发达经济体经济不断下滑，各国央行开始采用货币政策提振经济。国际货币基金组织总裁拉加德在一次演讲中提出"货币政策是危机时的英雄"，可见货币政策在应对危机中的突出作用。日本央行于2001年3月首先实施量化宽松货币政策，2008年国际金融危机爆发后，欧元区、美国、英国等经济体也先后实施了该项政策。其中，美联储量化宽松政策（下文简称QE）对于提供市场流动性、缓解通缩、维护房地产市场和金融系统稳定等方面起到重要作用。当经济出现稳定复苏迹象后①，美联储公开市场委员会（FOMC）在2013年12月18日的会议上决定，从2014年1月起，将国债和按揭抵押证券的购买规模各减少50亿美元，总规模则从每月850亿美元减少到每月750亿美元。2014年10月29日，美联储宣布在当月底彻底结束资产购买计划，意味着美国完全退出了实行六年之久的QE。美联储此举不仅因为QE的目标已经基本实现，而且也考虑到其运行成本。即使在实行QE期间，美国一些学者也讨论了长期实行QE的成本。Stein J. C. 就曾指出，我们现在面临的问题不是评估已经实施的LSAPs②所带来的收益，而是进一步实施LSAPs时引起的边际成本和边际收益的变化[1]。在实施传统货币政策时，我们能准确认识到其给经济带来的不利影响，但对于非常规货币政策QE，我们却选择性地忽视了其潜在成本。当前，世界经济虽然出现了积极复苏的迹象，但是可持续发展仍然面临挑战[2]。全球金融危机并没有结束，美国虽然已经开始有步骤退出QE，日本和欧元区也在计划减少量化的程度，但是发达经济体的货币政策依然是宽松的。宽松货币政策的运行是有代价的，对本国经济及世界经济的影响需要我们深入研究。目前，全球经济结构正处于深度调整和重建之中，发达国

① 失业率在2009年10月达到最高点10%，此后便稳步下降，2013年12月下降至6.7%，接近美联储退出QE的6.5%的观察水平；CPI于2013年7月达到美联储设定的2%的通胀水平。

② LSAPs（Large Scale Asset Purchases），即大规模资产购买计划，一般指代美国实施的量化宽松政策。

家的宏观经济政策对世界经济的稳定复苏至关重要。因此,我们需要对 QE 政策的成本进行全面的考察和评估。

从 2008 年到现在,世界各国普遍实行了需求管理政策刺激经济增长。美国作为世界经济的领跑者,学术界对其宏观经济政策设计格外关注。国内学者更关注美国 QE 的运行效果、影响机制和溢出效应,少有对 QE 成本的研究。仅有少部分学者对 QE 的缺陷或者风险进行了简要的总结。从成本角度理解 QE 的内在属性,更有助于我们了解危机后货币政策的全貌,反思危机期间的经济政策,促进全球宏观经济政策协调,实现世界经济稳定复苏。国外的学者首先关注了 QE 的代价,Spencer Dale[3]、Łukasz Rawdanowicz et al.[4]均提到市场上国债等无风险资产减少导致的风险过度承担的问题。风险过度承担带来金融风险,加之以宽松的货币政策导致的高通货膨胀预期等因素,直接影响央行的信誉和独立性(Hannoun, H[5];Eric Santor et al.[6])。国内学者对美国非常规货币政策如何对中国经济产生外溢性关注较多,如张礼卿[7]、谭小芬[8]分别研究了美联储 QE 的实施与退出对中国的影响,并提出了中国应对冲击的政策措施。2014 年至今,美国货币政策的转向已经经历了四年,最新的研究集中在中国等新兴市场国家对美国货币政策的回溢效应(管涛[9];宋科等[10];杨子荣等[11])。这些研究说明美国量化宽松货币政策明显的成本之一就是给新兴市场国家带来的外溢性冲击。林珏将 QE 的外溢效应归纳为四个方面,具体包括输入型通货膨胀、主权财富资产缩水、出口竞争力下降、资产与股市泡沫等[12];除此以外,李欢丽、王威从美联储资产负债的规模和流动性流向的角度指出 QE 的两大内生缺陷[13];蓝虹、穆争社则概述了实施 QE 对央行独立性的削弱和金融机构道德风险等问题[14]。如果 QE 退出的速度和时机把握不当,同样会产生一系列的成本,(Spencer Dale[15];管涛[16])。因此,QE 有效发挥作用是有边界的(Effective Quantitative Bound,EQB),虽然美联储实施 QE 能够带来抑制通缩、减少失业等好处,但当进一步实施 QE 带来的边际成本超过边际收益时,QE 的实施就遇到了临界点。

2018 年美联储共加息 4 次,货币政策逐步回归正常化。但是 2019 年,为克服经济下行风险,美联储降息 3 次。2020 年,受到新冠肺炎疫情的影响,为避免经济走向衰退,美联储又重归量化宽松的货币政策,美国和世界经济的不确定性增加。美联储货币政策的起起伏伏是世界经济增长的重要变量,我们需要对该项政策运行进行系统梳理。学术界大多数在讨论其政策效果和外溢性,但是并没有细致地梳理政策成本。能够更清晰地理解美联储货币政策的成本,对于各国更好地使用宏观经济政策,实现世界经济的稳定复苏有重要的现实意义。本文主要贡献如下:①根据 QE 的实施内容及运行机制,将美联储 QE 所产生的成本归纳为三类，即金融系统成本、实体经济成本和国际影响。②探索了量化宽松政策的局限性，提出 QE 有效发挥作用的界限。③对理解发达经济体 QE 退出设计、其他国家宏观经济政策调节提供了参考。

本文余下部分结构安排如下：第二部分阐述量化宽松货币政策的内涵、主要内容及传导渠道，并借鉴 IS－QQ 模型阐述其对经济产生影响的过程；第三部分论述量化宽松政策产生的三类成本；第四部分为结论。

二、美联储量化宽松政策传导渠道

（一）货币政策、常规货币政策与非常规货币政策

货币政策指的是中央银行为实现一定的经济目标而采取的各项措施，这些措施主要包括数量型货币政策工具（比如货币供应量）和价格型货币政策工具（比如利率）。常规的货币政策操作工具包括存款准备金率、再贴现、公开市场操作和利率等，此外也包括窗口指导等辅助性工具。以美国为例，美联储将联邦基金利率（银行间拆借的短期利率）设定为短期政策工具，在选择一个联邦基金利率目标后，通过公开市场操作来实现既定的目标。当通货膨胀面临压力时，联邦基金利率上升，投资和产出下降，由此带来失业率上升和通货膨胀率下降。当通货膨胀趋向紧缩时，联邦基金利率下降，货币供给增加，投资和产出随之上升，失业率下降，通货膨胀率上升，这一过程实际上就是泰勒规则的核心内容。

如果中央银行严格按照泰勒规则行事，意味着稳定通货膨胀是货币政策的首要目标，但在金融危机爆发之后，中央银行事实上也特别关注资产价格的波动情况。按照丁伯根法则，如果中央银行要实现 N 个政策目标，必须要保证有 N 个政策工具。当传统的货币政策工具无法实现央行既定的政策目标，特别是名义利率遇到零下限的限制时，央行就会转向非常规货币政策（Unconventional Monetary Policy），比如日本及一些欧美国家曾经实行的 QE，此外还有欧洲中央银行 2014 年实行的负利率政策（Negative Interest Rate Policy，NIRP），同时也包括前瞻性指引（Forward Guidance）[①]。当然，如果一些非常规货币政策较为频繁地使用，同样可以将其纳入央行常规货币政策工具篮当中。

虽然学术界普遍使用“量化宽松”来描述美联储及其他发达国家危机后的非常规货币政策，但是对这一概念并没有统一的定义。英国学者 Werner 在 1991 年首次提出了量化宽松的概念，与央行直接降息或者增发货币不同，量化

① 前瞻性指引是指各国央行通过引导市场对未来利率的预期，使市场预期与央行目标预期靠拢的现代货币政策工具。

宽松政策的实质在于通过量化规模实现信用的创造。中国人民银行将其视为“央行在实行零利率或近似零利率政策后①,通过购买中长期债券②,增加基础货币供给,向市场注入流动性的一种干预方式”,目的是稳定金融市场、缓解通缩压力、刺激经济复苏和降低失业率。这一阐述涵盖了量化宽松货币政策的背景、目标和工具。结合以上概念,我们认为量化宽松可以看作是在零利率限制下③,中央银行进行公开市场操作的一种形式,只不过传统的公开市场操作是在短期国债市场进行,而量化宽松的重点操作对象是中长期国债,且规模更大,调节的目标是准备金数量,而非价格。

(二)美国量化宽松政策的核心内容

如前所述,非常规货币政策包括不同的种类,同时发达经济体当中实施 QE 的具体细节也有所差别。④ 在分析美国 QE 所带来的成本之前,还需对美联储推行 QE 政策的核心内容和具体政策细节加以说明。详见表 1。

表 1　美国 QE1 至 QE4 的主要内容

	实施时间	主要内容
QE1	2008 年 11 月—2010 年 4 月	美联储购买房利美、房地美和联邦住房贷款银行持有的与房地产有关的债务,以及由两房、联邦政府国民抵押贷款协会所担保的抵押贷款支持证券(即 MBS); 截至 2010 年 4 月,美联储在此期间购买的证券总额共计 1.725 万亿美元,其中包括长期国债 3000 亿美元、MBS1.25 万亿美元,机构证券约 1750 亿美元
QE2	2010 年 11 月—2011 年 6 月	美联储从公开市场中购买 6000 亿美元的中长期美国国债,对于资产负债表中已经到期的债券回笼资金进行再投资; 2011 年 9 月 21 日,宣布进行扭曲操作,即出售 4000 亿美元的短期国债,同时购买等量的 4000 亿美元的长期国债; 2012 年 7 月 20 日,继续进行扭曲操作,出售 2670 亿美元的短期国债的同时,买入等量的长期国债

---

① 零利率限制并不等同于流动性陷阱,按照 Hicks(1937)的定义,流动性陷阱的核心是货币需求弹性无限大。也就是说,公众宁愿持有货币而不去购买资产,但 QE 政策的实施却抬高了资产价格。因此,量化宽松解决的是零利率限制问题,而非流动性陷阱。

② 也被称为大规模资产购买政策,简称 LSAPs(Large Scale Asset Purchases)。

③ 美国、欧元区等经济体多在面临零利率约束时开始实施 QE,如果央行考虑到金融稳定而利率不能再下降时,即便利率没有面临零利率的约束,同样可以推行 QE。详见 Quantitative Easing and Financial Stability(Michael Woodford,2016)。

④ 发达经济体推出的 QE 在字面上是有差异的,欧元区中央银行实施的 QE 称为“公共部门购买计划”(Public Sector Purchase Program,PSPP),英国中央银行实施的 QE 称为资产购买计划(Asset Purchase Facility,APF),日本 QE 称为“量化加质化货币宽松”(Quantitative and Qualitative Monetary Easing,QQE)。

续表

	实施时间	主要内容
QE3	2012年8月—2012年12月	每月至少购买400亿美元的MBS,直到就业市场出现明显好转;并承诺将目前的低利率政策延长至2015年
QE4	2012年12月—2014年10月	每月购买450亿美元的国债,以取代之前的扭曲操作(OT);再次承诺只要失业率高于6.5%,0~0.25%的零利率政策就持续下去

资料来源:作者根据相关资料整理而得。

金融危机爆发后,美联储前后共实施了四轮量化宽松政策。相比之下,第一轮和第四轮 QE 的规模较大,QE1 和 QE4 直接向市场提供的流动性高达1.725万亿美元和1.6万亿美元。总体来看,美国 QE 表现出较为明显的阶段性特征:QE1 侧重信贷的增加,美联储倾向于对企业进行直接干预,伯南克也因此认为美联储实行的是“信贷宽松”的政策,而非“量化宽松”;QE3 集中于购买MBS,且不再限制购买规模,目的则是释放抵押贷款利率的下行压力,进一步推升资本市场价格,以便带动房地产市场的回暖;QE2 之后以及 QE4 期间的扭曲操作则主要是为了压低长期利率;同时美联储也一再向公众做出承诺,即长期的低利率政策将维持下去,直至经济形势好转为止。

(三)量化宽松政策的运行机制

为了直观地理解美联储 QE 政策背后的运行机制,我们可以用 IS - QQ 模型对其进行表述[17]:

$$y = D(y,q,r_s,r_l,\pi,e,w) \quad (1)$$

$$q = f(y,r_s,r_l,\pi,H,z) \quad (2)$$

其中,公式(1)中 y 表示产出, q、r_s、r_l、π、e、w 分别表示股票价格、短期实际利率、长期实际利率、通货膨胀率、名义汇率、国民财富;公式(2)中的 H、z 则代表基础货币储备和投资者信心。公式(1)代表 IS 曲线,刻画产品市场均衡,即总产出等于总需求。其中,总需求与产出、股票价格、预期通货膨胀率以及国民财富正相关,与短期和长期实际利率、名义汇率(这是采用间接标价法)负相关。公式(2)代表股票市场的均衡,用 QQ 曲线的位置表示。其中,股票价格与产出、通货膨胀率、高能货币和投资者信心正相关,与短期和长期实际利率负相关。

根据以上模型,美联储 QE 政策对经济运行的影响可以由图1所示。IS 曲线和 QQ 曲线分别表示产品市场和资本市场均衡, E_0 是两个市场都达到均衡的初始均衡点。美联储 QE 政策的实施增加了基础货币,而基础货币的增加也会引起长期名义利率的下降、预期通货膨胀率上升、美元贬值。根据公式(1)

和公式(2),长期名义利率的下降和预期通货膨胀率上升会使IS曲线右移,同时使QQ曲线左移;而美元贬值使IS曲线进一步右移。托宾q效应和财富效应均通过股票价格变化体现出来,因此这两种效应仅体现在IS曲线上均衡点的移动,而不会对IS曲线的位置产生影响。结果是QE的实施使经济的均衡点由$E_0(y_0,q_0)$调整到$E_1(y_1,q_1)$,E_1代表更高的股票价格和更高的产出。

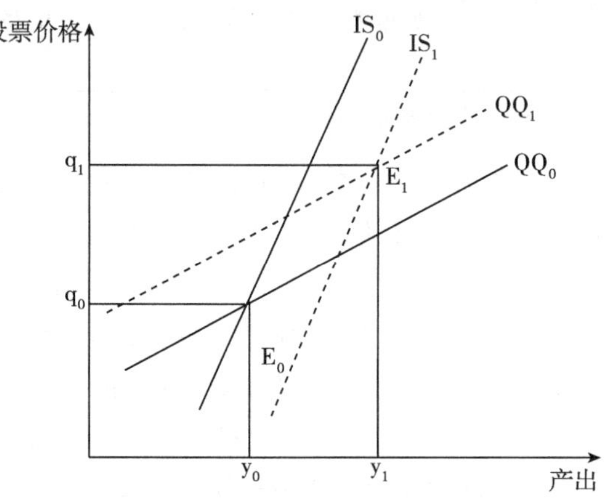

图1　IS-QQ模型

按照凯恩斯学派的观点,当经济处在投资呆滞期,企业投资对利率不敏感时,QE的效果就会相应减弱,因为此时企业投资同样会对股票价格不敏感,这就减少了IS曲线右移的幅度,且IS曲线也会变得更加陡峭。另外,经济陷入投资呆滞期的一个重要原因是投资者普遍对市场信心不足,这也对股票价格产生负面影响,QQ曲线上移的幅度也会减小(甚至可能下移)。最后的结果是,QE对经济的正向影响减弱,产出和股票价格的增幅均会变小。

可见,QE是通过影响利率、资产价格、预期通胀和汇率达到调节宏观经济运行、促进产出提高的目的。具体而言,美联储对长期国债的购买导致市场上长期国债净供给量下降,债券市场整体的久期水平(Duration)和期限溢价也因此下降,从而降低长期利率,这意味着资金使用成本相应降低,企业和居民也会获得更大的激励进行借贷,并最终会拉动投资和消费的增长。虽然短期名义利率不能够再降低,但长期利率的下降同样可以对经济产生扩张性影响。另外,新增的流动性如果流入股票市场,引起股票价格上升,则企业投资会相应上升(托宾q效应)。因为当资本的购买价格低于资本的股票价格时,扩大资本的投入提高了企业股票的市场价值,企业会扩大投资。就消费者而言,债券和股票是资产组合的一部分,当这些资产价格上升时,消费者财富相应增加,因此消费者会增加消费(即财富效应)。再者,虽然名义利率不能降至零以下,但美联储实行 QE 的公告提高了人们对未来通货膨胀率的预期，结果是实际利率下降。根据欧文·费雪的跨期选择模型，消费者会增加当期的消费水平，企业也会相应增加当期投资。最后，国内通货膨胀的上升会导致本币对外贬值，在开放经济中，该国企业出口品的价格更具有优势，导致出口上升。

三、量化宽松货币政策的成本分析

从就业和通货膨胀等一些核心经济指标来看，美联储量化宽松政策取得了一定的效果，但是其实施成本也在上升。宏观调控是短期政策，实现结构调整和经济的可持续发展才是最终目标，美国必须要考虑短期政策长期使用带来的成本。QE 通过影响利率和资产价格、预期通货膨胀和汇率达到促进产出和增加就业的目的，这一过程同时使美国的金融体系和实体经济，以及和美国有密切联系的经济体受到冲击。因此，我们将实施 QE 对经济运行产生的成本归纳为金融系统成本、实体经济成本和国际影响等三部分，下文将对每类包含的成本逐一进行阐述。

（一）金融系统成本

1. 市场流动性和安全资产的减少

美国十年期国债是市场上重要的避险投资品种，具备良好的流动性和安全性，不仅受到本国保险公司和养老基金的青睐，同时也是各国央行和全球市场重要的投资资产。因此，美联储大规模的资产购买会直接对市场产生两种影响，相应也会产生两种成本：①市场上的流动性降低；②安全资产减少。

根据巴塞尔协议Ⅲ的流动性覆盖率的要求，金融机构必须持有足量的现金和易于变现的资产，以便度过 30 天的短期危机。次贷危机以来，美联储实施了大规模的资产购买计划，四次 QE 对长期国债的购买量总计 1.9 万亿美元。与此同时，美国中长期国债的净发行额却是下降的（详见图 2 左）。加上美联储购买 2.17 万亿美元的 MBS，大规模的资产购买势必会导致市场上的流动性下降，因为国债提供了和货币同等的流动性（MBS 的流动性稍弱），结果使投资者不得不提高流动性溢价以获得该资产。

截至 2015 年 4 季度，主要发达经济体的央行所持有的国债规模占比均达到较大比重，其中美国公共部门和私人部门拥有的资产数量最多，日本央行持有资产占比最大（见表 2）。一旦央行持有的资产达到一定的比重，则进一步购买资产只会使流动性更加紧张，而不是流动性变得宽松，总需求也会相应下降。因此，政策当局需要认识到即便资产购买政策目前取得了成效，但无限制的扩大购买规模却会适得其反。

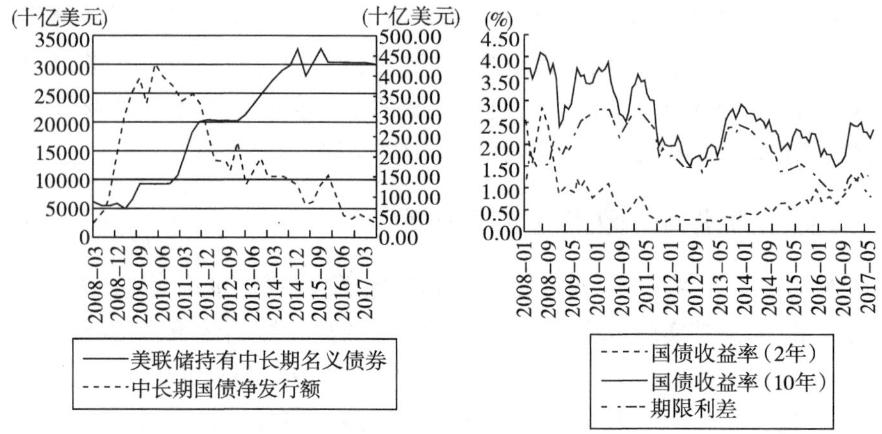

图 2 美国中长期债券市场情况及期限利差(2008 年 1 季度—2017 年 2 季度)

资料来源:Wind 资讯。

表 2 中央银行持有政府债券情况 单位:十亿美元

2015 年 4 季度		总规模	中央银行持有情况	
			总量	占比(%)
美国	政府债券	13422	2461	18
	机构债及 MBS	6470	1780	28
英国	政府债券	1220	385	32
日本	政府债券	902201	325002	36
欧元区	政府债券	7421	1562	21

资料来源:International Monetary Fund—International Financial Statistics, US Treasury, US Federal Reserve Board, UK Debt Management Office, Bank of England, Ministry of Finance Japan, Bank of Japan, European Central Bank。

注:表中各经济体债券规模的衡量均是按照各经济体使用的货币计算。

除了造成流动性愈加紧张外,QE 带来的另外一个相关成本是国债等无风险资产的转移所造成的福利损失[18]。国债作为一种不存在信用风险的金融资产,其收益率一般代表无风险收益率。短期国债收益率主要取决于对应的联邦基准利率,在常规货币政策受到零利率约束时,国债期限利差也就由长期债券收益率驱动。量化宽松政策实施后,随着长期国债收益率的下降,期限利差也不断收窄(见图 2 右),说明市场上存在对安全资产的过度需求。对于一些投资者而言,长期国债为他们提供了一个安全的避风港。为了平衡资产组合的风险和收益,投资者在选择一些高风险、高收益的资产时,必须同时选择安全性较好的资产。而美联储实施的 QE 政策则将大量的安全资产从金融系统中转移出去,阻碍了金融市场的正常运转,造成社会福利的损失。

上文阐述了美联储大规模的资产购买减少了市场上的流动性及安全资产供给，其实QE政策还影响了债券市场结构，使美联储在债券市场居于支配地位，自然导致市场扭曲。随着市场上债券交易主体的减少①，竞争机制遭到破坏，债券的价格发现机制受到干扰。而在退出QE时，美联储大规模的出售债券同样会扰乱市场秩序，时机把握不当极易引发金融动荡。表2显示，日本央行持有的政府债券占比已达36%，美国也已接近20%的水平。尽管美联储每月的购买额仅占市场总交易额的1%左右，但其过高的债券持有量仍然会加重市场扭曲。可见，央行的交易行为足以对债券价格产生影响，由于央行潜在的垄断势力，最后的交易结果也将偏离资源配置的帕累托最优状态。

2. 过度风险承担

金融危机后，货币政策是否会引起银行体系风险承担意愿（或者风险偏好）的变化成为社会各界争论的焦点，Borio和Zhu提出货币政策另外一种传导渠道：风险承担渠道（Risk - taking Channel），即央行货币政策的调整导致银行等金融机构的风险偏好发生变化，进而对其资产组合、信用风险定价以及贷款决策产生影响[19]。政策利率的下降以及国债等安全资产收益的减少使得投资者会因为寻求高收益产品而过度承担风险。尤其对于保险公司和养老基金而言，其拥有的大多是长期资产，长期持续的低利率更可能迫使其投资高风险的资产，而投资组合调整是LSAPs发挥作用的重要渠道。因此，美联储对国债等安全资产大规模的购买可能与其维持金融稳定的目标相悖。投资者过度承担风险的行为极易引发经济危机的产生。

3. 资产价格膨胀

全球流动性过剩是危机后各国宽松货币政策留下的后遗症，这也成为世界经济新常态的典型特征之一。美联储对国债和MBS的购买直接抬高了债券价格，同时也通过投资组合的再调整间接影响了其他资产的价格。图3显示了四种主要资产价格变动情况。其中，国债及企业债的价格上升导致长期国债收益率和企业债有效收益率（Effective Rate of Return on Corporate Bonds）均逐步下降。需要注意的是，两者利差开始缩窄。一般情况下，利差的收窄会导致高信用风险债券价格表现更好，市场也会偏好高风险债券。另外，股价和房价上升的趋势均比较明显，但股价在QE实施后就开始上升，受政策影响较大。

当新增的货币大量流入虚拟经济，势必会引起资产价格的大幅上涨，加上实体经济产出的下滑，虚实背离的现象也会越发严重。苏治从虚拟经济和实体

① 有时美联储可能是市场中唯一活跃的买者。

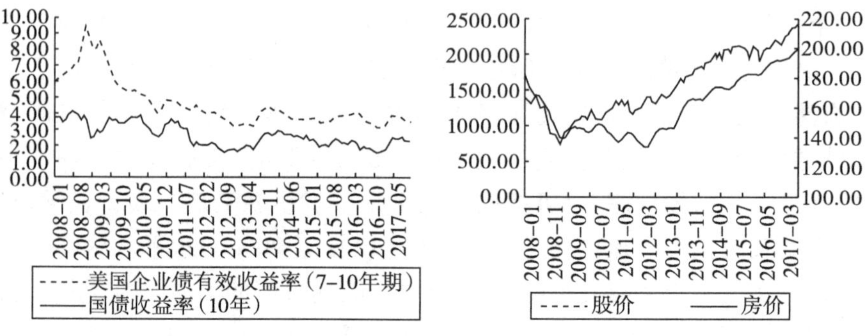

图3　资产价格变动趋势(2008 年 1 月—2017 年 5 月)

资料来源:Wind 资讯。

注:股价选择的是标准普尔 500 指数,房价选择的是标准普尔/CS 房价指数(20 个大中城市),其中房价坐标轴为右轴。

经济严重背离的角度对美国量化宽松政策的研究表明,美联储 QE 政策短期内对于缓解经济衰退起到了至关重要的作用,但长期而言,却不能持续推动经济的复苏。量化宽松政策一个重要的传导机制就是资产价格上升引起的财富效应,而随着货币政策的正常化,资产价格终究会得到修正,高估的资产价格也会逐渐回落,金融稳定难免受到冲击。

4. 中央银行的独立性和公信力受到削弱

中央银行的独立性是指中央银行履行职责时的自主程度。比如,美国法律规定,美联储主席向国会汇报,不向总统汇报。20 世纪 90 年代以来,央行独立性的制度在西方发达国家开始得到贯彻,各经济体央行均致力于实现货币政策的动态一致性,将维护币值稳定作为首要目标。通货膨胀目标制度(Inflation Targeting),就是央行货币政策动态一致性原则在实践中的体现。但随着金融危机的不断发酵,中央银行对这一原则的维护开始动摇。美联储货币政策的调整使其独立性遭到了前所未有的挑战和质疑。

在 QE 传导机制中,预期同样是 QE 影响经济的重要渠道之一,而预期途径的有效发挥有赖于美联储的独立性和公信力。中央银行通过有条件的利率承诺,引导公众对于未来利率政策和利率走势的预期,虽然短期利率已接近下限,但长期利率仍然可以下降。此外,央行的政策承诺降低了未来政策的不确定性,提升了市场信心。伴随着美国财政赤字的不断攀升,美联储大规模的购买国债也会让公众产生误解,以为美联储这一“增肥”行动是为了将财政赤字货币化,即通过提高通货膨胀率来减轻政府债务负担。近些年来,发达经济体政府债务均出现了大幅增长,而有效名义利率却逐步下降(见表 3),这说明政府债务的实际利息支出不断减少,债务负担相应有所减轻。

表 3 政府负债率与有效名义利率

	政府负债率(%)					有效名义利率(%)				
	2007 年	2010 年	2011 年	2012 年	2013 年	2007 年	2010 年	2011 年	2012 年	2013 年
美国	62	94	98	104	108	5.1	3.3	3.2	3.3	3.3
日本	167	200	212	219	227	1.5	1.4	1.3	1.3	1.5
英国	47	82	90	97	102	5.1	4.2	3.8	3.5	3.3
欧盟	72	93	96	98	98	4.6	3.6	3.6	3.6	3.8

资料来源:IMF、OECD 及 Economic Outlook。

注:政府负债率即为政府债务占 GDP 比重;有效名义利率是根据之前各期实际支付利息的比重进行加权计算而得。

高企的政府债务规模增加了对铸币税的需要,央行被迫进行货币融资,其独立性以及政策的公信力也就受到了挑战。早在 20 世纪 70 年代,Nordhaus (1975)、Kydland 和 Presscott(1977)从不同角度论证了要实现物价稳定,中央银行的独立性必须达到保证,通过加强央行独立性来解决通胀问题得到社会各界的认同①。为此,中央银行有必要向公众做出必要的解释,表明 QE 政策出台的唯一和最终目标是稳定物价水平。

此外,QE 也会影响政府推行财政改革,如表 3 所示,虽然政府债务不断攀升,但其面临的有效名义利率却不断下降,尤其是在次贷危机后,美联储实施的超低利率政策又进一步减轻了政府的债务负担,从而导致一国不能及时进行必要的财政改革,加强财政纪律②。

5. 退出风险

量化宽松政策的实施对美联储资产负债表的规模和结构均产生了重大影响。资产规模已从 2008 年初的 0.93 万亿美元逐步增加到 2014 年末的 4.5 万亿美元,占美国 GDP 的比重也在不断攀升,从危机前的不到 7% 增加到 26.5%。与此同时,美联储的储备金余额也呈现出相同的变动趋势,目前已经达到 2.1 万亿美元(见图 4)。

我们初步可做出判断,QE 的退出对美国经济的成本具体体现在以下四个方面:第一,随着利率的正常化,美联储拥有资产的回报率也会相应降低,从而遭受损失。如果存款准备金利率提高 1%,那么总的利息支出就会增加 210 亿

① Nordhaus(1975)提出了政治经济周期理论,Kydland 和 Presscott(1977)则将动态不一致性引入宏观经济分析。

② 量化宽松政策主要从以下三个方面影响公共债务:向财政部上缴铸币税、降低再融资成本、刺激经济增长从而增加财政收入。详见肖立晟、肖然. 量化宽松货币政策对公共债务管理的影响、风险及其启示[J]. 国际经济评论,2014(5):119 - 132.

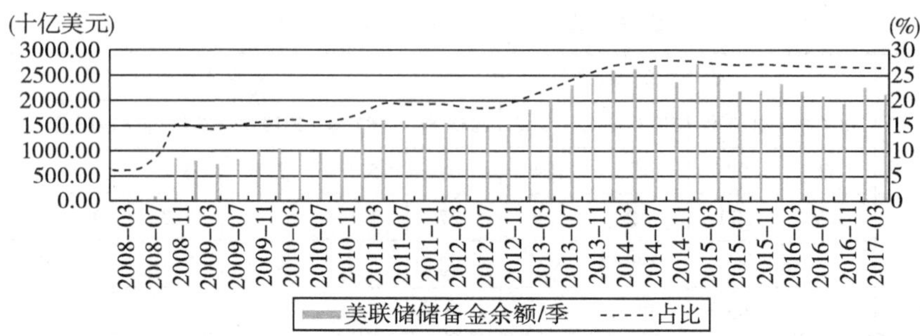

图 4 美联储总资产规模占 GDP 比重(右轴)及储备金余额/季度(左轴)

资料来源:Wind 数据库。

美元。第二,由于美联储释放的流动性中有相当一部分是以储备金的形式存在,因此美国核心通胀水平仍然处于低位(2% 左右),但高额基础货币对公众通胀的预期以及未来通胀压力的影响仍然不可小觑。第三,在美联储逐渐退出 QE、资产负债表逐步正常化的过程中,大量的国债以及 MBS 会涌入私人部门,这也就意味着私人部门投资者拥有的其他资产相应减少。如何在这个转变过程中实现债券市场的稳定以及避免私人部门债务大量的挤出,同样是美联储需要妥善解决的问题。最后,除了提高准备金利率外,美联储还可能实施逆回购协议、出售可交易资产、提高联邦基金利率以及贴现率等措施进行缩表,这些政策的实行同样会对金融市场产生冲击。

2014 年 1 月 23 日,不少新兴市场化国家的货币均出现了 5 年来最为严重的抛售潮,其中阿根廷比索暴跌 13%,俄罗斯卢布、巴西雷亚尔、印度卢比、韩元等也都下跌到各自货币汇率水平的新低。货币大幅贬值的直接原因在于国际市场中的资金流向发生了逆转,这也说明美联储退出 QE 的准备并不充分。总之,过早退出 QE 可能不利于经济复苏,过晚退出可能因为流动性过剩导致严重的通货膨胀。因此,美联储需要考虑不同的退出时机及退出速度对经济所产生的影响,尽量避免 QE 的退出对经济带来的负面影响。

(二)实体经济成本

1. 推迟宏观经济结构调整

持续宽松的货币政策不仅掩盖了企业资产负债表暴露出的问题,也降低了银行清理受损资产的激励,从而阻碍了宏观经济的自我修复与调整。对于银行而言,低利率会激励其对信用较低的贷款继续进行滚转,相应的低效率企业也就会推迟改革从组,僵尸企业的存在阻碍了经济下行期间的自我调整[20]。经济学家熊彼特曾将经济的发展过程形容为一个“创造性破坏的过程”,在市场竞争机制下,效率低的企业会被市场淘汰,从而为高效率企业腾出发展空间,经济得以不断发展进步。而美联储救市计划却减少了银行及企业做出调整的激励,流入高生产率企业的资金减少,产生资本错配,最终导致经济潜在增长率下降。Ahearne 和 Shinada[21]的研究证实,僵尸企业市场份额占比的上升多半归因于银行等金融系统的支撑。Caballero et al.[22]的研究也表明,僵尸企业数量的上升和经济结构调整放缓有所关联,同时也与健康企业的投资和就业情况负相关。

2. 福利再分配效应

同传统的扩张性货币政策一样,QE 同样会对市场参与者的收入产生非对称效应,即市场参与者的收入增长不均衡,有些经济主体的财富将大幅增加,有些经济主体的财富增加幅度则会较小,甚至有可能受损[23]。美联储通过大规模的资产购买向市场中注入流动性,势必会引起总体物价水平的上升,如果将来的通货膨胀率高于人们预期的通货膨胀,则会使得债务人受益,而债权人受损。另外,相关数据显示,美联储推行的 QE 抬高了长期债券、股票、房地产等资产价格,资产价格的上升有利于资产持有者,而一个经济体中总是少数人持有多数资产(这一点美国是全球最典型的)。资产价格的上升不可避免产生分配效应。结果是 QE 的实施虽然达到了经济复苏的目的,但也伴随着社会不平等加剧的风险。

(三)国际影响

QE 的国际影响主要表现在对新兴经济体的外溢性。经济全球化将使各国经济联系更加紧密。美元、欧元、日元为主体的国际货币体系的格局并没有发生变化。美国、欧元区、日本等发达经济体的量化宽松货币政策不可避免地会对新兴市场经济体带来冲击。QE 的执行旨在推动本国经济复苏,与此同时通过收入效应保证了新兴市场国家出口的稳定,同时美国的低利率也会使得新兴经济体的 FDI 增加,伯南克认为美国的量化宽松政策对包括美国在内的全球经济起到了支持作用。但我们依然需要充分认识这一政策对新兴经济体所产生的负面影响。

随着 QE 的不断推进,短期及长期利率的下降使美国国内形成了“利率洼地”,进而导致美国投资者的套利动机增强,突出表现在大量“热钱”涌入新兴市场国家。热钱不同于 FDI,热钱只是国际投资者追求短期利润的投机性工具,并不会长期留在新兴经济体内部,是造成这些国家资本市场和金融体系不稳定的重要因素。以中国为例,按照残差法测算,2009 年上半年流入的短期国际资本达 452 亿美元[24]。管涛在评估危机后中国跨境资本流动管理时指出,2008 年后,随着主要经济体非常规货币政策推出和退出,国际资本流动出现了大起大落的剧烈波动,新兴市场和发达国家都受到较大影响,中国跨境资本流动经历了剧烈震荡[25]。为了减少热钱的困扰,新兴经济体只能把利率限定在一定范围内,新兴经济体的货币政策已经被发达经济体绑架,其自主性严重削弱。

其次,美联储 QE 政策导致新兴经济体的货币被动升值。虽然 QE 期间伯南克认为发达经济体稳定的经济增长有利于新兴市场国家的出口,但我们仍需考虑 QE 对新兴经济体汇率所带来的升值压力。

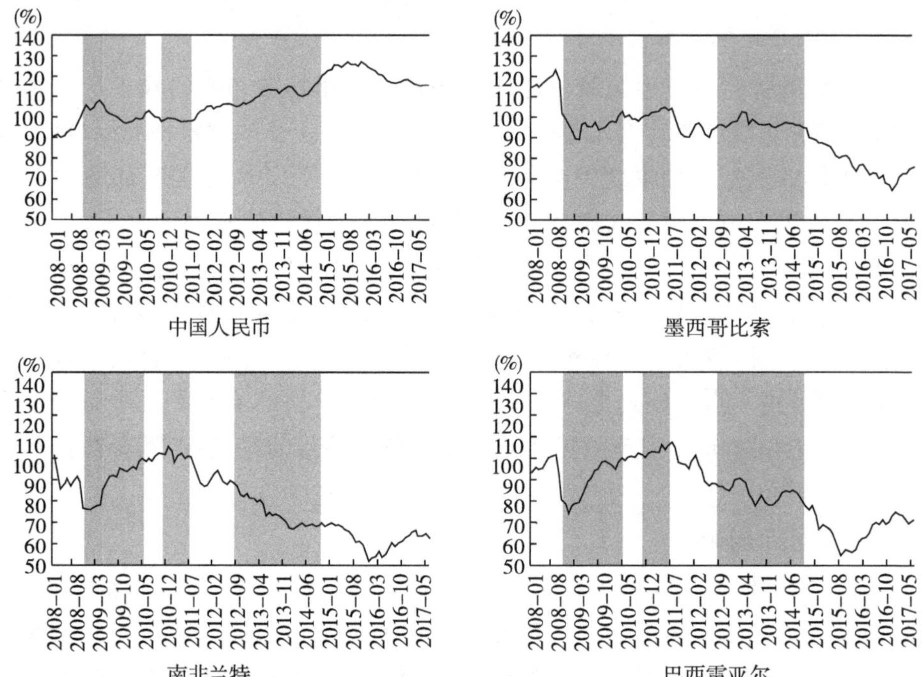

图 5 主要新兴经济体名义有效汇率变动情况(2008 年 1 月—2017 年 7 月)

资料来源:Wind 资讯。

注:图中阴影区间分别表示美国 QE1 至 QE4 实施的时期,其中 QE3 和 QE4 时间上继起。

图 5 显示了四个主要新兴经济体在美国实施 QE 前后名义有效汇率的变动情况。可以看出,中国在 QE3 和 QE4 期间经历了较大幅升值,另外三个国家的货币在 QE1 期间升值幅度较大,本币升值不仅导致这些国家出口竞争力下降,同时还要面临国际大宗商品价格上涨的压力(国际大宗商品基本都采用美元计价),这给新兴市场国家带来输入型通货膨胀,从而使全球经济尚未全面复苏便面临通胀压力,减缓全球经济复苏进程。另外,中国和巴西由于大量持有美国国债①,美元的稍微贬值就会对其所拥有的国债资产产生巨大损失。

① 2013 年 11 月的数据显示,中国和巴西持有美国债务数额为 13167 亿美元和 2469 亿美元,占比为 23.03% 和 4.32%,分居第一和第三位。

而 QE 的退出同样会对新兴市场国家产生冲击，国际货币基金组织在 2013 年 10 月发布的全球金融稳定报告中指出，在美国广义量化宽松政策退出的过程中，新兴市场国家面临的外部环境会更加动荡，风险溢价也会变得更高。受到国外投资者预期改变的影响，新兴市场国家将会面临大规模资本外流的风险，本国货币也会遭遇贬值压力。美国在 2013 年 6 月释放出退出 QE 信号后，巴西便出现了严重的资本外流，雷亚尔出现大幅贬值。IMF 也因此建议新兴市场国家严密监控本国经济波动情况，及时运用必要的政策工具减少美国退出 QE 的外溢性。

上文三部分阐述了美联储量化宽松政策带来的三类成本。此外还有学者研究了 QE 所产生的交易成本。即中央银行在二级市场购买债券而非向政府直接购买所产生的成本。据测算，英国央行 QE 政策产生的成本超过 18 亿英镑，约占 QE 总量的 0.5%[26]。因篇幅所限，交易成本应另外成文论证。

四、总结

量化宽松货币政策虽然对提振危机时期的经济发挥了巨大作用，但是其施行是有代价的。非常规货币政策必须适时退出，以恢复金融系统，重建中央银行独立性和提升政策公信力。同时各国都将面临宏观经济结构调整和加强财政纪律的重任。各国更谨慎的宏观经济政策对实现本国和世界经济的稳定复苏有重要的实践意义。单纯依靠货币政策并不能使国家面临的财政和金融风险回归中性，由于金融监管不力和经济虚实发展严重背离而造成的金融危机，只能依靠经济体制的系统改革才能取得长久成效。因此，各国央行在面临相似的困境时需谨慎实施非常规货币政策。

美国经济的重要性以及美元在全球货币体系的中心地位，使美国量化宽松政策对其他国家特别是新兴市场国家产生外溢性。危机时刻，每个国家的宏观经济政策都是“内向”型的，无暇顾及对其他国家的负面影响。克鲁格曼认为，直接持有美国国债的国家可能面临资本损失（Capital Loss），从而掉入“美元陷阱”。这一论述也同样适用于其他新兴市场国家。目前，新兴市场国家合理使用外汇储备的选择权是有限的，中国需要盘活存量、用好增量，调整经济结构，扩大对外投资，追求经济高质量发展。发达经济体货币政策调整都使新兴市场国家面临更复杂的外部环境，特别是对跨境资本流动的干扰。因此，发达国家和新兴市场国家都必须加强跨境资本流动的管理，采取更市场化的监管工具提高监管效率，必须加强国内金融市场发展和金融监管，完善金融体系，预防系统性金融风险的爆发。

在全球层面上，量化宽松货币政策带来的成本更进一步说明全球经济治理是必要的，这是实现世界经济可持续发展和重建世界经济秩序的核心。2016

年以来,世界经济出现复苏趋势,各发达经济体也陆续表示开始考虑逐步退出QE,货币政策看起来由分化走向共振。2018 年美联储共加息 4 次,货币政策继续回归常态。但是,2018 年以来受到贸易冲突的影响,全球经济增长出现放缓趋势,美联储调整了退出 QE 的步伐,欧洲央行和日本银行货币政策取向的不确定性增加。2020 年,新冠肺炎疫情的爆发和迅速扩散更使缓慢复苏的世界经济雪上加霜,QE 的回归更说明了美国经济的结构性缺陷。货币政策是有极限的,广大的新兴市场国家和发展中国家要做好充分的应对准备,注意宏观经济政策组合,加强国内经济结构调整,同时多方面促进全球经济治理,为世界经济稳定复苏做出积极努力。

参考文献

[1] STEIN J C. Evaluating Large - Scale Asset Purchases. Speech to the Brookings Institution, Washington, D. C. 2012 - 10 - 11.

[2] Seeking Sustainable Growth: Short - Term Recovery, Long - Term Challenges, World Economic Outlook [EB/OL]. http://www.imf.org/en/Publications/WEO/Issues/2017/09/19/world - economic - outlook - october - 2017, 2017 - 10; Brighter Prospects, Optimistic Markets, Challenges Ahead, World Economic Outlook Update [EB/OL]. http://www.imf.org/en/Publications/WEO/Issues/2018/01/11/world - economic - outlook - update - january - 2018, 2018 - 01.

[3] SPENCER DALE. Limits of Monetary Policy. At the 44th annual Money, Macro and Finance Conference at Trinity College, 2012 - 09.

[4] LUKASZ RAWDANOWICZ, ROMAIN BOUIS and SHINGO WATANABE. The Benefits and Costs of Highly Expansionary Monetary Policy OECD Economics Department Working Papers, 2013, 1082.

[5] HANNOUN H. Monetary Policy in the Crisis: Testing the Limits of Monetary Policy, Speech given at the 47th SEACEN Governors' Meeting, Seoul, 2012 - 02 - 14.

[6] ERIC SANTOR, LENA SUCHANEK. Unconventional Monetary Policies: Evolving Practices, Their Effects and Potential Costs. Bank of Canada Review, 2013.

[7] 张礼卿. 量化宽松Ⅱ冲击和中国的政策选择[J]. 国际经济评论,2011(1).

[8] 谭小芬. 美联储量化宽松货币政策的退出及其对中国的影响[J]. 国际金融研究,2010(2).

[9] 管涛. 新兴市场对美货币政策回溢效应[J]. 中国金融,2016(1).

[10] 宋科,黄泽清,刘相波. 新兴市场国家对发达国家量化宽松政策的回

溢效应[J]. 国际金融研究,2018(3).

[11]杨子荣,徐奇渊,王书朦. 中美大国货币政策双向溢出效应比较研究——基于两国 DSGE 模型[J]. 国际金融研究,2018(11).

[12]林珏. 美国第三轮量化宽松政策启动的背景及影响分析[J]. 世界经济研究,2013(1).

[13]李欢丽,王威. 中国定向宽松货币政策评价——基于美国量化宽松货币政策内生缺陷视角[J]. 金融经济学研究,2015(1).

[14]蓝虹,穆争社. 量化宽松货币政策的全景式回顾、评价与思考[J]. 上海金融,2015(7).

[15]管涛. 危机十年我国跨境资本流动管理回顾与前瞻[J]. 国际金融,2018(5).

[16]THOMAS I. Palley. Quantitative Easing: a Keynesian Critique. Investigación Económica,2011,277(70):69 - 86.

[17]REZA A, E SANTOR,L SUCHANEK. Quantitative Easing as a Policy Tool under the Effective Lower Bound. Bank of Canada Staff Discussion Paper,2015.

[18]CLAUDIO BORIO, HAIBIN ZHU. Capital Regulation, Risk - taking and Monetary Policy: a Missing Link in the Transmission Mechanism. BIS Working Papers,2008,268.

[19]RAWDANOWICZ L, R BOUIS,S WATANABE. The Benefits and Costs of Highly Expansionary Monetary Policy. OECD Economics Department Working Papers. OECD Publishing,2013,1082.

[20]AHEARNE A G , SHINADA N . Zombie Firms and Economic Stagnation in Japan[J]. International Economics & Economic Policy, 2005, 2(4):363 - 381.

[21]CABALLERO R J , HOSHI T , KASHYAP A K . Zombie Lending and Depressed Restructuring in Japan[J]. American Economic Review,2008, 98(5): 1943 - 1977.

[22]FRANCIS BREEDON, PHILIP TURNER. On the Transactions Costs of Quantitative Easing. BIS Working Papers,2016,571.

(作者单位:首都经济贸易大学经济学院)

贸易博览会对中国贸易发展的影响机制分析
——基于平台经济理论视角

郝宇彪 刘江汇

一、引 言

自2008年金融危机爆发至今,在英国脱欧、美国特朗普政府推行贸易保护主义的阴影下,WTO多边贸易体系发展举步维艰。在此背景下,为了推动世界经济复苏以及中国经济的稳定发展,中国不仅持续扩大开放提出“一带一路”倡议,面对特朗普政府挑起的中美贸易争端,中国更是坚决维护多边贸易体制、推动发展自由贸易,以推动建设开放型世界经济、支持全球化为己任,创造性地举办世界上第一个以进口为主题的国家级展会——“中国国际进口博览会”(简称“进博会”)。习近平主席在开幕式致辞中指出,“中国国际进口博览会由中国主办,世界贸易组织等多个国际组织和众多国家共同参与,不是中国的独唱,而是各国的大合唱。”①对此,社会各界普遍认为,进博会的举办标志着中国国际贸易发展战略的转变,不仅会促进中国对外贸易和投资,也会推动全球范围内特别是新兴经济体和发展中国家之间贸易的增长。② 然而,进博会究竟怎样能够促进中国贸易的发展,学术界却鲜有学术性的理论分析。本文认为,博览会本质上是一种平台,可以运用平台经济的相关理论就进博会促进中国贸易发展的理论机制进行深入的探讨,从而为未来贸易博览会的进一步发展以及如何促进中国开放型经济建设提供更多的理论决策参考。

进入21世纪后,平台经济理论越来越多地引发学术界和业界的关注与讨论。双边市场理论和网络外部性理论是平台经济学的两大支撑。Rochet 和 Ti-

---

① 习近平. 共建创新包容的开放型世界经济——在首届中国国际进口博览会开幕式上的主旨演讲[EB/OL]. 新华网. http://www.xinhuanet.com/politics/leaders/2018-11/05/c_1123664692.htm, 2019-01-17.

② 中国社会科学网. 中国国际进口博览会:中国贸易战略转变的风向标[EB/OL]. http://ex.cssn.cn/gj/gj_hqxx/201808/t20180814_4541420.shtml, 2019-01-17.

role(2003)[①]、Armstrong(2004)[②]、Caillaud 和 Jullien(2003)[③]等为平台经济学的研究做出了开创性贡献。2004 年由法国产业经济研究所(IDEI)、政策研究中心(CEPR)两家单位在图卢兹共同举办的"双边市场经济学"会议标志着该理论的成型。网络外部性理论主要诞生于传统经济学中的外部性理论和网络概念的形成这两方面的理论研究。[④] 国内学者中,徐晋、张祥建(2006)在研读大量外国文献的基础上,以双边市场理论为出发点,较早提出"平台经济学"的概念,认为平台经济学是研究平台之间竞争与垄断情况,强调市场结构作用,通过交易成本和合约理论,分析不同类型平台的发展模式与竞争机制,并提出相应政策建议的新经济学科[⑤]。徐晋(2007)进一步完善"平台经济学"理论体系构建,指明了对于平台的概念,分析了平台的外部性与多属行为。首先介绍了平台的分类标准与主要类型,在此基础上讨论了平台的主要业务模式,平台对参与各方的定价模式与定价策略,并探讨了影响定价的主要因素以及平台的收费动机;其次讨论了平台竞争的形成过程,表现形式与竞争策略;最后对平台竞争涉及的法律问题,例如可能存在的垄断与反垄断、侵权以及间接侵权等进行了阐述[⑥]。在国内外研究的理论支撑上,平台市场的效应被具体细分,如双边市场特性、价格杠杆功能、产业的空间集聚效应、全球资源配置作用、协同创新功效和市场学习机制等(李凌,2013)。[⑦] 在此基础上,平台经济的特征进一步明确,如依赖用户的高度参与、供求双方的信息精确匹配、双边网络外部性及大规模跨界(吕本富,2018)。[⑧] 平台经济被认为是加快经济转型发展的助推力,有助推进现代市场体系建设,推动产业持续创新,带领新兴经济成长,带动制造业

---

① ROCHET J,J Tirole. Platform Competition in Two - sided Markets[J]. Journal of European Economic Association,2003(1): 990 - 1029.

② ARMSTRONG M. Competition in Two - sided Markets[M]. London:University College,2004.

③ CAILLAUD B, B JULLIEN. Chicken & Egg: Competition among Intermediation Service Providers [J]. RAND Journal of Economics,2003(2): 309 - 328.

④ 网络外部性理论的基本内涵为,在网络结构中,个体消费行为受到其他个体行为的影响。某一消费者购买或使用某一产品或服务的意愿大小,在较大范围内取决于其他已经购买或使用了这些产品和服务的消费者的数量。新参与者表现出来的行为更倾向于加入用户较多的网络,用户存量越大,则该网络对新参与者的吸引力就越大,同时网络中既有用户的价值也因为新参与者的涌入而提高。这种消费行为之间的互相影响就是所谓的"正消费外部性",后来即称为"网络外部性"。事实上,网络外部性不仅仅存在于有形网络,还存在于许多的无形虚拟网络中。参见:徐晋. 平台经济学——平台竞争的理论与实践[M]. 上海:上海交通大学出版社,2007.

⑤ 徐晋,张祥建. 平台经济学初探[J]. 中国工业经济. 2006(5):40 - 47.

⑥ 徐晋. 平台经济学——平台竞争的理论与实践[M]. 上海:上海交通大学出版社,2007.

⑦ 李凌. 平台经济视野下的业态创新与发展[J]. 国际市场. 2013(4):11 - 15.

⑧ 吕本富. 从平台经济到平台经济学[J]. 财经问题研究. 2018(5):12 - 16.

与服务业交融互促,变革消费方式(张鹏,2014)。[①]

关于贸易博览会的国内外研究主要聚焦于会展业的发展。国外学术界对于展会的研究较为成熟,具有完善的框架与体系,多数将管理学、经济学文献结合到对会展的研究中。另外,将消费者行为和组织行为联系到会展上,详解了会展主办者与参会厂商的相关行为特点,借此扩大会展营销效果,加强贸易往来。(Templeton J,1954[②];Franck K,1961[③];Hanlon A,1982[④];Kerin A 和 Cron L,1987[⑤];Kristin Chrisman,1991[⑥];Rosson P J 和 Rolf Seringhaus F H,1995[⑦])。国内对会展业的研究主要集中在以下几个方面:第一,总体层面会展业的发展与意见(王新刚,2004[⑧];祖强,2006[⑨])。梁君(2014)以中国—东盟博览会为例,结合双边市场理论对会展平台的市场创造型市场内涵、网络外部交叉效应、非对称价格结构、外部性效应进行分析,提出平台运营策略。[⑩] 第二,会展与区域经济发展研究(曾武佳,2006[⑪])。第三,国际展会与国际贸易发展之间的关系(储样银,2005[⑫];曾衍文,2007[⑬];叶倩,2011[⑭])。相关的研究认为,相比普通营销方式,国际展会可以降低交易费用,有利于企业与客户之间的沟通,能够加速推动国际贸易的发展。关于国际展会与国际贸易出口额之间的实证检验指出,国际会展可以解决国际贸易中存在的多种复杂问题,比如信息不对称,同时也能提高参展企业以及客户的信誉度,使得贸易双方的交易更加真实可靠(曾衍文,2007)。

综上所述,当前关于平台经济的研究相对丰富,也有少数的文献将国际会

---

① 张鹏. 发展平台经济 助推转型升级[J]. 宏观经济管理. 2014(7):47-49.

② JOHN MOLISON TEMPLETON. Shows and Exhibitions for Business Men[M]. Kingswood Surrey, 1954.

③ KLAUS FRANCK. Exhibitions:a Survey of International Designs[M]. New York:Praeger,1961.

④ HANLON A. Trade Shows in the Marketing Mix[M]. New York:Hawthron Books,1982.

⑤ KERIN,ROGER A,CRON,WILLIAM L. Assessing Trade Show Functions and Performance:An Exploratory Study[J]. Journal of Marketing,1987,51(3):87-94.

⑥ KRISTIN CHRISMAN. A Complete Collection of Trade Fair Exhibition[M]. Prentice Hall,1991.

⑦ ROSSON P J,ROLF SERINGHAUS F H. Visitor and Exhibitor Interaction at Industrial Jpper Saddle River Trade Fairs[J]. Business Review,1995,32:81-90.

⑧ 王新刚. 中国会展经济研究[D]. 吉林:吉林大学,2004.

⑨ 祖强. 中国会展经济发展的问题与对策研究[J]. 唯实,2006(3):11-15.

⑩ 梁君. 基于双边市场理论的会展平台运营策略——以东盟博览会为例[J]. 广西师范大学学报(哲学社会科学版),2014(1):44-48.

⑪ 曾武佳. 现代会展与区域经济发展[M]. 成都:四川大学出版社,2008.

⑫ 储样银. 国际展会与国际贸易[N]. 国际商报,2005-03-24.

⑬ 曾衍文. 从信息不对称看会展对国际贸易的影响[D]. 广州:暨南大学,2007.

⑭ 叶倩. 会展产业对出口贸易的影响研究[D]. 西安:陕西师范大学,2011.

展与国际贸易之间的关系进行分析,但还缺乏将国际会展看做一种平台模式,利用平台经济的相关理论,本文将从通过贸易博览会促进国际贸易的发展这一角度对贸易博览会与国际贸易之间的关系进行理论分析。

二、贸易博览会的平台本质与经济特点

(一)博览会的平台本质

1. 博览会的平台本质界定

根据平台经济理论,平台是一种现实或虚拟空间,该空间可以导致或促成双方或多方客户之间的交易①。一般而言,平台经济涉及四方,即需求方用户、供给方用户、平台企业、平台支撑者。"平台经济"的灵魂及核心归属到平台企业上,它也是"平台经济"具有外部性与溢出效应的基石,平台企业的获利能力来自独一无二的拓展服务②。博览会借由全新产品、创新技术、新型理念的展现提供营销交流服务、实体展示、专业会谈、商务旅行等一系列平台化活动满足供求双方需求,供求双方在一个主题性、集聚性的时空节点下彼此联系,使得互相间的合作范围更广、效率更高、目的更鲜明,达成高密度、低成本、面对面,成为资源信息及市场需求间新的配置方式。由此,博览会有供需双方参与,提供一个场所实现交易可能,将交易信息集中并促成交易。可以说,博览会就是"平台企业",参与博览会的厂商与买家、参观者分别就是供给方用户与需求方用户,所以博览会符合平台经济对于平台的界定,它的本质其实就是一种平台。

2. 博览会的表现形式与突出特征

博览会是一种直观生动、高效实用的中介性宣传活动,具有展示性、市场性、集体性。概括来说,博览会是在展馆或其他地理空间举办,由主办者、参展厂家、观展者三者参与,以定期或不定期的产品与服务展示、技术交流和信息交换等手段进行,实现推动参展商和观展者交流洽谈的目标。

(1)博览会是一种服务型平台经济③。按照平台经济类型出现的先后分类,平台经济的第二阶段便是以提供服务业实体平台作为表现形式。主要特点是服务可以脱离有形的产品,但不能脱离企业;服务的价值取决于企业满足消费者的需求程度,这种满足程度驱向于需求的等价,而不是质量和数量的等价。

(2)博览会是一种开放的、纵向的平台。开放平台是指市场买方与卖方各

---

① 徐晋,张祥建. 平台经济学初探[J]. 中国工业经济. 2006(5):40 - 47.

② 李凌. 平台经济视野下的业态创新与发展[J]. 国际市场. 2013(4):11 - 15.

③ 史健勇. 优化产业结构的新经济形态——平台经济的微观运营机制研究[J]. 上海经济研究,2013(8):85 - 89.

成员可以自由进入平台市场,一起参与博览会的进程。纵向平台旨在提供具体的场所将供给方与需求方连接在一起,促进“卖家”和“买家”之间交易的形成。

(3)博览会是一种市场制造者平台,使得不同市场的成员互相交易。B市场成员对于A市场业务的重视程度与A市场上的成员数量成正比,其原因在于较多人数会使双方合作机会的匹配增加并降低搜寻匹配的时间成本。博览会的首要使命便是解决参展用户的诉求、优化买卖双方交易流程,最大程度地促成贸易交流。参展厂家与消费者在参加这一直面买卖双方的服务性中介机构时,使用平台对标的物的属性与价格进行交流谈判,进而实现交易目的。

(4)博览会的突出特征是具有成员外部性。成员外部性也叫间接网络外部性,意为平台对某类用户的价值取决于另一类用户的数量。具体到博览会讲,消费者更倾向参加较多世界知名厂商参展的博览会。同样地,由于博览会聚集对产品具有巨大潜在需求的高信誉消费者,也使得参展商对于博览会效果充满信心。因此参展商与观众各自的质量和数量成为影响博览会全部参与者数量的重要因素,博览会的整体服务水平会因高水平和数量众多厂商和消费者而提升,博览会的交易总量也因此得到增长。另外,厂商和买家的需求因为巨大交易量而更容易满足,双边网络交叉正效应十分显著①。

(二)博览会的经济特点

1. 提升价值增值水平

首先,博览会可吸引众多厂商、观众参展实现资源的汇聚,辅以专业的全程服务,大幅度降低参展者信息搜寻成本,付出较少成本便可在博览会获得第一手信息,实现第一次的价值增值;其次,通过对博览会相关行业、参展人员等资源的整合,使得参展人员在同样空间下能够接触大量的产品与服务,或在获得相同产品与服务的基础上减少双方成本,达到第二次的价值增幅;再次,博览会的核心服务能力将增强整个博览会关联方的活跃指数,有利于提升自身与参展商的品牌价值,提高现存业务的盈利能力,扩大潜在的客户人群,实现第三次价值增值;最后,在互联网时代IT的应用使得博览会举办期间和收尾期的支出相应降低,自身的盈利能力增强。

2. 促进开放层次多样化

第一,博览会对用户更加开放。博览会的价值很大程度取决于参与用户的多少,为达到用户数量增长的目标,对参展人员的参展要求可以说是“零门槛开放”,利用成员外部性吸引更多的观众与参展商,以达到更好满足博览会主

---

① 徐晋,张祥建. 平台经济学初探[J]. 中国工业经济,2006(5):40-47.

办方与供求双方需求的目标。

第二,博览会在运行上更加开放。在博览会统一协调下参展商可以根据自己需求设计自己的展台以体现特色、吸引观众;博览会开放自身资源,引进互联网、物联网技术,开放操作端口,不仅适应高科技展品的技术要求,也可设计多种互动模式,满足不同用户的个性化需求。服务方式得以更加便捷,技术含量更加充足,实现供给方、博览会、需求方彼此间的深度关联与协调,获得更多供求两端的客户。

第三,博览会在合作上更加开放。不管是展前的营销、搭建,展中的融资、咨询,还是展后的物流、旅游等,这些第三方服务供给者都可与博览会主办方达成合作,在官方的推介下、在更便利的渠道上,提供专业的一体式服务,基本涵盖了参展人员的各种需求。

3. 增强各界资源汇聚功能

各种资源的集聚是所有博览会最鲜明的特点之一。[①] 所集聚资源的丰富与否与水平高低往往代表着博览会的等级和效果,因此资源的集聚状况也决定了一个博览会的发展潜力。博览会吸引了参展行业中各部门或者一条产业链上各个节点的公司,如上下游公司与融资、咨询、物流等多种类型服务群体的参与。在某一特定的地域空间中,汇集大量相关产品、技术、资金、信息和人才,将行业领域最新的成果、技术、品牌与模式有机聚集,形成最有活力的产品流、技术流、资金流、人才流和信息流,这一目标对任何博览会都适用,不论它是综合性还是专业性会展。[②]

博览会各类参与主体在众多资源汇聚的环境中进行往来,涉及产品、技术、资金、信息、服务等供求两方之间、同业之间的互动。企业、机构之间通过见面和洽谈,达成买卖合同、技术成果转让、投资项目等协议,也促进了双方的了解,提供潜在的商业机会,增速博览会功效扩散与所在地产业发展,在汇聚作用与扩散效应下使产业覆盖面增广、价值增幅扩大,博览会相关方的盈利能力增强,给资本的快速累积和指数型增长带来希望。可见,博览会如若成功召开并得以壮大,可使相关区域与产业的贸易发展稳定在较高的增速上,资源的集聚也随之高效。

---

① 史健勇. 优化产业结构的新经济形态——平台经济的微观运营机制研究[J]. 上海经济研究,2013(8):85－89.

② 王晓文,张玉利,王菁娜. 会展经济效应的作用机制研究:一个以创业活动为传导路径的观点[J]. 旅游科学,2011(4):49－57.

4. 扩大服务范围覆盖面

线上展会提供一个虚拟场所促进交易达成,打破了空间限制,增大了产品和服务的范围。同时,线上展会容易记录发生的成交量等信息,便于后续的追踪,弥补了线下展会不少的短板。线上观展便利,简化流程;线下实物展示,获得直观体验。这两者的结合达成线上线下双渠道的模式,实现了一个服务范围的最大化。再加上博览会可以与跨境电商渠道相结合,实施全天候的一体化交易服务,满足未能到博览会现场或未来潜在的用户。

此外,这种模式下的博览会可能兼具交易、信息、融资、创新等功能,如博览会除了提供交易场所,还经常并行举办交流论坛、专题讲座等各种形式的活动,给予全世界参会方一个深入交流与讨论的机会,获取前沿贸易动态,交换更多有价值信息。

三、博览会对中国建设贸易强国的影响机制

(一)中国贸易发展所面临的挑战

加入 WTO 以来,除去因次贷金融危机而引发的全球经济增速放缓的 2009 年,中国的出口、进口和进出口总额都展现出很高的增速,基本稳定在 25% 左右。2009 年和 2013 年中国分别超越德国和美国,陆续成为全球第一大出口国和世界第一大货物贸易国。根据世界贸易组织发布的报告,2017 年中国仍保持着世界第一大贸易国的地位。货物进口额为 1.84 万亿美元,同比增长 16.0%,占据全球市场 10.2%,对世界增长贡献率为 14.6%,列世界第一位。货物出口额达到 2.26 万亿美元,同比增长 7.9%,占全球总量 12.8%,对全球货物出口额增长贡献率为 9.7%。中国服务进口额为 4641.3 亿美元,同比增长 6.8%,占全球份额为 9.2%,对全球增长贡献率为 11.5%。中国服务出口总额约为 2263.9 亿美元,排在世界第五位,同比增速 8.7%,对世界增长贡献率为 4.9%。然而,在贸易总量不断攀升的背后,中国贸易发展面临着一些深层次的挑战。

1. 加工贸易占比依然较高,劳动力成本优势逐渐丧失

根据中国海关发布的统计,加工贸易在 21 世纪初顶峰时期占据了外贸进出口总值的 60%,尽管近 10 年通过鼓励进口政策使得该比例在 2017 年降至进出口总值的 29%,但仍存在着占比过高、产业链较低端的问题。从贸易结构纵向比较来看,近些年来高新技术产品、机电产品占比不断上升。2018 年,我国机电产品出口 9.65 万亿元,增长 7.9%,占我国出口总值的 58.8%,比 2017 年提升 0.4 个百分点。其中,汽车出口增长 8.3%,手机出口增长 9.8%。同期,服装、玩

具等7大类劳动密集型产品合计出口3.12万亿元,增长1.2%,占出口总值的19%。[①] 贸易结构的改善主要得益于我国产业基础设施完善、企业技术水平提升以及产业结构升级。然而从价值链分工来看,我国机电产品出口中加工贸易仍然是主体方式,主要依赖劳动力成本优势的情况还未得以根本性转变。按照出口/进口比值来衡量,如果比值接近于1,则说明此类货物贸易以"大进大出"为主,即进口是为了加工装配后再出口而非满足国内需求是进口的主要目的,仍属于加工贸易的范畴。细分至各类产品来看,机械设备、电器及电子产品、运输工具三类进口和出口合计在机电产品总进口和总出口中的比重都在80%以上,是机电产品贸易的绝对主体,这三类货物贸易的出口/进口比值都比较接近1,属于典型的加工贸易方式。[②] 我国发展加工贸易的主要优势在于劳动力成本优势,然而国内外的研究报告均表明,我国的劳动力成本优势正在逐渐丧失。2016年3月,牛津经济研究院发布的一份研究报告指出,如果将美国2003年、2012年和2016年的劳动力成本设定为基准值,可以发现2003年中国的劳动力成本仅为美国的40%,但2012年就已经接近美国的成本,2016年中国的劳动力成本仅比美国便宜4%。[③] 另外,2018年博鳌论坛期间,第一财经研究院推出的《中国与全球制造业竞争力》报告也表明,在金融危机后,大多数经济体的平均劳动成本上升在大幅度放缓的时候,中国制造业的平均劳动成本增长速度却从危机前的11%攀升到了危机后的13.1%,增长速度已经是全球主要制造业国家最高水平,中国单位劳动力成本值与全球平均水平差距不断缩小。[④]

2. 服务贸易水平较低,逆差不断加大

我国货物贸易的规模已巨大到占世界第一,但是服务贸易的规模却相对较弱。2017年,中国服务进出口总额6957亿美元,同比增长6.8%。其中,服务出口为4641.3亿美元,增长10.6%;服务进口为2263.9亿美元,增长5.1%。出口总量只有进口额的一半,逆差达到2377亿美元。我国服务贸易总额占2017年对外贸易总额的比例为14.5%,而上一年为15.2%,仅占世界比重的4.38%。根据WTO公开数据,在与发达国家的服务贸易进出口额对比中,中国

① 海关总署．去年我国外贸进出口总值超30万亿元 创历史新高[EB/OL]．人民网．http://finance.people.com.cn/n1/2019/0114/c1004-30526603.html.

② 统计科学研究所宏观经济预测分析小组．我国货物贸易的发展、不足与挑战[J]．调研世界,2018(10):3-10.

③ 牛津研究报告．中国劳动力成本仅比美国低4%[EB/OL]．中国新闻网．http://www.chinanews.com/cj/2016/03-18/7801865.shtml.

④ 第一财经研究院．中国如何引领全球制造业竞争力变迁[EB/OL]．第一财经．https://www.yicai.com/news/5413250.html.

的服务进口占据世界第二,出口排在美英德法之后,在数量上明显不占优势,跟美国更是有 5400 亿美元的差距。

对比货物贸易的表现分析二者占 GDP 的比重结果,我们观察到中国在贸易规模上的强势大多归功于货物贸易,服务贸易贡献较少,服务贸易跟货物贸易的匹配在全世界范围来看有些失调。服务贸易的进出口国(地区)太过集中,中国香港、美国、欧盟、日本和东盟前五大进出口国(地区)占据了我国内地服务进出口总额的 70%。货物贸易与服务贸易的比重不平衡已是显著事实,这一较失衡的贸易结构由于服务贸易的高附加值特点将更不利于我国对外贸易效益的实现,阻碍了中国建设贸易强国的道路①。

3. 主要贸易伙伴国占比过大,面临贸易保护风险

欧盟、美国、东盟是中国三大传统贸易伙伴,中国与这三方的双边贸易额在 2018 年分别占中国外贸总额的 13.70%、14.76% 和 12.72%,三者总和占据中国外贸总值的 40% 以上。如再加上日、韩、俄罗斯,这六个国家与地区将直接占据中国对外进出口总额的 60% 左右。在贸易差额方面,2006 年以来,中美之间的贸易顺差占比最高时为 2011 年的 130%,2011—2015 年有所降低,2015—2018 年逆转回升,2018 年为 91.92%;中欧之间贸易顺差占比最高时为 2011 年的 93.5%,2011—2015 年有所降低,2015—2018 年逆转回升,2018 年为 38.41%。由此来看,中国对主要贸易伙伴国尤其是欧美的依赖程度较高,在特朗普政府发起中美贸易争端、CPTPP 已经达成、多边贸易体系面临重大挑战的背景下,中国对外贸易面临较大的贸易保护主义风险。2018 年 12 月,中国进出口总值 3854.4 亿美元,增长 -5.8%。其中,出口 2212.5 亿美元,增长 -4.4%;进口 1641.9 亿美元,增长 -7.6%。贸易差额 570.6 亿美元。② 2019 年中国对外贸易将面临更大的挑战。详见图 1。

4. 贸易增加值依然较低,全球价值链低端锁定

中国企业出口加成率较低已经成为社会各界的共识,企业"低加成率之谜"也是近几年来学术界研究的热点问题。图 2 列出了我国制造业主要行业的增加值率与美、德、日之间的差距。以图中增加值率最高的国家作为对比,我国化工产品,医药,金属制品,计算机、电子及光学产品,电气设备等行业的增加值率不到最高国家水平的一半甚至 1/3,除贱金属制造业与发达国家相差较小外(5 个百分点),包括众多传统行业在内,其他所有行业与增加值率最高国家之

① 赵蓓文. 实现中国对外贸易的战略升级:从贸易大国到贸易强国[J]. 世界经济研究,2013(4).

② 海关总署. 2018 年 12 月全国进出口总值表(美元值)[EB/OL]. http://www.customs.gov.cn/customs/302249/302274/302275/2166524/index.html.

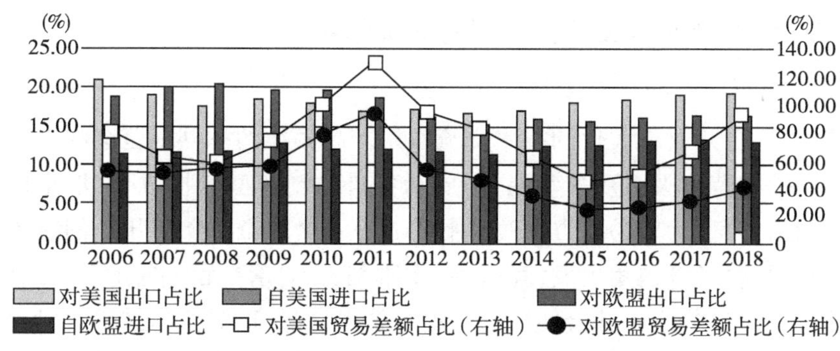

图 1 2006—2018 年中国对美欧贸易情况

资料来源:根据海关总署公开数据整理。

间的差距都超过 10 个甚至 20 个百分点。[①] 关于中国企业出口增加值较低的原因,学术界从市场竞争、生产率、政府政策以及产品质量等方面进行了探讨。[②]但必须指出的是,无论从哪个角度分析,我国对外贸易增加值较低的背后是出口企业在全球价值链中的低端锁定效应。根据联合国贸发组织的数据,中国对发达经济体的中间品出口存在明显逆差,而最终品出口却存在较大顺差,其原因在于改革开放以来,我国一直扮演着承接发达经济体简单加工环节的出口"装配厂"角色,加工贸易是主要的贸易方式。[③]

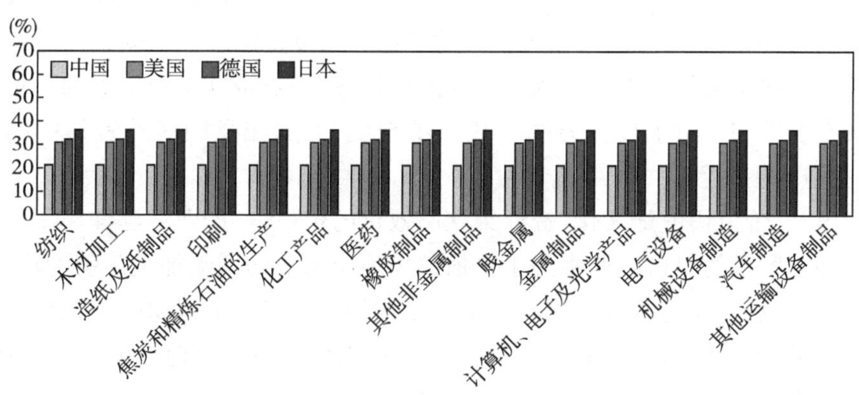

图 2 主要行业增加值率的国际比较

资料来源:根据 WIOD 数据整理得到。

---

① 统计科学研究所宏观经济预测分析小组. 我国货物贸易的发展、不足与挑战[J]. 调研世界,2018(10):3-10.

② 许明,李逸飞. 中国出口低加成率之谜:竞争效应还是选择效应[J]. 世界经济,2018(8):77-102.

③ 洪俊杰,商辉. 中国开放型经济发展四十年回顾与展望[J]. 管理世界,2018(10):33-42.

(二)博览会对建设贸易强国的促进作用

1. 提高贸易产品技术含量

第一,平台开放最大化的技术交流作用。高频次的举办博览会将以其平台最大化开放的特点吸引众多参展方,展示各自的创新型科技成果,汇集创新型技术的前沿信息,为贸易双方在高科技产品的技术交流、合作开发创造了有利条件;而从平台经济视角出发,互联网、物联网、云计算、无线网、QR 二维码、实时定位等高新科技应用都会使博览会更具技术含量,这对贸易技术含量得以增加、质量得以提高举足轻重。具有技术优势的参展方可以通过博览会推广商品、扩散技术,改变他们的交易决策,我国也可借此机会建立和其他参展商的合作联系,不仅可以拓展自身的技术创造途径,也可以学习和效仿别国的先进技术。通过进口发达国家相关产业中间品或引进先进技术,逆向研发和吸收创新,降低试错成本并缩短研发周期,提升国内的技术创新水平,促进产业升级换代和培育新兴战略产业,实现弯道超越,为中国进一步发挥引进产品—逆向研发—进口替代战略的实施提供了有利条件。

此外,博览会所带来的技术交流还有利于逐步带动外贸企业革新生产技术的热情进而加强对出口产品的研发,有利于充实外贸的技术含量,助力加工贸易,更多占据微笑曲线的两端环节,减少对国外研发与品牌的依赖。积极进行加工贸易,从来料加工这一对外国研发和品牌市场依赖性强的模式向进料加工这一对外国研发与品牌市场依赖性弱的跃迁,进一步带动出口厂商的外贸行为向具有上游和下游主导能力的一般贸易转变,增加在我国对外贸易中的附加值,打造自主品牌。

第二,价值增值最大化、资源集聚高效化的价值链、产业链延伸作用。我国从事加工贸易的出口企业多处于价值链中地位不高的低端加工与装配环节,且占据比重较大,使得我国可以具有的贸易增加值不高。如果这一模式仍将作为出口贸易的发展路径,企业将不得不设法避免被束缚在价值链低端环节中,避免陷入类似东南亚国家的贸易发展和经济增长困境。

博览会通过吸引上下游企业和信贷、融资、咨询、物流、孵化等各类专业服务企业入驻,在特定的时间和空间范围内实现资源和市场信息共享,产生集聚和辐射,巨大增强对信息交流的扩散效应,必然会促进物质、技术、人才、金融、文化等各种生产资源在全世界市场范围内重新进行配置,提高中国企业的经济创造力。同时通过提供低于市场价格的产品或服务、通过资源整合,让用户获得更多的产品或服务,或者在提供相同产品和服务的同时直接降低用户成本,通过优化服务能力、扩大原有业务的边际收益等手段,实现价值增值,使博览会相关方有可能实现财富迅速积聚和跳跃式发展。

同时推动全球产业链的深化分工和合作，向分处于微笑曲线左右两侧的技术与研发和品牌与市场环节方向延展中国的产业链和价值链，不仅进入资本密集或知识密集型的研发、技术领域，也要多参与到品牌建设与市场开发、营销售后的范围，将属于高端价值链的研发、品牌环节把握在手，依托此优势享有全球价值链生产中大比例的附加值，提升中国及中国企业的对外贸易在全球价值链中的地位①。

2. 推动贸易市场多元化

第一，服务范围最大化为全球进口货物贸易开辟了交易新渠道。国际大型展会可以起到产品集中供求、整合营销、快速成交、产业联动等作用，为产品的跨地区传播提供了条件。但是，世界知名展会几乎全部都是某一类特定行业的专业展会，是以扩大举办国的出口为目的。但博览会身上的平台经济特性之一——服务范围最大化功能使得博览会不仅仅具有出口推动作用，也可以为增加进口而举办。如 2018 年首届中国国际进口博览会成为世界贸易史上第一个以进口为主题、以扩大举办国进口为目的的国家级展会。“进博会”共吸引了 172 个国家、地区和国际组织参会，3600 多家公司展示，超过 40 万名境内外采购商进行商谈交易；中国各省、中央企业、相关部委已组建了近 40 个交易团进行精准采购；首届进口博览会交易采购成果如按一年度计算，累计意向成交可达 578 亿美元。

第二，服务范围最大化为世界各国特色商品和文化展示搭建交流新平台。在经贸关系国际化深入发展过程中，难免会因为价值观、思维方式、民族习惯等文化与民族特色差异形成误解与隔阂。各种大型国际展会作为全世界各国关注的焦点，一直是十分重要的宣传文化和展示民族特色的载体，以及文化和服务资源的交流展示平台。如首届“进博会”国家展共有 82 个国家（包括中国）和世贸组织、联合国工发组织、国际贸易中心 3 个国际组织参展，设立展台 71 个。包括英国、德国、巴西、埃及、南非等来自亚洲、非洲、欧洲、美洲的 12 个主宾国和其他参展国以风格各异的兴衰，向世人展示了各自的国家形象、产业状况、贸易投资发展成就、特色旅游和优势产品等内容，极大地促进了中国和世界各国的贸易交流，改善中国与主要贸易伙伴国之间双边贸易额占比过大的现状。

3. 资源集聚高效化加快发展服务贸易

国际服务贸易是一种跨越国境的服务行为，包括服务供应方在境内为境外

① 王笑笑．中国出口贸易转型升级的影响效应研究[D]．杭州：浙江大学，2017.

需求方提供的服务,也包括供应方跨境给当地需求方提供服务的活动,是服务在国际的输出和输入。国际博览会是国际服务贸易的重要组成部分和有机构成,在产业带动方面具有显著的外部产业跨国关联效应,特别是在与会展活动息息相关的跨境服务贸易领域,刺激相关服务产业发展,如交通运输业、通信服务业、金融业、法律服务业、广告广播业、装饰服务业、旅游服务业、餐饮服务业、住宿服务业、医疗服务业等,带动商品、物资、人员、资金和信息的跨国流动外,还兼具融资与创新功能。对于迅速缩短国际化水平差距发挥巨大的积极带动作用,丰富了服务贸易的内容,加大服务贸易总值,得以给服务贸易的整体体量增添活力。此外,服务功能齐全化、服务高水平化也是博览会兼具带动效应下的果实,将服务贸易的壮大扎根在营养更丰富的根基上,整个服务业的竞争优势得以建立,服务产业的良性发展得以实现。

4. 服务范围最大化

博览会不仅是为中国带来很多贸易伙伴的经贸平台,更是一个提供协商区域间贸易问题的场所,为各国客商之间、政府与商界之间、双方政府高层之间搭建了经贸合作、交流沟通、会晤磋商的平台①。金融危机以来,世界主要经济体的保护主义措施不断增加和升级,严重威胁国际贸易和投资自由化以及全球经济的一体化。尽管绝大多数国家都认为全球经济一体化是国际社会正确的发展方向和趋势,但政治、经济、文化、宗教领域掣肘全球化深入发展的主要障碍依旧比较严重。经济全球化的健康成长需要各个国家不同领域的交流和对话②。

大型博览会通常与相关论坛活动共同举办,两者相辅相成,为世界各国政府、商会、企业、学术界共商国际经贸问题、协调多边经贸体系的高层次交流构建对话平台,是多边经贸交流的新纽带。如在中国国际进口博览会的虹桥国际经贸论坛"贸易与开放"平行子论坛上,与会成员对抵制保护主义和单边主义、构建开放型世界经济,使不同国家相互受益、共同繁荣、持久发展达成一致认同。目前,双边和区域自由贸易谈判日益盛行,通过博览会的纽带效应积极加速多边贸易体制建立的进展,主动参与到国际贸易规则的议定中,积极加入国际双边和区域自由贸易谈判,争取在议定与谈判中占据上风,有利于增强中国在国际贸易中的话语权。

---

① 路红艳.充分发挥中国—东盟博览会服务中国—东盟自由贸易区发展的战略平台作用[J].东南亚纵横,2011(10).

② 孟亮.新时代下中国构建开放型全球经贸新机制及效应分析——基于中国国际进口博览会视角[J].当代经济管理,2019(6).

中国召开数量巨大的博览会是以实际行动支持WTO多边贸易体系的核心地位。2018年7月11日于日内瓦WTO总部举行的对中国第七次贸易政策审议会议上,美国代表发言,认为中国成为世界上最大贸易国之一是利用了WTO成员方的身份在全球贸易自由化中占其他国家开放市场之便宜,还对自己国内市场实行贸易投资保护政策,损害了其他WTO国家的权益。这也成为中美贸易争端及美方实行单边贸易保护措施的一个重要说辞。然而,中国举办一年一度的“进博会”,正是用实际行动证明了习近平总书记在博鳌亚洲论坛2018年年会上向全世界的声明,“中国开放的大门不会关闭,只会越开越大”,“构建人类命运共同体,共创和平、安宁、繁荣、开放、美丽的亚洲和世界”。中国以主办“进博会”的形式,进一步践行自由贸易理念,明确反对贸易保护主义,在更大范围、更宽领域、更深层次上发展开放型经济、支持多边贸易体制、建设和维护开放型世界经济。每年种类繁多的博览会覆盖商品范围从大型机电生产装备到日常生活小商品、从初级农产品资源到高精尖新科技产品、从普通商品到特殊医药商品、从有形货物到无形服务,展会内容从商品展览贸易到各国政商学界的互动交流论坛,都充分表明了中国将更加坚持改革开放,深度融入国际分工,维护世界多边贸易体系。

五、结论与建议

当前全球经济形势面临巨大的变革,为坚决维护多边贸易体制,推动发展自由贸易,促进建设开放型世界经济以及应对中美贸易争端,中国创造性地举办世界上第一个以进口为主题的国家级展会——“中国国际进口博览会”。贸易博览会是在展馆或其他地理空间举办,由主办者、参展厂家、观展者三者参与,以定期或不定期的产品与服务展示、技术交流和信息交换等手段进行,实现推动参展商和观展者交流洽谈的目标,是一种服务型平台经济,一种开放的、纵向的平台,更是一种市场制造者的平台,具有突出的成员正外部性。贸易博览会可以通过促进技术交流与延伸产业链、推动贸易市场多元化、资源集聚高效化、服务范围最大化等途径,提升中国在全球经贸合作领域中的影响力,从而有利于贸易强国的建设。

未来我国贸易强国建设的过程中,我国应积极采取“博览会+跨境电商”的发展模式。众所周知,跨境电子商务日渐成为国际贸易发展的重要模式。2015年,国务院接连发布《关于大力发展电子商务加快培育经济新动力的意见》《关于加快培育外贸竞争新优势的若干意见》以及《国务院办公厅关于促进跨境电子商务健康快速发展的指导意见》,其他主要经济体如欧盟、日本乃至美国都纷纷发布跨境电子商务十年发展规划,预计到2025年跨境电子商务国际贸易规模将占整个国际贸易的70%。[①] 与传统国际贸易模式相比,跨境电子商务具有突破地理范围的限制、受贸易保护影响较小、涉及中间商少、价格低廉和利润率高等优势,但也存在通关、结汇以及贸易争端处理不完善等劣势。[②] 更重要的是,由于跨境电子商务中存在着信息与实物相分离、商品与售卖网站相分离以及交易者与物理空间相分离的现象,这些客观事实导致买方无法形成有效的质量感知。[③] 然而,贸易博览会作为一种国际公共产品和开放型经济平台,可以进一步提升信息搜寻效率、有效传递产品质量信息,而且参展商都是经过注册的国际厂商,可以为日后的网络平台交易提供充分的信誉保证机制,由此可以有效弥补跨境电子商务的不足。政府应重点围绕"博览会+跨境电商"的双线模式,积极完善线下展示、线上交易的综合服务平台,从而促进贸易强国的实现。

参考文献

[1]ARMSTRONG M. Competition in Two - sided Markets[M]. University College. London:University College,2004.

[2]CAILLAUD B,B JULLIEN. Chicken & Egg: Competition among Intermediation Service Providers [J]. RAND Journal of Economics, 2003(24).

[3]KLAUS FRANCK. Exhibitions:A Survey of International Designs[M]. New York:Praeger,1961.

[4]HANLON A. Trade Shows in the Marketing Mix[M]. New York:Hawthron Books,1982

[5]JOHN MOLISON TEMPLETON. Shows and Exhibitions for Business Men [M]. Kingswood, Surrey,1954.

[6]KERIN,ROGER A,CRON,WILLIAM L. Assessing Trade Show Functions and Performance: An Exploratory Study[J]. Journal of Marketing,1987,51(3):87 -94.

[7]KROSTIN CHRISMAN. A Complete Collection of Trade Fair Exhibition [M]. Prentice Hall,1991.

---

① 裴长洪. 别小看跨境电商:平台企业可取代跨国公司[J]. 中国外资,2016(8):58 -59.

② 鄂立彬,黄永稳. 国际贸易新方式:跨境电子商务的最新研究[J]. 东北财经大学学报,2014(2):22 -31.

③ 李莉,杨文胜,谢阳群,蔡淑琴. 电子商务市场质量信息:不对称问题研究[J]. 管理评论,2014(3):25 -30.

[8] ROCHET J, J TIROLE. Platform Competition in Two - sided Markets [J]. Journal of European Economic Association,2003(1).

[9] ROSSON P J, ROLF SERINGHAUS F H. Visitor and Exhibitor Interaction at Industrial Trade Fairs[J]. Business Review,1995,32:81 -90.

[10]储样银. 国际展会与国际贸易[N]. 国际商报,2005 -03 -24.

[11]鄂立彬,黄永稳. 国际贸易新方式：跨境电子商务的最新研究[J]. 东北财经大学学报,2014(2).

[12]洪俊杰,商辉. 中国开放型经济发展四十年回顾与展望[J]. 管理世界,2018(10).

[13]李凌. 平台经济视野下的业态创新与发展[J]. 国际市场,2013(4).

[14]李莉,杨文胜,谢阳群,蔡淑琴. 电子商务市场质量信息:不对称问题研究[J]. 管理评论,2014(3).

[15]梁君. 基于双边市场理论的会展平台运营策略——以东盟博览会为例[J]. 广西师范大学学报(哲学社会科学版),2014(1).

[16]孟亮. 新时代下中国构建开放型全球经贸新机制及效应分析——基于中国国际进口博览会视角[J]. 当代经济管理,2019(1).

[17]吕本富. 从平台经济到平台经济学[J]. 财经问题研究,2018(5).

[18]路红艳. 充分发挥中国—东盟博览会服务中国—东盟自由贸易区发展的战略平台作用[J]. 东南亚纵横,2011(10).

[19]裴长洪. 别小看跨境电商:平台企业可取代跨国公司[J]. 中国外资,2016(8).

[20]史健勇. 优化产业结构的新经济形态——平台经济的微观运营机制研究[J]. 上海经济研究,2013(8).

[21]统计科学研究所宏观经济预测分析小组. 我国货物贸易的发展、不足与挑战[J]. 调研世界,2018(10).

[22]王新刚. 中国会展经济研究[D]. 吉林:吉林大学,2004.

[23]王晓文,张玉利,王菁娜. 会展经济效应的作用机制研究:一个以创业活动为传导路径的观点[J]. 旅游科学,2011(4).

[24]王笑笑. 中国出口贸易转型升级的影响效应研究[D]. 杭州:浙江大学,2017.

[25]徐晋,张祥建. 平台经济学初探[J]. 中国工业经济,2006(5).

[26]徐晋. 平台经济学——平台竞争的理论与实践[M]. 上海:上海交通大学出版社,2007.

[27]许明,李逸飞. 中国出口低加成率之谜：竞争效应还是选择效应[J].

世界经济,2018(8).

[28]叶倩. 会展产业对出口贸易的影响研究[D]. 西安:陕西师范大学,2011.

[29]曾武佳. 现代会展与区域经济发展[M]. 成都:四川大学出版社,2008.

[30]曾衍文. 从信息不对称看会展对国际贸易的影响[D]. 广州:暨南大学,2007.

[31]赵蓓文. 实现中国对外贸易的战略升级:从贸易大国到贸易强国[J]. 世界经济研究,2013(4).

[32]张鹏. 发展平台经济 助推转型升级[J]. 宏观经济管理,2014(7).

[33]祖强. 中国会展经济发展的问题与对策研究[J]. 唯实,2006(3).

(作者单位:首都经济贸易大学经济学院)

全球价值链视角下中美高技术产业分工地位和竞争力比较

赵家章[1] 丁国宁[2] 郭龙飞[3]

一、引言

当前全球贸易发展的主要特征——全球价值链(GVC)重构着新的全球贸易格局,以美国、德国、中国为核心的北美、欧洲、亚洲价值链"三足鼎立"的新结构取代了"美国核心"的全球贸易旧结构,北美以"创新"主导,欧洲和东亚则以"制造"见长(鞠建东,2016[1])。在国际分工中,发达国家借助先发优势将研发、设计和营销等高附加值环节保留在国内,将加工、制造和装配等低附加值环节转移到成本低、管制松的发展中国家,创造价值链并掌握价值链的主导地位。高技术产业亦是如此。以 Ipod 和 PCs 为例,美国等发达国家掌握价值链的研发、设计、系统集成、市场营销、品牌和金融服务等高端环节,获取价值链的高附加值,而中国等发展中国家被锁定在价值链的装配、测试和包装等低端环节,获取低附加值(Dedrick,2010[2])。因此,在高技术产业贸易分工中,发展中国家只有解决低端锁定的尴尬境地,并掌握价值链主导权才有可能获得巨大利益。2018 年 3 月爆发中美贸易摩擦,美国对中国高技术产业"精准打击"的意图非常明显,高技术产业将是中美未来价值链竞争的重要战场。如何掌握高技术产业价值链主导权是对中国政府和企业的双重考验。发展高技术产业,就要求能正确衡量中国与发达国家高技术产业发展的现状和差距,对中国高技术产业的地位和竞争力有清楚的认识和判断。然而,在传统海关总值贸易统计口径核算下,中国高技术产业贸易存在严重的统计幻觉,即高技术产业出口规模及顺差往往被高估,并且中国以加工贸易方式嵌入全球价值链,其高估比例远大于美国。鉴于此,本文采用 KWW 的总贸易核算方法来破除上述"统计幻觉"问题,对中美高技术产业双边贸易规模和结构进行测算,在全球价值链视角下比较中美两国高技术产业的分工地位和竞争力,从而为中国高技术产业发展提供新的政策建议和发展路径。

二、文献综述

随着 GVC 贸易发展成为全球贸易的新趋势,学者们从理论和实证等多方面进行研究,并取得了丰硕成果,这对于研究中美高技术贸易提供了良好的基础。

(一)全球价值链测算方法

研究全球价值链分工,需要一套完整的测算方法。国外学者意识到传统海关总值贸易统计的重复计算问题,开始探索并不断完善总贸易核算方法。最初是 Hummels 等(2001)[3]提出基于投入产出分析的 HIY 法,将贸易总额分解成为出口产品价值来源和最终目的地两部分,并且通过建立垂直专业化(Vertical Specialization,VS)指数来测算出口中的中间产品进口。在此基础上,库普曼(Koopman、Wangzhi 和 Weishangjin,2012[4]、2014[5])等对此方法进行进一步细化,他们认为一国的总出口是由最终产品出口国内增加值、中间产品国内增加值、国内增加值复进口、国外增加值和重复计算五部分构成,总贸易核算框架得到进一步完善,其逐渐成为一种准确、客观测量一国真实贸易规模的方法。

(二)全球价值链与中国产业整体国际分工地位

随着全球价值链理论和总贸易核算法的深入发展,国内学者也试图通过此方法测算中国产业整体在全球价值链中的地位。通过总贸易核算方法进行测算,学者们得到的结论大都认为中国制造业整体及内部各部门在全球价值链中的国际分工地位较低,处于全球价值链低端位置(周升起等,2014[6];刘琳,2015[7];林桂军等,2015[8];程大中,2015[9])。中国参与全球价值链分工的方式是从事加工贸易的低端嵌入(廖泽芳等,2013[10]),制造业出口的产品在全球价值链上获取低附加值(鞠建东等,2014[11]),从而影响中国制造业整体的转型升级(王岚等,2015[12])。但是随着近年来中国制造业企业参与全球价值链分工的程度不断加深(苏杭等,2017[13]),中国制造业整体的生产活动逐步向全球价值链的高端地位攀升,并且国际竞争力逐步增强(樊茂清等,2014[14];戴翔,2015[15])。也有学者通过此方法测算中美两国服务业在全球价值链中的分工地位,得出中国服务业参与 GVC 分工地位低于美国,处于 GVC 下游位置(尹伟华,2017[16];闫云凤,2018[17])。在中美贸易摩擦的背景下,学者从行业角度将全球价值链地位及参与度与贸易摩擦结合,认为中国制造业在全球价值链上的赶超与攀升会加剧中美贸易摩擦,价值链重构对贸易摩擦起着"催化剂效应"(余振等,2018[18])。

(二)全球价值链与中美高技术产业贸易

高技术产业作为先导性和战略性产业,在促进经济和社会发展、产业结构转型升级等方面发挥重要作用,其将成为中美两国未来竞争的重要领域。因此,测算高技术产业 GVC 分工地位和竞争力显得极其重要。学者们从中美高技术贸易失衡等角度研究，认为技术出口管制、东亚地区贸易转移效应和统计口径差异是其失衡主要原因（陈继勇等，2010[19]）。美国对华高技术出口限制影响中国高科技企业的技术创新（刘薇等，2019[20]），其目的是为了维护在全球价值链中的高端地位及长远利益（刘威，2019[21]）。也有学者从全球价值链视角研究中美高技术贸易。通过总贸易核算方法，他们认为中国高技术产业全球价值链分工地位低于美国（蒋雪梅等，2018[22]；马晶梅等，2019[23]）。在高技术产业贸易中，中国从事进口零部件和最终品加工组装的低附加值活动（尹伟华，2016[24]），出口产品技术含量锁定在全球价值链低端位置（倪红福，2017[25]）。鉴于此，在人工智能、大数据和航空航天等高新技术领域作为全球价值链驱动机制的背景下，为了提升中国高技术产业在全球价值链中的分工地位和推进中国迈向贸易强国，应当抓住机遇，积极培育战略性新兴产业和高技术产业出口竞争力，提升其全球价值链高附加值获取能力（裴长洪，2017[26]；荆林波等，2019[27]）。

综上所述，国内外关于 GVC 贸易的研究主要集中在总贸易核算框架的改进或测算行业整体全球价值链上的位置或地位，较少涉及中美高技术贸易。因此，本文在前人的研究基础上，以当前中美贸易摩擦的核心领域之一——高技术产业作为研究对象，采用全球价值链地位指数（GVC_Positon）、全球价值链参与度指数（GVC_Participation）、贸易专业化指数（TSV）和基于增加值的显性比较优势指数（RCA_DVA），全方位比较中美高技术产业及其细分领域在全球价值链中的分工地位和竞争力。

三、模型构建与数据来源

本文的模型构建、测算指标与数据来源如下。

（一）总贸易核算框架

总贸易核算框架下贸易增加值的测算方法来源于里昂惕夫在 1936 年提出的投入产出经典方程。里昂惕夫方法的基本原理是出口产品创造的国内增加值总额等于国内生产中所创造的直接增加值和所有间接增加值之和。但是随着近年来全球价值链的深入发展，中间产品贸易的比重已达世界总贸易的 60%，里昂惕夫方法已经无法将多个国家之间的中间产品贸易分解为各种增加值。因此本文借鉴王直（2015）[28]的核算方法将所有的中间品贸易依据其产地和吸收地两个层面进行分解，分解后的最终结果是一国的总出口分别由出口国内增加值、中间产品国内增加值、国内增加值复进口、国外增加值和重复计算五个部分构成。

以三个国家之间的相互贸易为例，表 1 为三国（S、R、T）之间的投入产出模型,分解 S、R、T 三国之间中间品贸易的基本思路如表 1 所示。

表 1 S、R、T 三国投入产出模型分解

投入 \ 产出		中间使用			最终使用			总产出
		S 国	R 国	T 国	S 国	R 国	T 国	
中间投入	S 国	Z^{ss}	Z^{sr}	Z^{st}	Y^{ss}	Y^{sr}	Y^{st}	X^{s}
	R 国	Z^{rs}	Z^{rr}	Z^{rt}	Y^{rs}	Y^{rr}	Y^{rt}	X^{r}
	T 国	Z^{ts}	Z^{tr}	Z^{tt}	Y^{ts}	Y^{tr}	Y^{tt}	X^{t}
增加值		VA^{s}	VA^{r}	VA^{t}	—	—	—	—
总投入		$(X^{s})'$	$(X^{r})'$	$(X^{t})'$	—	—	—	—

其中,上标 s、r、t 分别代表 S 国、R 国和 T 国。Z^{sr} 代表 S 国产品被 R 国用作中间投入品,Y^{sr} 代表 S 国产品被 R 国用作最终使用品。VA^{s} 代表 S 国的增加值,X^{s} 代表 S 国的产出,其余部分以此类推。上标"$'$"为转置。假设每个国家有 n 个生产部门,那么表中 Z 为 $n \times n$ 的矩阵,X 和 Y 为 $n \times 1$ 的列向量,V 为 $1 \times n$的行向量。

从使用方向(行向)上看,表 1 可以转换成以下平衡式:

$$\begin{bmatrix} Z^{ss}+Z^{sr}+Z^{st} \\ Z^{rs}+Z^{rr}+Z^{rt} \\ Z^{ts}+Z^{tr}+Z^{tt} \end{bmatrix} + \begin{bmatrix} Y^{ss}+Y^{sr}+Y^{st} \\ Y^{rs}+Y^{rr}+Y^{rt} \\ Y^{ts}+Y^{tr}+Y^{tt} \end{bmatrix} = \begin{bmatrix} X^{s} \\ X^{r} \\ X^{t} \end{bmatrix} \tag{1}$$

定义投入系数 $A^{sr} \equiv Z^{sr}(\widehat{X^{r}})^{-1}$ 或 $A \equiv Z(\widehat{X})^{-1}$,则有:

$$\begin{bmatrix} A^{ss} & A^{sr} & A^{st} \\ A^{rs} & A^{rr} & A^{rt} \\ A^{ts} & A^{tr} & A^{tt} \end{bmatrix} \begin{bmatrix} X^{s} \\ X^{r} \\ X^{t} \end{bmatrix} + \begin{bmatrix} Y^{ss}+Y^{sr}+Y^{st} \\ Y^{rs}+Y^{rr}+Y^{rt} \\ Y^{ts}+Y^{tr}+Y^{tt} \end{bmatrix} = \begin{bmatrix} X^{s} \\ X^{r} \\ X^{t} \end{bmatrix} \tag{2}$$

通过对最终需求所拉动的总产出公式进行调整,即可得经典的里昂惕夫方程式:

$$\begin{bmatrix} X^{s} \\ X^{r} \\ X^{t} \end{bmatrix} = \begin{bmatrix} B^{ss} & B^{sr} & B^{st} \\ B^{rs} & B^{rr} & B^{rt} \\ B^{ts} & B^{tr} & B^{tt} \end{bmatrix} \begin{bmatrix} Y^{ss}+Y^{sr}+Y^{st} \\ Y^{rs}+Y^{rr}+Y^{rt} \\ Y^{ts}+Y^{tr}+Y^{tt} \end{bmatrix} \tag{3}$$

通过把公式(3)的右端展开,可以将 R 国总产出 X^{r} 分解为如下不同最终品的拉动:

$$X^{r} = B^{rs}Y^{ss} + B^{rs}Y^{sr} + B^{rs}Y^{st} + B^{rr}Y^{rs} + B^{rr}Y^{rr} + B^{rr}Y^{rt} + B^{rt}Y^{ts} + B^{rt}Y^{tr} + B^{rt}Y^{tt} \tag{4}$$

因此,公式(4)结合里昂惕夫逆矩阵,S 国向 R 国的中间品出口可以分解为以下 9 个部分：

$$Z^{sr} = A^{sr} = A^{sr}B^{rs}Y^{ss} + A^{sr}B^{rs}Y^{sr} + A^{sr}B^{rs}Y^{st} + A^{sr}B^{rr}Y^{rs} + A^{sr}B^{rr}Y^{rr} + A^{sr}B^{rr}Y^{rt} + A^{sr}B^{rt}Y^{ts} + A^{sr}B^{rt}Y^{tr} + A^{sr}B^{rt}Y^{tt} \tag{5}$$

基于中间品出口的分解，我们可以得到一国的总出口由不同来源增加值和最终吸收地两部分构成。定义完全增加值系数如下：

$$VB = [V^s\ V^r\ V^t]\begin{bmatrix} B^{ss} & B^{sr} & B^{st} \\ B^{rs} & B^{rr} & B^{rt} \\ B^{ts} & B^{tr} & B^{tt} \end{bmatrix} = \begin{bmatrix} V^sB^{ss} + V^rB^{rs} + V^tB^{ts}, V^sB^{sr} + V^rB^{rr} + \\ V^tB^{tr}, V^sB^{st} + V^rB^{rt} + V^tB^{tt} \end{bmatrix} \tag{6}$$

根据增加值分解方法，每一单位的最终产品都可以被分解为所有国家和所有部门的增加值，对于 S 国来说，则有：

$$V^sB^{ss} + V^rB^{rs} + V^tB^{ts} = uu = (1,1,\cdots,1) \tag{7}$$

以 E^{sr} 表示 S 国向 R 国的出口，包括最终出口和中间出口两部分，$E^{sr} = A^{sr}X^r + Y^{sr}$。S 国的总出口可以表示为：$E^s = E^{sr} + E^{st} = A^{sr}X^r + A^{st}X^t + Y^{sr} + Y^{st}$。R 国和 T 国的总出口 E^r 和 E^t 以此类推也可类似表示。

因此，公式(2)可以转换为：

$$\begin{bmatrix} A^{ss} & 0 & 0 \\ 0 & A^{rr} & 0 \\ 0 & 0 & A^{tt} \end{bmatrix}\begin{bmatrix} X^s \\ X^r \\ X^t \end{bmatrix} + \begin{bmatrix} Y^{ss} + E^s \\ Y^{rr} + E^r \\ Y^{tt} + E^t \end{bmatrix} = \begin{bmatrix} X^s \\ X^r \\ X^t \end{bmatrix} \tag{8}$$

调整后可以得到单国模型的里昂惕夫经典公式：

$$\begin{bmatrix} X^s \\ X^r \\ X^t \end{bmatrix} = \begin{bmatrix} L^{ss}Y^{ss} + L^{ss}E^s \\ L^{rr}Y^{rr} + L^{rr}E^r \\ L^{tt}Y^{tt} + L^{tt}E^t \end{bmatrix} \tag{9}$$

其中，L^{ss}、L^{rr}、L^{tt} 表示 S 国的国内里昂惕夫逆矩阵。根据公式(9)，S 国向 R 国的中间出口可以表示为：

$$Z^{sr} = A^{sr}X^r = A^{sr}L^{rr}Y^{rr} + A^{sr}L^{sr}E^r \tag{10}$$

通过以上的分解，结合公式(5)、(7)和(10)，可得 S 国向 R 国的总出口 EX^{sr} 如下所示：

$EX^{sr} = A^{sr}X^r + Y^{sr} = (V^sB^{ss})' \times Y^{sr} + (V^rB^{rs})' \times Y^{sr} + (V^tB^{ts})' \times Y^{sr} + (V^sB^{ss})' \times (A^{sr}X^r) + (V^rB^{rs})' \times (A^{sr}X^r) + (V^tB^{ts})' \times (A^{sr}X^r) = (V^sB^{ss})' \times Y^{sr} + (V^sL^{ss})' \times (A^{sr}B^{rr}Y^{rr}) + (V^sL^{ss})' \times (A^{sr}B^{rt}Y^{tt}) + (V^sL^{ss})' \times (A^{sr}B^{rr}Y^{rt}) + (V^sL^{ss})' \times (A^{sr}B^{rt}Y^{tr}) + (V^sL^{ss})' \times (A^{sr}B^{rr}Y^{rs}) + (V^sL^{ss})' \times (A^{sr}B^{rt}Y^{ts}) + (V^sL^{ss})' \times (A^{sr}B^{rs}Y^{ss}) + (V^sL^{ss})' \times [A^{sr}B^{rs}(Y^{sr} + Y^{st})] + (V^sB^{ss} - V^sL^{ss})' \times (A^{sr}X^r) + (V^rB^{rs})' \times Y^{sr} + (V^rB^{rs})' \times (A^{sr}L^{rr}Y^{rr}) +$

$$(V^{r}B^{rs})'\times(A^{sr}L^{rr}E^{r})+(V^{t}B^{ts})'\times Y^{sr}+(V^{t}B^{ts})'\times(A^{sr}L^{rr}Y^{rr})+(V^{t}B^{ts})'\times(A^{sr}L^{rr}E^{r}) \quad (11)$$

根据公式(11)的总贸易核算框架,中国对美国高技术产业总出口具体可以分解为如下结果(表2):

表2　中国对美国高技术产业总出口分解

中国对美国高技术产业总出口分解	
(1)*DVA*	中国高技术产业最终出口的国内增加值
DVA_FIN	中国以最终高技术产品出口的国内增加值
DVA_INT	中间产品出口的中国国内增加值
DVA_INTrex	美国进口加工后再向第三国出口所含中间产品的中国国内增加值
(2)*RDV*	返回并最终被本国吸收的国内增加值
(3)*FVA*	生产本国出口的国外增加值
FVA_FIN	以最终产品出口的国外增加值
FVA_INT	以中间产品出口的国外增加值
(4)*PDC*	纯重复计算的部分
DDC	来自国内账户的纯重复计算部分
FDC	来自国外账户的纯重复计算部分

注:本分解方法参考王直等的总贸易核算框架。

(二)指标选取与构建

本文在前人研究基础上选取GVC_Positon和GVC_Participation测算中美高技术产业分工地位,选取TSV和RCA_DVA衡量中美高技术产业竞争力,具体测算公式如下。

1. 全球价值链位置指数

全球价值链位置指数用公式表示为:

$$GVC\_Position_i^{CA}=\ln\left(1+\frac{DVAI_i^{CA}+RDVF_i^{AC}}{EX_i^{CA}}\right)-\ln\left(1+\frac{FVA_i^{AC}}{EX_i^{CA}}\right) \quad (11)$$

式(11)中,$GVC_Position_i^{CA}$是衡量中国高技术行业在全球价值链中位置的指标。以中国高技术产业对美国出口为例,其中,i表示高技术行业,C和A分别表示中国和美国,EX_i^{CA}表示中国高技术行业对美国的总出口,($DVAI_i^{CA}+RDVF_i^{AC}$)表示中国高技术行业对美国总出口中包含的所有来自中国创造的中间产品价值,($DVAI_i^{CA}+RDVF_i^{AC}$)/EX_i^{CA}表示中国高技术产业生产对其下游国家的贡献程度,FVA_i^{AC}/EX_i^{CA}表示中国高技术行业对美国总出口产品中包含外国中间产品价值的比重,显示上游国家生产对中国高技术行业总出口的贡献程度,$GVC_Position_i^{CA}$指数测算结果的取值范围为(-1,1),当测算出GVC_

$Position_i^{CA}$ 指数大于 0 时，说明中国对美国高技术行业出口中所含中国中间产品价值大于外国中间产品价值；当测算出 $GVC\_Position_i^{CA}$ 指数小于 0 时，结果相反。对于中美高技术产业双边贸易而言，如果中国 *GVC_Positon* 指数越接近 1，说明中国位于全球价值链的“上游环节”，在全球价值链上处于较高地位，并且在全球价值链中主要从事设计、研发、品牌营销等高附加值活动；相反如果中国 *GVC_Positon* 指数越接近 -1，说明中国位于全球价值链的“下游环节”，在全球价值链上的地位较低，并且在全球价值链上主要从事加工、装配、测试等低附加值活动，或者从其他国家进口大量中间产品以加工贸易方式镶嵌于全球价值链低端环节，赚取有限的加工费用。

2. 全球价值链参与度指数

全球价值链参与度指数用公式表示为：

$$GVC\_Participation_{ic} = \frac{IV_{ic}}{EX_{ic}} + \frac{FV_{ic}}{EX_{ic}} \tag{12}$$

式(12)中，$GVC\_Participation_{ic}$ 是衡量中国高技术行业全球价值链参与程度的指标。其中，i 表示高技术行业，c 代表中国，IV_{ic} 表示中国高技术行业出口中的间接国内增加值，FV_{ic} 表示中国高技术行业出口中的国外增加值，EX_{ic} 表示中国高技术行业的增加值出口额。通过中国高技术行业出口中间增加值和国外增加值占该行业以增加值核算的出口额的比重表示中国高技术行业的全球价值链参与度指数。美国高技术产业全球价值链参与度指数测算采用同样的公式。一般而言，一国某行业全球价值链参与程度与该比重呈正相关关系，当 $GVC\_Participation_{ic}$ 大于 0.5 时，表明中国高技术行业全球价值链的参与程度较高。

3. 贸易专业化指数

本文采取中国对美国高技术产业贸易的增加值出口(*DVA*)代替传统的高技术产业总出口(*EX*)，从而引入修正后的贸易专业化指数，用公式表示为：

$$TSV_i^{CA} = \frac{DVA_i^{CA} - DVA_i^{AC}}{DVA_i^{CA}} \tag{13}$$

式(13)中，C 和 A 分别代表中国和美国，i 表示高技术行业，DVA_i^{CA} 表示中国高技术行业对美国的增加值出口额，DVA_i^{AC} 表示美国高技术行业对中国的增加值出口额。通过中国对美国高技术行业增加值出口额与美国对中国高技术行业增加值出口额的差占中国对美国高技术行业增加值出口额的比重表示中国高技术行业在双边贸易中的竞争力。一般而言，*TSV* 指数的取值范围为(-1,1)，*TSV* 指数越接近 1，说明竞争力越强；*TSV* 指数越接近 -1，说明竞争力越弱。以中美高技术双边产业贸易为例,如果 TSV_i^{CA} 指数大于0,那么就说明中国高技术行业对美国的出口具有竞争力;当 TSV_i^{CA} 指数大于0.5时,表明中国高技术行业对美国出口拥有较强的竞争力;当 TSV_i^{CA} 指数大于0.8时,表明中国高技术行业对美国出口拥有极强的竞争力;当 TSV_i^{CA} 指数小于0时,表明中国高技术行业在中美双边贸易中处于比较劣势。

4. 基于增加值的显性比较优势指数

本文采取基于增加值的显性比较优势指数,排除了国家出口总量和世界出口总量波动的影响,用公式表示为:

$$RCA\_DVA_{ic} = \frac{\dfrac{DVA_{ic}}{EX_{ic}}}{\dfrac{DVA_{iw}}{EX_{iw}}} \tag{14}$$

式(14)中, RCA_DVA_{ic} 是衡量中国高技术行业比较优势与国际竞争力的重要指标。其中,c 代表中国,w 代表世界,i 代表高技术行业。以中国高技术产业出口为例,分子中的 DVA_{ic} 代表中国高技术行业出口中的国内增加值, EX_{ic} 代表中国高技术行业的总出口,分母中的 DVA_{iw} 是世界各国高技术行业出口中的国内增加值, EX_{iw} 是世界各国高技术行业的总出口。根据测算结果,一般而言,显性优势与测算结果呈正相关关系。如果 RCA_DVA_{ic} 指数≥2.5,那么就说明中国高技术行业在全球价值链中拥有很强的国际竞争力;如果 RCA_DVA_{ic} 指数在1.25和2.5之间,那么显示中国高技术产业拥有较强的国际竞争力;如果 RCA_DVA_{ic} 指数在0.8和1.25之间时,显示拥有平均国际竞争力;当 RCA_DVA_{ic} 指数小于0.8时,说明中国高技术行业在全球价值链中显性比较优势很弱。

(三)数据来源与说明

本文采用世界投入产出数据库(WIOD)2016年发布的中国和美国的高技术行业最新投入产出数据。高技术产业的分类方法参照经济发展与合作组织(OECD)的划分标准,按照R&D的投入强度将涉及的高技术产业与投入产出数据库高技术产业一一对应,分类结果如表3所示①。

① 本文在分析高技术产业整体贸易规模时涉及中高技术制造业和高技术制造业,分析高技术产业具体行业全球价值链分工地位和竞争力时选取有代表性的医药制剂制造业、电子产品及光学设备制造业、航空航天设备制造业三类行业。

表 3　高技术产业分类结果

OECD 划分高技术产业	WIOD 划分高技术产业
化学制造业	c11. Manufacture of chemicals and chemical products
医药制剂制造业	c12. Manufacture of basic pharmaceutical products and pharmaceutical preparations
电子产品及光学设备制造业	c17. Manufacture of computer, electronic and optical products
电气设备制造业	c18. Manufacture of electrical equipment
机械设备制造业	c19. Manufacture of machinery and equipment n. e. c
航空航天、其他运输设备制造业	c21. Manufacture of other transport equipment

资料来源:WIOD 数据库。

注:分类依据为 OECD 对高技术产业的划分。

四、结果测算与分析

(一)中美高技术产业双边贸易状况

1. 中美高技术产业双边真实贸易规模对比

根据传统海关统计,2000—2014 年中国对美国高技术产业出口规模从 221.98 亿美元增长到 2061.58 亿美元,而基于贸易增加值视角,2000—2014 年中国对美国高技术产业出口规模从 168.11 亿美元增长到 1598.28 亿美元,15 年平均高估比例达 37.8%。相反美国对中国高技术产业增加值出口规模由 2000 年的 69.49 亿美元增加到 2014 年的 418.61 亿美元,传统海关统计平均高估比例达 21.9%(如图 1)。从贸易差额来看,中国对美国高技术产业贸易顺差平均高估比例更是高达 46.3%。传统海关统计的中国对美国高技术产业贸易顺差从 2000 年的 139.1 亿美元增加到 2014 年的 1543.5 亿美元,而基于增加值视角的中国对美国高技术产业贸易顺差从 2000 年的 98.6 亿美元增加到 2014 年的 1179.7 亿美元。因此,传统海关的统计误差显而易见,说明两国高技术产业的总出口中包含中间产品的进口。由于中国具有明显的加工贸易特征,所以高技术产业总出口中包含的从国外进口的中间产品比例更高,中国对美国出口规模高估比例明显高于美国对中国出口。

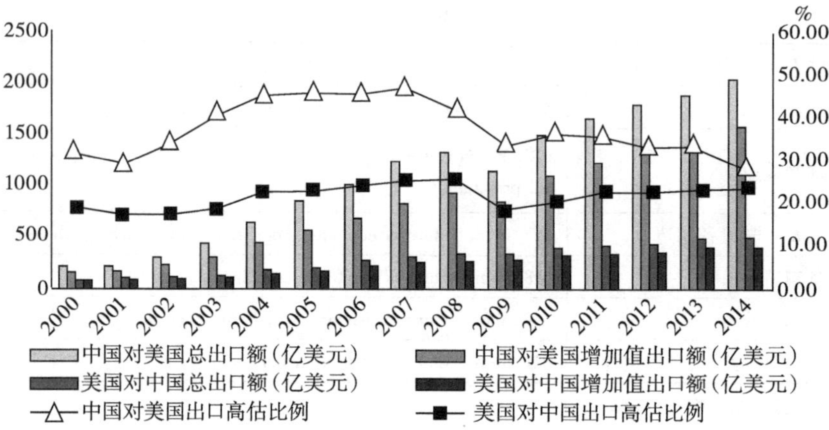

图1 2000—2014年中美高技术产业双边贸易规模及高估比例比较

资料来源:笔者根据WIOD数据库测算。

2. 中美高技术产业双边真实贸易结构对比

根据表4测算结果,从高技术产业具有代表性的三类商品双边贸易额来看,2000—2014年中国整体呈顺差趋势。根据赫克歇尔—俄林的要素禀赋理论,两国的高技术产品贸易呈现出“反比较优势”的“里昂惕夫悖论”现象。中国对美顺差在生产技术已经标准化的低附加值产品,而美国对中国贸易顺差在高附加值的新兴技术领域。其中,航空航天设备制造业中国对美国贸易逆差从2000年的6.4亿美元增加到2014年的66.6亿美元,说明航空航天设备制造业是中国高技术产业的主要短板,与美国相比有很大差距,未来中国有巨大的发展潜力。电子产品及光学设备制造业中国对美国贸易顺差规模从2000年的64.6亿美元增长到2014年的684.7亿美元。电子产品及光学设备制造业主要包括计算机与手机通信产品,此类产品生产技术已经标准化,附加值和技术含量较低。

由此可见,中国对美国出口有优势的主要是生产技术已经标准化的计算机、通信产品等,此类产品的生产处在全球价值链的低端环节,中国企业只是赚取有限的加工制造费用;而航空航天技术等科技含量高、未来发展潜力大的新兴产业发展的绝对优势集中在美国,美国牢牢主导此类产品生产的价值链高端环节,赚取高额利润。

表 4　2000—2014 年中美高技术产业具体产品双边真实贸易结构状况

单位：亿美元

年份	医药制剂制造业		电子产品及光学设备制造业		航空航天设备制造业	
	中国出口	美国出口	中国出口	美国出口	中国出口	美国出口
2000	4.3	0.6	90.8	26.2	2.9	9.3
2001	4	1	81.4	34.8	2.7	20.7
2002	4.4	0.9	119	31	3.7	21.9
2003	6.5	1.2	161.8	35.3	5	17.4
2004	7.6	1.6	232	42.9	7.5	16.8
2005	9.8	1.9	313.8	46.9	10.7	26.6
2006	12	2.9	361.5	63.2	10.1	45.3
2007	15	3.7	403.4	68.1	13.8	40.8
2008	20.9	3.5	426.2	73.9	18.3	33.9
2009	18.4	5.4	442.8	66.5	13.6	61.9
2010	21	7.4	560.3	66.1	15.3	59
2011	23.2	10.8	597.8	57.2	19	50.4
2012	23.3	11.2	691.9	56.9	17	73.9
2013	24.8	12.5	695.1	66.5	21.2	112.9
2014	24.8	13	759.2	74.5	27.6	94.2

资料来源：笔者根据 WIOD 数据库测算。

(二)中美高技术产业全球价值链分工地位

1. 中美高技术产业全球价值链位置分析

根据图 2，中国高技术产业在中美双边贸易中全球价值链整体位置低于美国，美国高技术产业全球价值链位置指数在 0.5 ~ 0.6 波动，而中国则在 0.2 ~ 0.4 波动，说明美国高技术产业出口所含的本国中间产品价值比进口中间产品价值的比例更大，赚取了更多的附加值，中国则相反。从具体行业来看，中国的电子产品及光学设备制造业、航空航天设备制造业处于全球价值链的下游位置，从事低附加值的加工装配活动，而医药制剂制造业与美国相比拥有优势，处在价值链的上游位置。2007 年之后中国高技术产业整体上全球价值链位置呈现向上游移动的趋势；美国整体位置虽然高于中国，但是其全球价值链位置向下移动，特别是 2008 年金融危机后下移趋势明显。

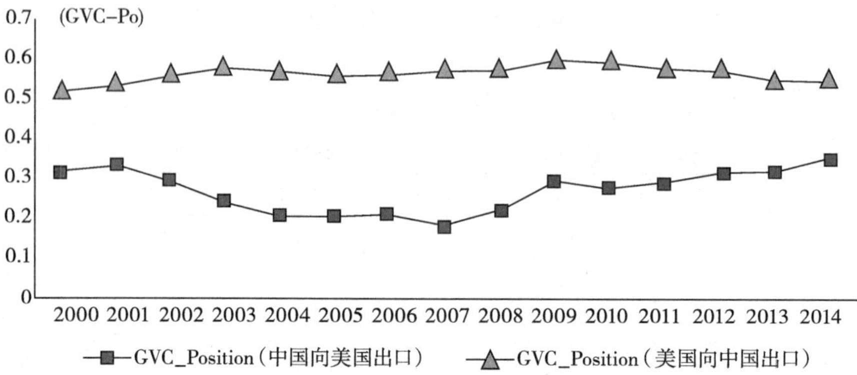

图 2 2000—2014 年中美高技术产业双边贸易中 GVC 位置指数比较

资料来源:作者根据 WIOD 数据库测算。

2. 中美高技术产业全球价值链参与度分析

根据图 3,2000—2014 年中国高技术产业 GVC 参与指数高于美国,并且在 0.5~0.8 波动。从 2000 年的 0.6 增加到 2007 年的 0.83,但自 2008 年以来受国际金融危机的影响呈现下降趋势,而美国一直处在 0.4 附近。说明中美双边贸易中中国高技术产业参与国际分工程度较高,而美国参与程度相对较低。由于中国以低廉的劳动力成本长期嵌入价值链的加工制造环节,生产装配大量的电子产品出口到美国,而美国以研发和技术优势长期主导价值链的高端环节,加之其对中国高技术产业出口实行出口管制措施,所以双边高技术贸易中中国的价值链参与程度高于美国。但是全球价值链参与程度和全球价值链分工地位并没有必然联系,即中国高技术产业全球价值链参与程度高于美国并不代表中国高技术产业全球价值链分工地位高于美国。

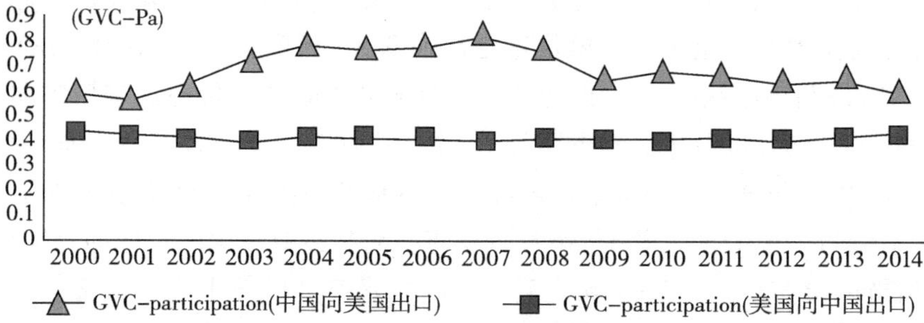

图 3 2000—2014 年中美高技术产业双边贸易中 GVC 参与度指数结果

资料来源:笔者根据 WIOD 数据库测算。

根据图 4,中国高技术产业整体在全球价值链中的参与程度较高,在 0.8

附近波动，说明中国高技术产业依靠中国的劳动力成本优势在加工制造方面积极融入全球分工制造中。从具体行业来看，医药制剂制造业、电子产品及光学设备制造业全球价值链参与度指数在0.8附近变动，说明此类产业在全球价值链参与程度较高；而航空航天设备制造业全球价值链参与指数低于中国高技术产业整体参与度指数，说明中国航空航天技术全球价值链参与程度较低，在未来有巨大的发展潜力。整体上，中国高技术产业参与全球价值链程度较高，从事高科技产品生产的中国企业积极融入全球化浪潮之中。

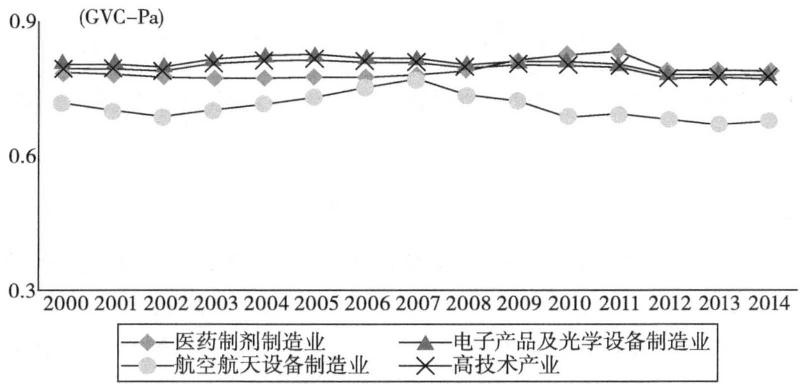

图4　2000—2014年中国高技术产业具体行业GVC参与度指数结果

资料来源：笔者根据WIOD数据库测算。

（三）中美高技术产业基于全球价值链竞争力

1. 中国对美国高技术产业出口贸易专业化指数分析

根据图5，2000—2014年中国对美国高技术产业出口贸易专业化指数由0.58上升到0.73，表明中国高技术产业总体竞争力不断增强。从具体行业来看，中国医药制剂制造业对美出口贸易专业化指数从0.86下降到0.47，表明最初此行业对美国出口拥有竞争力，但是呈现出竞争力逐渐下降的趋势，特别是2008年金融危机以后下降速度加快。电子产品及光学设备制造业从2001年起对美国出口竞争力持续增加，2004年后成为中国对美国高技术产业出口中竞争力最强的行业。航空航天设备制造业中国对美国出口的贸易专业化指数一直为负，在－0.9～－0.4波动，表明中国在航空航天设备对美国出口中处于绝对劣势。2008年是一个分界点，之前劣势逐步缩小，之后劣势又有扩大的趋势。整体而言，中国高技术产业三类行业对美国出口贸易专业化指数自2001年起呈现上升的趋势，特别是电子产品及光学设备制造业和航空航天设备制造业上升效果明显，这种上升趋势似乎表明2001年中国加入WTO在短期内促进了中国高技术产业的出口规模，提高了中国高技术产业的出口竞争力。

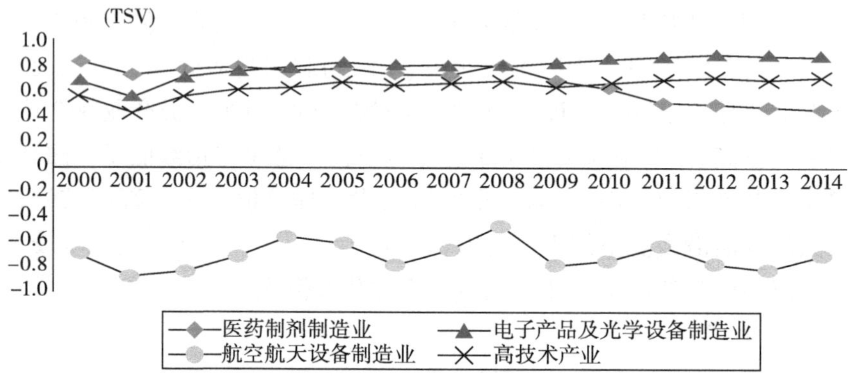

图5　2000—2014 年中国对美国高技术产业出口贸易专业化指数结果

资料来源：笔者根据 WIOD 数据库测算。

2. 中美高技术产业基于贸易增加值的显性比较优势指数分析

根据图6，从中美两国高技术产业总体出口状况来看，美国高技术产业整体的显性比较优势指数高于中国。2000—2014 年，中国高技术产业基于增加值的显性比较优势指数从 0.86 增长到 1.16。从 2003 年开始，中国高技术产业的显性比较优势指数大于 1，表明中国高技术产业的国际竞争力逐步增强。2008—2014 年中国高技术产业的显性比较优势指数在 1.2 左右波动，表明中国高技术产业整体的国际竞争力不断增强。美国高技术产业基于增加值的显性比较优势指数一直在 1.3 ~ 1.4 波动，整体竞争力水平高于中国。

从具体行业来看，中国医药制剂制造业基于增加值的显性优势指数在 0.3 附近变动，而美国在 1.3 附近波动，美国竞争力明显高于中国。中国电子产品及光学设备制造业显性比较优势指数从 2000 年的 1.06 增加到 2014 年的 1.84，2004 年以来基本在 1.8 附近变动，而美国始终在 1.4 附近波动。因此，中国电子产品及光学设备制造业拥有极强的国际竞争力，其不但高于中国高技术产业整体竞争力水平，并且高于美国电子产品及光学设备制造业竞争力，反映出此类行业中国的优势所在。航空航天设备制造业一直是中国的短板，基于增加值的显性优势指数一直在 0.9 以下，而美国一直保持在 2.0 以上，说明美国拥有极强的国际竞争力，此类产业两国形成巨大的反差。因此，中国的航空航天设备制造业未来有巨大的增长潜力。

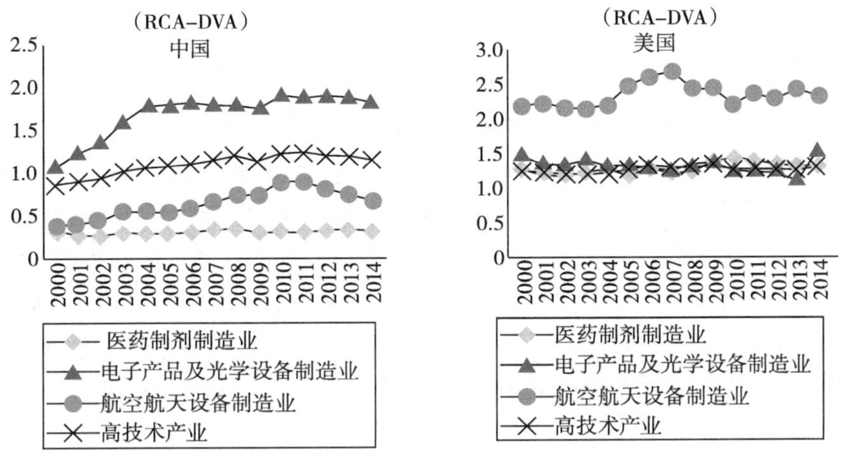

图6　2000—2014年中美高技术产业基于增加值视角的显性比较优势指数比较

资料来源：作者根据WIOD数据库测算。

五、结论与政策建议

(一)结论

本文基于总贸易核算方法，测算分析中美高技术产业在全球价值链上的分工地位与国际竞争力，得出如下结论：

第一，传统海关统计高估了中国与美国高技术产业的双边贸易规模，增加值出口规模更加客观真实。第二，中国高技术产业全球价值链整体分工地位低于美国。中国高技术产业有向价值链上游移动的趋势，美国有向价值链下游移动的趋势，表明中国制定的科技发展政策取得了积极的效果。第三，中国高技术产业全球价值链整体竞争力低于美国。第四，中国高技术产业整体依附于全球价值链低附加值的加工和装配等低端环节，而美国高技术产业主导着全球价值链高附加值的研发和设计等高端环节。

(二)政策建议

基于本文研究结论，为进一步提升中国高技术产业在全球价值链上的地位和竞争力，提出下列政策建议。

1. 促进中美两国战略互信，推动两国高技术领域的经贸合作

高技术产业的竞争是大国博弈的制高点，而电子产品及光学设备制造业、航空航天设备制造业又是美国在此次中美贸易摩擦中攻击中国的核心。因此，中国应该促进两国政府间的战略互信，加大两国政府的沟通交流，营造良好的国际政治环境。积极开展与美国高技术领域对话，推动两国高技术领域的经贸

合作,实现互利共赢局面。

2. 完善高技术产业发展政策,助推中国迈向制造强国

提升中国高技术产业在全球价值链的地位和竞争力,离不开政府高技术产业发展政策的有力支持。第一,继续加大对高技术领域科技研发的资金投入。特别是针对竞争力不强的航空航天领域实施税收优惠、贷款贴息、创新奖励机制等。第二,降低高技术企业发展成本,激发企业创新活力。借助大数据、云计算、移动互联网等现代化信息技术手段提升企业效率,降低生产成本。第三,完善人才培养机制,为高技术产业发展提供智力支撑。定期举办科技创新研讨会和科技竞赛,或者通过优厚的福利待遇吸引出国留学人才回国就业。

3. 打造技术交流平台,优化企业营商环境

通过不断扩大对外开放,倒逼国内企业提升自主创新意识和能力。第一,依托"一带一路"倡议、国际进口博览会和自由贸易区战略打造高标准的技术交流平台。积极引进国外的高技术产品,加快技术学习与吸收,促进高技术产业向全球价值链高端攀升。第二,不断优化高技术企业的营商环境。吸引拥有更高核心技术和管理水平的先进跨国公司入驻中国高新技术产业开发区,集聚全球范围内的技术、资源和原材料实现中国高技术产业的全球价值链升级。第三,培育一批战略性新兴产业。中国未来在高技术领域发展布局可以选择具有潜在优势的新能源汽车、人工智能、先进半导体、航空航天设备、5G 技术和机器人等战略性新兴产业。

4. 完善科研创新机制,提升自主创新能力

技术创新是中国高技术产业实现全球价值链升级的主要抓手。政府、市场和企业形成合力助推中国高技术产业的发展。第一,政府继续完善中国高新技术产业开发区的相关配套措施,使之成为技术创新、科技成果产业化的重要基地。第二,强化人才培育创新,打造高技术产业人才新高地。政府要引导企业培育和留住具有创新意识和工匠精神的高科技人才,为赢得高技术产业全球价值链的主导权储备人力资本。第三,企业应当提高自主创新能力。特别是针对电子产品及光学设备制造业,此类产品进口中间零部件比重较大,应当减小对中间零部件产品的进口依赖,企业通过自主创新提升高技术产品的技术含量,不断向价值链高附加值的研发、设计环节攀升,从而实现中国高技术产业发展的价值链升级,提高中国高技术产业的国际竞争力。

参考文献

[1]鞠建东,余心玎．“一体两翼、三足鼎立”:贸易新常态、治理新框架、开放新战略[J]. 清华金融评论,2016(11):50－55.

[2]DEDRICK J,KRAEMER K L,LINDEN G. Who Profits from Innovation in Global Value Chains? A Study of the iPod and Notebook PCs[J]. Industrial and corporate change,2010,19(1):81－116.

[3]HUMMELS DAVID, ISHII JUN,YI KEI－MU. The Nature and Growth of Vertical Specialization in World trade[J]. Journal of International Economics,2001,54:75－96.

[4]ROBERT KOOPMAN, ZHI WANG, SHANG－JIN WEI. Estimating Domestic Content in Exports when Processing Trade is Pervasive[J]. Journal of Development Economics,2012,99(1).

[5]KOOPMAN R,WANG Z,WEI S. Tracing Value－Added and Double Counting in Gross Exports[J]. The American Economic Review,2014,104(4):459－494.

[6]周升起,兰珍先,付华．中国制造业在全球价值链国际分工地位再考察——基于Koopman等的“GVC地位指数”[J]. 国际贸易问题,2014(2):3－12.

[7]刘琳．中国参与全球价值链的测度与分析——基于附加值贸易的考察[J]. 世界经济研究,2015(6):71－83,128.

[8]林桂军,何武．中国装备制造业在全球价值链的地位及升级趋势[J]. 国际贸易问题,2015(4):3－15.

[9]程大中．中国参与全球价值链分工的程度及演变趋势——基于跨国投入—产出分析[J]. 经济研究,2015,50(9):4－16,99.

[10]廖泽芳,宁凌．中国的全球价值链地位考察——基于附加值贸易视角[J]. 国际商务(对外经济贸易大学学报),2013(6):21－30.

[11]鞠建东,余心玎．全球价值链上的中国角色——基于中国行业上游度和海关数据的研究[J]. 南开经济研究,2014(3):39－52.

[12]王岚,李宏艳．中国制造业融入全球价值链路径研究——嵌入位置和增值能力的视角[J]. 中国工业经济,2015(2):76－88.

[13]苏杭,郑磊,牟逸飞．要素禀赋与中国制造业产业升级——基于WIOD和中国工业企业数据库的分析[J]. 管理世界,2017(4):70－79.

[14]樊茂清,黄薇．基于全球价值链分解的中国贸易产业结构演进研

究[J]. 世界经济,2014,37(2):50-70.

[15]戴翔. 中国制造业国际竞争力——基于贸易附加值的测算[J]. 中国工业经济,2015(1):78-88.

[16]尹伟华. 中美服务业参与全球价值链分工程度与地位分析:基于最新世界投入产出数据库[J]. 世界经济研究,2017(9):120-131,137.

[17]闫云凤. 中美服务业在全球价值链中的地位和竞争力比较[J]. 河北经贸大学学报,2018,39(3):81-88.

[18]余振,周冰惠,谢旭斌,王梓楠. 参与全球价值链重构与中美贸易摩擦[J]. 中国工业经济,2018(7):24-42.

[19]陈继勇,周琪. 中美高技术产品贸易失衡问题研究[J]. 湖北大学学报(哲学社会科学版),2010,37(2):36-40.

[20]刘薇,张溪. 美国对华高技术出口限制对中国科技创新的影响分析——基于中美贸易摩擦背景[J]. 工业技术经济,2019,38(9):35-43.

[21]刘威. 中美贸易摩擦中的高技术限制之"谜"[J]. 东北亚论坛,2019,28(2):82-96,128.

[22]蒋雪梅,刘轶芳. 全球价值链视角下的中、美高新技术产业出口效益及环境效应分析[J]. 管理评论,2018,30(5):58-63.

[23]马晶梅,丁一兵. 全球价值链背景下中美高技术产业分工地位研究[J]. 当代经济研究,2019(4):79-87.

[24]尹伟华. 中国高技术产业参与全球价值链程度和地位研究[J]. 世界经济研究,2016(7):64-72,86,136.

[25]倪红福. 中国出口技术含量动态变迁及国际比较[J]. 经济研究,2017,52(1):44-57.

[26]裴长洪,刘洪愧. 中国怎样迈向贸易强国:一个新的分析思路[J]. 经济研究,2017,52(5):26-43.

[27]荆林波,袁平红. 全球价值链变化新趋势及中国对策[J]. 管理世界,2019,35(11):72-79.

[28]王直,魏尚进,祝坤福. 总贸易核算法:官方贸易统计与全球价值链的度量[J]. 中国社会科学,2015(9):108-127,205-206.

(作者单位:1、2 为首都经济贸易大学经济学院;
3 为对外经济贸易大学国际经济贸易学院)